명상하는
공무원

유능하고
책임 있는
공무원

저의 학부 등록금을 마련하기 위해 논과 밭과 소를 다 팔았지만,
평생 정당한 돈만 만진 부모님께 이 책을 바칩니다.

명상하는
공무원

유능하고
책임 있는
공무원

한승연 지음

이 저서는 2016년 정부(교육부)의 재원으로 한국연구재단의 지원을 받아 수행된 연구임(NRF-2016S1A6A4A01019432).

머리말

형제들 사이에도 우애는 드물고,
남자는 아내가 죽기를,
아내는 남편이 죽기를 바랐다.
계모들은 독약을 조제하고,
아들은 때가 되기도 전에 아버지가 언제 죽을지 점치고 다녔다.
　　　　　　　- 오비디우스, 「변신이야기」 중에서(AD 8년)

맹자가 말하였다.
사람들은 닭과 개를 잃어버리면 찾을 줄을 알지만,
마음을 잃고서는 찾을 줄을 모르니,
학문하는 방법은 딴 것이 없다.
그 잃어버린 마음을 찾는 것일 뿐이다
(人有鷄犬放 則知求之, 有放心而不知求.
學問之道無他, 求其放心而已矣).
　　　　　　　- 「맹자」 '고자상' 편(BCE 3세기경)

　　행정사를 전공하는 필자가 2008년에 기적적으로 충북대학교 교수가 된 뒤 감사하고 기뻐서 매일 밤 10시까지 연구실에서 공부하던 초창기에 위의 구절들을 접하게 되었다. 오비디우스가 '철의 시대'를 묘사한 위의 구절들은 2,000여 년 전이나 지금이나 인류의 삶은 달라진 게 없으니 필자로 하여금 인류의 역사에 대해 맥이 풀리게 만들고 기대할 게 없게 만들었다. 그래도 맹자가 학문의 목적은 '잃어버린 마음을 찾는 것'(求放心)이라고 했을 때 희망이 생겼다. 관료제 내부의 효율성을 중시하는 미국 행정이론이 판을 치는 한국 행정학계에 무언가 새로운 지평을 열 수 있을 것 같은 가능성이 보였다.

조선총독부 행정을 연구하는 필자가 동양학에 본격적으로 관심을 갖게 된 것은 2012년 한국행정학회의 '한국화 논단'의 필진으로 초청받아 조선총독부 관료제를 연구하면서부터였다. 당시 필자는 조선총독부 관료제의 근간을 이루는 메이지(明治) 관료제는 기존의 봉건적 막부(幕府) 정치를 버리고 독일식 근대 관료제를 도입하여 메이지유신에 성공한 것으로 이해하고 있었다. 그러나 이 연구를 위해 일본의 관료제에 관한 권위 있는 모든 논문과 책을 읽으면서 전혀 다른 사실을 발견하게 되었다. 곧 그것보다는 7세기 후반에 당나라의 율령국가 체제를 모방하여 교토(京都)의 '천황'을 중심으로 중앙집권국가를 형성하고, 이를 위해 능력에 따라 인재를 등용하는 고대 율령관료제를 확립하고 운영했던 '천황 친정'이라는 역사적 기억이 작용한 것이었다. 이 고대 율령체제는 오래가지 못했고 1,000여 년에 걸친 '천황'에 대한 막부의 하극상 시대를 겪은 뒤에도 근세 이후의 일본 국학자들은 메이지관료제의 원형을 고대 율령관료제에서 찾고, 이를 위해 '천황'에게 절대 복종하는 신민상을 창출하고, 메이지헌법의 제정으로 강력한 중앙집권체제를 형성하였던 것이다(한승연, 2013).

이때부터 동양의 근대 관료제의 바탕을 이루는 동양의 전통적인 실적제 관료제, 곧 '유능하고 책임 있는 관리'가 어떻게 창출되는지, 그 전통이 왜 단절되었는지, 오늘에 다시 살리는 방법은 무엇인지에 대해 관심을 갖게 되었다. 그래서 「상서」와 「논어」, 「맹자」 등의 동양고전과 제자백가서들을 읽으면서 동양적 관료제 내지 유교 관료제가 형성되는 과정을 추적하였다. 이를 위해 필자는 막스 베버를 비롯한 서구 중심의 관료제가 아니라 3,000여 년 전에 이미 그 기초가 형성된 동양의 실적제 관료제를 법가 사상가들을 시작으로 유교, 불교 사상으로 그 범위를 넓히며, 오늘날에 요구되는 '유능하고 책임 있는' 공무원상, 곧 21세기 '명상하는 공무원상'을 정립하는 방법을 모색하였다.

동양의 성군들은 적어도 자연의 순환 법칙을 의미하는 도(道)를 바탕으로 중도(中道)를 지키고, 이 도를 현실에서 구현하는 방법인 덕을 실천하기 위해 노력하였다. 정치현실에서 중도를 지키기 위해서 선철왕들은 모두 자기수양을 실천하였고, 수시로 잃어버리는 그 마음을 찾아서 제자리로 되돌리기 위해 16자 심법(心法)이라는 것이 전해졌다.

그러나 춘추전국시대를 거치면서 맹자 이후 이 심법은 끊어졌고 법가 사상이 대유행하였다. 유가나 법가 모두 유능한 사람이 관리가 되어야 한다고 주장한 점에서는 일치했지만, 궁극적인 정치의 목적이 달랐기 때문에 위정자가 책임져야 하는 내용과 대상은 큰 차이가 났다. 유가에서는 관료제가 백성의 생업을 책임지고 각자 제 할 일을 하며 즐겁게 살게 해야 할 의무가 있으며, 관료제 안에서 관리는 군주가 이 책임을 다할 수 있도록 적극적으로 간언해야 한다고 주장한다. 반면 법가에서는 대체로 군주를 정점으로 전국적인 규모의 관료제를 형성하고, 부국강병을 통해 국가 내지 군주를 강하게 하는 것이 정치의 목적이기 때문에 그들의 1차적인 관심의 대상은 백성이 아니었다. 다만 법가 사상가들에 의해 관료제가 체계적으로 형성되고 관리의 신분적 요소가 해체된 것은 역사적으로 큰 의의가 있다고 할 수 있다.

진나라의 천하통일로 일단 법가는 최후의 승자가 되었지만 그 잔혹한 승리는 오래 가지 못했다. 이에 한나라 초기의 지식인들은 형벌과 강압적인 수단만으로는 장기적으로 안정적인 정치를 유지할 수 없다는 것을 깨닫고, 관료제 안에서 자연과 인간의 조화를 추구하며 덕치를 구현할 수 있는 원리를 연구하였다. 이에 그들은 유가와 법가의 융합 관료제를 형성하고, 이 관료제 안에서 백성의 모범이 되고 그들의 생업을 보장할 수 있는 '유능하고 책임 있는 관리'를 이상으로 삼았다.

결국 관료제 자체는 중립적인 도구이기 때문에 법과 제도의 정비도 중요하지만, 그 법과 제도를 운영하는 인간의 가치나 마음에 따라 그 결과가 달라질 수 있음에 주의해야 한다. 한나라 이후에도 유가의 인의도덕은 겉과 속이 달랐고 형식으로 흐르는 한계를 보였다. 그래서 중국에 불교가 전래된 이래 지식인들은 다양한 정좌법을 개발해 수행하였고, 주자도 불교에 대항해 신유학 이론을 펴면서도 정좌법만은 불교를 받아들여서 매일 수행하면서 '반일정좌 반일수학'을 주장하였고, 이것이 동양의 지성계에 미친 영향은 지대했다.

그러나 서양의 근대 교육제도와 관료제를 도입하면서 이러한 전심(傳心) 교육의 전통은 끊어졌고, 공무원 시험에서도 전문성을 중시하면서 현실의 공무원은 교양인이 아니라 '기능인'이 되었다. 한나라의 지식인들이 이미 2,000여 년 전에 문제가 있다고 해서 버렸던 법가적 관료제가 근대 법치주의 관료제로서 부활함에 따라 관료제의 행정책임도 법적 책임을 강조한다. 곧 유가에서는 백성의 여망이나 요구를 적극적으로 정책에 반영하는 도의적 책임과 직무적 책임 같은 주관적 책임을 법적 책임보다 더 강조했다고 볼 수 있다. 이에 반해 법가에서는 법적 책임, 즉 객관적 책임을 강조한다.

이러한 법가의 유산은 현대 관료제에도 투영되고 있어서 관료들은 주관적 책임을 바탕으로 적극행정을 펼치기보다는 법적인 책임 추궁을 피하려는 소극행정에 집착하는 경향을 보이고 있다. 더욱이 신공공관리적 개혁이라는 것이 공공부문에 도입되고 나서 공무원들은 국민을 책임지는 것이 아니라 자기 자신의 안위와 성과를 책임지고 있는 것이 현실이다.

이러한 현대 관료제를 개혁하여 '우리 모두 함께 잘사는 나라'를 만들기 위해서는 어떻게 해야 하는가? 필자는 법치주의를 근간으로 하는 현대 관료제에 언제나 형식으로 흐를 수 있는 유가의 인의도덕을 가미하는 것만으로는 부족하다고 본다. 공무원이 자연과 인간의 조화를 도모하며 사회공익적 차원에서 정책을 결정하고 집행할 수 있기 위해서는 여기에 현대적 정좌법인 불교의 명상법을 도입하여 '명상하는 공무원'을 만들어야 한다고 생각한다. 이와 함께 각급 학교에도 전통적인 전심 교육을 도입하여 모든 학생에게 1주일에 1시간씩 명상을 가르쳐야 한다고 생각한다. 전심 교육을 가르치지 않으면 우리는 언제나 이기적인 유전자의 조종을 받아 모두에서 언급했던 철시대의 불행이 영원토록 되풀이될 수밖에 없기 때문이다.

본 저술의 연구방법은 역사적 접근법으로써 관료제의 설계와 운영, 관료의 임용, 관료 개인의 수양과 관련이 있는 동양고전의 텍스트를 분석하고, 이에 대한 현대의 관련 연구들을 종합하는 문헌분석을 주요한 연구방법으로 사용하였다.

    이 책을 저술하는 데 많은 분의 도움을 받았다. 인기 없는 행정사를 연구하는 필자에게 항상 "학자는 남이 알아주든 알아주지 않든 제 좋은 것을 해야지!"라고 격려해주고 필요할 때 늘 '거인의 어깨'가 되어주었던 고 정문길 지도교수님께 진심으로 감사드린다. 신문기자 시절 필자가 일본어를 읽지 못한다고 필자의 자존심을 건드려서 그날로 일본어 공부를 시작하게 하여 그 밑천으로 조선총독부 행정을 연구하고 국립대학 교수가 되게 해준 정운현 선배(현 국무총리 비서실장)께도 깊은 감사를 드린다. 필자를 인재로 알아보고 교수로 뽑아준 충북대학교에도 감사드린다. 1년에 한두 번씩 만나 한담을 나누면서 필자에게 영감을 준 같은 사문의 선후배들께 감사드린다. 2016년부터 3년 동안 필자가 책값 걱정하지 않고 마음껏 연구할 수 있게 저술출판지원을 해준 한국연구재단에 정말 감사드린다. 영수증 정리를 면제해주어서 더욱 감사드린다.

    필자는 이 책의 마지막 장인 '명상하는 공무원'을 완성하기 위해 여러 명상 프로그램을 찾아다니면서 종교에 상관없이 명상을 필요로 하는 사람과 배우기를 원하는 사람이 매우 많다는 것을 알 수 있었다. 또한 이들 명상 프로그램을 통해 필자는 많은 기연(機緣)을 만났고, 그 덕분에 이 책을 출판하면 사바세계를 떠나 태국 상좌부불교의 수행자가 되기 위해 출가한다. 2017년 7월 한국불교대학의 단기출가학교 때 필자에게 법해(法海)라는 과분한 법명을 지어주고, 또 스님만 들어갈 수 있는 감포 무문관(7번방)에서 24시간 명상할 수 있는 기회를 주어서, 그 하룻밤에 이생에 찾지 않고는 견딜 수 없는 '그놈'을 만나게 해준 무일우학(無一又學, 한국불교대학 대관음사 회주) 큰스님께 진심으로 감사드립니다. 또한 올해 초부터 필자에게 호흡명상에 관한 이론과 호흡명상법을 가르쳐주고, 2016년과 2018년 두 차례의 세계명상대전을 개최하여 태국의 아라한이신 아잔 간하를 만나고 그분의 축복을 받고, 또 그분의 제자가 될 수 있는 기회를 준 각산 스님(참불선원장)께도 깊은 감사를 드립니다. 특히 2016년 필자에게 몽중수기를 내리고, 지난여름 두 달 동안 선방에서 안거수행 할 때 그 먼 태국에서 매일 메타(자비)를 보내주고, 2018년 10월 세계명상대전의 질의응답 시간에 "꿈에 나를 본 것은 나를 찾아오라는 뜻"이라며, 전혀 알지도 못하는 필자를 공개적으로 당신의 제자로 받아준 아잔 간하께 인간의 말로는 표현할 수 없는 최고의 경의를 표합니다. 필자가 무엇을 하든 언제나 지지해주고 후원해주는 아버지와 언니 오빠들에게는 항상 감사할 따름이다.

마지막으로 어려운 출판계 사정에도 불구하고 흔쾌히 이 책의 출판을 허락해준 한국학술정보의 채종준 사장님과 편집을 위해 수고해주신 이아연 씨에게 감사드린다.

2018년 12월
한승연

차례

<각 장의 출처>

제1장   한승연 (2017). 「尙書」의 道와 德 개념: 책임정치 구현의 기제. **한국행정학보**, 51(2): 461-486.

제2장   한승연 (2017). 신도(愼到)・신불해(申不害)의 법사상과 책임정치. **정부학연구**, 23(1): 31-65.

제3장   한승연 (2017). 상앙의 법사상과 책임정치: 동양 관료제 성립 시론. **한국행정학보**, 51(4): 465-494.

제4장   한승연 (2018). 한비자의 법술사상과 책임정치: 관료제론을 중심으로. **정부학연구**, 24(1): 97-127.

제5장   한승연 (2018). 동양사의 유능하고 책임있는 공무원: 한나라 초기 관료제를 중심으로. **한국행정학보**, 52(4): 531-556.

제6장   한승연 (2007). 행정 관료의 변화에 관한 역사적 연구: 관료 임용 시험제도를 중심으로. **한국행정논집**, 19(4): 1009-1052.

제1장

「尙書」의 道와 德 개념:
책임정치 구현의 기제[*]

I. 서 론

동양 고전 가운데 「상서(尙書)」의[1] 가르침을 요약하면 천명(天命)은 일정함이 없고 오직 덕 있는 사람을 좋아하고(天命有德), 민심도 끊임없이 변하니 천도(天道)를 따르고 덕을 닦고 덕으로 다스려서 그 천명을 이어가라는 것이다. 권력의 무상함을 말하는 것이니 두렵고도 두려워서 경계하지 않을 수 없다. 이에 따라 동양에서는 전통적으로 법치보다는 덕치를 이상으로 여겼다. 덕치란 덕(德)으로 인민을 교화하고 다스리는 것을 기본으로 여기는 정치사상인데, 그렇다면 이 '덕'이란 구체적으로 무엇일까? 이 '덕'의 내용을 구체적으로 파악해야 오늘의 정치 상황에 맞게 응용하고 활용할 수 있을 것이다. 동양사상에서 이 '덕'이라는 개념을 정확히 파악하기 위해서는 그 상위개념이라고 할 수 있는 '도(道)' 개념을 먼저 이해하고, 또 이 두 개념의 관계 속에서 '덕' 개념을 이해할 필요가 있다고 하겠다.

먼저 '도(道)' 자를 보면 갑골문에는 '道' 자가 보이지 않고 금문(金文)에 처음 보이는데, 그 본래의 의미는 「주역(周易)」의 도와 같이 도로였다. "사회적 실천활동 범위의 확대와 사람들의 사유능력의 제고에 따라 도의 의미도 점차 확대되었다. 「상서」에서는 도의

---

* 제1장은 「한국행정학보」(한승연, 2017b)에 게재된 같은 제목의 논문을 일부 수정한 것임.

1) 선진시기에는 '書'로만 불렸으며, 한대에 들어 「상서」로 이름 붙였다(劉起釪, 이은호 역, 2016: 33-35). 공영달(孔穎達)의 「상서정의(尙書正義)」 '序'에 따르면, "尙은 上이다. 상대로부터 전해오는 일을 적은 책이기 때문에 상서이다"(尙者上也. 言此上代以來之書 故曰尙書; 藝文印書館, 1981a: 5). 따라서 「상서」란 '상고의 역사기록'을 가리킨다. 송대에 와서 경전이라는 의미로 「서경」이라 불리게 되었다.

의미가 확대되어 황천(皇天)의 도, 왕도(王道) 및 구체적인 이치와 방법이 되었다. 「시경(詩經)」에서의 도 또한 이치와 방법이었다"(張立文, 권호 역, 1995: 35).

다음으로 '덕' 자를 보면, 갑골문에서 '덕'의 어원은 '𢛳'로서 곧을 직(直) 자이고, 눈으로 길이 곧은지를 보는 것을 상형한 것으로 똑바로 걸어간다는 의미도 있다. 그래서 글자의 형태로 볼 때 순행과 시찰을 의미한다. 금문의 덕(悳)은 갑골문의 치(値)와 같고 나중에 심(心)이 추가되어서 '德'이 되었다(徐中舒, 1988: 168-169). 덕자는 여러 가지가 있는데, '直'과 '心'을 결합한 '悳'은 '정직한 마음' 또는 '바른 마음'을 나타내거나, '德'처럼 '直'과 '心'에 '彳'을 합쳐 쓰기도 한다. 어떻게 쓰든 '直'의 의미가 두드러진다. 따라서 덕이란 길을 순행하거나 시찰하면서 곧은 지를 살피는 것 또는 그 길에서 바른 마음을 얻는 것으로 볼 수 있다.

「상서」에 나타난 도와 덕의 관계를 보면, "덕은 하늘을 감동시켜 멀어도 오지 않음이 없으니, 차면 덞을 부르고 겸손하면 더함을 받는 것이 천도"이다.[2] 곧 천도는 차고 모자람이 없는 중정을 의미하고, 이 중정을 바탕으로 덕을 베풀어 하늘을 감동시키면 군주가 원하는 정치적 목적을 달성할 수 있다는 뜻으로 볼 수 있다. 그리고 이 "천도는 선한 자에게 복을 내리고, 음탕한 자에게 재앙을 내리"기 때문에 "천도를 공경하고 높여야 천명을 길이 보존할" 수 있다.[3] 이렇게 볼 때 인간의 삶을 주재하는 천(天)과 이 천을 섬기는

---

2) 惟德動天, 無遠弗屆, 滿招損, 謙受益, 時乃天道('대우모(大禹謨)'). '천도'라는 용어는 「금문상서」(今文尙書)에는 없고, 「고문상서」(古文尙書)에 등장한다. 실제 '천도' 내지 '天之道'라는 말은 춘추시대의 기록인 「좌전(左傳)」과 「국어(國語)」에 다수 등장하는 것으로 볼 때 이 용어는 춘추시대에 보편화된 것으로 보인다.

길로서 덕을 실천해야 하는 실천주체인 인간 사이에는 천도라는 것이 있어서 이 둘을 매개함을 알 수 있다. 다시 말해 인간 행위의 결과는 하늘과 땅 사이를 가득 채우고 있는 천도를 통해 천으로 전달되고, 천은 그에 대한 처분의 결과를 다시 천도를 통해 인간의 삶에 시현하는 구조로 되어 있다.

「상서」에서 말하는 황천지도 내지 천도란 자연의 순환적 질서를 의미하는데, 자연의 질서는 인간이 마땅히 따라야 할 뿐이다. 이처럼 도는 인간이 걷는 길이므로 인간 밖에 있지 않고 내재해 있기 때문에 도에 머물려면 중정을 지켜야 하는 것이다. 따라서 도는 원래 도로를 의미했으나 황천지도 내지 천도 등 인간이 마땅히 따라야 하는 당위 관념을 나타내는 말로 사용되면서 "걸어갈 것을 요청받은 당위의 길"을 의미하게 되었다(溝口雄三, 1987: 78). 그러니까 인간이 마땅히 따라야 하는 당위의 길이 도이고, 이 도를 실천하는 것이 덕이라고 할 수 있다.

이와 같이 도란 덕이 존재할 수 있는 근원이기 때문에 도와의 관계를 고려하지 않은 '덕' 개념은 존재할 수 없는 것이다. 실제 「상서」에서는 '천' 개념이 절대적 비중을 차지하는 반면 '도' 개념은 그다지 큰 비중을 차지하지 않지만, 그것이 내포하는 보편성과 당위성은 계속 발전하다가 제자백가의 논쟁을 거치며 도는 동양사상의 가장 근원적인 개념 중의 하나가 되었다.

그동안 중국의 '道'에 관한 체계적인 연구로는 중국인민대학의 張立文 외 4명의 학자가 「중국철학범주정수」(中國哲學範疇精粹) 총서의 하나로 연구한 「道」(1989)가 거의 유일하다. 이 책에 따르면

---

3) 天道福善禍淫('탕고(湯誥)'); 欽崇天道, 永保天命('중훼지고(仲虺之誥)').

「금문상서」 28편을 기준으로 할 때, '도' 개념은 하늘의 도(皇天之道), 왕도(王道), 규칙, 방법 등을 의미하며, "하나의 명사 개념이지만, 의미가 벌써 비교적 풍부하여 추상적 이론사유의 맹아가 들어 있다"(권호 역, 1995: 38-40). 또한 중국과 일본의 '도' 개념을 전반적으로 비교 연구한 溝口雄三(1987: 79)은, 중국의 '도' 개념이 도로(赤道, 糧道), 방법(市道, 覇道), 조리(公道, 婦道), 도덕(大道, 王道), 존재의 근거(天道, 悟道) 등을 의미하고, 이들 다섯 가지가 서로 교류하면서 전체적으로 '도'라는 말의 의미확장이 일어난 것으로 분석하고 있다.

다음으로 '덕' 개념에 대한 기존연구를 소개하면 다음과 같다. '덕' 개념을 비교적 심도 있게 연구한 김형중에 따르면(2002: 10, 15-16), 복사(卜辭)를 볼 때 덕의 어원은 통치자인 왕의 '순시'·'정벌'(혹은 '사냥' 포함)을 지칭했고, 이 글자에 '心'이 결합되어 은주(殷周)의 교체기를 전후해서 새로운 글자인 '德'자가 등장했다는 것이다. 나아가 서주 초기에는 이 덕의 의미확장이 일어나 '덕'은 위정자의 행위, 즉 '통치 행위' 내지 '통치행위 전반'을 지칭하게 되었다. 후속연구에서 그는 공자와 맹자, 순자 등 동양의 성현들은 대체로 덕을 가르칠 수 있다고 보았음을 규명하였다(김형중, 2011a: 84-94).

이에 반해 조성열(2012)은 춘추시대 문헌들을 분석하여, 서로 다른 씨족집단이 결속하여 하나의 공동체를 이루고 서로 다른 구성원들이 분열하지 않고 조화로운 상태를 유지할 필요가 있었던 춘추시대의 사회상을 반영하여, 덕의 궁극적인 지향점은 사회의 통합을 의미하는 '하나되기'였음을 밝혔다. 이와 함께 춘추시대에 덕과 관련된 다양한 논의들이 점차 겸양, 예, 의, 인 네 개념을 중심으로 수렴되는 경향을 보이며 전국시대로 넘어간다는 사실을 규명하였다. 엄연석(2004)은 「상서」의 덕은 군주의 통치를 정당화시키며 위로 하늘로부터 아래로 백성에 이르기까지 신뢰를 얻게 하는 도덕적 가치임을 밝혔다. 이택용(2014)은 「상서」의 덕은 '특정 존재에 요구되는 이상적 역할을 해내는 특성' 곧 '다움'으로 정의하고, 덕의 기준이 되는 '이상적 역할'은 당시의 사회적 관습에 의해 규정된다는 사실을 규명하였다. 그 밖에 춘추전국시대에 포괄적 '덕' 개념이 형성되는 과정을 밝힌 김형중(2011b; 2011c)의 연구들이 있다.

이처럼 「상서」의 '도'와 '덕' 개념은 동양사상을 이루는 가장 근원적인 개념인데도 그동안 별로 연구되지 못했다. 특히 도의 실천 원리인 덕은 현실의 정치에 직접 작용하는 원리인데도 이에 대한 연구는 이제 겨우 시작 단계라고 할 수 있다. 이에 이 연구에서는 「상서」의 '도'와 '덕' 개념을 분석하여 그동안 연구가 미진했던 '덕' 개념, 특히 도와의 관계에서 '덕' 개념의 구체적인 내용을 분석하기로 한다. 이를 통해 도와 덕이 현실정치에서 어떻게 책임정치를 구현하기 위한 기제로 작동할 수 있는지를 규명하고자 한다.

연구방법은 사료의 분석을 통해 사실을 확인하는 역사적 접근방법이고, 이를 위해 현존하는 「상서」 가운데 「금문상서」 28편을 주로 분석하고,4) 위작으로 판명된 「고문상서」도5) 분석을 위해 필요

---

4) 「우서(虞書)」- '요전(堯典)'('순전(舜典)' 포함), '고요모(皐陶謨)'('익직(益稷)' 포함), 「하서(夏書)」- '우공(禹貢)', '감서(甘誓)', 「상서(商書)」- '탕서(湯誓)', '반경(盤庚)'(上・中・下), '고종융일(高宗肜日)', '서백감려(西伯戡黎)', '미자(微子)', 「주서(周書)」- '목서(牧誓)', '홍범(洪範)', '금등(金縢)', '대고(大誥)', '강고(康誥)', '주고(酒誥)', '재재(梓材)', '소고(召誥)', '낙고(洛誥)', '다사(多士)', '무일(無逸)', '군석(君奭)', '다방(多方)', '입정(立政)', '고명(顧命)'('강왕지고(康王之誥)' 포함), '여형(呂刑)', '문후지명(文侯之命)', '비서(費誓)', '진서(秦誓)' 등 28편을 분석하였다. 분석의 저본은 「書經集傳」(蔡沈 성백효 역주, 2011a; 2011b)을 사용함. 「상서」의 인용문은 편명만 제시하고 인용 쪽번호는 생략함.

5) 「고문상서」에는 동진(東晉) 시대 매색(梅賾)의 위탁이 들어 있어서 위작으로 보지만, 그렇다고 그 내용이 허위라고 볼 수는 없고 과거부터 구전되던 내용 중 일부는 기록될 당시에 통용되던

한 경우에는 함께 분석한다. 덕의 구체적인 내용은 「금문상서」에서 '덕' 자가 출현하는 앞뒤 문장의 문맥을 살펴서 최대한 추정하는 방법을 사용하였다. 앞에서도 설명했듯이 서주 초기에 덕의 의미확장이 일어나 '통치행위 전반'을 지칭하며 훗날 유가 사상의 핵심 개념인 '덕' 개념이 확립된다. 따라서 '덕' 개념에 포함된 내용이 하·은·주의 시대적, 상황적 추이에 따라 변화하는 과정을 이해하기 위해서는 통계적 분석방법이 무엇보다 효과적일 것이다. 역사학에서 계량적 방법은 개연성이 높은 사실을 발견하고 새로운 가설이나 유형을 정립하는 데 많은 도움을 주지만, 한편으로 다수에 대한 맹신이 초래하는 위험성도 따를 수 있다(김한규, 1982: 8). 그래서 이 연구에서는 「상서」에 등장하는 '덕' 개념의 출현빈도와 함께 「좌전(左傳)」과 「국어(國語)」, 「사기(史記)」, 「관자(管子)」 등에 등장하는 덕의 용례를 분석하여 이러한 문제를 보완하였다.

용어로 기록된 것으로 볼 수 있다.

II. 「상서」의 '道' 개념

「상서」의 '도' 개념을 정확히 이해하기 위해서는 Ⅰ절에서도 설명했듯이 천과 도의 관계를 살펴보아야 한다. 「상서」에서 '천'은 은나라의 절대적 궁극자인 '제(帝)'를 대신하는 주나라의 절대자로 등장한다. "광대한 하늘을 공경히 따라서"(欽若昊天; '요전'), 하늘이 법을 내려주니 5전(五典)을 바로잡고, 하늘이 덕이 있는 사람을 등용하고 또 죄가 있는 사람을 벌준다,[6] "하나라가 죄가 많아서 하늘이 명하여 정벌하게 하다",[7] "하늘이 이미 부명으로 덕을 바로잡으니",[8] "황천 상제가 그 원자와 이 대국인 은나라의 명을 바꾸었으니"[9] 등과 같이 「상서」의 '천'은 천체의 운행을 통해 인간사회의 흥망성쇠를 관장하는 인격신적 성격을 갖는다. 따라서 인간은 상제의 의사표시에 절대 복종해야 할 뿐이다. 이에 반해 「상서」의 '도'는 당위성과 보편성을 띠지만 초월적 주재자의 성격은 갖지 않는다(溝口雄三, 1987: 78). 도의 구체적인 용례를 살펴보면 다음과 같다.

먼저 "아홉 개의 강이 이미 물길을 따르며, …… 우이가 이미 경략되니 유수와 치수가 옛 물길을 따른다. …… 타와 잠이 이미 물길을 따르니, 운택에서 흙이 나오고 몽택이 다스려졌다"고 했는데,[10] 여기서 도는 길 또는 도로를 뜻하지만, 물길을 인위적으로

---

6) 天敍有典, 勅我五典, …… 天命有德, 五服五章哉. 天討有罪, 五刑五用哉('고요모').

7) 有夏多罪, 天命殛之('탕서').

8) 天旣孚命正厥德('고종융일').

9) 皇天上帝改厥元子玆大國殷之命('소고').

10) 九河旣道. …… 嵎夷旣略, 濰淄其道. …… 沱潛旣道, 雲土夢作乂('우공').

만들 경우는 방법이 될 수도 있다.

둘째, "편벽됨이 없고 기욺이 없어 왕의 義를 따르며, 뜻에 사사로이 좋아함을 일으키지 말아 왕도를 따르며, 뜻에 사사로이 미워함을 일으키지 말아 왕도를 따르라. 편벽됨이 없고 편당함이 없으면 왕도가 탕탕하며, 편당함이 없고 편벽됨이 없으면 왕도가 평평하며, 常道에 위배됨이 없고 기욺이 없으면 왕도가 정직할 것이니 그 極에 모여 그 極에 돌아올 것이다"고 했는데,11) 여기서 도는 왕도를 뜻한다. 이 편은 주나라 무왕이 은나라를 정벌하고 기자(箕子)를 찾아가 천도를 묻자 홍범구주를 설파한 것이다(「사기」 권38, '송미자세가(宋微子世家)' 제8).12) 왕도는 역시 이 '홍범' 편에서 말하는 황극(皇極)으로서 군주가 세우는 표준·법 등을 말한다(皇極皇建其有極). 왕도를 황극으로 전제할 수 있는 것은 동양의 성군전제주의에서는 철인왕이 현능한 신하들의 의견을 들어서 스스로 나라에 적용할 법과 표준을 세우기 때문이다.

셋째, "사람들이 작은 죄가 있더라도 모르고 지은 죄가 아니면 바로 끝까지 저지른 것으로, 스스로 떳떳하지 않은 일을 하여 이와 같이 된 것이니, 그 죄가 작더라도 죽이지 않을 수 없다. 큰 죄가 있더라도 끝까지 저지름이 아니면 바로 모르고 지은 죄이거나 마침 이와 같이 된 것이니, 이미 그 죄를 말하여 다하였거든 이에 죽이

---

11) 無偏無陂, 遵王之義, 無有作好, 遵王之道, 無有作惡, 遵王之路. 無偏無黨, 王道蕩蕩, 無黨無偏, 王道平平, 無反無側, 王道正直, 會其有極, 歸其有極('홍범').

12) 그 대강은, "하늘은 큰 법칙 아홉 가지를 禹에게 주니, 상도가 다시 순서를 찾게 되었다. 첫째가 오행(五行)이고, 둘째가 오사(五事)이고, 셋째가 팔정(八政)이고, 넷째가 오기(五紀)이고, 다섯째가 황극(皇極)이고, 여섯째가 삼덕(三德)이고, 일곱째가 계의(稽疑)이고, 여덟째가 서징(庶徵)이고, 아홉째가 오복(五福)을 누리는 것과 육극(六極)을 피하는 것이다"(天乃錫禹鴻範九等 常倫有序. 初一日五行 二日五事 三日八政 四日五紀 五日皇極 六日三德 七日稽疑 八日庶徵 九日嚮用五福畏用六極). 「사기」 원문은 '한국의 지식콘텐츠' 홈페이지에서 제공하는 「흠정사고전서(欽定四庫全書)」본을 사용함(이하 같음).

지 말아야 한다"에서[13] 도의 문자 그대로의 의미는 '말함'이지만, 張立文(권호 역, 1995: 39)에서는 판결의 도, 곧 형벌을 판결하는 도리 또는 원칙으로 해석하고 있다.

넷째, "하늘은 믿을 수 없으나 우리의 도는 오직 寧王(무왕)의 덕을 연장하여 하늘이 문왕께서 받으신 명을 놓지 않게 하는 것이다"에서[14] 도는 국가를 다스리는 방법·수단이다.

마지막으로 "황천이 그 도를 순히 하여 사방을 맡기시고, 이에 명하여 侯를 세우고 울타리를 세우심은 그 뜻이 우리 후인에게 있으시니 ……"에서[15] 하늘의 도는 "천수(天數) 운행 법칙의 의미를 내포하고 있다"(張立文, 권호 역, 1995: 38).

이와 같이 「금문상서」에는 '도' 자의 용례가 많지 않으며, 아직 '천도'라는 용어는 등장하지 않지만, 「고문상서」에는 '천도'라는 용어가 5번 등장한다. 곧 '대우모'와 '중훼지고', '탕고', '열명중(說命中)', '필명(畢命)' 등에 등장하는데, 앞 3편의 용례는 이미 Ⅰ절에서 소개했고, 나머지 2편의 용례를 소개하면 다음과 같다.

먼저 부열(傅說)이 은나라 고종(武丁)에게 진언하기를, "밝은 왕이 천도를 받들어 邦을 세우고 도읍을 설치해서 后王과 君公을 세우고 大夫와 師·長으로 받들게 함은 군주가 편안하고 즐겁게 하려는 것이 아니라 오직 백성을 다스리기 위함 입니다"고[16] 했다. 이렇듯 고종은 원래 죄수였던 부열을 재상으로 발탁하고 그의 간언을 받아들여서 "무정이 정사를 바로잡고 덕을 베푸니 천하가 모두 기

---

13) 敬明乃罰. 人有小罪, 非眚乃惟終, 自作不典式爾, 有厥罪小, 乃不可殺. 乃有大罪, 非終, 乃惟眚災, 適爾. 旣道極厥辜, 時乃不可殺('강고').

14) 天不可信. 我道惟寧王德延, 天不庸釋于文王受命('군석').

15) 皇天用訓厥道, 付畀四方. 乃命建侯樹屛, 在我後之人('강왕지고').

16) 明王奉若天道, 建邦設都. 樹后王君公, 承以大夫師長. 不惟逸豫, 惟以亂民('열명중').

뼈하고 은나라의 도가 부흥했다."[17] 여기서 천도는 정치공동체의 존재이유를 제시함으로써 그 정당성을 제공하고 있다.

다음으로 "세록의 家는 능히 禮를 따르는 이가 적어 방탕하여 덕을 능멸하고 실로 천도를 어지럽히며, 교화를 무너뜨려 사치하고 화려함이 만세에 한 가지로 흐른다"에서[18] 천도는 덕과 예를 따르는 것으로써 정치권력자에 대한 규율을 의미한다. 이 구절에는 유가의 냄새가 깊이 배어 있다.

이렇게 볼 때 중국사에서 '도'라는 개념은 이미 주나라 이전부터 존재했으나 서주 초기에는 '덕' 개념에 비해 널리 쓰이지는 않았음을 알 수 있다. 그 이유는 후대에 쓰인 「도덕경(道德經)」에서 유추할 수 있다. 곧 "도를 잃은 뒤에 덕이요, 덕을 잃은 뒤에 仁이요, 仁을 잃은 뒤에 義요, 義를 잃은 뒤에 禮라"(「도덕경」 제38장; 金呑虛 역, 2011: 10)고 했다. 이는 도가가 유가의 덕치나 인의예지를 폄하하는 것으로 볼 수도 있으나 역사적 사실이기도 했다. 곧 "서주 초기 주공(周公)은 덕을 주장했고, 춘추 말기 공자는 인을 제시했다. 전국시대 중엽에 들어와 맹자는 의를 제시했고, 전국 말기 순자는 예를 강조했다." 이처럼 "역사적으로 '인'의 시대, '덕'의 시대, '의'의 시대, 그리고 '예'의 시대가 존재했다는 것은 사실이다"(이중톈, 심규호 역, 2013: 325-326). 서주 초기에 주공이 덕을 주장한 것은 도의 시대, 곧 원시시대에나 있었을 법한 '대동사회'는 이미 지나가버렸기 때문에 어쩔 수 없이 덕으로써 정치질서를 바로잡으려 했던 것 같다.

---

17) 武丁修政行德, 天下咸驩, 殷道復興(「사기」 권3, '은본기(殷本紀)' 제3).
18) 世祿之家, 鮮克由禮, 以蕩陵德, 實悖天道, 敗化奢麗, 萬世同流('필명').

한편 이 도는 사용하는 주체에 따라 그 결과가 정반대로 나타날 수도 있다. 곧 「한비자(韓非子)」 '해로(解老)' 편에 따르면, "성인은 도를 얻어서 문물과 제도를 이루었다. 도는 요·순을 만나서는 함께 지혜로웠고, 접여를 만나서는 같이 미쳤으며, 걸·주를 만나서는 함께 멸망했고, 탕왕과 무왕을 만나서는 함께 번창했다."[19] 당 송팔대가의 영수인 당나라 한유(韓愈, 768-824)도 '원도(原道)'에서 "인과 의는 구체적인 실체요, 도와 덕은 추상적인 개념이다. 그러므로 도에는 군자와 소인의 도가 있고, 덕에는 흉한 것과 길한 것이 있다"(오수형 역, 2010: 468-469)고[20] 하였다.

　요컨대 서주 초기 도란 군주 내지 지배자들이 천명에 따라 덕을 실천할 때 준거로 삼아서 마땅히 따라야 할 천지의 순환법칙이고, 이를 정치에 적용하면 정치공동체의 존재이유 내지 정치권력자에 대한 규율로서 통치의 원칙 내지 방법·수단 등 비교적 구체적인 의미를 띠는 것으로써 아직 고도의 추상적인 의미까지는 내포하지 않음을 알 수 있다. 다만 도는 사용하는 주체에 따라 그 결과가 달라지기 때문에 둥근 그릇에 담으면 둥근 모습을 띠고, 찌그러진 그릇에 담으면 찌그러진 모습을 띤다. 따라서 선한 군주가 이 도로써 선정을 베풀면 천하가 다스려지고, 악한 군주가 도를 어지럽히고 악정을 베풀면 천하가 어지러워진다. 그리고 이 도가 베풀어지는 방향을 결정하는 것은 도의 실천인 덕을 통해서이다.

---

19) 聖人得之以成文章. 道與堯舜俱智, 與接輿俱狂, 與桀紂俱滅, 與湯武俱昌(王先愼, 1991: 108).
20) 仁與義爲定名, 道與德爲虛位. 故道有君子小人, 而德有凶有吉.

Ⅲ. 「상서」의 '德' 개념

「금문상서」에는 모두 110회 정도의 '德' 자가 등장하는데, 이를 '덕' 개념이 구성하는 구체적인 내용을 기준으로 파악하면 복수의 내용을 포함하는 것도 있어서 모두 156회이고, 그 가운데 '덕'에 해당하는 것이 134회, '악덕'이 22회였다. 이들 '덕' 자의 용례를 보면 '큰 덕'(峻德; '요전'), '그윽한 덕'(玄德; '순전'), '그 덕'(厥德; '고요모'; '고종융일'; '소고' 등), '짐의 덕'(朕德; '익직'), '방일한 덕'(逸德; '입정'), '비덕'(非德; '반경'), '흉한 덕'(凶德; '다방') 등과 같이 표면상 의미가 추상적이고 모호한 것이 많다. 「상서」의 덕 개념을 연구한 鄭煥鍾(1989: 233-236)은 덕의 의미를 행위, 선·선행, 당위적 행위, 혜택·칭찬(獎賞), 덕의 총칭(위정자 개인 및 각종 정치와 교육 각 방면의 세목의 종합), 개인의 도덕적 수양, 덕이 있는 사람, 미덕, 성정(性情), 지상명령 등 10가지로 비교적 자세히 분석하고 있다.

한편 서주 초기에 덕을 논의하는 방식이 어떠했던가에 대한 단서가 「상서」에는 있다. 곧 고요(皐陶)와 우임금의 대화를 보면, "고요가 말하기를, 아! 훌륭합니다. 행실을 총괄하여 말할진댄 9덕이 있으니, 그 사람이 소유한 덕을 총괄하여 말할진댄 아무 일과 아무 일을 행했다고 말하는 것입니다"고[21] 한다. 다시 말해 어떤 사람이 덕이 있다고 관직에 추천할 때는 구체적으로 이러저러 한 덕이 있

---

21) 皐陶曰, 都, 亦行有九德, 亦言其人有德, 乃言曰, 載采采('고요모').

다고 명확하게 제시해야지, 그렇지 않고 두리뭉실하게 대충 말해서
는 안 된다는 것이다. 구체적인 덕의 내용은 계속되는 두 사람의
대화에서 확인할 수 있는데 바로 9덕(九德)이다. 곧 "禹가 무엇인
가? 하고 묻자, 고요가 다음과 같이 말하였다. 너그러우면서도 장엄
하며, 유순하면서도 꼿꼿하며, 삼가면서도 공손하며, 다스리면서도
공경하며, 익숙하면서도 굳세며, 곧으면서도 온화하며, 간략하면서
도 모나며, 굳세면서도 독실하며, 강하면서도 義를 좋아하는 것"이
라고[22] 하였다. 그리고 이 9덕 가운데 어떤 사람은 이러저러한 3덕
을 갖추었다거나 6덕을 갖추었다고 세세하게 알려주어야 한다는
것이다. 그런데 고요가 말하는 9덕을 하나하나 살펴보면, 각 덕은
서로 상반되는 듯한 특징들을 결합하고 있다(조성열, 2012: 16). 예
를 들어 '亂而敬'을 보면 다스림(亂)과 공경함(敬)이라는 행위의 특
징은 일견 서로 모순되는 것처럼 보이지만, 하나의 덕 안에서 이
두 가지를 동시에 충족할 것을 요구하고 있다. 이는 I절에서도 설
명했듯이 도에 머물려면 중정을 잡아야 하기 때문에 도를 현실에서
구현하기 위해 덕을 실천하는 과정에서도 중도를 지켜야 함을 강조
한 것이라고 할 수 있다.

---

[22] 禹曰, 何. 皐陶曰, 寬而栗, 柔而立, 愿而恭, 亂而敬, 擾而毅, 直而溫, 簡而廉, 剛而塞, 彊而義('고요모').

<표 1-1> 國別 「금문상서」의 '덕' 개념 분석

<복수계산, (   )은 출현빈도>

國名		덕의 내용	모두
廣書	수양	**개인수양**: 밝음(2), 곧으면서 온화함(直而溫), 공손함(恭), 굳세고도 독실함(剛而塞), 강하면서 의로움(彊而義), 독실함, 명철함, 간략하고도 모남(簡而廉), 사려 깊음, 삼가고 공손함(愿而恭), 온화함(溫), 유순하고 꼿꼿함(柔而立), 익숙하고도 굳셈(擾而毅), 너그럽고도 장엄함(寬而栗)(이상 각 1) = 15회 **선철왕의 덕**: 3德·6德(1), 9德(1) = 2회	덕-17
	통치	**인재등용**: 왕위사양·자리사양(3), 현자 천거(등용)(1) = 4회 **정치·행정**: 화합(2), 다스리면서도 공경함(亂而敬), 문덕(文德)(이상 각 1) = 4회 **기타**: 일반적인 덕(4) = 4회	덕-12
夏書	수양	**개인수양**: 덕을 공경함(祇德)(1) = 1회	덕-1
商書	통치	**백성 다스림**: 고아를 하찮게 여기지 않음, 백성을 위하는 덕(民德), 생업에 종사하게 함) (이상 각 1) = 2회 **형벌처리**: 잘못된 형벌을 쓰지 않음(1) = 1회 **인재등용**: 老成한 사람을 업신여기지 않음(1) = 1회 **기타**: 實德, 積德(이상 각 1) = 2회	덕-6
	수양	**선철왕의 덕**: 先(哲)王의 덕(2), 탕왕의 덕(1) = 3회	덕-3
	악덕	酒德, 허물을 고치지 않음/ 백성을 해침(夏德), 생업에 종사하며 즐겁게 살게 하지 못함(失德)/ 사덕(舍德), 상덕(爽德, 덕을 잃음), 凶德(이상 각 1) = 7회	악덕-7
周書	통치	**정치·행정**: 형벌보다 덕을 먼저 씀(4), 밝은 덕(明德)(4), 法度(떳떳한 법도)(2), 剛克, 神祇를 받듦(饋祀), 왕의 덕(王德, 后德, 帝德), 柔克, 의로운 덕(義德), 적당할 때 자리에서 물러남, 中德, 天德, 포용(容德), 회유(이상 각 1) = 20회 **백성 다스림**: 백성(소민)을 편안히 함(3), 길들임, 노인봉양, 백성을 순히 다스림, 백성이 향하고 따름, 백성의 허물을 자신의 잘못으로 여김, 백성이 중도를 지키게 함, 부유하게 함, 鰥寡를 돌봄(이상 각 1) = 11회 **인재등용**: 현자 천거(등용)(4), 훌륭한 인재등용(勤德)(2), 老成한 사람을 업신여기지 않음(2), 덕이 있는 사람 등용, 유능한 사람 등용(이상 각 1) = 10회 **형벌처리**: 신중한 형벌(2), 5刑의 공경, 덕의 말로 형벌을 행함(이상 각 1) = 4회 **기타**: 일반적인 덕(6), 드러난 덕(顯德)(2), 小德·大德, 향기로운 덕(香德), 民德(이상 각 1) = 11회	덕-56

周書	수양	**선철왕의 덕**: 문왕의 덕(6), 무왕의 덕(4), 3德·6德(3), 先(哲)王의 덕(3), 前人의 덕(3), 周公의 덕(2), 9德, 古人의 덕, 김公의 덕, 周德, 탕왕의 덕(이상 각 1) = 26회 **개인수양**: 덕을 공경함(祗德, 敬德)(5), 덕을 좋아함(好德)(2), 酒德을 삼감(2), 공경(敬, 齊), 안일하지 않음, 정직, 효도·효성(이상 각 1) = 13회	덕-39
	악덕	**개인수양**: 酒德(2), 사나움, 안일함, 위엄 **정치·행정**: 걸왕의 덕(桀德), 比德(사사로이 서로 比附하는 것), 형벌을 앞세우는 사나운 정사 **인재등용**: 포악한 자 등용(暴德) **기타**: 非德, 喪德, 紂王의 덕(受德), 지나친 덕(逸德), 포악한 덕(暴德), 凶德(이상 각 1) = 15회	악덕-15

그러면 이제부터 <표 1-1>을 통해 「금문상서」의 '덕' 개념을 국(國)별로, 분류 항목별로 분석하기로 한다. 이처럼 '덕' 개념을 구체적으로 분석할 수 있었던 이유는 앞에서 서술한 고요의 말, 곧 덕의 내용을 구체적으로 변론해야 한다는 데서 단서를 얻었다. 이에 「상서」에서 '덕' 자가 출현하는 각 구절의 앞뒤 문맥을 잘 살핀다면 덕의 구체적인 내용을 확인할 수 있을 것으로 보고, 실제 그렇게 한 결과 대부분의 경우 그 구체적인 내용을 확인할 수 있었다. 덕의 항목별 분류는 기존연구를 참고하여 우선 덕을 크게 덕과 악덕으로 나누었다. 鄭煥鍾(1989)의 분류는 단순히 나열식이어서, 이 연구에서는 「상서」의 덕이 정치적인 성격을 강하게 띠면서도 책임정치를 구현하기 위해 위정자의 수양을 강조한다는 점에서 덕의 항목을 선왕(先王)의 덕을 본받는 수양과 실제 덕치를 베푸는 통치로 나누었다. 수양 항목은 다시 선철왕(先哲王)의 덕과 개인수양으로 세분하고, 통치 항목은 정치·행정, 인재등용, 백성 다스림, 형벌처리, 기타 등으로 세분하였다. 통치 항목을 이렇게 분류한 이유는 「상서」의 덕은 대체로 특정한 정치 상황과 관련해서 논의되고 있

는 관계로 정치적 행위 또는 그에 수반된 주요 행위를 중심으로 분류하는 것이 자연스러웠기 때문이다.

<표 1-1>을 통해 덕의 출현 빈도를 국별로 보면「우서(虞書)」가 모두 29회,「하서(夏書)」가 1회,「상서(商書)」가 16회,「주서(周書)」가 110회인데, 이는「상서」가 주로 주나라의 역사를 기록한 책이어서 그렇다. 덕을 항목별로 분류하면 덕이 134회(85.9%)이고 악덕이 22회(14.1%)로 덕이 절대다수를 차지했다. 덕 중에서는 통치 항목이 74회(47.4%), 수양 항목이 60회(38.5%)로 통치 쪽이 좀 더 많았다. 국별로는「우서」와「하서」는 수양이 더 많았고,「商書」와「주서」는 통치 쪽이 더 많아서 상고시대부터 주나라로 올수록 수양보다는 통치를 위한 덕이 더 중요해졌음을 알 수 있다. 세부 항목별로 보면 선철왕의 덕이 31회(19.9%)로 가장 많았고, 개인수양이 29회(18.6%)로 두 번째로 많았다. 이 두 항목을 합치면 모두 60회(38.5%)로 전체 '덕' 개념 156회 가운데 1/3 이상을 차지한다. 정치·행정 관련 덕이 24회(15.4%)로 세 번째로 많았다. 곧「상서」에서 말하는 덕의 표준은 요·순·우·탕 등 선철왕들이 개인수양을 통해 획득한 덕이니, 후대의 왕들도 개인수양을 통해 이를 본받아서 덕치를 펴라는 것으로 이해할 수 있다. 그 밖에 인재등용이 15회(9.6%), 백성 다스림이 13회(8.3%), 형벌 처리가 5회(3.2%), 기타가 17회(10.9%)였다.

1. 「우서(虞書)」·「하서(夏書)」의 '덕' 개념

이들 '덕' 개념을 국별로 주요 내용을 분석하면 다음과 같다. 먼저 「우서」에는 모두 29회의 '덕' 자가 출현하는데 그중 수양 항목이 17회, 통치 항목이 12회로 수양 쪽이 더 많았다. 수양 항목 중에서는 개인수양이 15회로 전체의 절반 이상을 차지했고, 선철왕의 덕이 2회였다. 덕치를 펴기 위해서는 무엇보다 개인수양이 필요함을 단적으로 드러내고 있다고 하겠다. 다음으로 통치 항목에서는 인재등용과 정치·행정, 기타가 각각 4회였다. 개인수양 관련 항목 중에서는 '밝음'이 2회('순전'; '고요모')이고, 공손함(恭)과 독실함, 명철함, 사려 깊음, 온화함(溫) 등이 각 1회인데, 이 모든 용례들은 '순전' 편에서 볼 수 있다. 곧 "옛 순임금을 상고하건대 거듭 빛남이 요임금에게 합하시니, 깊고 명철하고 문채나고 밝으시며 온화하고 공손하고 독실하시어 그윽한 덕이 올라가 알려지시니, 요임금이 마침내 직위를 명하셨다. …… 舜은 덕 있는 사람에게 사양하고 잊지 않으셨다."23) 여기서 마지막에 나오는 '덕' 자의 문자 그대로의 의미는 '덕이 있는 사람'을 의미한다. 그리고 '그윽한 덕'(玄德) 앞에 있는 사려 깊음(濬), 명철함(哲), 문(文), 밝음(明), 온화함(溫), 공손함(恭), 독실함(塞) 등이 그윽한 덕을 이루는 각각의 행위 내용들이다.24) 이처럼 어떤 사람의 덕을 말할 때는 그 구체적인 내용을 들어서 말하는 것이다. 여기서 문(文)은 호전성과 전쟁의 원칙인 무(武)와 반대되는 것으로써 서주의 도덕과 문화의 원칙이었다(Rubin, 임철규 역, 1988: 26). 나머지 8항목은 앞에서 이미 서술했던 '고요모' 편의 9덕 중 정치·행정 항목으로 분류할 수 있는 다스리면서

---

23) 曰若稽古帝舜, 曰重華協于帝, 濬哲文明, 溫恭允塞, 玄德升聞, 乃命以位. …… 舜讓于德, 弗嗣.

24) 이 연구에서 '덕' 개념을 구성하는 구체적인 내용을 분석하는 방식은 이와 같다. 곧 하나의 '덕' 개념이 복수의 내용을 포함할 때는 이를 복수로 처리하였다. 예를 들어 '9덕'의 경우 9덕도 덕의 한 내용이 되지만, 9덕을 이루는 각각의 행위도 덕의 내용에 포함되므로 횟수는 모두 10회가 된다. 덕의 내용 중 일부는 덕의 작용의 결과를 의미하는 것도 있다.

도 공경함(亂而敬)을 제외한 8개 항목, 곧 너그럽고도 장엄함(寬而栗), 유순하고도 꼿꼿함(柔而立), 삼가고도 공손함(愿而恭), 익숙하고도 굳셈(擾而毅), 곧으면서도 온화함(直而溫), 간략하고도 모남(簡而廉), 군세고도 독실함(剛而塞), 강하면서도 의로움(彊而義) 등이다. 蔡沈의 주석에 따르면 "而는 말을 전환하는 말이니, 바로 말하고 뒤집어 응하는 것은 덕이 편벽되지 않음을 밝힌 것이니, 모두 이룬 덕이 저절로 그러함을 가리킨 것이요, 저것으로써 이것을 구제함을 말한 것이 아니다"(성백효 역주, 2011a: 108-109).

수양 항목 가운데 선철왕의 덕은 2회인데, '고요모' 편에서 옛 고요의 말을 상고하여 9덕을 말할 때, 3덕·6덕을 함께 말한 것이 있다. 이에 따르면 3덕을 가진 사람은 일가(一家)를 다스릴 수 있고, 6덕을 가진 사람은 일국(一國)을 다스릴 수 있으며, 인재를 널리 구하면 9덕을 가진 사람이 모두 관직에 있어서 서로가 서로를 본받기 때문에 만사가 순리대로 이루어진다는 것이다.[25] 곧 9덕 중 최소한 3덕을 갖춘 사람만이 관직에 오를 수 있으니, 관인(官人)은 선철왕의 가르침을 귀감으로 삼지 않을 수 없는 것이다. 정치권력자를 규율하여 통치의 원칙, 곧 도를 현실정치에서 구현하기 위해서는 위정자가 선철왕을 본받아 백성에게 덕을 베풀어야 하는 것이다.

다음으로 통치 항목 가운데 인재등용은 왕위사양·자리사양이 3회, 현자 천거가 1회였다. 자신이 아무리 유덕하고 유능한 사람일지라도 높은 관직에 천거를 받으면 그대로 수락하는 것이 아니라,

---

25) 日宣三德, 夙夜浚明有家, 日嚴祇敬六德, 亮采有邦, 翕受敷施, 九德咸事, 俊乂在官, 百僚師師, 百工惟時, 撫于五辰, 庶績其凝('고요모').

일단 자신보다 더 현능한 사람을 천거하여 자리를 양보하는 것이 진정 덕 있는 사람의 처신임을 알 수 있다. 이는 앞에서 소개한 '순전' 편의 요임금과 순(舜)의 대화에서 볼 수 있다.

정치·행정은 화합이 2회, 다스리면서도 공경함(亂而敬)과 문덕(文德)이 각각 1회씩 있었다. '화합'과 관련한 용례는 '요전' 편에 "능히 큰 덕을 밝혀 9族을 친하게 하시니 9족이 이미 화목하거늘, 백성을 고루 밝히시니 백성이 덕을 밝히며, 만방을 합하여 고르게 하시니, 여민들이 아! 변하여 이에 화하였다"가26) 있다. 이 경우는 덕의 작용의 결과 만방이 화합했음을 나타낸다. 천명으로 천하를 받은 군주라면 마땅히 큰 덕으로 백성이 화합하게 해야 할 책임이 있는 것이다.

기타에는 덕의 내용을 특정하기 곤란하고 포괄적인 의미를 갖는 '일반적인 덕'이 4회 있었다. 그 용례로는 '익직' 편에서 순임금이 고요에게 말하기를 "짐의 덕을 순하게 행함은 너의 공이 펴졌기 때문이니"27) 덕은 '일반적인 덕'을 의미한다. 「하서」는 물길을 다스리는 것이 주내용이어서 그런지 '덕' 자는 개인수양 항목의 '덕을 공경함(祇德)' 1회뿐이었다. 그 용례로는 '우공' 편에 우임금이 "나의 덕을 공경하여 솔선하니, 나의 행함을 어기지 않았다"고28) 말한 것이 있다. 이는 임금 스스로 덕을 공경할 때 비로소 자신이 행할 바를 어기지 않음을 말한 것이다.

---

26) 克明俊(峻)德, 以親九族, 九族旣睦, 平章百姓, 百姓昭明, 協和萬邦, 黎民於變時雍.

27) 帝曰, 迪朕德, 時乃功惟敍.

28) 祇台(이)德先, 不距朕行.

2. 「상서(商書)」의 '덕' 개념

「商書」의 '덕' 개념은 통치 항목이 6회, 수양 항목이 3회로 통치 쪽이 더 많았다. 통치 항목 중에는 백성 다스림이 2회, 형벌처리와 인재등용이 각각 1회, 기타가 2회였고, 수양 항목은 선철왕의 덕이 3회로 세부 항목 중 가장 많았고, 「우서」와 「하서」에는 출현하지 않았던 악덕이 7회 출현하는데, 덕과 악덕의 출현 빈도가 거의 비슷하다. 각 덕과 악덕의 용례를 보면 다음과 같다.

먼저 통치 항목 가운데 백성 다스림으로는 고아를 하찮게 여기지 않음과 백성을 위하는 덕(民德)이 각각 1회씩 있다. '고아를 하찮게 여기지 않음'의 용례로는 '반경상' 편에 "너희들은 노성(老成)한 사람을 업신여기지 말고 외로운 어린이들을 하찮게 여기지 말며, 각각 그 거처를 장구히 하여 힘써 너희들의 힘을 내어서 나 한 사람이 만든 꾀를 따르도록 하라. 멀고 가까움에 관계없이 죄악을 행하는 자는 그 죽임으로 벌을 주고, 덕을 따르는 자는 善을 표창할 것이니, 나라가 잘됨은 너희들 덕분이고, 나라가 잘못됨은 나 한 사람이 벌을 잘못 시행하기 때문이다"고[29] 한 데서 볼 수 있다. 여기서 '덕을 따른다'는 것은 앞줄에 있는 '노성한 사람을 업신여기지 않음'과 '외로운 어린이들을 하찮게 여기지 않음'을 의미한다. 특히 "나라가 잘됨은 너희들 덕분이고, 나라가 잘못됨은 나 한 사람이 벌을 잘못 시행하기 때문이다"는 데서 정치의 결과가 좋으면 모두 백성의 덕으로 돌리고, 설사 결과가 나쁘더라도 왕 한 사람(予一人)의 탓으로

---

29) 汝無侮老成人, 無弱孤有幼, 各長于厥居, 勉出乃力, 聽予一人之作猷. 無有遠邇, 用罪伐厥死, 用德彰厥善. 邦之臧, 惟汝衆, 邦之不臧, 惟予一人有佚罰.

돌리는 철저한 책임정치를 볼 수 있다. '노성한 사람을 업신여기지 않는다'는 것은 인재등용에서 나이에 상관없이 노성한 사람의 지혜를 높이 평가한다는 뜻이다. 훗날 문왕과 무왕은 늙은 낚시꾼인 강상(姜尙, 일명 강태공)을 발탁하여 주나라 건국의 위업을 이룬다.

다음으로 수양 항목 중 선철왕의 덕을 보면 선(철)왕의 덕이 2회, 탕왕의 덕이 1회 있었다. 「상서」에는 중국 역사상 이상적인 정치를 펼쳤던 요·순·우·탕 내지 황제(黃帝) 임금과 같은 사람들을 개별적으로 이름을 붙여서 부르기도 하지만, 이들을 총칭해서 선왕이나 선철왕 또는 전인(前人)으로 부르고 있다. '선(철)왕'의 용례로는 '반경상' 편에 "내가 스스로 이 덕을 황폐하게 하는 것이 아니라, 너희들이 덕을 감추어 나 한 사람을 두려워하지 않으니, 내가 불을 보듯이 분명하게 알건마는 나도 꾀가 졸렬하여 너희들의 잘못을 이룬 것이다"[30]고 했는데, 여기서 "이 덕"은 앞뒤 문맥을 고려할 때 '선왕의 덕'임을 유추할 수 있다. 뒤의 '덕을 감추다'(舍德)는 악덕을 의미한다. 탕왕의 덕으로는 '반경하' 편에 "이러므로 상제께서 장차 우리 고조의 덕을 회복하여 다스림이 우리 국가에 미치게 하시니"에서[31] 고조의 덕은 탕왕의 덕을 의미한다.

이들 선철왕들은 큰 덕을 닦아서 후손들의 제사를 받게 되는데, 어떤 덕을 닦아야 후손의 제사를 받을 수 있는지를 「국어」 장문중(臧文仲)과 전금(展禽)의 대화(BCE 625)에서 볼 수 있다. 제사의 원칙은 백성에게 법을 잘 시행하거나, 열심히 일하다 죽거나, 힘써 나라를 안정시키거나, 큰 재해를 방비하거나, 큰 우환을 막는 등의

---

30) 非予自荒玆德, 惟汝舍德, 不惕予一人, 予若觀火. 予亦拙謀, 作乃逸.

31) 肆上帝將復我高祖之德, 亂越我家.

일을 했을 때만 제사지낼 수 있었다.[32] 신농씨(烈山氏)는 곡물과 채소를 심어서 곡물신으로, 공공씨(共工氏)는 9주의 땅을 잘 다스려 토지신으로 제사를 받았다. 황제(黃帝)는 온갖 사물의 이름을 짓고, 백성을 밝게 가르치고, 재원을 공급하여 체제(禘祭)를, 제곡(帝嚳)은 해·달·별 삼신의 순서를 정하여 백성을 안정시켜 체제(禘祭)를, 요는 형법을 공평하게 적용해 백성이 준칙으로 삼게 하여 교제(郊祭)를, 우는 곤의 치수사업을 덕으로 완성시켜 종제(宗祭)를, 탕은 관대하게 백성을 다스리고 (桀의) 사악함을 제거하여 종제(宗祭)를 각각 제사 받았다. 이들 선철왕에 대한 이야기는 신화적인 요소가 강하지만 단순히 허구로만 치부할 수는 없고 모두 위정자들이 교훈으로 삼아야 할 내용들이다.

마지막으로 악덕을 보면 개인수양과 관련해서는 술에 빠짐(酒德), 허물을 고치지 않음이 각각 1회씩 있었고, 백성 다스림과 관련해서는 백성을 해침(虐德), 생업에 종사하며 즐겁게 살게 하지 못함 등이 각각 1회씩 있었다. 기타로는 사덕(舍德, 덕을 가림)과 상덕(爽德, 덕을 잃음), 흉덕(凶德, 흉한 덕)이 각각 1회씩 있었다. '주덕(酒德)'의 용례로는 은나라를 무너뜨린 주왕(紂王)의 이복형인 미자(微子)가 기자(箕子)와 비간(比干)에게 "우리 선조께서 공을 이룩하여 위에 진열해 계신데, 우리는 술에 빠져 주정하여 그 덕을 아래에서 어지럽히고 무너뜨립니다"고[33] 주왕이 술에 빠져 정사를 망치고 있음을 한탄한 것이 있다. 또한 '반경중' 편에는 백성이 생업에 종사하며 즐겁게 살게 하지 못함을 실덕(失德)이라 하였다.[34] 술은

---

32) 夫聖王之制祀也, 法施於民則祀之, 以死勤事則祀之, 以勞定國則祀之, 能禦大災則祀之, 能扞大患則祀之. 非是族也, 不在祀典('노어상(魯語上)' 주양왕 27년; 韋昭, 1975: 117).

33) 我祖底(지)遂陳于上, 我用沈酗于酒, 用亂敗厥德于下('미자').

잘 쓰면 약이 되지만 주왕처럼 술에 빠지면 공적인 일과 사적인 일을 모두 망치기 때문에 악덕이 되듯이, 덕은 군자가 쓰면 길덕(吉德)이 되고 악인이 쓰면 곧장 악덕이 되는 것이다.

3. 「주서(周書)」의 '덕' 개념

「주서」의 '덕' 개념을 살펴보면 통치 항목이 56회, 수양 항목이 39회로 통치 쪽이 수양보다 1.4배 정도 더 많았고, 악덕이 15회였다. 통치 항목 중에서는 정치·행정이 20회로 가장 많았고, 백성 다스림이 11회, 인재등용이 10회 등으로 10회 이상 출현했고, 그 밖에 형벌처리가 4회, 기타가 11회였다. 수양 항목 중에서는 선철왕의 덕이 26회로 가장 많았고, 개인수양은 13회로 나타나 전자가 후자보다 2배나 많았다. 이는 주나라를 세운 무왕이 죽은 뒤 후대의 왕들은 주나라 이전의 선철왕의 덕뿐 아니라 주나라의 건설자인 문왕과 무왕, 주공의 덕 등을 자주 논의하였기 때문이다. 따라서 「상서」의 '덕' 개념은 김형중(2002)이 이미 지적했듯이 '바른 마음'을 넘어서 통치행위 전반을 의미하는 대단히 넓은 개념이라고 할 수 있다. 각 덕과 악덕의 용례를 보면 다음과 같다.

먼저 통치 항목 중에서 정치·행정을 보면, 형벌보다 덕을 먼저 씀과 밝은 덕(明德)이 각각 4회로 가장 많았고, 떳떳한 법도가 2회였다. '형벌보다 덕을 먼저 씀'은 덕치에서 매우 중요한 덕목인데, 용례로는 주공이 아우인 강숙(康叔)에게 고명한 "너의 크게 드러나

---

34) 汝萬民乃不生生, 暨予一人猷同心, 先后丕降與汝罪疾. 曰, 曷不暨朕幼孫有比. 故有爽德, 自上其罰汝, 汝罔能迪.

신 아버지 문왕께서 능히 덕을 밝히고 형벌을 삼가셨다"가[35] 있다. 「주례(周禮)」 '추관 대사구(大司寇)'에 형벌을 쓰는 차례가 나와 있다. 곧 "새로운 국가에는 가벼운 법을 적용하고, 평화로운 국가에는 일상적으로 쓰는 법을 적용하고, 어지러운 국가에는 무거운 법을 적용한다."[36] 문왕은 역사상 문덕이 탁월한 인물이고, 주공과 강숙은 주나라 초기의 인물이기 때문에 마땅히 이를 본받아 가벼운 법을 적용해야 하는 것이다. '밝은 덕'의 용례로는 "이제 왕께서 말씀하시기를 '선왕이 모두 부지런히 밝은 덕을 써서 회유하여 가까이 하시니, 여러 나라가 물건을 바쳐 형제가 되어 사방에서 와서 또한 모두 밝은 덕을 썼으니, 後王이 떳떳한 법을 써서 백성을 편안하게 하겠다' 하시면 여러 나라가 크게 물건을 바칠 것입니다"가 있다.[37]

여기서 '밝은 덕'이란 '떳떳한 법을 써서 백성을 편안히 하는 것' 이다. 그 밖에 강극, 유극, 신기(神祇)를 받듦, 왕의 덕(王德), 의로운 덕(義德), 적당할 때 자리에서 물러남, 중정의 덕(中德), 하늘의 덕(天德), 포용(容德), 회유 등이 각각 1회씩 있었다. '적당할 때 자리에서 물러남'의 용례로는 "이 두 사람에게 있어 하늘의 아름다움이 불어나 이르거든 우리 두 사람이 감당할 수 없을 것이니, 너는 능히 덕을 공경하여 우리의 준걸스러운 백성을 밝혀야 할 것이니, 크게 성할 때에 후인들에게 사양함이 있어야 할 것이다"가[38] 있다. 이는 주공이 소공에게 한 말로써 덕을 공경하여 관직에 머물다가 적당한 때에 뒷

---

35) 惟乃丕顯考文王, 克明德愼罰('강고').

36) 一曰刑新國用輕典, 二曰刑平國用中典, 三曰刑亂國用重典(藝文印書館, 1981c: 516).

37) 今王惟曰, 先王旣勤用明德, 懷爲夾, 庶邦享, 作兄弟方來. 亦旣用明德, 后式典集, 庶邦丕享('재재').

38) 在時二人. 天休滋至, 惟時二人弗戡, 其汝克敬德, 明我俊民, 在讓後人于丕時('군석').

사람에게 사양하고 스스로 물러나는 것이 덕임을 말한 것이다.

「상서」에서 도에 머물기 위해 가장 중요한 '중정의 덕'의 용례로는 "너희들은 노인과 임금에게 크게 봉양하고서야 너희들의 음식을 먹어 취하고 배부르고", "너희는 길이 보고 살펴서 일을 함에 中德을 상고하고서야 궤사(饋祀)를 올리리니, 너희가 스스로 도와 잔치할 수 있을 것이다"가[39] 있다. 관리는 노인과 군주를 먼저 봉양한 다음에야 먹을 수 있고, 중정의 마음으로 일을 하고서야 신에게 제사를 올리고 스스로도 잔치를 즐길 수 있는데 그 모든 시작은 효도이다.

둘째, 백성 다스림으로는 백성을 편안히 함이 3회로 가장 많았고('강고'; '재재'; '문후지명'), 길들임('문후지명'), 노인봉양('주고'), 백성을 순히 다스림('소고'), 백성이 향하고 따름('군석'), 백성의 허물을 자신의 잘못으로 여김('무일'), 백성이 중도를 지키게 함('여형'), 부유하게 함('홍범'), 환과(鰥寡)를 돌봄('여형') 등이 각각 1회씩 있었다. 이를 통해 보면 환과고독을 보살피고, 백성을 부유하게 하고 잘 길들여 잘 따르게 하고 중도를 지키게 가르침으로써 백성을 순히 다스려 편안히 하는 것이 군주의 덕임을 알 수 있다. 더욱이 백성의 허물을 백성의 탓으로 절대 돌리지 않는 것이 덕이다.

셋째, 인재등용에서는 현자(賢者) 천거(등용)가 4회로 가장 많았고, 훌륭한 인재등용(勤德)과 노성한 사람을 업신여기지 않음이 각각 2회, 덕이 있는 사람 등용, 유능한 사람 등용이 각각 1회로 나타났다. 이처럼 인재등용에서는 한결같이 어질고 훌륭한 인재, 노성하고 덕이 있는 인재, 유능한 인재를 등용해야 함을 알 수 있다. 반대로 무능하고 포학한 사람을 등용한다면 곧장 악덕이 되는 것이다.

---

39) 爾大克羞耇(惟君), 爾乃飮食醉飽. 丕惟曰, 爾克永觀省, 作稽中德, 爾尙克羞饋祀, 爾乃自介用逸('주고').

용례를 보면 "옛사람들은 이 道를 잘 행하였으니, 하나라가 왕실이 크게 강하자 준걸스러운 자들을 불러 상제를 높이니, 9덕의 행실을 실천하여 알고 참으로 믿고서 마침내 감히 그 임금에게 고하여 가르치기를, …… 얼굴만 보고 도모하여 덕에 크게 순하다고 여겨서 마침내 사람을 거하게 하면 이 3宅에 義民(賢者)이 없을 것입니다"가[40] 있다. 하나라나 은나라가 강성할 수 있었던 것은 군주들이 뛰어나고 어진 인재를 많이 등용한 까닭이므로, 군주의 덕은 결국 훌륭한 인재를 등용하는 것으로 귀결됨을 알 수 있다. '유능한 사람 등용'의 용례로는 "사람 중에 재능이 있고 施爲함이 있는 자를 그 행함에 나아가게 하면 나라가 번창할 것이다. 무릇 正人(벼슬아치)들은 부유하게 한 뒤에야 비로소 善하니, 네가 하여금 집에서 좋아함이 있게 하지 못하면 이 사람이 죄에 빠질 것이다. 그리고 덕을 좋아하지 않는 이에게 네가 비록 복을 주더라도 이는 네가 허물이 있는 사람을 씀이 될 것이다"가[41] 있다.

「예기(禮記)」에 "사마가 관직에 오를 인재를 변론하면, 진사 중 어진 자를 논평하여 왕에게 보고하여 가부를 결정한다. 논의가 결정된 뒤에 관직을 맡기고, 관직을 맡긴 뒤에 작위를 주고 녹을 준다"고 하였다.[42] 이처럼 관리는 적절한 절차를 거쳐서 신중하게 임명해야 하는 것이다. 고위직은 덕이 있는 사람을 임명하기 때문에 어질다(賢)고 하고, 실무직은 실무를 맡기기 때문에 유능하다(能)고 부른다(蔡

---

40) 古之人迪惟有夏, 乃有室大競, 籲俊尊上帝, 迪知忱恂于九德之行, 乃敢告教厥后曰, …… 謀面用丕訓德, 則乃宅人, 玆乃三宅無義民('입정').

41) 人之有能有爲, 使羞其行, 而邦其昌, 凡厥正人, 既富方穀. 汝弗能使有好于而家, 時人斯其辜, 于其無好德, 汝雖錫之福, 其作汝用咎('홍범').

42) 司馬辯論官材, 論進士之賢者, 以告於王而定其論, 論定然後官之, 任官然後爵之, 位定然後祿之('왕제(王制)'; 藝文印書館, 1981d: 259).

沈, 성백효 역주, 2011a: 373-374). 공직에는 훌륭한 사람을 등용해야지 악덕의 사람은 비록 남보다 뛰어난 재주가 있더라도 자리를 주어서는 안 될 것이다. 왜냐하면 "하늘의 뜻을 받들어 백성을 다스리는 관리(天吏)로서 지나친 덕은 맹렬한 불보다 더하기" 때문이다[43].

넷째, 형벌처리 관련 항목으로는 신중한 형벌이 2회, 5형(刑)의 공경, 덕의 말로 형벌을 행함이 각각 1회씩 있었다. 「상서」에서는 형벌보다 덕을 우선하기 때문에 형벌과 관련한 덕은 별로 없는 편이다. 여기서 5형이란 사형(大辟), 묵형(墨刑), 의형(劓刑), 비형(剕刑), 궁형(宮刑) 등이고, "덕이 있어야 형벌할 수 있고"(有德惟刑; '여형'), 어쩔 수 없이 백성에게 형벌을 내릴 때도 "덕의 말로 형벌을 행하라"고 하였다.[44] 이처럼 형벌은 5형을 쓰되 최소한으로 신중하게 써야 하며, 어쩔 수 없이 쓸 때도 덕의 말로 형벌을 행해야 풍속을 교정하고 백성이 따르게 할 수 있는 것이다. 기타 항목은 전부 덕의 내용을 명확하게 파악하기 곤란한 것들인데, 일반적인 덕이 6회, 드러난 덕(顯德)이 2회, 소덕·대덕, 향기로운 덕(香德), 민덕(民德)이 각각 1회씩 있었다.

「상서」에 드러난 덕의 내용 중 또 하나의 특징은 군주를 비롯한 위정자가 덕을 닦아서 백성에게 베풀 것을 요구하지, 백성에게 그다지 덕을 요구하지(民德) 않는다는 것이다. 다시 말해 군주가 백성에게 덕을 베풀어서 저절로 응하게 하지 억지로 복종을 요구하지 않는다. 임금이 임금노릇을 하고, 신하가 신하노릇을 제대로 할 때 백성은 저절로 덕에 교화되는 것이다.[45] 임금이 임금노릇을 하지 않고

---

43) 天吏逸德, 烈于猛火('윤정(胤征)').

44) 告汝德之說于罰之行('강고').

45) 后克艱厥后, 臣克艱厥臣, 政乃乂, 黎民敏德('대우모').

제후나 대부(大夫)의 일을 한다면 덕이 없는 것이다. '군석' 편에 유일하게 '민덕'의 예가 나오는데, "민덕이란 민심이 향하고 따르는 것을 이른다"(民德謂民心之嚮順; 蔡沈, 성백효 역주, 2011b: 277-278).

다음으로 수양 항목을 보면 선철왕의 덕에서는 문왕의 덕이 6회로 가장 많았고, 그다음으로 무왕의 덕이 4회여서 여기에 주공의 덕 2회를 합치면 12회(46.2%)로 이 항목의 거의 절반을 차지한다. 「우서」나 「商書」와 다른 점은 주나라 이전의 선철왕의 덕을 논의함과 동시에 주나라의 건국자이자 자신들의 조상인 문왕과 무왕, 주공 등의 덕을 직접 논의하고 있다는 점이다. 구체적인 용례로 '군석' 편에 주공이 소공(김公)을 만류하면서 한 말에, "이 다섯 신하가 능히 이곳에 왕래하여 떳떳한 가르침을 인도함이 없었더라면 문왕께서도 덕이 國人에게 내려짐이 없었을 것이다. 또한 하늘이 순수하게 도와준 것은 덕을 잡은 이들이 실천하여 하늘의 위엄을 알아 이에 문왕을 밝혀 그 덕을 계도하여 위에 나타나고 아래에 덮여지게 하여 상제에게 알려졌기 때문이다. 이에 은나라의 천명을 받으신 것이다. …… 이 네 사람이 무왕의 덕을 밝혀 천하에 덮어져서 크게 모두 덕을 일컫게 하였다"고 하여,[46] 문왕의 덕과 무왕의 덕을 찬양하고 있는데, 이로 미루어 보면 이 두 왕의 덕은 바로 훌륭한 인재를 등용한 것임을 알 수 있다. 훌륭한 인재들이 문왕과 무왕을 계도하여 선정을 베풀자 백성의 칭송이 하늘에 전해져서 이들이 천명을 받은 것이므로 결국 천명을 결정하는 주체는 백성이라고 할 수 있다.

그 밖에 3덕・6덕과 선(철)왕의 덕, 전인(前人)의 덕이 각각 3회,

---

46) 無能往來茲迪彝敎, 文王蔑德降于國人. 亦惟純佑秉德, 迪知天威, 乃惟時昭文王, 迪見冒聞于上帝, 惟時受有殷命哉. …… 惟茲四人, 昭武王惟冒, 丕單(殫)稱德.

9덕과 고인(古人)의 덕, 소공의 덕, 주나라의 덕(周德), 탕왕의 덕이 각각 1회씩 있었다. 3덕의 용례로는 '홍범' 편에 3덕은 정직, 강으로 다스림(剛克), 柔로 다스림(柔克)이다가 있다.[47] 이 3덕은 '고요모' 편의 9덕과 내용면에서는 차이를 보이지만, 덕이라는 것이 어느 한쪽으로 치우치는 것이 아니라 중정을 이루려는 점에서는 같다고 할 수 있다. 「주역」 '대축괘(大畜卦)'에 "군자는 옛 말씀과 지나간 행실을 많이 알아서 그 덕을 쌓는다"고[48] 했듯이, 위정자는 가까이는 지금을 따르고 멀리는 옛 선철왕들의 덕을 상고하여 끊임없이 자신을 수양해야 하는 것이다.

둘째, 개인수양에서는 덕을 공경함(祇德, 敬德)이 5회로 가장 많았고, 덕을 좋아함(好德)과 주덕(酒德)을 삼감이 각각 2회, 공경(敬, 齊), 안일하지 않음, 정직, 효도 등이 각각 1회씩 있었다. '덕을 공경함'의 용례는 섭정 주공이 어린 성왕(成王)에게 "소인들이 너를 원망하고 너를 꾸짖는다 하거든 크게 스스로 덕을 공경하여 원망하는 잘못을 짐의 잘못이라 하소서. 진실로 이와 같이 하면 백성들이 감히 노여움을 감추지 않을 뿐만이 아닐 것입니다"고[49] 한 데서 볼 수 있다. 이는 군주 스스로 '덕을 공경함'으로써 자신에 대한 백성의 원망을 모두 자신의 잘못으로 여기고 책임을 질 때 백성의 노여움을 거둘 수 있다는 것이다. 그래서 "우와 탕은 자기 죄로 돌려서 그 나라가 흥했고, 걸과 주는 남의 죄로 돌려서 그 나라가 망했다."[50] 또한 '안일하지 않음'의 용례로는 무왕이 아우인 강숙에게 "옛날 은나라

---

47) 六, 三德, 一曰正直, 二曰剛克, 三曰柔克.
48) 君子以多識前言往行以畜其德(藝文印書館, 1981a: 68).
49) 小人怨汝詈汝, 則皇自敬德. 厥怨, 曰朕之愆, 允若時, 不啻不敢含怒('무일').
50) 禹湯罪己其興也悖焉, 桀紂罪人其亡也忽焉(「좌전」 '장공(莊公)' 11년; 藝文印書館, 1981e: 153).

의 선철왕이 하늘의 밝은 命과 소민들을 두려워하여 덕을 떳떳이 간직하고 밝음을 잡아서 成湯으로부터 帝乙에 이르기까지 왕의 덕을 이루고 輔相을 공경하였으므로 御事들이 도움에 공손함을 두어 감히 스스로 한가하고 스스로 안일하지 못하였으니, 하물며 감히 술 마심을 숭상한다고 하겠는가"가[51] 있다. 주왕이 술에 빠져 나라를 망쳤으니 '술에 빠짐'은 바로 악덕이요, 주덕을 삼감은 바로 덕임을 경계한 것이다. "益이 순임금을 경계하기를 '편안함에 놀지 말며 즐거움에 빠지지 말라' 하였으니, 순임금은 큰 성인인데도 益이 오히려 이 말로 경계하였으니"(蔡沈, 성백효 역주, 2011b: 238), 위정자들은 안일함에 빠지지 않도록 스스로 크게 경계해야 할 것이다.

마지막으로 악덕을 보면 개인수양과 관련하여 술에 빠짐(酒德)이 2회, 사나움, 안일함, 위엄이 각각 1회씩 있었고, 정치・행정과 관련해서는 걸왕의 덕(桀德), 비덕(比德, 사사로이 서로 比附하는 것), 형벌을 앞세우는 사나운 정사 등이 각각 1회씩 있었다. 인재등용과 관련해서는 포악한 자 등용(暴德)이 1회였고, 기타 악덕의 내용이 포괄적인 것으로는 덕이 아님(非德), 덕을 잃음(喪德), 주왕의 덕(受德, 受는 주왕의 이름), 지나친 덕(逸德), 포악한 덕(暴德), 흉덕 등이 각각 1회씩 있었다. 이처럼 「상서」에서는 군주가 수양이 부족하여 술에 빠져 게으르고 형벌을 앞세워 백성을 사납게 대하는 것, 포악한 자를 등용하여 어울리는 것 등을 큰 악덕으로 보고 있다. 특히 「상서」에서는 역사상에 나타난 악덕의 예를 들어 경계를 삼을 뿐 덕을 강조하지, 악덕을 크게 드러내지 않는 특징을 보이고 있다.

---

51) 在昔殷先哲王, 迪畏天顯小民, 經德秉哲, 自成湯咸至于帝乙, 成王畏相, 惟御事厥棐有恭, 不敢自暇自逸, 矧曰其敢崇飮('주고').

Ⅳ. 책임정치의 기제로서 도와 덕

서론에서 이미 서술했듯이 '도'는 원래 길을 의미하고, '덕'은 '바른 마음'을 의미했다. 도와 덕의 관계를 보면 도는 길이고, 덕은 길을 순행하거나 시찰하면서 곧은지를 살피는 것 또는 그 길에서 바른 마음을 얻는 것이다. 눈으로 어떤 길 내지 어떤 사물을 볼 때는 그 사이를 매개하는 마음(心)의 작용에 따라 같은 길 내지 사물도 다르게 보일 수 있기 때문에 덕을 갖추기 위해서는 개인수양이 필요한 것이다. Ⅱ절에서 설명했듯이 「상서」에 출현하는 도의 용례는 물길 또는 말함처럼 문자 그대로의 의미로 쓰인 경우도 있지만, 이를 정치에 적용하면 통치의 수단·방법으로써 왕도나 도리·원칙 등의 의미로도 쓰였다. 도의 용례 가운데 가장 추상성이 높은 것은 황천의 도 또는 천도라고 할 수 있는데, 이는 천수(天數) 운행의 법칙 곧 자연의 순환운동을 의미한다.

'천'은 하·은대에는 자연천을 의미했으나 주나라의 '천' 사상은 상천(上天)·상제(上帝)로도 표현되며, 천명과 천앙(天殃)을 내리는 인격신적 성격을 띠며, 주기운동체로서 '천'은 일월·사시·음양 등의 변화를 나타내는 항상성을 갖고 있어 천도라고도 부른다. 그러니까 '천'의 주기운동을 관장하는 상제가 인과관계를 명시하지 않고 자의적으로 인간을 지배하는 것이 아니라, 중간에 자연법적 질서인 천도를 매개로 인간이 취해야할 행동을 지시하고, 그 순응 여부에 따라 인간의 삶을 규제하였던 것이다(淺野裕一, 1980: 3).

여기서 천도란 상제와 인간을 매개하는 매개체의 역할을 하므로 상제(천명)-천도-인간은 유기체적으로 서로 연결되어 있다. 그리고 천인상관론을 통해 천명의 변동 가능성을 제시함으로써 주나라는 문왕과 무왕이 은나라를 타도한 일을 정당화할 수 있었다.

그러면 서주시대에 천명을 받은 군주는 궁극적으로 무엇에 대해 책임을 져야 했을까? 여기서 책임정치란 하늘을 대신해 백성을 다스리는 권한을 위임받은 군주는 자연의 순리를 따르고 중정의 덕을 베풀어서 하늘 아래 모든 백성을 이롭게 하고 잘 살게 하는 것이다. "하늘이 백성을 내고 군주를 세운 것은 백성을 이롭게 하라는 뜻이고", "하늘이 군주에게 내린 명은 백성을 잘 기르라는 것"[52]이기 때문이다. 그 책임을 다하지 못하면 군주를 바꿀 수도 있는 것이다.

그래서 당시에는 신에게 정성껏 제사를 올려 천기를 순조롭게 하는 것이 군주의 중요한 책무였지만, 그것보다는 백성을 잘 살게 하는 것이 우선이었다.[53] 그리고 이를 실천하는 방법이 덕인데, 이는 <표 1-1>의 백성 다스림 항목에서도 알 수 있듯이 군주의 덕은 환과고독을 보살피고, 백성을 부유하게 하고 잘 길들여 잘 따르게 하고 중도를 지키게 가르침으로써 백성을 순히 다스려 편안히 하는 것이고, 나아가 백성의 허물을 백성의 탓으로 절대 돌리지 않는 것

---

52) 天生民而樹之君, 以利之也. …… 命在良民(「좌전」 '문공(文公)' 13년, BCE 614; 藝文印書館, 1981e: 333).

53) "소위 도라는 것은 백성에게 책임을 다하고(忠) 신에게 신실한 것이다. 위에서 백성을 이롭게 하려는 생각이 忠이요, 축사(祝史, 제관)가 (군주의 일에 대해) 신에게 바른 말을 하는 것이 信이다." 또 "백성은 신에게 제사지내는 주인이기 때문에 성왕은 먼저 백성을 잘 살게 하고 나서 나중에 신에게 정성을 드렸다"(所謂道, 忠於民而信於神也, 上思利民忠也, 祝史正辭信也. …… 夫民神之主也, 是以聖王先成民而後, 致力於神(「좌전」 '환공(桓公)' 6년, BCE 706; 藝文印書館, 1981e: 110).

이 덕이다. 위정자가 개인수양을 통해 선철왕의 덕을 본받아 어질고 유능한 인재를 등용하고 정사를 잘 돌보는 것은 결국 백성이 각자 생업에 종사하며 편안히 살게 하기 위한 것이다. 그래서 왕업을 이루려면 군주의 덕이 신하의 덕보다 월등히 높아야 했다.54)

그러면 위정자가 백성을 이롭게 하고 잘 기르기 위해 도에 머물며 덕을 실천하는 책임정치의 기제는 무엇인가? 그것은 수양을 통해 '心'을 수련하여 중정의 상태에 머무는 것이다. 도의 의지처인 덕은 갑골문의 어원인 '𢖻'에 '心'이 결합하여 '바른 마음' 또는 '곧은 마음'이라는 의미가 강조된다. 특히 「상서」 '홍범' 편에서 3덕의 첫째가 정직이라고 하여 정직을 가장 중요시하는 것과도 일치한다. 갑골문에서 '心'의 어원은 '♥'이고, 한나라 허신(許愼)이 쓴 「설문해자(說文解字)」에서는 "사람의 심장이다. 몸의 가운데에 있음을 상형한 것이다. 무릇 심에 속하는 것은 전부 심을 따른다"고 했다.55) 이는 "성(性)·정(情)·의(意)·지(志) 등 마음의 활동과 관련된 글자에 심이 의미소로 포함되어 있다는 것으로", 이는 심이 단지 심장이 아니라 인간의 마음 내지 마음의 작용을 의미한다는 것이다. 심은 중심을 의미하기 때문에 천하질서 속에서 사방에 대해 지배성을 띠는 정치적 의미를 지니며, 나아가 심은 사유하는 기관, 인식하고 이해하는 기관으로서 몸을 넘어서는 초월적 존재로서 '마음'이라는 것이다(문석윤, 2013: 44-49).

「상서」에는 금문과 고문 모두 다수의 '심'이 등장하고, 일부 심

---

54) 제나라 환공이 패업을 이룬 후에 왕업을 탐내자 빈서무(賓胥無)가 "옛날의 왕들은 군주의 덕은 높고 신하의 덕은 낮았는데, 지금은 신하의 덕이 더 높다"고 하니 환공은 스스로 멋쩍어하며 그만두었다. 원문은 "古之王者, 其君豊, 其臣敎, 今君之臣豊"인데 여기서 '豊'과 '敎'는 "君主德高望重, 臣下德淺望卑"를 뜻한다(「관자」 '소문(小問)'; 周永年, 2001: 247).

55) 人心. 土臟也. 在身之中. 象形. (博士說 㠯爲火臟) 凡心之屬皆从心(許愼, 1988/2016: 501-502).

장을 의미기도 하지만('반경하'; '태서하(泰誓下)') 대부분 마음으로 해석된다. 그리고 이 심의 용례를 보면 중정의 마음으로 도에 머물며 덕을 실천하기가 왜 어려운지를 알 수 있다. 먼저 "인심은 위태롭고 도심은 은미하니 자세히 하고 한결같이 하여야 그 중도를 잡을 것이다"고[56] 했다. 인심은 이해관계에 따라 수시로 변하고, 도심은 알 듯 모를 듯 잡히지 않으니 중도를 지키기 어려운 것이다. 그래서 "황천은 친한 사람이 없어 덕이 있는 사람을 돕고, 민심은 일정함이 없어 오직 은혜로운 이를 그리워하"는[57] 것이다. 이처럼 인간의 마음은 인정에 치우치기 쉬우니, "말이 마음에 거슬리거든 반드시 도에서 찾고, 말이 뜻에 공손하거든 도가 아닌 것에서 찾으라"고[58] 경계했다. 그래도 "위정자의 몸이 바르면 감히 바르지 않을 수 없으니, 백성의 마음이 중도를 잃었더라도 위정자는 중도를 지켜야 하는"[59] 것이다. 「설문해자」에서 '덕(悳)'은 "밖으로 다른 사람에게서 얻고, 안으로 자기로부터 얻는다"고 했는데,[60] 이는 바로 수기치인(修己治人)을 의미한다. 수기치인이란 훗날 공자와 맹자에 의해 정교하게 이론화 되듯이 "나를 닦은 다음 남을 다스리는 것이 아니라, 나의 도덕적 훈련이 심화됨에 따라 번져 나오는 힘에 인민들이 빨려드는 것이다"(배병삼, 1997: 53).

특히 봉건제를 시행한 주나라는 씨족 내지 부족 단위로 사회가 구성되고 각 씨족이나 부족 내에 적용할 법도 각각 달랐다. 이에

---

56) 人心惟危, 道心惟微, 惟精惟一, 允執厥中('대우모').
57) 皇天無親, 惟德是輔, 民心無常, 惟惠之懷('채중지명(蔡仲之命)').
58) 有言逆于汝心, 必求諸道. 有言遜于汝志, 必求諸非道('태갑하(太甲下)').
59) 爾身克正, 罔敢弗正, 民心罔中, 惟爾之中('군아(君牙)').
60) 悳外得於人. 內得於己也(許愼, 1988/2016: 502).

따라 "성이 같으면 덕이 같고, 덕이 같으면 마음도 같고, 마음이 같으면 뜻이 같"았다.[61] 그래서 같은 아버지의 소생일지라도 덕이 다르면 같은 성을 쓸 수 없기 때문에, 황제 임금에게는 25명의 아들이 있었지만 덕과 성(己姓)이 같은 사람은 겨우 2명뿐이었다. 이는 각각 덕이 다른 수많은 부족들 간에 조화를 이루기 위해서 천자에게는 정말 큰 덕이 필요함을 뜻한다고 하겠다. 이와 함께 왕실을 비롯한 각 부족 내부에서는 각자 아버지의 성을 물려받아 왕이 되고, 제후와 대부가 되기 위해서 성실히 덕을 닦아야 했음을 말하는 것이기도 하니, 그야말로 천명은 덕이 있는 사람을 좋아할 수밖에 없는 것이다.

이를 통해서 볼 때 덕의 요체는 마음의 작용이라는 것이다. 주나라 초기의 통치자 가운데 마음 관리를 잘 해서 정치적 위기를 잘 극복하고 천수를 누린 사람은 주공단이다. 그는 꼽추로 특이한 풍모를 하고 특이한 재능이 있었던 것으로 알려져 있는데 아마도 주술적 재능이 뛰어났던 것 같다(木村正雄, 1965a: 137). 무왕이 죽은 뒤 조카인 어린 성왕이 즉위하고 주공이 총재 겸 섭정으로 있을 때, 형제들인 관숙(管叔)과 채숙(蔡叔)이 주공을 모함하여, 주공이 왕위를 찬탈하려 한다는 유언을 퍼뜨리자 그는 아무 변명도 하지 않고 동쪽으로 떠나 자숙하며 금등의 글이 열려 저절로 오해가 풀릴 때까지 기다렸다. 물론 이러한 주공의 처신에는 고도의 정치적인 계산이 깔려 있지만 그는 인내할 줄 알았다. 이때 마음 관리를 잘 하지 못한 관숙은 처형되고, 채숙은 유배되었다. 이러한 정황을 자세히 기록한 것이 「상서」 '금등(金縢)' 편이다. 실제 「상서」에서

---

61) 同姓則同德, 同德則同心, 同心則同志(「국어」 '진어(晉語)4' 주양왕 15년; 韋昭, 1975: 260).

'덕' 자가 출현하는 부분의 등장인물을 보면 주공이 28회로 가장 많아서, 주공이 선왕의 덕을 일깨워서 주나라에 덕치를 세우려 했음을 알 수 있다. 군주가 술을 마실 수도 있고, 사냥을 할 수도 있고, 여색을 가까이할 수도 있고, 전쟁을 일으킬 수도 있지만, 그것이 지나치면 곧장 악덕이 되기 때문에 중도를 지키기 위해서는 반드시 마음 수양이 필요한 것이다.

정치현실에서 군주가 도에 머물며 덕에 따라 천명을 수행하도록 하기 위해서는 점을 치던가 충직한 관리의 간언이 절실히 필요했는데 이 역할은 주로 사관들에 의해 이루어졌다. 곧 주나라 천도관의 특징을 보면, 일월성신의 운행을 관측하고 역법을 정해 절기를 감독하고, 사서(史書)를 채용해 천자에게 훈계하고, 천도의 추이로부터 상제의 의지를 읽어서 내정과 외교, 군사 전반에 걸쳐 화복과 길흉을 예측하는 것 등이 사관의 직책이었다.[62] 다시 말해 "주왕실의 사관에 의해 형성된 고대 천도관은 천도를 봉행함으로써 천자의 자의적인 통치를 규간(規諫)하려는 것에" 그 기본목적이 있었다(淺野裕一, 1981: 84). 은나라 걸왕의 학정과 악덕으로 말미암아 천하가 도탄에 빠지고 결국 왕조가 무너지는 것을 역사적으로 경험했기 때문에, 당시 사관들이 합리적인 근거를 들어서 왕의 자의적인 통치를 규제하는 것은 나라의 안위에 직결되는 일이었다고 할 수 있다.

이러한 상호규제는 천자 이하 일반백성까지 각자 직분을 지키고 상도(常道)를 잃지 않게 하려는 것이었다. 그래서 이미 하나라 때도 매년 정월에 "주인(遒人, 정령을 알리는 관원)은 목탁을 치면서 거리를 돌고, 관사는 서로 규제하고, 공인은 재주부리는 일로써 잘못

---

62) 이에 대한 자세한 전거와 내용은 淺野裕一(1981: 70-71)을 참조바람.

을 알렸다."[63] 제나라 소공(昭公)이 우인(虞人, 사냥터를 지키는 관원)을 활로 부르자 그는 움직이지 않았다가 체포되었다. 그 이유를 묻자 그는 군주가 사냥할 때는 깃발로 대부를 부르고, 활로 사(士)를 부르고, 가죽관(皮冠)으로 우인을 불렀는데, 자신은 가죽관을 보지 못했다고 하자 그를 풀어주었다. 이처럼 관료제 안에서 일하는 관리는 관직을 지키기보다는 도를 지켜야 하는 것이다.[64] 군주와 관리, 백성은 각자의 직분에 맞는 도와 덕을 지켜야 하는 것이다.

한편 「국어」와 「좌전」 등 춘추시대 기록에 이르면 기존의 천도관에 대한 광범한 비판이 일어나며 천도의 추이에 일희일비하기보다는 군주의 덕 여하를 더욱 중요시하면서 천도보다 인사(人事)에 중점을 두게 된다(淺野裕一, 1981: 73). 이는 주나라 중기에 인간의 이성론(rationalism)이 발전하면서 기존의 인격화된 '천' 개념이 추상적인 우주론으로 변화한데 따른 것으로 보인다(Mote, 1971: 22). 이에 따라 천하를 다스리기 위해서는 더 이상 하늘만 쳐다 볼 것이 아니라 정치원리가 필요했고, 그 핵심을 이루는 것이 군주를 비롯한 위정자들의 덕성 함양 문제였다고 할 수 있다.

그러면 이러한 「상서」의 도와 덕 개념을 현대의 책임정치 구현에 어떻게 활용할 수 있을까? 「상서」의 도와 덕은 정치의 과정과 결과가 모두 훌륭할 것을 요구하기 때문에 상대적으로 절차적 정당성을 강조하는 현대정치보다는 훨씬 더 근본적인 사상이다. 현대정치에서도 책임정치란 자연과 조화를 이루며 국민의 여망을 두루 수렴하

---

63) 每歲孟春, 遒人以木鐸徇于路, 官師相規, 工執藝事以諫('윤정').

64) 十二月, 齊侯田于沛, 招虞人以弓, 不進. 公使執之. 辭曰, 昔我先君之田也, 旃以招大夫, 弓以招士, 皮冠以招虞人. 臣不見皮冠, 故不敢進. 乃舍之. 仲尼曰, 守道不如守官. 君子韙之(「좌전」 '소공(昭公)' 20년 12월; 藝文印書館, 1981e: 858).

여 국민을 이롭게 하고 생업을 보장하는 것이다. 이를 실천하기 위해 정치지도자는 교육을 통해 현능한 인재를 양성하고 등용하며, 국민이 중도를 지키고 세상과 조화를 이루며 살도록 가르쳐야 한다. 또한 국민이 제 할 일을 하며 즐겁게 살게 하고, 복지정책을 통해 사회적 약자를 보호해야 한다. 정치지도자는 국민의 위임을 받은 이상 당파를 초월하여 국민 모두의 삶을 책임져야 하며, 적대세력에 대해서는 회유와 설득으로 타협을 이끌어내야 하며, 설사 국민이 원망하더라도 자신의 허물로 돌려야 한다. 법위반에 대해서는 엄정한 법집행으로 일벌백계해야 한다. 이 모든 것이 가능하기 위해서는 정치지도자와 관료 모두 '心'을 수련하여 중도를 지키고 공평무사하게 일을 처리해야 하는데, 싸늘한 법적 지식으로 무장한 현대 관료에게 이러한 덕목을 요구하기란 매우 어려운 실정이다. 적어도 이 시대의 사명을 실천하는 가장 좋은 방법은 전문가의 충언과 국민의 여망에 귀 기울이고 이를 정치에 반영하는 것이다.

V. 결 론

지금까지 살펴보았듯이 「상서」의 가르침을 요약하면 천명은 일 정함이 없고 오직 덕 있는 사람을 좋아하고, 민심도 끊임없이 변하 니 오직 천도를 따르고 덕을 닦고 덕으로 다스려서 그 천명을 이어 가라는 것이다. 「상서」의 '도' 자는 말함, 길, 도로 같은 구체적인 의미에서 발전하여, 군주 내지 지배자들이 천명에 따라 덕을 실천 할 때 준거로 삼아서 마땅히 따라야 할 천지의 순환법칙을 의미했 다. 이를 정치에 적용하면 정치공동체의 존재이유 내지 정치권력자 에 대한 규율로서 통치의 원칙 내지 방법·수단 등 비교적 구체적 인 의미를 띠었지만, 천도라는 개념은 고도의 추상적인 개념으로 발전할 수 있는 가능성을 내포하고 있었다. 이처럼 인간이 마땅히 따라야 하는 길이 도이고, 이 도를 실천하는 것이 덕이기 때문에 이 두 개념은 서로 분리될 수 없다.

원래 갑골문에 나오는 '덕' 자의 어원은 '눈으로 길을 바라보는 것' 을 의미했으나, 은·주 교체기에 '심'이 결합되어 '바른 마음'을 의미 하는 '德' 자가 등장하고, 서주 초기에 의미확장이 일어나서 통치행위 내지 통치행위 전반을 의미하게 되었다. 그리고 이 덕이라는 것은 '심'의 수양을 통해 가르칠 수 있고 배울 수 있는 것이다. 「상서」에서 도와 덕의 목적은 천명을 받은 군주가 천도를 근거로 왕도를 세우고, 이 왕도를 실천하기 위해 사회의 여러 부문과 백성을 덕으로 중화시 켜서 함께 조화롭게 사는 사회를 만들고 유지하는 것이었다.

「상서」에 출현하는 '덕' 자의 구체적인 내용을 문맥 속에서 확인한 결과, 유가에서 이상정치의 표준으로 삼는 '선철왕의 덕'과 '개인수양'이 가장 많아서 이 두 항목을 합치면 전체 '덕' 개념을 구성하는 내용의 1/3 이상을 차지하고, 여기에 정치·행정 관련 항목을 합치면 전체의 절반 이상을 차지한다. 곧 「상서」에서 말하는 덕의 표준은 요·순·우·탕·문왕·무왕·주공 등 선철왕들이 개인수양을 통해 획득한 덕이니, 후대의 왕들도 '심'의 수련을 통해 이를 본받아서 덕치를 펴라는 것으로 이해할 수 있다. 이 선철왕들의 가장 대표적인 덕은 신분이나 나이에 상관없이 현능한 인재를 두루 등용한 것이다. 인재를 널리 구하면 9덕을 가진 사람이 모두 관직에 있어서 서로가 서로를 본받기 때문에 만사가 순리대로 이루어질 수 있다는 것이다. 「상서」에서 알 수 있는 '심'의 수련 방법은 점을 치던가 충직한 신하의 간언을 듣는 것이다. 이 가운데 다양한 국민의 충언을 듣고 여론을 수렴하는 방법은 현대정치에서도 매우 긴요한 사항이다.

구체적인 덕의 내용은 시대별로 상당한 차이를 보인다. 곧 「우서」에서는 9덕의 내용을 논의하는 등 개인수양 관련 항목이 전체의 절반 이상을 차지한 반면, 「商書」와 「주서」에서는 선철왕의 덕이 가장 많았다. 또한 선철왕의 덕을 구성하는 내용도 「주서」 이전에는 요·순·우·탕의 덕이 주를 이루었지만, 「주서」에서는 문왕·무왕·주공 등 주나라를 건국한 선왕들의 덕이 주를 이루고 있다. 위정자는 가까이는 지금을 따르고 멀리는 옛 선철왕들의 덕을 상고하여 끊임없이 자신을 수양해야 하는 것이다. '덕' 자가 가장 많이 출현한 「주서」에서는 그 밖에도 개인수양을 비롯해 통치 항목의 정치·행정과 백성 다스림, 인재등용 관련 항목도 각각 10회 이상 등장했다. 이처럼 「상서」에 등장하는 덕의 항목이 다양한 이유는 덕은 국가의 어느 한 방면에만 필요한 것이 아니라, 정치, 경제, 사회, 문화 등 모든 방면에서 덕을 필요로 하고, 이 모든 방면의 덕이 조화를 이루어야 나라가 안정되고 백성의 삶이 편안해지기 때문인 것으로 보인다.

「상서」에 나오는 덕의 특징은 주로 군주를 비롯한 위정자가 덕을 닦아서 백성에게 베풀 것을 요구하지, 백성에게 그다지 덕을 요구하지 않는다는 것이다. 군주가 백성에게 덕을 베풀어서 저절로 응하게 하지 억지로 복종을 요구하지도 않는다. 군주 스스로 왕도를 세우고 그 실천원리인 덕을 공경함으로써 자신에 대한 백성의 원망을 모두 자신의 잘못으로 여기고 책임을 질 때 백성의 노여움을 거둘 수 있고, 백성의 허물을 절대 백성의 탓으로 돌리지 않는 것이 덕이다. 또한 군주는 어디까지나 군주노릇 해야지 신하노릇을 해서는 안 되며, 신하의 일은 신하에게 믿고 맡기는 것이 덕이다. 그리고 정치의 결과에 대해서는 군주인 '나 한사람(予一人)'이 책임을 져야 한다.

그러면 이러한 도와 덕이 현실정치에서 어떻게 책임정치의 기제로서 작동하는가? 하늘의 주기운동을 관장하는 상제가 자연법적 질서인 천도를 매개로 인간의 삶을 주재하며 오직 덕이 있는 사람에게만 천명을 내리기 때문에 위정자들은 도에 머물며 천명을 수행하기 위해 덕을 닦지 않을 수 없는 것이다. 천명을 받은 왕은 자신이 덕을 베풀지 않으면 그 재앙이 자신뿐 아니라 자신의 백성에게도 미치기 때문에 천하를 잘 다스려야 하는 책임이 있는 것이다. 그리고 군주의 선정을 보장하는 것은 군주와 신하, 백성이 각자의 직분에 맞는 도와 덕을 지키는 것이다. 인간의 마음은 끊임없이 변하기 때문에 군신 상하가 서로를 규제하여 중도에 머물게 해야 한다. 주나라 중기 이후가 되면 이성의 발전과 함께 천도보다 인사를 더 중시하며 위정자들의 덕성 함양 문제는 한층 더 중요해진다. 결국 덕의 요체는 마음의 작용이기 때문에 도를 깨닫고, 덕에 머무르며, 마음을 고요히 함으로써 덕치를 베풀 수 있는 것이다. 시대에 상관없이 책임정치란 국민 모두를 이롭게 하고 생업을 보장하는 것이다.

제2장

신도(愼到)·신불해(申不害)의 법사상과 책임정치[*]

I. 서 론

　국가의 위기를 구할 수 있는 것은 무엇일까? 사람일까, 제도일까, 상황이나 운일까, 아니면 국가나 사회의 위기는 어차피 흘러가는 역사 속에서 언젠가는 일어나는 일이니까 그냥 내버려 두어야 할까? 중국사에서 풍전등화에 놓인 국가를 구하기 위해 이 모든 가능성을 놓고 열띤 논쟁을 벌이며 해결책을 모색했던 이들을 우리는 제자백가라 부른다. 제자백가가 본격적으로 활동했던 전국시대 (403-221 BCE)는 모든 제후국들이 인적, 제도적, 환경적 등 모든 면에서 최악의 상황이었기에 당시의 위정자들과 사상가들은 이러한 위기를 타개하기 위해 가능성이 있는 모든 것들을 모색해야 했다. 위정자들로서는 도저히 고려하기 어려운 현실도피적인 경향마저 나타났고, 한편으로는 그것이 국가를 구제하는 것이 먼저냐, 개인을 구제하는 것이 먼저냐 하는 논쟁을 촉발하기까지 했다.

　제자백가들 가운데 법가는 사람이 아니라 상황에 적합한 법제도를 만들고 부국강병을 이룸으로써 그러한 난국을 타개하고자 하였다. 예나 지금이나 사람이 모여 국가를 이루고 산 이래 국가의 원활한 운영을 위해 정부관료제는 반드시 필요하다. 인류 역사상 관료제가 지배자나 사회집단을 위해 봉사하는 한 국가의 지속성과 안정성에 기여하였다. 반면 관료제가 파당을 형성해 자신의 이익을 극대화하는 대신 공적인 책임과 행정의 효율성을 희생시킬 때는 언

---

* 제2장은 「정부학연구」(한승연, 2017a)에 게재된 같은 제목의 논문을 일부 수정한 것임.

제나 국가나 왕조가 멸망했다(Eisenstadt, 2010: 273-280, 289). 그래서 동양에서는 일찍부터 국가를 다스릴 능력이 있는 사람을 관리로 임명해야 한다는 '능관인(能官人)' 사상이 있었다. 이 말은 동양최고의 고전인 「상서」 '고요모' 편에 등장하는데, 이는 동양의 인사행정에서 당위의 원칙으로 통했다. 정부관료제의 질을 결정하는 것은 결국 그 안에서 일하는 관료 또는 공무원이다. 따라서 유능하고책임 있는 공무원을 확보하는 것은 시대에 상관없이 국가와 사회의발전을 위해 반드시 필요하다고 할 수 있다.

오늘날 대의민주주의 국가에서 책임정치란 "국가기관이 국민에대하여 책임을 지는 정치를 뜻한다"(이병태, 2009: 119). 여기서 책임이란 정치인이 자기 주관하의 모든 영역에서 일어나는 사태에 대해 윤리적, 기술적, 법규적 기준을 따라 행동하는 것을 의미한다(백완기, 2006: 328). 동양사에서도 "넓은 하늘 아래 왕의 땅 아닌 곳이 없고, 온 세상 끝까지 왕의 신하 아닌 사람이 없"으므로[1] 군주는 자신의 영토 안에 있는 모든 백성을 균등하게 책임져야 했다. 이처럼 예나 지금이나 책임정치의 의미는 서로 통하며 국가 위기시에는 그 책임의 강도가 한층 더 강화된다고 할 수 있다.

약육강식의 춘추전국시대를 거치며 일어난 백가쟁명 가운데 진나라가 법치를 통해 천하를 통일하면서 일단 법가가 최초의 승자가된다. 오늘날 우리는 이미 어느 정도 법치주의가 정비된 사회에 살고 있어서 법에 의한 통치를 당연한 것으로 여긴다. 그러나 각 부족별로 시행하는 관습법은 존재하지만 국가 전체에 보편적으로 적

---

1) 溥(普)天之下 莫非王土, 率土之濱 莫非王臣(「시경(詩經)」 '소아(小雅)-북산(北山)'; 藝文印書館, 1981b: 444).

용할 수 있는 법이 존재하지 않는 상황에서 국가를 통틀어 적용하는 법체계를 세우려 했고, 그렇게 하는 데 성공했다는 점에서 법가 사상가들은 탁월했다고 할 수 있다.

중국사에서 관료제의 원형은 「주례」의 6관체제(훗날 이·호·예·병·형·공의 6부체제)를 통해 정비되었고, 능력에 따라 관리를 선발해야 한다는 사상은 전국시대 법가 사상가들에 의해 이론화되고, 훗날 과거제도의 시행으로 경쟁에 근거한 실적제가 확립된다. 법가 사상가로는 이회(李悝, 455-395 BCE), 오기(吳起, 440-381 BCE), 자산(子産, ?-522 BCE), 상앙(商鞅, ?-338 BCE), 신불해(申不害, ?-337 BCE), 신도(愼到, 395?-315? BCE), 한비(韓非, ?-233 BCE), 이사(李斯, ?-208 BCE) 등이 있지만, 이들 가운데 당대는 물론 훗날까지 큰 영향을 미친 사람은 신도와 신불해, 상앙, 한비 등이다. 이 논문에서는 우선 신도와 신불해의 법사상을 연구한다.

이 두 사람은 같은 시대에 살았고, 이론 면에서 법사상과 함께 도가적 요소를 내포하고 있어서, 법의 중요성을 강조하면서도 형벌에 근거한 법치를 앞세우지 않는다는 공통점을 갖는다. 그러나 신도는 직접 정치에 관여한 적이 없는 직하(稷下) 학사로서 순수한 이론가의 관점에서 사회질서를 바로잡기 위해 군주에게 권세와 지위를 인정해야 한다는 세치론(勢治論)을 주장했다. 반면 신불해는 군주를 보좌하는 실제 정치가로서 군주의 입장에서 군주의 신하통제나 조종, 행정절차 같은 술치론(術治論)을 주장했다는 점에서 정치에 대한 이들의 견해에는 차이가 있다. 이처럼 두 사람이 추구하는 관료제의 존재 목적이 달라짐에 따라 이들이 추구하는 관료제의 구성과 운영 원리도 달랐다. 이는 현재의 정치행정학자들에게 시사하는 바가 크기 때문에 이들에 대한 연구가 필요하다고 하겠다.

이들의 사상을 전하는 원사료는 그다지 많지 않고 비록 편린에 불과하지만, 이들의 사상을 비교분석하는 것은 현대의 관료제론을 탐구하는데 많은 시사점을 얻을 수 있을 것으로 판단된다. 이들에 대한 국내 연구로는 정은진(2005)을 비롯해 이춘식(2002: 116-152)과 조천수(1997: 99-130; 2003; 2004a), 김예호(2005) 등의 연구가 일부 있다. 또 현재까지 남아 있는 신도의 주장과 여기저기 흩어져 있는 일문(佚文)을 모은 조영래(2011)의 번역서 「신자(愼子)」가 있다. 신도 관련 외국의 연구로는 岡本正道(1935), 金谷治(1962), 布施弥平治(1967b), 大角紘一(2013) 외에 중국사상 또는 법가사상을 전반적으로 논의하면서 주요 법가 사상가들을 개별적으로 연구한 것으로는 木村英一(1944/1998: 64-110), 小野澤精一(1980: 133-151), 류웨이화·먀오룬티엔(관식환 역, 1995: 223-255), 劉澤華(장현근 역, 2008: 493-528), 슈워츠(나성 역, 2009: 511-517) 등이 있다. 신불해 관련 연구로는 그의 사상적 배경과 법술사상을 비롯해 후대에 미친 영향, 일문의 진위여부 등 신불해를 가장 체계적이고 포괄적으로 연구한 Creel(1974)과 이 책에 대한 高山方尙(1976)의 서평이 있고, 布施弥平治(1967a)의 논문이 있는 정도다. 상앙 또는 한비와 비교하면 신도와 신불해는 이들의 명성에 크게 못 미치는 만큼 연구도 적은 편이다.

연구방법은 역사적 접근방법이고, 주로 현존하는 「愼子」와 신불해의 '대체(大體)' 및 이들의 일문에 대한 텍스트 분석과 해석을 시도한다. 이를 통해 신도와 신불해의 법사상 가운데 관료제의 원리와 관련 있는 부분을 분석하여 그들이 어떻게 책임정치를 구현하여 국가 또는 사회의 위기를 타개하고자 했는지를 규명하는 것이 이 연구의 목적이다. 따라서 주요 분석 항목은 이들의 법사상과 관료제의 원리이다.

II. 법가 사상의 발전 과정

1. 전국시대의 사회상

원래 주나라 사회는 장자상속제와 종법제(宗法制), 동성불혼제가 있었고 국가조직은 봉건제에 의해 운영되었다. 종법제에 의해 주나라 왕실과 제후의 관계는 큰 종가인 대종(大宗)과 그 방계인 소종(小宗)의 관계로 정비되었다(木村英一, 1944/1998: 2-3). 이에 따라 "제후는 봄·가을에 왕으로부터 임무를 받아 백성을 다스리고, 대부(大夫)와 사(士)는 조정의 관원으로서 매일 조심하고 경계하여 임무를 담당하고, 평민과 백공, 상인은 각자 자신의 직업을 지키며 군주를 받들었다."[2) 중앙에는 천자의 관료제, 각 제후국에는 제후의 관료제, 그 아래 각 대부들의 가(家)에는 대부의 관료제 등 무수히 많은 관료제가 난립했고, 각각 혈연과 덕성에 따라 관리를 선발하였다. 종법제에 근거한 이러한 정치질서는 대(代)를 거듭할수록 수직적인 관료제들 간의 관계는 점점 더 소원해졌고, 전국시대가 되면 제후들은 주권국가로서 자립하고 부국강병책에 몰두함에 따라 국(國)의 합병이 일상화되면서 결국 전국7웅이라는 7개의 관료제만 남게 된다. 이런 대규모 관료제의 성립은 중국사에서 제후의 몰락에 따른 군현제의 성립과 봉급관료의 출현이라는 큰 역사적 흐름과

---

2) 諸侯春秋受職於王以臨其民, 大夫·士日恪位著以儆其官, 庶人工商各守其業以共其上(「국어」 '주어상(周語上)' 주양왕(周襄王) 원년; 신동준, 2005: 61).

맥락을 같이한다.[3)]

　이런 와중에 제자백가학이 성립하는데, 역사적 사실로서는 공자학이 먼저 창도되고, 이에 직간접적인 자극을 받아서 묵가(墨家)가 성립하고, 이어서 도가(道家)・음양가(陰陽家), 더 나중에 명가(名家)・법가(法家) 등이 성립한다.[4)] 처음으로 '법가'라는 이름이 보이는 것은 사마천의 「사기」이다. '태사공자서(太史公自敍)'에는 사마담(司馬談)의 말을 인용하여 "음양가, 유가, 묵가, 명가, 법가, 도덕가들은 다 같이 세상을 잘 다스리는 일에 힘쓰는 사람들이지만, 오직 그들이 좇는 바의 이론은 서로 다르다"고[5)] 하며 6가(家)의 장단점을 소개하고 있다. 그 가운데 법가에 관한 논평을 보면, 법가의 학설은 군신 간의 신분과 직분을 명확히 구분한 것은 바람직하지만, 법을 적용함에 친소와 귀천을 구분하지 않고 일률적으로 엄격히 적용하는 것은 장기적으로 바람직하지 않을 수 있음을 지적하고 있다.[6)] 유가・도가・법가의 사상적 특징은 <표 2-1>을 참고하기 바란다.

---

3) 원래 춘추 중기의 멸망한 국에 설치한 현(縣)이 훗날 지방행정제도의 기초가 되었고, 전국시대 중기부터는 몇 개의 현을 통괄하는 군(郡)이 성립되었다. 또한 우경과 철기의 보급으로 농민도 무장해서 군인이 되면서 군현제의 기초가 확립되었다(溝口雄三 外, 김석근 외 역, 2011: 326).

4) 한나라 초기까지는 '법가학'이라는 이름이 있었던 것 같지는 않고, '신자학(申子學)'・'상자학(商子學)'・'한자학(韓子學)' 등으로 불렸다(木村英一, 1944/1998: 17-18, 20, 25-26).

5) 夫陰陽・儒・墨・名・法・道德, 此務爲治者也, 直所從言之異路.

6) 법가의 학설은 준엄하기만 하고 은혜는 적지만, 그 군신 상하의 직분을 정확히 규정하고 있는 점은 고쳐서는 안 되는 것이다(法家嚴而少恩; 然其正君臣上下之分, 不可改矣).
　법가는 친소를 구별하지 않고, 귀천을 구분하지 않으며, 일률적으로 법에 의거하여 단죄하기 때문에, 친속을 친애하거나 윗사람을 존경하는 이런 은혜의 감정은 절단되고 만다. 이렇게 해서는 일시적인 계획은 실행할 수 있어도 결코 오래도록 시행하지는 못한다. 그런 까닭에 "준엄하기만 하고 은혜는 적다"고 말하였던 것이다. 그러나 군주를 높이고 신하를 낮추며, 직분을 분명히 구분하여 서로가 그 권한을 초월할 수 없도록 한 점은 비록 여타 백가라고 할지라도 고칠 수 없을 것이다(法家不別親疏, 不殊貴賤, 一斷於法, 則親親尊尊之恩絶矣. 可以行一時之計, 而不可長用也, 故曰嚴而少恩. 若尊主卑臣, 明分職不得相越, 雖百家弗能改也).

<표 2-1> 유가·도가·법가의 사상적 특징 비교

구분	정치의 원리	실천 방법
유가	선왕의 도와 덕을 본받고 천명에 따라 덕치를 베풀어 백성이 편히 살게 한다.	천명, 덕, 인, 의, 예, 지(智), 오상(五常)
도가	우주와 사물의 근원인 도를 따르고, 자연 만물의 변화에 응해 백성의 행위가 자연에 합치하게 한다.	무위, 인순(因循), 무욕, 무지(無智) → 남면술(南面術)
법가	법과 제도를 통일하여 군주전제를 강화하고, 농업진흥과 전승(戰勝)을 통해 부국강병을 이룩한다.	법, 세(勢), 술(術), 형벌, 상(賞) -법: 법과 제도, 형벌, 모범, 방법 등 -세: 자연의 세, 사회적 세, 권세, 위세 등 -술: 신하통제술, 통치술, 권모술수, 실적제 인사행정, 인사고과, 행정절차 등

　　전국시대에 법가는 유가에 대한 반대세력이었는데 유가 내에서
도 형정에 대한 사고는 춘추시대와 전국시대 간에 큰 차이가 난다.
예를 들면 「논어」 '위정(爲政)' 편에서는 "정치에서 백성을 이끌 때
형벌로 다스리면 모면하려고 할 뿐 수치를 모르지만, 덕으로 이끌
고 예로 다스리면 수치를 알고 격식이 있게 된다"고[7] 하여 덕치를
강조하고 형벌을 부정한다. 이에 반해 「맹자(孟子)」 '공손추상(公孫
丑上)' 편에서는 인정(仁政)이란 "어진 사람과 유능한 사람을 등용
하고, 국가가 평안할 때에 정치와 형벌을 명확히 하는 것이다"고[8]
하여 형정의 필요성을 인정하고 있다. "형정에 대한 「논어」와 「맹
자」의 차이는 그대로 춘추시대와 전국시대의 시대의 차이를 나타낸
다고 할 수 있다"(小野澤精一, 1980: 106). 전국시대 말의 순자(荀
子, 315-230 BCE)에 이르면, "땅과 사람과 도와 법은 국가가 이루
어지는 근본이다"고[9] 하여 이제 법은 국가의 근본이 된다. 그러면

---

7) 道之以政, 齊之以刑, 民免而無恥, 道之以德, 齊之以禮, 有恥且格(「논어」; 藝文印書館, 1981f: 16).

8) 賢者在位, 能者在職, 國家閒暇及是時明其政刑(「맹자」; 藝文印書館, 1981f: 63).

9) 故土之與人也, 道之與法也者, 國家之本作也(「순자(荀子)」 '치사(致士)'; 王先謙, 2016: 307).

서도 "좋은 법이 있어도 나라가 어지러워지는 경우는 있어도, 군자가 있는 나라가 어지러워졌다는 말은 옛날부터 지금까지 일찍이 들어본 일이 없다"고[10] 하여, 법도 중요하지만 그보다는 군자의 존재 곧 어진 사람이 훨씬 더 중요하다고 보는 점에서 유가와 법가는 큰 차이를 보인다. 형벌의 목적이 유가에서는 교육과 계도인데 반해 법가에서는 위협과 보복이었다.

원래 고대로부터 준수되어 온 근원적 진실인 '도(道)'를 닦는 것이 '도술(道術)'이고 성인만이 체득할 수 있는 것인데, 전국시대에는 도의 한 측면인 '방술(方術)'을 다루는 사람들이 넘쳐나게 된다. 이에 따라 도술의 극히 일면만을 신봉해서 독자적인 학파가 출현하면서 도술이 세분화되고 그 본모습이 일그러지면서 제자백가들은 한편으로는 천하에 혼란을 일으키게 된다(大角宏一, 2013: 65). 이러한 시대적 배경을 바탕으로 탄생한 사상 중의 하나가 바로 법가 사상이었다.

2. 법가 사상의 발전 과정

1) 형법과 법전의 형성

어느 사상이나 다 마찬가지겠지만 법가 사상도 특정 시점에 갑자기 나타난 것이 아니라 역사적으로 형성되었다. 「설문해자」에 따르면 원래 '법(灋)' 자는 '삼수변(氵)'과 '해태치(廌)'와 '물리칠거(去)'가 합쳐진 것이고, 각각 물처럼 평평하다, 해태가 바르지 않은 사람을 뿔로 들이받아서 제거한다는 것으로써 형벌을 의미했다. 나중에

---

10) 有良法而亂者有之矣, 有君子而亂者, 自古及今, 未嘗聞也(「순자」 '치사'; 王先謙, 2016: 307).

금문(今文)에서는 '廌'가 생략되어 '法'이 되었다. 이는 상고시대 중국에서 신수(神獸)에 의한 재판이 있었음을 의미한다.[11] 이는 나중에 육형(肉刑)으로 바뀌어 덕치를 강조하는 「서경」에도 덕(德)·예(禮)와 함께 '순전', '고요모', '여형' 편에 오형(五刑)이 나오고,[12] 특히 고요(皐陶)의 형법이 유명했다.[13] 또 「하서」에서는 "죄 없는 사람을 죽이기보다는 차라리 법을 적용하지 않음이 낫다"고[14] 하여 죄인에 대해 무죄추정의 원칙을 적용하여 형벌을 신중하게 다루었다. 잘못을 저지르더라도 "한 번이나 두 번은 용서하고 세 번째는 용서하지 않아서"[15] 법으로 백성을 얽어매려 하지 않았음을 알 수 있다.

 "형법의 기원에 대해서는 자력에 의한 복수가 공적 권력에 의해 통제되었다는 설이 있다. 그러나 유가에서는 종족적 질서가 근본을 이루었기 때문에 복수는 국가의 확립 후에도 공공연히 주장되었다"(小野澤精一, 1980: 123). 예를 들면 「예기」 '곡례상(曲禮上)' 편에서는 "아버지의 원수와는 같은 하늘 아래 살지 않으며, 형제의 원수는 죽이려는 무기를 거두지 않으며, 친구의 원수와는 같은 나라에 살지 않는다"고[16] 했다. 원수는 직접 죽여야 한다는 것이지만

---

11) 廌 荆也. 平之如水. 从 水. 廌所目觸不直者去之. 从廌去. 廌今文省/ 廌解廌獸也. 佀牛一角. 古者決訟令觸不直者(許慎, 1988/2016: 469-470).

12) 오형이란 사형(大辟), 묵형(墨刑), 의형(劓刑), 비형(剕刑), 궁형(宮刑) 등인데 고대에는 형벌을 법이라고 불렀다.

13) 자신이 잘못했는데 억지로 아름답게 꾸미는 것을 혼(昏)이라 하고, 재물을 탐하여 관청의 권위를 손상시키는 것을 묵(墨)이라 하고, 사람 죽이기를 꺼리지 않는 것을 적(賊)이라 하는데, 「하서」에 이르기를 '혼·묵·적은 죽인다'고 했으니 이것이 고요의 형법이다(己惡而掠美爲昏, 貪以敗官爲墨, 殺人不忌爲賊. 夏書曰昏墨賊殺, 皐陶之刑也. 「좌전」 '소공(昭公)' 14년 12월; 藝文印書館, 1981e: 821). 이 「하서」의 내용은 현재 전해지지 않는다.

14) 故夏書曰, 與其殺不辜, 寧失不經懼失善也(「좌전」 '양공(襄公)' 26년; 藝文印書館, 1981e: 635).

15) 一再則宥, 三則不赦(「관자」 '입정(立政)'; 黎翔鳳, 2016: 65).

16) 父之讎弗與共戴天, 兄弟之讎不反兵, 交遊之讎不同國(「예기」; 藝文印書館, 1981d: 57).

법가에서는 국가권력을 통해 법을 집행하는 것을 표준으로 삼았다. 이처럼 형정(刑政)은 정(鄭)나라 자산(子産, ?-522 BCE)이 법조문을 솥에 새겨 형정(刑鼎)을 제조하면서 법제화되기 시작했으나 이에 대해 진(晉)나라의 현자였던 숙향(叔向, ?-? BCE)은 자산에게 편지를 보내 선왕의 정치는 끝났다고 한탄했다.[17] 이 형정은 진(晉)나라에도 파급되어 형법을 죽간에 새기는 죽형(竹刑)이 성립하고,[18] 전국시대 이회는 「법경육편(法經六篇)」을 편찬하여 법이론을 확립하기 시작했다. 이후 법가 사상은 신도와 신불해, 상앙, 한비를 거치며 세·법·술을 중심으로 체계적인 이론으로 발전한다.

2) 도가와 법가의 관계

법가의 주요 사상가 중 신도와 신불해, 한비는 모두 '술(術)'에 대해 논하고 있기 때문에 정도의 차이는 있지만 어느 정도 도가적 요소를 내포하고 있다. 그러면 도가 사상은 중국사에서 어떤 경로를 통해 성립했고, 법가 사상에 어떻게 영향을 미쳤을까? 淺野裕一(1980; 1981)은 「상서」에 보이는 고대의 천도관이 계연(計然)→범려(范蠡, 536-448 BCE)→노자(老子)로 이어졌을 것으로 분석하고 있다. 곧 淺野裕一(1980: 2)은 「국어」 '월어하(越語下)' 편에 나오는 범려의 말이 「노자(老子)」·황제서(黃帝書)[19]와 매우 강한 유사

---

17) 三月鄭人鑄刑書. 叔向使詒子産書, 曰始吾有虞於子, 今則已矣(「좌전」 '昭公' 6년; 藝文印書館, 1981e: 749).

18) 鄭駟歂殺鄧析而用其竹刑(「좌전」 '정공(定公)' 9년; 藝文印書館, 1981e: 967). 정나라 대부 등석(鄧析)이 옛 자산의 형정을 개정하기 위해 군주의 허락을 받지 않고 제 마음대로 죽형을 제작하자, 사천(駟歂)이 그를 죽이고 그의 죽형은 채택했다.

19) 황제서란 1973년 장사(長沙)의 마왕퇴(馬王堆) 한묘(漢墓)에서 발굴된 백서(帛書) 중 「노자」 외에 「경법(經法)」, 「십대경(十大經)」, 「칭(称)」, 「도원(道原)」 등 한나라 초기에 대유행했던 황로도 관계 저작에 대해 붙인 이름이다(淺野裕一, 1980: 1).

성을 띠고 있어서 전자를 후자의 사상적 모태라고 주장한다. 범려는 월왕 구천(句踐)에게 나라를 다스리는 3가지 방략을 말했는데 다음과 같다.

> 국가가 창성할 때 이를 유지하려면 천도(天道)를 따라야 하고, 국가가 흔들릴 때 안정시키려면 인도(人道)를 따라야 하고, 국사를 절도 있게 처리하려면 지도(地道)를 따라야 합니다(持盈者與天, 定傾者與人, 節事者與地).
>
> 천도는 가득 차 있으나 넘치는 법이 없고, 세상을 가득 채우고도 교만하지 않고, 계속 작용하면서도 그것을 공으로 여기지 않습니다. 성인은 천시에 따라 행하니 이를 수시(守時)라 합니다(天道盈而不溢, 盛而不驕, 勞而不矜其功. 夫聖人隨時以行, 是謂守時).
>
> 적국에 천시재해가 없을 때 함부로 진격해서는 안 되고, 적국에 인사화난이 없을 때 먼저 사단을 만들어서는 안 됩니다(天時不作, 弗爲人客, 人事不起, 弗爲之始).
>
> 적국에 아직 천재가 일어나지도 않았는데 먼저 진공하려 하고, 적국에 아직 인화(人禍)가 일어나지도 않았는데 전단을 만들어 개전코자 하니, 이 모두 천의를 거스르고 인화(人和)를 해치는 것입니다(天時不作而先爲人客, 人事不起而創爲之始, 此逆於天而不和於人; 이상 신동준, 2005: 598).

위 인용문의 전반부는 천도는 무위하면서도 천지의 운행은 일정한 법칙이 있으니 천도를 따라야 함을 역설하는 것이다. 범려와 「노자」의 공통점은 도-성인-인간처럼 도의 체득자인 성인을 통해 도와 인간세계를 매개하는 구조를 갖고 있다는 것이다(淺野裕一, 1980: 7). 후반부는 병법조차도 천시에 순응해야 전쟁에 승리할 수 있음을 설파하고 있다. 천도와 인사(人事)를 천인상관적으로 설명하는 이러한 사고의 구조는 「관자」 '세(勢)' 편에도 거의 비슷한 내용이 있고 「상서」에도 있다.[20]

---

20) 「상서」 '고요모', '탕서', '고종융일', '서백감려', '대고', '소고', '군석' 편 등에도 보인다. 그런데 춘추시대부터 널리 쓰이기 시작한 '천도'라는 용어가 「금문상서」에는 아직 등장하지 않은 데

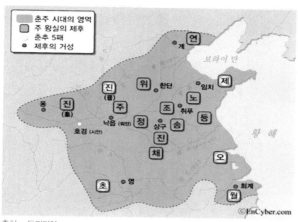

출처 : 두피디아

[그림 2-1] 춘추시대 지도

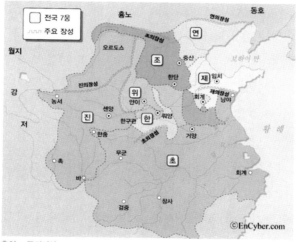

출처 : 두피디아

[그림 2-2] 전국시대 지도

반해 「고문상서」에는 직접 '천도'라는 용어가 등장하고 있어 이에는 후대의 위탁이 있었음을 알 수 있다.

그러면서도 범려는 "반드시 천지의 영원한 법칙을 깨달아야 천하의 이익을 이룰 수 있다. …… 음양의 항상성에 의거하고, 천지의 영원성에 순응한다면, 유순하면서도 비굴하지 않고, 강하면서도 사납지 않을 수 있다"고[21] 하여 음양으로 우주현상을 설명하고 있어서 이때의 '천'은 자연의 천을 의미하므로 그 언어가 노자와 상당히 비슷하여 노자학의 효시인 것 같다(馮友蘭, 1992, 박성규 역, 1999: 64).

그렇다면 [그림 2-1]에서 보듯이 춘추시대 주나라의 남쪽 끝에 위치한 월나라 사람인 범려가 어떻게 고대 중원의 천도관을 알게 되었을까? 그는 진(晉)나라에서 망명한 공자(公子)의 후예인 계연(計然)으로부터 이를 사사받은 것으로 전해진다(淺野裕一, 1981: 73). 다만 범려는 월왕 구천을 도와 오나라를 쳐야하는 지상의 과제가 있었기 때문에 천도를 응용한 도술도 주로 전쟁이라는 정치적 목적을 위해 사용하였다. 이에 반해 노자는 도를 우주의 근원으로 이해하고 무위자연으로 돌아갈 것을 주장했기 때문에 이전에 비해 천인상관적 색채는 많이 엷어졌다고 할 수 있다. 전국시대가 되면 노자의 도론(道論)은 직하학사들을 중심으로 황로법가로 발전한다. 직하황로법가는 "법가적인 법치의 실현을 전제로 도가철학을 수용하였다." 따라서 이들에게 "법은 도로부터 파생되었기 때문에 보편성과 객관성을 보장받게 되어 인간 활동의 곡직을 밝히는 객관적이고 보편적인 사회적 기준이 된다"(김예호, 2005: 15, 24). 더욱이 법과 세·술이 결합하면서 원래 무위자연의 이치를 의미하는 노자의 도술은 결국 군주의 남면술(南面術)로 질적 변화를 겪게 된다.

---

21) 必有以知天地之恒制, 乃可以有天下之成利. …… 因陰陽之恒, 順天地之常, 柔而不屈, 强而不剛(「국어」 '월어하'; 신동준, 2005: 598).

Ⅲ. 신도・신불해의 법 사상

1. 신도(愼到)의 세(勢)・법 사상

1) 신도의 사적

먼저 신도는 생몰이 알려져 있지 않으나, 일설에는 395-315 BCE 로 추정하기도 한다(임종욱, 2010: 852-853). 「사기」 권74 '맹자순경열전(孟子荀卿列傳)'에 따르면 신도는 조(趙)나라 사람이고, 제(齊)나라 직하 학사로서 황로도덕의 술을 배웠고, 모두 12론의 저술이 있다고 했다.22) 또 권46 '전경중완세가(田敬仲完世家)'에는 제나라 선왕(宣王)이 문학유사들을 좋아하여 추연(騶衍), 순우곤(淳于髡), 전병(田騈), 접여(接予), 신도, 환연(環淵) 등 76명에게 집을 하사하고, 상대부(上大夫)로 삼고, 관직에 얽매이지 않고 자유로이 토론하게 하였다. 19년(BCE 301)에는 선왕이 죽고, 아들 민왕(湣王) 지(地)가 즉위하였다.23) 당시 직하학궁에 학자들이 많을 때는 수백 명에서 천 명을 넘었다고 하니 그 규모가 대단함을 알 수 있다. 전국7웅들이 혼란한 시대를 극복하고 국가를 안정시키기 위한 방도를 현능한 선비들에게 기대하고 있었음을 짐작할 수 있다. 중국사에서 '능관인' 사상은 단순히 말에 그친 것이 아니라 이미 은나라

---

22) 愼到趙人. …… 皆學黃老道德之術, …… 故愼到著十二論.

23) 宣王喜文學游說之士, 自如騶衍・淳于髡・田騈・接予・愼到・環淵之徒七十六人, 皆賜列第, 爲上大夫, 不治而議論. 是以齊稷下學士復盛, 且數百千人. 十九年, 宣王卒, 子湣王地立.

때부터 학교를 정비하고 교육을 중시하였다.24) 학교 교육을 통해 인재를 양성하고 그들 가운데 우수한 사람을 관리로 선발하여 사회 문제를 해결하였던 것이다. 이처럼 유가에서 말하는 현능한 사람은 타고나는 것이 아니라 교육을 통해 만들어지는 것이다.

한편 「맹자」 '고자장구하(告子章句下)' 편과25) 「전국책(戰國策)」 권15 '초책(楚策)2' 편에도26) 愼子에 관한 기록이 있는데 여기서 愼子가 신도인지는 명확하지 않다. 「사기」와 비슷한 시대의 기록인 「염철론(鹽鐵論)」 '논유(論儒)' 편에도 제나라 민왕의 학정을 견디다 못해 유생들이 각각 흩어졌는데, "신도와 접자는 달아났고(혹은 사망했고), 전병은 설나라로 갔으며, 순경은 초나라로 갔다"고27) 기록되어 있다. 「순자」 '수신(修身)' 편 주석에는 신도가 "신불해와 한비에 앞선다"(先申韓)고 기록되어 있다(각주 34) 참조). 이를 종합하면 신도는 제나라 선왕 시절부터 그 다음 민왕대에 걸쳐 직하학사로 활동했던 것으로 보여 대체로 맹자, 신불해, 상앙 등과 비슷한 시대를 살았던 것으로 보인다.

「愼子」라는 기록에 관해서는 「사기」에는 12론, 「한서예문지(漢書藝文志)」 '법가(法家)' 편에는 신자 42편, 응소(應劭)의 「풍속통의

---

24) 천자가 교육을 명한 후에 학교를 개설할 수 있다. 소학은 공궁의 남쪽 왼편에 두고, 대학은 교외에 두었는데, 천자의 나라에서는 벽옹이라 부르고, 제후의 나라에서는 반궁이라 불렀다(天子命之教, 然後爲學. 小學在公宮南之左, 大學在郊. 天子曰辟廱, 諸侯曰頖宮)(「예기」 '왕제'; 藝文印書館, 1981d: 236).

25) 노나라에서 愼子에게 장군직을 주려고 하였다(魯欲使愼子爲將軍; 藝文印書館, 1981f: 220)는 기록이 있다.

26) 초나라 경양왕(楚頃襄王)이 태자 시절 제(齊)나라에 인질로 가 있을 때 愼子를 사부로 두었고, 나중에 왕위에 오른 뒤에 愼子의 계책으로 제나라를 물리쳤다(楚襄王爲太子之時, 質於齊. …… 傳愼子曰, …… 太子歸, 卽位爲王. …… 士卒不用, 東地復全)는 기록이 있다. 「전국책」의 원문은 한국의 지식콘텐츠 홈페이지에서 검색.

27) 及湣王, …… 矜功不休, 百姓不堪. 諸儒諫不從, 各分散, 愼到·捷子(予)亡去, 田駢如薛, 而孫卿適楚(桑弘羊, 1992/2012: 149).

(風俗通義)」‘성씨(姓氏)’ 편에는 신자 30편, 「수지(隨志)」‧「당지(唐志)」에는 모두 10편, 「숭문총목(崇文總目)」에는 37편, 「서록해제(書錄解題)」에는 마사본(麻沙本) 5편이라고 기록되어 있다. 현재는 「군서치요(群書治要)」에 ‘위덕(威德)’, ‘인순(因循)’, ‘민잡(民雜)’, ‘지충(知忠)’, ‘덕립(德立)’, ‘군인(君人)’, ‘군신(君臣)’ 등 7편이 남아 있고, 청의 전희조(錢熙祚)는 이들 7편과 일문을 모아 「수산각총서(守山閣叢書)」에 수록했는데 이것이 오늘날 통용되는 「신자」이다. 그 진위에 대해서는 학자들 간에 아직도 의견이 일치하지 않는다.

2) 신도의 세‧법 사상과 관료제

(1) 신도의 세‧법 사상

신도가 도가와 법가 중 어디에 속하느냐에 대해서는 논란이 있지만, "신도는 원시도가의 도론에 내재된 자연적 원리를 현실사회를 운용하기 위한 구체적인 정치철학의 원리로 전화한 인물이다"(김예호, 2005: 31). 「사기」보다 앞선 기록인 「장자(莊子)」 ‘천하(天下)’ 편에는 신도에 관한 인물평이 실려 있고 그를 도가로 분류하고 있다.

> 공정하여 치우치지 아니하고, 평등하여 사사로움이 없고, 마음을 비워 주장함이 없으며, 사물을 대할 때 둘로 나누지 아니하며, 사려하여 돌아보지 않고, 지식으로 도모하는 일도 없으며, 사물에 대해 선택하는 일도 없고, 사물과 함께 갈 뿐이다. 옛날의 도술에 이런 가르침이 있었는데, 팽몽‧전병‧신도 등은 이러한 가르침을 듣고 기뻐하였다. 그들은 만물을 가지런히 하는 것을 근본으로 삼았다(公而不黨, 易而无私, 決然无主, 趣物而不兩, 不顧於慮, 不謀於知, 於物无擇, 與之俱往, 古之道術有在於是者. 彭蒙田駢愼到聞其風而悅之. 齊萬物以爲首; 郭慶藩, 1991: 469-470).

그러나 '천하' 편 저작자는 "팽몽, 전병, 신도는 일찍이 도가 무엇인지 들은 적은 있지만 도를 알지는 못했다"고[28] 야박하게 평하고 있다. 현존하는 「愼子」 원문에서 도가적 요소를 찾는다면 무위(無爲)와 인순(因循)으로 대별할 수 있을 것 같다. 먼저 '위덕' 편을 보면 "하늘에는 빛이 있어서 사람들은 어둠을 걱정하지 않고, 땅에는 재물이 있어 사람들은 빈곤을 걱정하지 않는다. 성인은 덕이 있어 사람들은 위험을 걱정하지 않는다. …… 성인이 천하를 다스리는 것은 베푸는 것에 있지, 취하는 것에 있지 않다. 백성이 성인에 의해 다스려지는 것은 성인이 그들을 봉양하기 때문이지, 성인이 스스로를 봉양하기 때문은 아니다. 그렇기 때문에 성인에게 아무런 일이 없는 것이다"고[29] 했다. 앞부분은 「국어」 '월어하' 편에 나오는 범려의 말과 「노자」처럼 천-지(인간) 사이를 성인이 매개하는 구조로 자연의 이치를 설명하고 있다. 뒷부분은 성인이 도의 실현 수단인 덕을 베푸는 과정을 설명하고 있는데, 성인이 할 일은 백성의 봉양을 받는 것이 아니라 단지 천하에 베풀어서 백성을 봉양하는 것이고, 이렇게 하면 천하는 항상 무사하다는 것이다.

다음으로 '인순' 편에서는 "천도는 순리를 따르면 커지고, 인위적으로 바꾸면 작아진다. 순리를 따른다는 것은 인정에 순응한다는 것으로, 사람이라면 스스로를 위하지 않는 이가 없기 때문이다. …… 이를 일컬어 순리에 따른다고 하는 것이다"고 했다.[30] 이 편은 인간에게 순리라는 것은 스스로를 위하는 것이기 때문에, 스스

---

28) 彭蒙田骈愼到不知道. 雖然, 槪乎皆嘗有聞者也(郭慶藩, 1991: 472).

29) 天有明, 不憂人之暗也. 地有財, 不憂人之貧也. 聖人有德, 不憂人之危也. …… 聖人之有天下也, 受之也, 非取之也. 姓之於聖人也, 養之也, 非使聖人養己也, 則聖人無事矣(許富宏, 2015: 2-3). 이 논문에서 인용하는 「신자」 원문은 許富宏(2015)을 참조하고, 조영래(2011)의 번역본을 참조함.

30) 天道, 因則大. 化則細. 因也者, 因人之情也, 莫不自爲也. …… 此之謂因(許富宏, 2015: 24-25).

로를 위하는 사람은 정직하고 남을 위하는 사람은 인위를 쓰기 때문에 정직하지 않으므로 군주는 스스로를 위하는 사람을 써야 한다는 것이다.

　무엇보다 신도는 유가와 묵가에서 중시하는 현인의 정치를 혐오한다. 곧 '위덕' 편에서,

> 날아가는 뱀이 안개 속에 노닐고, 날아가는 용이 구름을 타는데, 만약 구름과 안개가 걷힌다면 이들은 지렁이와 다를 바가 없다. 그것은 이들이 의지할 바를 잃었기 때문이다. 현인이 어리석은 자에게 굴복하는 것은 권세가 약하기 때문이고, 어리석은 자가 현인에게 굴복하는 것은 현인의 지위가 높기 때문이다. 요(堯)는 필부일 때는 옆집 사람도 부릴 수가 없었지만, 남면하여 왕이 되자 명령을 내리면 실행되고 금지하니 멈추었다. 이를 보건대 현인은 어리석은 자를 복종시킬 수 없지만, 세(勢)와 지위는 충분히 현인을 굴복시킬 수 있다. 그래서 무명인 사람이 결단할 수 있는 것은 권력이 중요하기 때문이다(故騰蛇遊霧, 飛龍乘雲. 雲罷霧霽, 與蚯蚓同, 則失其所乘也. 故賢而屈於不肖者, 權輕也; 不肖而服於賢者, 位尊也. 堯爲匹夫, 不能使其鄰家, 至南面而王, 則令行禁止. 由此觀之, 賢不足以服不肖, 而勢位足以服不肖, 而勢位足以屈賢矣. 故無名而斷者, 權重也; 許富宏, 2015: 9).

라고 했는데, 이는 군주가 군주노릇 하는데 중요한 것은 현명함이 아니라 권세와 지위 곧 세의 중요성을 강조한 것이다. 이 부분은「한비자」'난세(難勢)' 편에도 인용되어 있어서 한비의 세론(勢論)에도 많은 영향을 미친 것으로 보인다.「장자」'천하' 편에서는 "신도는 지혜를 버리고 나를 떠나 인연에 의해 부득이하게 사물 각각의 실정에 통하는 것, 그것을 도리로 삼았다. 알지 못하는 것을 알려고 하면 장차 知에 억눌려 해를 입게 된다." 그래서 신도는 "나는 무지의 사물과 같은 경지에 이를 뿐 현인이니 성인이니 하는 것은 필요가 없다. 저 흙덩어리는 道를 잃지 않는다"고[31] 하여 현인을 조

---

31) 是故愼到棄知去己, 而緣不得已, 泠汰於物, 以爲道理, 曰, 知不知, 將薄知而後鄰傷之者也(郭慶藩, 1991: 470). 故曰至於若无知之物而已, 无用賢聖, 夫塊, 不失道(郭慶藩, 1991: 471).

소하는 '기지설(棄知說)'을 펴고 있다. 이런 종류의 설은 「노자」 제 3장, 제20장, 제48장 등에도 보인다. 이 때문에 당시 사람들은 그에 대해 실소를 금치 못했다. 다만 그것이 사물의 본질을 이해하는 데 도움이 안 되는 현학적인 지식을 버리라는 것이라면 일리가 있다고 하겠다. 그런 만큼 신도의 사상에서 권모술수는 별로 보이지 않는다.

「순자」 '천론(天論)' 편에서도 사물의 일부를 두고 스스로 도를 안다고 생각하는 것은 알지 못하는 것이라고 하면서, "愼子는 뒤에서만 보고 앞에서는 보지 못하여서", "뒤만 알고 앞을 알지 못하면 군중들은 나아갈 길을 모른다"고[32] 신자가 주장하는 도의 편벽됨을 비판하고 있다. 또한 '해폐(解蔽)' 편에서도 "신자는 법에 갇혀서 賢을 알지 못한다"고 비판했다.[33] '수신(修身)' 편 양경의 주석(楊倞注)에서는 신자의 "술은 본래 황로에 속했는데 형명으로 돌아갔다"고 하였다.[34] 곧 신도는 노자학을 배워서 무위의 정치를 이상으로 삼았지만 노자가 말하는 무위의 정치의 추상적 경향을 보완하고, 여기에 구체성과 객관성을 갖는 무지적(無知的)인 것으로써 법을 설해 비로소 무위로서 다스린다고 생각했던 것 같다. 결국 신도는 '기지설'에서 법치로 전향한 것 같다(岡本正道, 1935: 29-30).[35] 이처럼 신도는 노자를 버리고, 유학을 비판하고, 법가의 법치이론을 개조하

---

32) 萬物爲道一偏, 一物爲萬物一偏, 愚者爲一物一偏, 而自以爲知道, 無知也. 愼子有見於後, 無見於先; …… 有後而無先, 則羣衆無門(王先謙, 2016: 377).

33) 愼子蔽於法而不知賢(王先謙, 2016: 463).

34) 體倨固而心執詐, 術順(愼)墨而精(情)雜汙, 橫行天下, 雖達四方, 人莫不賤(몸가짐은 오만하고 고집이 세며, 마음은 음흉하고 거짓되며, 愼到와 墨翟의 술을 부려서 감정이 잡되고 천박하다면 천하를 횡행하여 사방에 이름이 드러난다고 해도 그를 천하게 여기지 않는 사람이 없을 것이다)에 대해 양경은 '順墨'을 '愼, 墨'으로 고치고, "제나라 선왕 때의 처사 신도를 말한다. 그 술은 본래 황로에 속했는데, 형명으로 돌아갔다. 신불해와 한비에 앞선다"(謂齊宣王時處士愼到也, 其術本黃老, 歸刑名, 先申韓)고 주석을 붙였다(荀況, 2009: 61-62).

35) 이에 대해 木村英一(1944/1998: 110)은 반대로 愼子의 원래 사상은 객관주의적 법치사상이었는데, 여기에 후학들이 당시에 유행하던 노장의 무위와 인순 사상을 결합했을 것으로 추정한다.

여 '도로써 법을 변화시킨다'고 선진 사상사에서 처음으로 도와 법의 관계를 논하였다(류웨이화·먀오룬티엔, 곽신환 역, 1995: 244).

결국 신도가 주장하는 '세' 자체는 자연현상이어서 중립적이기 때문에 그 사용주체에 따라 성격이 달라지므로 설사 군주라 하더라도 순리를 거슬러서 세를 사용해서는 안 되고, 오로지 백성을 유익하게 할 목적으로만 사용해야 한다는 것이다.

(2) 신도의 관료제론과 책임정치

신도의 법사상에서 법과 군주의 존재목적은 명확하다. "법으로 사사로움이 끊어지게 하고, 군주는 백성이 싸우지 않게 해야 한다."[36] 이는 전쟁이 끊이지 않아 사람이 짐승보다 못한 취급을 받는 현실을 군주가 해결하라는 것으로써 당시의 시대상황에 적합한 통치목적이라고 할 수 있다. 이를 위해 그는 군주의 세(勢)를 정점으로 관료제를 수립할 것을 주장한다.

우선 전제군주가 탄생하는 배경에 대해 그는, "나라에 떳떳한 도(常道)와 떳떳한 법(常法)이 없어서 국가가 날로 어그러지고 있다. 교화는 이루어지지만 관리는 부족함이 있고, 관리에 부족함이 있으면 도리가 무너지고, 도리가 무너지면 어질고 지혜로운 사람을 공경하게 되고, 어질고 지혜로운 사람을 공경하면 국가정권이 한 사람에게 있게 된다"고[37] 설명하고 있다. 그래서 부득이하게 군주를 두지만 "천자를 세움은 천하를 위함이지, 천자를 위해서 천하를 세

---

36) 法之功, 莫大使私不行; 君之功, 莫大使民不爭(「예문유취」 권54; 「태평어람」 권633; 許富宏, 2015: 64).

37) 今也國無常道, 官無常法, 是以國家日繆. 敎雖成, 官不足, 官不足, 則道理匱矣; 道理匱, 則慕賢智; 慕賢智, 則國家之政要, 在一人之心矣('위덕'; 許富宏, 2015: 13).

우지는 않는다. 국군(國君)을 세우는 것은 국을 위해서지 국군을 위해 국을 세우지 않고, 관장을 세우는 것은 관청을 위해서지 관장을 위해 관청을 세우지 않는다"고[38] 하여 천자보다 천하를 더 중시하고, 천하를 통치하기 위해 관료제를 세우고 관직을 두지 관리를 위해 자리를 만들지 않는다는 것이다. 곧 신도는 유가처럼 "군주는 하늘이 세운 것이 아니라 사회의 현실적 필요에 의해 만들어진 것"으로 인식한다(이춘식, 2002: 120). 그러니까 신도는 군주라는 한 사람의 능력과 존귀함이 아니라 군주라는 '지위' 자체에 막강한 권력을 부과한 것이다(정은진, 2010: 467). 특히 그는 "왕이 정치를 바꿀 수는 있어도 나라를 바꿀 수는 없고, 군주를 바꿀 수는 있어도 백성을 바꿀 수는 없다"고[39] 하여 군권의 제한을 주장하고, 또 궁극적으로 정치는 백성을 위해 존재하는 것임을 천명한 것은 다른 법가의 설과는 그 노선을 달리하는 것이다.

신불해나 상앙과 달리 신도는 현실의 정치가가 아니라 직하학사로서, 한편으로 그는 법치정치의 방관자의 입장에 있었기 때문에 그의 '법' 개념은 군주나 국가의 법이 아닌 사회질서를 바로잡는 법으로서 성격을 갖게 되었다. 따라서 법이론으로서는 그의 학설이 가장 오래되었다고 볼 수 있을 것이다(木村英一, 1944/1998: 98-99). 또 "비록 법이 완전하지 않더라도 무법보다는 낫기 때문에 법으로 인심을 통일해야 한다"고 하여 비슷한 시대에 살았던 소크라테스(470-399 BCE)처럼 악법이 무법보다 낫다고 주장한다. 그

---

38) 故立天子以爲天下, 非立天下以爲天子也; 立國君以爲國, 非立國以爲君也; 立官長以爲官, 非立官以爲長也('위덕'; 許富宏, 2015: 16).

39) 王者有易政而無易國, 有易君而無易民(許富宏, 2015: 98). 이 부분은 가의(賈誼)의 「신서(新書)」 '대정하(大政下)' 편에도 있어서 신도의 설인지는 의문이 있다.

의 주장은 정치가 개인적인 현능과 지혜에 의존해서는 안 되고, 정치의 보조물로서 권세와 지위가 중요하지만 그것은 아직 자연법적인 단계에 머물러 있어서, 그러한 권세와 지위가 실정법에 바탕을 두고 반드시 다스려지는(必治) 체제로까지는 발전하지 못해서 정치사상으로서는 미숙한 것이었다(金谷治, 1962: 19). 어쨌든 신도가 사람이 아니라 지위 자체와 각각의 직분을 강조한 것은 인치를 반대하는 것으로써 막스 베버적 사고와 가깝다고 할 수 있다.

　'덕립' 편에서는 국가 관료제는 어디까지나 군주를 정점으로 성립해야지 신하가 군주의 지위를 넘보게 해서는 안 됨을 강조한다.[40] 이를 위해 군주는 법과 술에 의지하고, 공로가 없는 친척과 친구에게 관직을 주지 말고, 법을 집행하는 데 편애를 두지 않아야 한다고 강조한다.[41] 특히 "법은 천하 사람의 행동을 통일시킬 수 있는 가장 공정하고 안정된 제도"이기 때문에, "골육도 위법하면 형벌로 다스리고, 친척과 친구가 위법해도 죽여야 하니, 나라에 법은 없을 수가 없다"고[42] 하여 법의 정립과 엄정한 법집행을 강조한다. "법이 있지만 사사로이 하는 것을 불법이라 한다." "힘써 법을 실천하는 것은 백성이고, 법을 사수해야 하는 것은 관리며, 도에 따라 법을 개혁하는 것은 군주다"고[43] 하여 법치 안에서 군주와 관리, 백성 등 신분에 따라 각자의 직분을 명확히 하고 있다. 이와 비슷한 구절이 「관

---

40) 故臣有兩位者, 國必亂. 臣兩位而國不亂者, 君在也, 恃君而不亂矣, 失君必亂('덕립'; 許富宏, 2015: 50).

41) 爲人君者不多聽. 據法倚數, 以觀得失. …… 無勞之親, 不任於官. 官不私親, 法不遺愛, 上下無事, 惟法所在. 이 부분은 錢熙祚가 「군서치요」를 근거로 보완한 '군신' 편에 보인다(許富宏, 2015: 57).

42) 法者, 所以齊天下之動, 至公大定之制也. …… 骨肉加刑, 親戚可滅, 至法不可闕也(許富宏, 2015: 108). 이 부분은 신자의 일문이 아닌 것으로 보기도 한다.

43) 有法而行私謂之不法. 以力役者, 百姓也; 以死守法者, 有司也; 以道變法者, 君長也(「예문유취」 권54; 許富宏, 2015: 78).

자」‘임법(任法)’ 편에도 나온다. 곧 "법을 만드는 사람이 있고, 법을 지키는 사람이 있고, 법을 본받아 행하는 사람이 있다고 한다. 무릇 법을 만드는 사람은 군주고, 법을 지키는 사람은 신하고, 법을 본받아 행하는 사람은 백성"인데,[44] 이 「관자」‘임법’ 편은 직하의 학문적 특징을 가지고 있어서 전병이나 신도의 영향을 받았다고 할 수 있다(류웨이화·먀오룬티엔, 곽신환 역, 1995: 463). 그런데 「손자(孫子)」‘세(勢)’ 편에서도 세를 중시하고 있어서 이는 세를 중시하는 제나라 지방의 사상적 특색을 반영한 것으로 볼 수 있고, 이 세라는 것 자체는 도가사상에 가깝다고 할 수 있다(金谷治, 1962: 17). 이처럼 그의 법사상에는 아직 도가적 요소가 많이 남아 있다. 「慎子」 일문에는 형벌(刑)에 관한 설이 있기는 하지만, 적어도 그는 아직 형벌로서 법을 적극 주장한 것 같지는 않다.

다만 법의 제정과 관련해서 신도는 "법은 하늘에서 떨어진 것도 아니고, 땅에서 솟아난 것도 아니다. 법은 인간이 만드는 것으로 인심에 부합해야 한다"고[45] 하여 선왕의 법을 절대적 표준으로 여기는 유가와는 분명히 노선을 달리 하고 있다. 곧 "신도는 법 제정의 근거를 인심에서 찾고 있을 뿐만 아니라 법령을 개정하고 조정하는 표준 또한 인심을 근거로 한다"(김예호, 2005: 35-36). 그런 한편 상벌과 관련해서는 공자를 인용하고 있어 유가를 비판하면서도 완전히 버리지는 않은 것 같다.[46] 지금은 세상이 변했기 때문에 법을

---

44) 有生法, 有守法, 有法於法. 夫生法者, 君也. 守法者, 臣也. 法于法者, 民也(黎翔鳳, 2016: 906).

45) 法, 非從天下, 非從地出, 發於人間, 合乎人心而已(「文子上義」; 許富宏, 2015: 102-103). 이 부분은 신자의 일문이 아닌 것으로 보기도 한다.

46) 공자는 舜의 시대는 상도 벌도 없었고, 禹의 시대는 상만 있고 벌이 없었고, 紂의 시대는 벌만 있고 상이 없었다. 주나라 문왕과 무왕은 상과 벌을 함께 시행했다. 벌은 행위를 금하는 것이고, 상은 독려하기 위함이라고 했다(公子云, 有虞氏不償不罰, 夏后氏償而不罰, 殷人罰而不償, 周人償且罰. 罰, 禁也; 償, 使也. 「태평어람」 권633; 許富宏, 2015: 76).

잘 집행하기 위해 상과 벌은 필요하지만 적당히 사용해야 한다고 주장한다. 직업과 관련해서는 "사인(士人)은 관직을 겸하지 않고, 공장(工匠)은 다른 일을 함께 하지 않고, 능력에 따라 일을 분배하고, 일에 따라 이익을 준다"고[47] 하여 사회적 분업을 주장하고, 각자 자신의 분한(分限)을 지키고, 직분을 천직으로 여겨야 하며, 능력에 따라 인재를 등용할 것을 주장한다. 그가 분업과 직분의 구분, 겸직의 금지, 능력주의 인재등용을 주장한 것은 관료제의 전문성과 능률성을 높이기 위한 것으로 볼 수 있다. 물론 그 구체적인 방법은 알 수가 없다.

그런데 이 부분은 신도의 '기지설'과 상충된다. 그는 객관적인 세와 법을 중시하고 현인을 무시했지만, 시세에 맞는 좋은 법을 만들고 이를 엄정하고 공정하게 집행하기 위해서는 결국 현자와 유능한 관리가 절대적으로 필요하기 때문이다. 그가 문서주의 행정 내지 관청문서의 진위 확인 방법에 대해 언급한 부분은 행정사적으로 매우 의미 있는 것이라 할 수 있다. 곧 일문에 "계약서의 절반을 쪼개거나 두 개의 부절을 하나로 합쳐서 진위를 확인한다. 이는 현인과 불초한 사람이 모두 사용하는 방법이다"고[48] 했다. 신도는 도를 깨닫지 못했기 때문에 철저히 자신을 버리고 세상을 등지지도 못했고, 그렇다고 현실정치에 깊숙이 관여한 것도 아니어서 객관적인 법이론가이기는 했으나 그의 세와 법 이론에는 허점이 많은 편이다.

지금까지의 논의를 요약하면 신도의 학설은 도가적 무위자연의 세를 바탕으로 법치를 주장하고 있다. 그는 무법천지의 세상을 보며

---

47) 士不得兼官, 工不得兼事. 以能受事, 以事受利('위덕'; 許富宏, 2015: 21).
48) 折券契, 屬符節, 賢不肖用之(「태평어람」 권430; 許富宏, 2015: 73).

정치의 목적은 사사로움을 제거하여 백성을 싸우지 않게 하기 위해 "악법이 무법보다 낫다"고 소크라테스와 비슷한 주장을 하였다. 따라서 이는 시대에 상관없이 법사상가들이 갖는 공통의 사고로 볼 수도 있겠다. 군주-관리-백성 등 신분제로 구성된 국가체제 안에서 시세에 적합한 법을 제정하고, 군주가 세를 잡고 관료제의 정점에서 공정하고 엄격하게 법을 집행해야 한다. 하지만 그러한 세와 법은 어디까지나 사회질서를 유지하기 위해 필요한 것이지 군주 한 사람을 위한 것은 아니었다. 사·농·공·상의 각 집단은 각자 자신의 직분을 지키고 자신이 맡은 일에 천직의식을 갖고 겸직하지 않는다. 정치의 핵심은 백성이기에 군권 역시 제약되어야 한다. 법의 공정성을 확보하기 위해 오로지 능력과 공적에 따라 인재를 등용하고, 법을 집행할 때는 친인척에게 특혜를 주어서는 안 된다고 주장했다. 다만 유가와 묵가의 현인정치를 부정한 나머지 법치의 실현에 반드시 필요한 현인의 존재를 부정함에 따라 많은 사람들로부터 비웃음을 샀다. 그의 관료제론은 주로 군주와 신하의 관계를 논의하고 있어 폐쇄체제적 성격을 띠며, 백성의 뜻이 정치에 투입될 여지는 보이지 않는다. 그는 법치를 주장하면서도 자연의 規율을 준수하고 민심에 순응하는 인순을 주장하는 도가적 풍모를 지니고 있다.

이와 같이 신도의 법사상에서 국가와 사회의 안위를 책임지는 관료제의 원리는 법제도의 정비, 강력한 군주권, 관료제의 확립과 분업, 능력에 따른 인재등용, 문서주의 행정, 거기에 자연질서에 대한 순응을 강조함으로써 법가 사상의 살벌함을 다소 완화하고 있다. 따라서 그는 상앙처럼 자신이 만든 법에 의해 비참하게 처형되지는 않은 것 같다. 다만 안정된 정치를 위해 현명한 군주의 존재는 인정하면서도 현인의 존재를 가볍게 여긴 점과 관료제가 백성의 생업을 어떻게 책임져야 하는지에 대한 구체적인 논의가 없는 것은 한계라고 할 수 있다.

2. 신불해(申不害)의 법·술(術) 사상

1) 신불해의 사적

「사기」 권63 '노자한비열전(老子韓非列傳)'에 따르면 "신불해는 경읍(京邑) 사람이고, 옛 정(鄭)나라의 천신 출신이었다. 술(術)을 배워 한(韓)나라 소후(昭侯)를 받들었고, 소후는 그를 재상으로 삼았다. 안으로 정치와 교육을 정비하고, 밖으로 여러 제후들에 대응한 지 15년이었으며, 申子가 죽을 때까지 나라는 잘 다스려지고 군사는 강성하여 한나라를 침입하는 자가 없었다. 申子의 학은 황로학을 바탕으로 형명학을 주로 했으며, 저서에는 2편이 있었는데 「신자(申子)」라고 불렀다."[49] 또 권45 '한세가(韓世家)'에 따르면, 그는 한나라 소후 8년(BCE 351)에 한나라 재상이 되었고, 술을 닦고 도를 실행해 국내를 잘 다스려서 다른 제후들이 한나라를 침범하지 않았으며, 소후 22년(BCE 337)에 죽었다.[50] 그러니까 신불해의 출생은 알 수 없지만 BCE 337년에 사망했다. 그가 60세 내지 70세를 살았다고 가정하고 출생연도를 407-397 BCE로 추정하는 사람도 있고, 대략 BCE 400년으로 추정하는 사람도 있다(Creel, 1974:

---

49) 申不害著, 京人也, 故鄭之賤臣. 學術以干韓昭侯, 昭侯用爲相. 內脩政教, 外應諸侯, 十五年. 終申子之身, 國治民彊, 無侵韓者. 申子之學本於黃老而主刑名. 著書二篇, 號曰申子.

50) 八年, 申不害相韓, 修術行道, 國內以治, 諸侯不來侵伐. …… 二十二年, 申不害死.

21). 신불해의 출생이 고귀한 신분은 아니었던 것 같다. 유가의 맹자(372-289 BCE)와는 활동연대가 겹치지만 대체로 맹자보다는 한 세대 정도 앞서는 사람이다.

위의 '한세가'에서 신불해가 재상직에 있었던 15년간은 외침이 없었다는 기록은 권63 '노자한비열전'의 내용과 일치하지만 다른 설도 있다.51) 또한 「사기」에서 그의 설이 노자의 설에 근거하고 있다고 한 것은 군주의 도(君道)를 허정무위(虛靜無爲)로 돌렸기 때문이다. 이에 대해 Creel(1974: 22, 163-165)은 기록으로서 「노자」가 성립한 것은 BCE 240년 내지 빨라도 BCE 300년 정도이기 때문에, 신불해가 황로학에 바탕을 두고 있다는 「사기」의 기록이 오류일 것으로 본다. 그러나 원시도가 사상은 제자백가가 등장하기 이전부터 있었고, 노자의 사상은 오랫동안 구전되다가 기록된 것으로 볼 수 있기 때문에 Creel의 주장도 신빙성이 떨어지는 측면이 있다. 현존하는 신불해에 관한 기록은 극도로 간단하기 때문에 그의 사적을 정확히 이해하기는 매우 어려운 실정이다.

기록으로서 「申子」는 원래 2편이었으나 지금은 대부분 전해지지 않고, 비교적 완전하게 남아 있는 것은 '대체(大體)' 1편 정도이고, 그 밖에 「의림」, 「태평어람」, 「한비자」, 「북당서초(北堂書鈔)」, 「예문유취」 등에 일문이 약간 남아 있는데,52) 그 대부분은 '대체'의 특정 구절이다.

---

51) 「고본죽서기년(古本竹書紀年)」에는 위나라 혜성왕(惠成王, 梁惠王으로도 불림, 재위 369-319 BCE) 26년(345 BCE)에 "(위나라가) 한나라를 마릉에서 폐퇴시켰다(敗韓馬稜)"고 기록되어 있고, 또 이 기사는 「금본죽서기년(今本竹書紀年)」에도 주나라 현왕(顯王, 재위 368-321 BCE) 24년(345 BCE)에 "위나라가 한나라를 마릉에서 폐퇴시켰다(魏敗韓馬稜)"고 기록되어 있어서 「사기」의 기록과는 차이를 보인다(木村英一, 1944/1998: 64).

52) 이 논문에서 인용하는 「申子」 '대체' 편은 楊家駱(1980: 167-174)을 참고했고, 여러 일문은 馬國翰(1979: 2763-2765)을 참고했다.

2) 신불해의 법・술(術) 사상과 관료제

(1) 신불해의 무위이술(無爲而術)과 형명론(形名論)

노자의 무위가 개인 차원에서 선악의 이분법을 초월하여 사회적 인위적인 구속에서 벗어나는 것이 목적이라면, 신불해는 이를 개인과 개인의 관계로 확장해서 군주가 객관적 행위와 제도적・법적 장치를 통해 국가를 변혁시키는 군주의 무위이술로 변형시켰다(조천수, 2003: 216). 따라서 신불해의 법사상은 원시도가의 도론을 통치술의 차원에서 무위의 원리를 강조한 형명가로 볼 수 있다(김예호, 2005: 22-23). 그는 "군주는 군주답고 신하는 신하다워야 한다"는 유가의 정명론(正名論)에[53] 도가의 무위론을 변형시킨 무위이술을 결합하여 특이한 명분론인 형명론을 만들어낸다. 형명론에서는 군신간의 윤리적・정치적 관계에는 관심이 없고 국가 목적에 부합하는 공리적・기능적 요소를 강조한다. 그래서 군주는 무위하고 신하는 유위하는 이중적인 관계가 만들어진다(조천수, 2003: 218-219; 조천수, 2004a: 171). 결국 신불해의 형명론은 군주의 신하 제어술이고, 학으로서 성립한 것은 선진 말 또는 진한 때쯤이다(木村英一, 1944/1998: 74).

「순자」 '해폐' 편은 "申子는 세(勢)에 가려서 지(知)를 알지 못했다"고[54] 申子를 비판하고 있다. 일반적으로 법가 사상가 가운데 '세'를 중시한 사람은 신도이고, 신불해는 술을 중시한 것으로 알려

---

53) 제나라 경공이 공자에게 정치에 대해 묻자, 공자는 군주는 군주답고, 신하는 신하답고, 아비는 아비답고, 자식은 자식다워야 한다고 대답했다(齊景公問政於孔子. 孔子對曰, 君君臣臣父父子子.「논어」'안연(顔淵)'; 藝文印書館, 1981f: 108). 정명론이나 형명론 모두 각자의 직분을 중시한다는 점에서는 같지만, 정명론은 군신 간의 도덕성을 전제로 하지만 형명론은 현실성을 전제하기 때문에 다르다(조천수, 2004a: 171).

54) 申子蔽於埶(=勢)而不知知(王先謙, 2016: 463).

져 있지만 사실 '대체' 편에는 세를 강조하는 부분이 상당히 많다. 대체로 그것은 군신간의 직분을 명확히 구분하고 군주의 위세를 절 대화함으로써 전제군주권을 확립하는 것과 관련이 있다. 곧 "한 명 의 신하가 군주를 마음대로 한다면 뭇 신하들이 모두 군주를 속일 것이다. 그러므로 …… 어지러운 신하가 나라를 무너뜨리는 데는 어 려움이 없다. 그러므로 밝은 군주가 그 신하로 하여금 함께 나아가 게 하고 수레의 바큇살처럼 모이게 하면, 신하가 군주를 마음대로 하지는 못할 것이다."[55] 나아가 "명군은 몸통과 같고, 신하는 손과 같다. 군주가 호령하면 신하는 그 울림과 같다. 군주가 그 근본을 세우면 신하는 그 끝을 조종하고, 군주가 그 핵심을 다스리면 신하 는 그 세세한 것을 시행한다. 군주가 그 칼자루를 잡고 조종하면, 신하는 군주의 명령(常)을 시행한다"고 했다.[56] 이는 군신간의 관 계가 마치 한 몸처럼 유기체적 관계를 이루지만, 군주는 몸통이고 중심인 반면 신하는 손발 같은 존재임을 말하는 것이다. 신도는 신 하가 최대한 능력을 발휘하게 하는 용인술이 목적이었다면, 신불해 와 한비의 술치는 신하를 통제하기 위한 권모술수였다(조천수, 2004a: 178).

그런데 이 '대체' 편의 내용은 <표 2-2>에서 보듯이 「관자」의 내 용과 유사한 것들이 많고, 특히 앞 절의 내용은 ③과 ④, ⑦과 비슷 해서 신불해의 세론과 법이론이 전국시대 「관자」 학파에게도 많은 영향을 미쳤음을 알 수 있다.[57] 이는 당시 그의 사상이 세간의 주

---

55) 一臣專君, 群臣皆蔽. 故 …… 而亂臣不難破國也. 是以明君使其臣, 并進輻湊, 莫得專君焉('대체'; 楊家駱, 1980: 167).

56) 明君如身, 臣如手, 君若號, 臣如響. 君設其本, 臣操其末, 君治其要, 臣行其詳, 君操其柄, 臣事其 常. 為人臣者, 操契以責其名('대체'; 楊家駱, 1980: 168).

57) 「관자」 중 '목민', '권수(權修)', '승마(乘馬)', '수지(水地)', '오보(五輔)' 등은 관중의 글로 보이지

목을 끌었음을 의미한다. 제(齊)나라 환공(桓公)을 도와서 패업(霸業)을 이룬 관중(?~645 BCE)은 아직 제자백가가 등장하기 전인 춘추시대 인물로서 유가와 도가, 법가 사상을 모두 아우르고 있지만, 「관자」에는 법가적인 요소가 강하고, '세' 편이 따로 있는 데서 알 수 있듯이 도가적 요소도 내포하고 있다. 이와 같이 춘추시대까지는 유·법·도가 융합되어 있다가 전국시대 법가 사상가인 신도와 신불해에 이르면 유가와 대립하며 도·법 사상으로 학설의 범위가 축소된다. 또 "명령은 말한다. 천하로써 그것이 족쇄와 수갑을 차게 하라"든가,[58] "군주를 우러러보게 하는 것은 명령(令)이다. 명령했는데 집행되지 않는다면 군주가 없는 것이므로, 명군은 명령을 신중하게 내린다"든가,[59] "능히 홀로 결단을 내리므로 천하의 주인이 될 수 있다"[60] 등은 군주가 법과 명령이라는 '세'를 통해 신하를 완전히 장악하고 홀로 정치를 결단해야 함을 말하고 있다. 위세란 오로지 군주 한 사람이 장악해야 하는 것이다.

만, '군신'과 '임법', '명법(明法)', '칠신칠주(七臣七主)', '명법해(明法解)', '심술(心術)'(上下), '내업(內業)', '백심(白心)' 등은 모두 직하학자들의 작품으로 추정된다. 자세한 사항은 류웨이화·먀오룬티엔, 곽신환 역(1995: 459-476)을 참조바람.

58) 命之曰以天下爲桎梏('대체'; 楊家駱, 1980: 170).

59) 君之所以尊者令. 令之不行, 是無君也, 故明君愼令('대체'; 楊家駱, 1980: 171).

60) 能獨斷者, 故可以爲天下主('대체'; 楊家駱, 1980: 174).

① 비록 현명한 군주라도 백 보 밖은 들으려 해도 들을 수 없고, 담 너머는 보려고 해도 볼 수 없다(雖有明君, 百步之外, 聽而不聞. 閒之堵牆, 窺而不見也. '군신'; 黎翔鳳, 2016: 566).

② 성군은 법에 맡기지 지(智)에 맡기지 않고, 술(數)에 맡기지 말(說)에 맡기지 않고, 공(公)에 맡기지 사(私)에 맡기지 않으며, 큰 도에 맡기지 작은 物에 맡기지 않는다(聖君任法而不任智, 任數而不任說, 任公而不任私, 任大道而不任小物, '임법'; 黎翔鳳, 2016: 900).

③ 여러 신하들이 수레의 바큇살이 바큇살 통에 모이는 것처럼 그 군주를 섬기고(羣臣修通輻湊. 以事其主, '임법'; 黎翔鳳, 2016: 906).

④ 아랫사람이 윗사람을 섬김은 마치 소리를 지르면 메아리가 울리는 것과 같다. 신하가 군주를 섬김은 마치 형태에 따라 그림자가 생기는 것과 같다. 그러므로 위에서 명령하면 아래에서 응답하고, 군주가 행하면 신하가 따르는 것이 다스림의 도다(然故下之事上也, 如響之應聲也. 臣之事主也, 如影之從形也. 故上令而下應, 主行而臣從, 此治之道也. '임법'; 黎翔鳳, 2016: 913).

⑤ 그러므로 법도의 규정이 있으면 거짓으로 속일 수 없다. 저울의 계량이 있으면 무게를 속일 수 없다. 자의 눈금이 있으면 길이를 재는 데 차이가 날 수 없다. 지금 군주가 법도를 벗어나 허명으로 인재를 등용하면, 신하는 군주를 등지고 아래에서 파당을 결성할 것이다(是故有法度之制者, 不可巧以詐僞. 有權衡之稱者, 不可欺以輕重. 有尋丈之數者, 不可差以長短. 今主釋法以譽進能, 則臣離上而下比周矣. '명법'; 黎翔鳳, 2016: 916).

⑥ 법령이란 군주와 신하가 함께 제정하는 것이요, 권세란 군주가 홀로 장악하는 것이다. 그러므로 군주가 지켜야 할 것을 잃으면 위태로워지고, 신하와 관리가 지켜야 할 것을 잃으면 어지러워진다(法令者, 君臣之所共立也. 權勢者, 人主之所獨守也. 故人主失守則危, 臣吏失守則亂. '칠신칠주'; 黎翔鳳, 2016: 998).

⑦ 군주는 생사여탈권을 홀로 장악하고, 항상 위세를 가지고 높은 자리에 있고, 명령하여 금지시키는 자루를 손에 쥐고 뭇 신하를 부리는 것이 군주의 도다. 신하는 비천한 자리에 있으면서 군주의 명령을 받들고 자기의 직책을 지키며 자기의 임무를 수행하는 것이 신하의 도다. 그러므로 군주가 신하의 도를 행하면 어지러워지고, 신하가 군주의 도를 행하면 위태로워진다(人主者, 擅生殺, 處威勢, 操行行禁止之柄, 以御其羣臣, 此主道也. 人臣者, 處卑賤, 奉主令, 守本任, 治分職, 此臣道也. 故主行臣道則亂, 臣行主道則危. '명법해'; 黎翔鳳, 2016: 1208; 이상 한글 번역본은 김필수 외 역, 2015 참조).

(2) 신불해의 술치와 관료제론

현존하는 「申子」 '대체' 편이나 일문의 내용은 대부분 술에 관한 내용이 많아서 신불해가 주장하는 정치의 목적이 무엇인지 명확하지는 않다. 다만 "왕천하란 무엇인가? 마땅히 나라가 부유하고 곡식이 풍성해야 한다"와[61] "사해의 안과 육합의 사이에서 무엇이 귀한가? 먹는 것의 근본인 땅이 귀하다"고[62] 하여 관료제가 궁극적으로 지향해야 하는 것은 땅을 잘 다스려서 백성의 의식을 풍족히 하고 국가를 부유하게 하는 것임을 주장하였다. 물론 그 구체적인 실현방법에 대해서는 알 길이 없다. 신도가 정치의 목적은 백성을 싸우지 않게 하여 평화롭게 살게 하는 것이라고 한 것과 비교하면, 신불해는 부국강병 쪽으로 한걸음 더 나아갔다고 할 수 있다.

그러면 신불해의 법사상을 통해 그의 관료제론을 살펴보기로 하자. 우선 「한비자」 '외저설좌상(外儲說左上)-설(說)5'에서 한나라 소후가 법을 시행하기가 아주 어렵다고 하자, 신불해는 "법이란 공이 보이면 상을 주고, 능력에 따라 관직을 내리는 것입니다. 지금 군주께서 법도를 세우고도 좌우의 청탁을 들으니, 이것이 시행을 어렵게 하는 이유입니다"고 대답했다.[63] 이는 신불해의 사상에서 가장 중요한 부분으로 실적제 관료제의 원리를 설한 것이다. 이를 통해 볼 때 당시 한나라에서는 무능력자에 대한 정실인사가 많아서 법이 제대로 시행되지 않았던 것 같다. 그러자 소후는 "과인은 오늘에야 법규를 시행하는 방법을 알았소. 과인이 어찌 청탁을 들어주겠소"라고 했다. 그런데 어느 날 신불해가 자신의 사촌형을 관직에 임명해줄 것을 요청하자, 소후가 "이는 그대에게 배운 것과 다르오. 그

---

61) 王天下何也, 必當國富而粟多也('대체'; 楊家駱, 1980: 172; 「예문유취」 권54, 「태평어람」 권638; 馬國翰, 1979: 2765).

62) 四海之內, 六合之間, 日奚貴. 日貴土, 土, 食之本也('대체'; 楊家駱, 1980: 172; 「태평어람」 권37; 馬國翰, 1979: 2765).

63) 韓昭侯謂申子曰, 法度甚不易行也. 申子曰, 法者見功而與賞, 因能而受官. 今君設法度, 而聽左右之請, 此所以難行也(王先愼, 1991: 213; 馬國翰, 1979: 2763).

대의 청을 들어주어서 그대의 도를 무너뜨려야겠소 아니면 그대의 법을 써서 그대의 청을 거절해야 겠소" 하니, 신불해가 물러나와 죄줄 것을 청했다고 한다.64) 이는 법의 제정자가 스스로 법을 지키기가 얼마나 어려운지를 말하는 것이고, 한편으로는 한소후가 술을 이용해 신불해의 술을 제압했음을 보여준다.

申子는 말한다. "군주는 반드시 밝은 법과 정의를 지녀야 하는데, 이는 마치 저울에 매달아 그것으로써 경중을 말하는 것과 같아서, 그것으로써 뭇 신하를 하나 되게 하는 것이다." 그러기 위해 "성군은 법에 맡기지 지(智)에 맡기지 않으며, 술에 맡기지 말에 맡기지 않는다"고 했다.65) '대체' 편에는 법, 명(命), 영(令) 등의 용어가 출현하는데, 「관자」 '칠신칠주' 편에 따르면 "무릇 법이란 공적을 일으키고 포악한 자를 두렵게 하는 것이고, 율이란 각자의 분수를 정하여 다툼을 그치게 하는 것이고, 영이란 백성이 해야 할 일을 알리고 시키는 것이다. 법률과 정령이란 백성을 통제하는 기준이다."66) 여기서 법은 상벌의 기준을 뜻하고, 율은 백성의 직분을 규정하는 것이고, 영은 명령이다.

그렇지만 「한비자」 '정법(定法)' 편의 신불해에 대한 평가를 보면 신불해의 법이 반드시 잘 제정되거나 잘 시행된 것 같지는 않다.

> 신불해는 한나라 소후를 보좌했는데, 한나라는 진(晉)에서 떨어져 나온 나라다.67) 진나라의 옛 법이 아직 폐지되지 않았는데도 한나라의 신법이 생겨나고,

---

64) 昭侯曰, 吾自今以來, 知行法矣, 寡人奚聽矣. 一日, 申子請仕其從兄官. 昭侯曰, 非所學於子也. 聽子之謁, 敗子之道乎, 亡其用子之謁, 申子辭舍請罪(「한비자」 '외저설좌상'; 王先愼, 1991: 213).

65) 君必有明法正義, 若懸權衡以稱輕重, 所以一羣臣也. ⋯⋯ 聖君任法而不任智, 任數而不任說('대체'; 楊家駱, 1980: 171; 馬國翰, 1979: 2764-2765).

66) 夫法者, 所以興功懼暴也. 律者, 所以定分止爭也. 令者, 所以令人知事也. 法律政令者, 吏民規矩繩墨也. 여기서 '令'은 정령(政令)으로 보기도 한다(黎翔鳳, 2016: 998-999).

67) 진나라는 원래 주나라의 봉건제후국 중 하나로 문공(文公, 재위 636-628 BCE) 때 초나라를

> 선군의 명령이 아직 거두어지지 않았는데도 후군의 명령이 또 내려졌다. 신불해는 그 법을 장악하지 못하고 법령을 하나로 통합하지 못해 간사한 일이 많이 생겼다. 이익이 옛 법령에 있으면 옛것을 따르고, 이익이 새 법령에 있으면 새것을 따랐기 때문이다. 이처럼 이익이 옛것과 새것이 서로 상반되고, 앞의 것과 뒤의 것이 서로 어그러져서, 신불해가 비록 소후에게 열 배나 술을 쓰게 해도 간신들은 여전히 궤변을 늘어놓으며 속일 수가 있었다(申不害, 韓昭侯之佐也. 韓者, 晉之別國也. 晉之故法未息, 而韓之新法又生, 先君之令未收, 而後君之令又下. 申不害不擅其法, 不一其憲令, 則姦多. 故利在故法前令, 則道之, 利在新法後令, 則道之, 利在故新相反, 前後相悖, 則申不害雖十使昭侯用術, 而姦臣猶有所譎其辭矣; 王先愼, 1991: 304).

이는 신불해가 옛 진나라가 3진으로 쪼개지기 전부터 시행하던 각각의 부족법을 통합해 새로운 국가법을 만들고 시행하는 것이 매우 어려웠음을 의미한다([그림 2-2] 참조). 먹줄로 재고, 저울로 달고, 자로 잰다는 것은 도량형과 같은 것으로써 법의 정확성을 의미하는데 당시의 정치현실에서는 잘 지켜지지 않았다. 앞에서 소개한 '설5'의 일화에서 법을 주장하는 신불해 자신도 자격이 안 되는 사촌형을 엽관임용하려 오히려 자신이 사직을 청했던 것처럼 말이다. 그래서 현실의 정치를 제어하기 위해 신불해가 주로 사용한 것은 법보다 '무위의 술'이었다. "군주의 법과 명령이 백성을 다스리기 위한 것이라면, 군주의 술의 목적은 신하를 통제하기 위한 것이다"(조천수, 2004a: 169).

그러면 신불해 법사상의 중심을 이루는 '술'에 대해 논의해 보겠다. 먼저 「한비자」 '정법' 편의 기록을 보면 다음과 같다.

> 이제 신불해는 술을 말했고, 공손앙은 법을 말했다. 술이란 능력에 따라 관직을 주고, 명분에 따라 실적을 따지며, 생사의 칼자루를 쥐고 뭇 신하들의 능력에 등급을 매기는 것이다. 이는 군주가 쥐고 있어야 하는 것이다(今申不害言術, 而

격파하고 제 환공에 이어 두 번째 패자가 된 후 100년간 강성했으나, 소공(昭公, 재위 531-526 BCE)에 이르러 왕실이 쇠약해지고 6경(卿)이 득세했으며, 이들의 항쟁 끝에 한(韓)·위(衛)·조(趙)의 3경이 실권을 잡고 BCE 403년에 3국으로 나뉘었다(이병갑, 1995: 475).

公孫鞅爲法術者, 因任而授官, 循名而責實, 操殺生之柄, 課群臣之能者也, 此人主之所執也).

법이란 나라의 법령을 관청에 내걸고 형벌이 반드시 백성들의 마음에 새겨지게 해서 삼가 법을 지키면 상을 내리고, 간사하게 영을 어기면 벌을 내리는 것이다. 이는 신하가 지켜야 하는 것이다. 군주에게 술이 없으면 윗자리에 있으면서 가려지고, 신하에게 법이 없으면 아래에서 어지럽힌다. 이는 어느 하나도 없어서는 안 되는 것으로 모두 제왕의 도구다(法者, 憲令著於官府, 刑罰必於民心, 賞存乎愼法, 而罰加乎姦令者也. 此臣之所師也. 君無術則弊於上, 臣無法則亂於下, 此不可一無, 皆帝王之具也; 이상 王先愼, 1991: 304).

이와 같이 「장자」나 「한비자」, 「사기」 등의 기록을 볼 때, 당시에 신도의 세와 신불해의 술, 상앙의 법사상이 세간에서 크게 논쟁의 대상이 되고 정치학의 교재였음은 분명한 것 같다. 특히 이들은 모두 비슷한 시대를 살며 직하학궁을 거쳐 갔기 때문에 그곳에서도 각자의 법이론을 놓고 서로 불꽃 튀는 논쟁을 벌였을 것으로 예상된다.

위 인용구에서 신불해의 술에 관한 설명은 <표 2-2>의 ⑥, ⑦과 비슷해서 이 역시 「관자」의 성립에 영향을 미쳤음을 알 수 있다. 이에 따르면 신불해가 말하는 술은 현재 행정학의 용어로 치환하면 실적제 관료제의 원리로서 인사행정과 인사고과, 행정절차 등을 의미한다. 앞에서 서술한 "술에 맡기지 말에 맡기지 않는다"는 것은 바로 그 사람의 능력을 보고 임용하지, 번지르르한 말에 현혹돼서 임용해서는 안 된다는 것이다. 또 "술을 잃고 信을 구한다면 의심스럽다. 통치는 관직을 넘어서는 안 되며, 비록 알더라도 말해서는 안 된다"고[68] 했다. 관리는 능력에 따라 임용해야 하며, 임명된 관리는 직분을 지켜야 한다는 것이다. 그래서 Creel(1974: 41)은 신불

---

68) 失之數而求之信則疑矣. 治不踰=逾官, 雖知不言(「申子」 '대체'; 楊家駱, 1980: 174; 馬國翰, 1979: 2764).

해의 술을 행정절차(methods of administrative procedure) 내지 행정통제의 방법(통치술, techniques of administrative control)으로 보며, 훗날 한(漢)나라가 제국의 행정절차 내지 행정기술을 설계할 때 그 바탕이 되었다고 높이 평가한다.[69] 이때의 술은 관료제의 운영을 위한 행정제도나 행정계획 등을 의미하는 것으로 볼 수 있으나 자료의 부족으로 자세한 내용은 알 길이 없다. 현존하는 일문을 보건대 신불해는 덕(德)에 대해서는 거의 말한 적이 없다.[70]

신불해의 목적은 한나라를 구하는 것이었기 때문에 유능한 관리가 필요했지 그들의 덕성 함양 여부는 전혀 문제가 되지 않았다. 오히려 그러했기 때문에 그는 어떤 행정에도 적용할 수 있는 행정체제와 행정철학을 발전시킬 수 있었던 것인지도 모른다(Creel, 1974: 46-47). 그런 면에서 신불해의 술은 덕성을 중시하는 유가와는 큰 차이가 있고 오히려 막스 베버적이라고 할 수 있다. 다만 신불해의 법술사상은 주로 군신간의 관계를 규정하고 있어 신도와 마찬가지로 관료제를 폐쇄체제로 인식하는 것 같다. 백성은 법령으로 통제되는 대상으로 그려질 뿐 관리가 백성을 통제하는 방법에 대해서는 알 수 없는 실정이다. 어쨌든 신도와 신불해를 통해 실적제 관료제의 구체적인 설계도가 나오기 시작했다.

특히 신불해는 자신이 주장하는 형명론을 바탕으로 관료제 내의

---

69) 전한(前漢) 문제(文帝) 때의 학자 "가의(賈誼)와 조조(晁錯)는 신불해와 상앙의 법술을 밝혔다"(賈生晁錯明申商)는 기록이 「사기」 권130 '태사공자서'에 나온다.

70) 「옥함산방집일서(玉函山房輯佚書)」에 수록된 「申子」(2764) 일문 중 「여씨춘추(呂氏春秋)」 '임수(任數)' 편에 수록된 인용문에는 "지극한 덕은 덕이 아니고(至德不德)" 단 한 구절이 있지만, Creel(1974: 374)은 그의 책에 수록된 '부록 C' 申子 일문에서, 「여씨춘추」의 해당 인용문을 "至仁忘仁, 至德不德" 바로 앞 구절에서 자르고(故君人者, 不可不察此言也), 이어지는 뒷부분을 제외시킴에 따라 이 두 자료 사이에는 차이가 있다. 어쨌든 신불해는 '덕'에 관해서는 별로 언급한 게 없다.

업무를 분업하고 관리 각자의 직분을 명확히 하여 관리들이 공을 세우기 위해 남의 직분을 침해하지 못하게 하였다. 그럴 경우 해당 관리를 처형하여 일벌백계함으로써 총신과 그 주변사람들에 의한 국정의 농단을 막으려 했던 점은 현대 관료제에도 큰 교훈을 준다고 하겠다.[71)]

그런데 신불해가 말하는 술은 이처럼 행정제도나 절차, 계획으로서 제도화시킬 수 있는 것도 있지만, 실제로 그가 주장하는 '무위술'이라는 것은 임시방편적 권모술수에 해당하는 것이 더 많았기 때문에 불안정했다고 할 수 있다. 곧 "눈, 귀, 마음, 지혜로 알 수 있는 것은 매우 적고, 보고 들을 수 있는 것도 천박하다. …… 10리의 거리에도 귀는 들을 수 없고, 휘장과 담장 밖도 눈은 볼 수 없으며, 3무(畝)뿐인 궁궐 안도 마음은 파악할 수 없다. …… 말하지 않고 생각하지 않고 고요히 때를 기다리고, 때가 오면 이에 응하여 마음이 여유로운 자가 이긴다"고[72)] 했다. 이 구절은 <표 2-2>의 ①과 유사한데 인간의 감각기관을 믿지 말라는 것이다. 또 "옛날의 왕은 인위적으로 하는 바는 적고 인해서 어쩔 수 없이 하는 것이 많았다. 인해서 어쩔 수 없이 하는 것(因)은 군주의 술이고, 인위적

---

71) 한소후가 술에 취해 잠이 들었는데, 군주의 관모를 맡은 전관(典冠)이 소후가 추워하는 것을 보고 옷을 덮어주었다. 소후가 깨어나서 옷을 덮어준 사람이 의복담당인 전의(典衣)가 아니라 전관이었던 것을 알고, 전관은 처형하고 제 할 일을 하지 않은 전의는 벌을 주었다. 자신이 추위를 면한 것은 좋았지만, 관리가 남의 직분을 침범해서 생기는 해로움은 추위보다 더 심하기 때문이다. 관리가 직분을 넘으면 죽이고, 실제 일과 말이 맞지 않으면 벌을 주어 관리들이 함부로 편당을 지어 서로 돕지 못하게 한 것이다(昔者韓昭侯醉而寢, 典冠者見君之寒也, 故加依於君之上, 覺寢而說. 問左右曰, 誰加衣者, 左右答曰, 典冠. 君因兼罪典衣, 殺典冠. 其罪典衣, 以爲失其事也, 其罪典冠, 以爲越其職也. 非不惡寒也, 以爲侵官之害甚於寒. 故明主之畜臣, 臣不得越官而有功, 不得陳言而不當. 越官則死, 不當則罪. 守業其官, 所言者貞也, 則羣臣不得朋黨相爲矣. 「한비자」 '이병(二柄)'; 王先愼, 1991: 28).

72) 耳目心智之不足恃也. 耳目心智, 其所以知識甚闕, 其所以聞見甚淺. 以淺闕博居天下, …… 十里之間而耳不能聽, 帷牆之外而目不能見, 三畝之宮而心不能知. …… 無言無思, 靜以待時, 時至而應, 心暇者勝(「여씨춘추」 '임수'; 馬國翰, 1979: 2764).

으로 하는 것(爲)은 신하의 도리다. 만일 군주가 인위적으로 하면 동요하지만 인해서 어쩔 수 없이 하면 고요하다"고73) 했다. 군주가 스스로 나서서 일을 하면 신하들이 그 마음을 금방 알아채기 때문에 사물에 인해서 어쩔 수 없이 나서야 하는 때가 아니면 그냥 신하에게 맡기고 나서지 말라는 것이다.74) 그리고 군주가 마음의 동요를 일으키지 않으면 신하의 마음과 사물의 추이를 저절로 알게 된다는 것이다.

하지만 전국시대라는 정치 상황에서 군주도 신하도 무위의 상태로 있을 수는 없었고, 실제로는 군주의 법령이 현실의 행정에서 잘 시행되지 않았고, 군신상하가 서로를 불신했기 때문에 권모술수로 일관했다. 다음의 일화가 그것을 말해준다.

> 한나라 소리후(소후)가 사당에서 제사에 쓸 돼지를 보니 너무 작은 것 같아서 담당관리에게 명하여 그것을 바꿔 놓게 했다. 그런데 그 관리가 그 돼지를 도로 갖다 놓았으므로 소리후가 말하기를, "이건 아까 그 돼지가 아니냐?" 하고 묻자, 그 관리는 대답을 하지 못했다. 그래서 그를 처벌하도록 명하였다. 시종이 말하기를, "군왕께서는 그것을 어떻게 아셨습니까?" 하고 묻자, 소리후가 "내가 돼지 귀에 표시를 해두었다"고 대답했다(韓昭釐侯視所以祠廟之牲, 其豕小, 昭釐侯令官更之. 官以是豕來也, 昭釐侯曰, 是非嚮者之豕邪? 官無以對. 命吏罪之. 從者曰, 君王何以知之? 君曰, 吾以其耳也.「여씨춘추」'임수'; 馬國翰, 1979: 2764).

이처럼 법가에 술 사상이 발생한 것은 노장사상의 발달과 함께 그 영향을 받은 것도 있지만, 천문학의 발달에 따라 형성된 역수적

---

73) 古之王者, 其所爲少, 其所因多. 因者, 君術也, 爲者, 臣道也. 爲則擾矣, 因則靜矣(「여씨춘추」'임수'; 馬國翰, 1979: 2764).

74) 군주는 그 큰 것에 머무르고 신하는 그 세세한 것에 머무른다. 그 이름으로써 그것을 듣고, 보고, 명령한다. 무위로써 거울이 자세한 것을 말하게 하면 아름다움과 추함이 저절로 갖추어질 것이다. 무위로써 저울대가 균형을 말하게 한다면 경중을 저절로 알게 될 것이다(主處其大, 臣處其細, 以其名聽之, 以其名視之, 以其名命之. 鏡設精無爲, 而美惡自備, 衡設平無爲, 而輕重自得.「申子」'대체'; 楊家駱, 1980: 169).

우주관과 술수가·음양가 등의 술 사상이 일반에 보급된 뒤의 일로 추정된다(木村英一, 1944/1998: 75-76). 이러한 술은 도가의 도술이 편벽한 방술로 전락한 것으로 볼 수 있다. 특히 한소후와 신불해를 둘러싼 일화 중에는 술수설화가 매우 많은데, 이는 전국시대 제후들이 사용한 정치적 수단의 일면을 알려줌과 동시에 이러한 술수주의 정치가 한·위·조 등 3진(三晉)지방([그림 2-2] 참조)에 특히 발달해 있었음을 상상할 수 있다(木村英一, 1944/1998: 71).

지금까지의 논의를 요약하면 신불해의 학설은 유가의 정명론에 무위이술을 결합하여 국가의 목적을 달성하기 위해 군신간의 기능적 관계를 강조하는 형명론이었다. 그가 주장하는 정치의 목적은 법과 술을 갖추고 땅을 잘 다스려서 백성의 의식을 풍족히 하고 국가를 부유하게 하는 것이어서 신도보다는 부국강병 쪽으로 한걸음 더 나아갔다고 평가할 수 있다. 이를 위해 신도와 마찬가지로 그도 실적제 관료제를 바탕으로 군주전제를 주장하고, 법제도와 행정절차, 조직을 활용하기 위해 술치를 주장한다. 군주는 법령으로서 존중받고, 또 군주는 몸통이고 신하는 손발로서 군신간의 직분을 분명히 하고, 관리가 월권을 하면 엄벌에 처했다. 법은 절대로 거스를 수 없는 것이어서 저울로 잰 듯 공평하게 적용해야 한다. 법이란 공이 보이면 상을 주고, 능력에 따라 관직을 수여하는 것이고, 술이란 맡은 바에 따라 관직을 수여하고, 관직에 따라 실적과 책임을 따지고, 생사의 칼자루를 쥐고 뭇 신하들의 능력을 매기는 것이라고 하여 실적제 관료제의 원리를 천명하고 있다. 법과 술의 관계를 보면 법은 군주와 신하가 모두 지켜야 하지만, 술은 군주가 홀로 잡는 것으로써 절대로 신하에게 보여서는 안 된다고 '무위술'을 주장한다.

신불해의 술 가운데 행정제도나 절차로서 제도화된 것은 적지만, 이는 인치를 배격하고 법과 제도에 의한 통치를 가능케 하여 관료제론의 초석을 마련했다는 점에서 그 의의가 매우 크다고 할 수 있다. 그러나 신불해의 술치는 상당부분 군신 간의 권모술수와 관계가 있기 때문에 단기적인 통치의 성과를 거두는 데는 효과적일지 모르지만, 관료제 내에 권모술수를 조장하기 때문에 장기적으로는 관료제를 무력화시킬 수도 있다. 실제 정치에서 신불해와 한소후 모두 엄격하게 법을 지키기보다는 권모술수로 일관했다. 신불해의 법사상은 백성을 다스리기 위한 법과 명령보다는 군주가 신하를 통제하기 위한 군술에 치중했다는 한계를 갖고, 정치현실에서 관료제가 백성을 어떻게 다스려야 하는지는 자료의 부족으로 알 수가 없다.

신도와 신불해는 둘 다 법치를 주장하고 그 실현을 위해 능력주의 인재선발, 직분의 구분과 분업, 공평하고 엄정한 법적용을 주장한 점은 같다. 나아가 신도는 사람보다는 특정한 관직이 갖는 직분에 따라 권력을 부여해야 한다고 주장하고, 신불해는 관료제 내의 업무가 행정제도와 절차에 따라 이루어져야 한다고 주장한 점에서 근대 관료제의 초석이 되었다고 할 수 있다. 훗날 유교정치에서는 이를 실적제 관료제의 원리로 확립하고 능력주의 인사행정과 인사고과제도, 행정절차 등으로 제도화하여 술의 불확실성을 제거한다. 이렇게 동양사에서 실적제 관료제는 서서히 확립되고 있었다.

IV. 결 론

지금까지 초기 법가 사상가인 '신도와 신불해가 당시의 국가 위기를 타개하고 책임정치를 구현하기 위해 설한 그들의 법사상에서 그들이 구상한 관료제의 원리는 어떠했을까'라는 연구주제를 가지고 역사적 접근방법으로 연구하였다. 신도와 신불해에 관한 사료는 기록으로 남아 있는 두 사람의 저작 일부와 제자백가서에 인용된 구절, 사서의 기록 등 현존하는 모든 사료를 수집하였다.

법가 사상의 발전과정을 보면 상고시대에는 신수에 의한 재판이 있었고 이것이 나중에 육형으로 바뀌었다. 그래서 서주 초기에도 오형이 있었지만 형벌은 신중하게 사용했다. 그러다가 춘추시대가 되면 종법제에 의한 봉건국가 체제는 점점 이완되고, 전국시대가 되면 제후들이 주권국가로 자립하고 부국강병책에 몰두하면서 유・묵・도・법 등 제자백가학이 성립하게 된다. 그들 가운데 법가는 전통적인 오형과 관중의 법사상, 도가의 술 등이 융합하며 역사적으로 성립했고, 최초로 국가법체계를 확립하고 천하통일에 성공했다는 점에서 탁월했다.

신도의 학설은 도가적 무위자연의 세를 바탕으로 법치를 주장하고 있다. 그는 무법천지의 세상을 보며 정치의 목적은 사사로움을 제거하여 백성을 싸우지 않게 하기 위해 "악법이 무법보다 낫다"고 소크라테스와 비슷한 주장을 하였다. 군주-관리-백성 등 신분제로 구성된 국가체제 안에서 시세에 적합한 법을 제정하고, 군주가 권세를 잡고 관료제의 정점에서 공정하고 엄격하게 법을 집행해야 한다. 하지만 그러한 세와 법은 어디까지나 사회질서를 유지하기 위해 필요한 것이지 군주 한 사람을 위한 것은 아니었다. 사·농·공·상의 각 집단은 각자 자신의 직분을 지키고 자신이 맡은 일에 천직의식을 갖고 겸직하지 않는다. 정치의 핵심은 백성이기에 군권 역시 제약되어야 한다. 법의 공정성을 확보하기 위해 오로지 능력과 공적에 따라 인재를 등용하고, 법을 집행할 때는 친인척에게 특혜를 주어서는 안 된다고 주장했다. 다만 유가와 묵가의 현인정치를 부정한 나머지 법치의 실현에 반드시 필요한 현인의 존재를 부정함에 따라 많은 사람들로부터 비웃음을 샀다.

신도의 관료제론은 주로 군주와 신하의 관계를 논의하고 있어 폐쇄체제적 성격을 띠며, 백성의 뜻이 정치에 투입될 여지는 보이지 않는다. 신도의 법사상에서 국가와 사회의 안위를 책임지는 관료제의 원리는 법제도의 정비, 강력한 군주권, 관료제의 확립과 분업, 능력과 공적에 따른 인재등용, 문서주의 행정, 거기에 자연질서에 대한 순응을 강조함으로써 법가 사상의 살벌함을 다소 완화하고 있다. 그의 사상에서 관료제가 백성의 생업을 어떻게 책임져야 하는지에 대한 구체적인 논의가 없는 것은 한계라고 할 수 있다.

신불해의 학설은 유가의 정명론에 무위이술을 결합하여 국가의 목적을 달성하기 위해 군신 간의 기능적 관계를 강조하는 형명론이었다. 그가 주장하는 정치의 목적은 법과 술을 갖추고 땅을 잘 다스려서 백성의 의식을 풍족히 하고 국가를 부유하게 하는 것이어서 신도보다는 부국강병 쪽으로 한 걸음 더 나아갔다고 평가할 수 있다. 이를 위해 신도와 마찬가지로 그도 실적제 관료제를 바탕으로 군주전제를 주장하고, 법제도와 행정절차, 조직을 활용하기 위해 술치를 주장한다. 군주는 법령으로서 존중받고, 또 군주는 몸통이고 신하는 손발로서 군신 간의 직분을 분명히 한다. 법은 절대로 거스를 수 없는 것이어서 저울로 잰 듯 공평하게 적용해야 한다. 법이란 공이 보이면 상을 주고, 능력에 따라 관직을 수여하는 것이고, 술이란 맡은 바에 따라 관직을 수여하고, 관직에 따라 실적과 책임을 따지고, 생사의 칼자루를 쥐고 뭇 신하들의 능력을 매기는 것으로써 실적제 관료제의 원리를 천명하고 있다. 법은 군주와 신하가 모두 지켜야 하지만, 술은 군주가 홀로 잡는 것으로써 절대로 신하에게 보여서는 안 된다고 '무위술'을 주장한다.

신불해의 술 가운데 행정제도나 절차로서 제도화된 것은 적지만, 이는 인치를 배격하고 법과 제도에 의한 통치를 가능하게 했다는 점에서 관료제론의 초석을 마련했다고 볼 수 있다. 그러나 신불해의 술치는 상당부분 군신간의 권모술수와 관계가 있기 때문에 단기적인 통치의 성과를 거두는 데는 효과적일지 모르지만, 관료제 내에 권모술수를 조장하기 때문에 장기적으로는 관료제를 무력화시킬 수도 있다. 신불해의 법사상은 백성을 다스리기 위한 법과 명령보다는 군주가 신하를 통제하기 위한 군술에 치중했다는 한계를 갖고, 정치현실에서 관료제가 백성을 어떻게 다스려야 하는지는 자료의 부족으로 알 수가 없다.

신도와 신불해는 직하학궁에서 각자의 법이론을 놓고 치열한 논쟁을 벌이며 자신의 이론을 발전시켰을 것으로 추정된다. 그들은 국가가 설립한 교육기관에서 양성된 인재들이었다. 춘추시대까지는 유·법·도가 융합되어 있다가 이들에 이르면 유가와 대립하며 도·

법 사상으로 학설의 범위가 축소된다. 신도에 비해 신불해의 법사상은 좀 더 준엄해진다. 신도와 신불해는 둘 다 법치를 주장하고 그 실현을 위해 능력주의 인재선발, 직분의 구분과 분업, 공평하고 엄정한 법적용을 주장한 점은 같다. 나아가 신도는 사람보다는 특정한 관직이 갖는 직분에 따라 권력을 부여해야 한다고 주장하고, 신불해는 관료제 내의 업무가 행정제도와 절차에 따라 이루어져야 한다고 주장한 점에서 근대 관료제의 초석이 되었다고 할 수 있다. 한나라 제국 이후 유교정치에서는 신불해의 술치를 실적제 관료제의 원리로 확립하고 능력주의 인사행정과 인사고과제도, 행정절차 등으로 제도화하여 술의 불확실성을 제거한다. 이렇게 동양사에서 책임정치의 기제로서 실적제 관료제는 서서히 확립되고 있었다.

제3장

상앙(商鞅)의 법사상과
책임정치:
동양 관료제 성립 시론[*]

Ⅰ. 서 론

국가를 위기에서 구하고 안정을 유지하기 위해서는 무엇이 필요할까? 전국시대 진(秦)나라의 법가 사상가인 상앙(商鞅, ?-338 BCE)은 형벌에 근거한 법치를 주장하였다. 상앙은 위(衛)나라 사람으로 형명(刑名)을 공부하고 진나라 효공에 의해 재상으로 발탁되어, 당시 각 가문별로 관습법에 따라 다스리던 관행을 폐지하고, 군주가 모든 권력을 잡고 국가 전체에 통일적으로 적용할 수 있는 법과 형벌을 세우고 시행하는 데 성공함으로써 훗날 진나라가 천하를 통일할 수 있는 기틀을 마련하였다. 그는 법가 사상의 핵심인 세(勢)·법(法)·술(術) 가운데 법치를 주장하였다. 그는 농사지으며 전쟁하는 농전(農戰)을 치국의 근본으로 삼고, 군공(軍功)에 따라 작위를 주고 유가의 학식에 따라 관직을 주어서는 안 된다고 주장하였다.[1] 그는 인간은 천성적으로 이기적이고 이익을 좋아한다는 인성호리설(人性好利說)을 주장하고, 이를 정치에 잘 활용해 인간의 경쟁심을 자극하고 경쟁에 이긴 사람에게 많은 이익과 관작을 주었다. 그는 유가와는 대립하며 현실성이 없는 말장난으로는 당시의 난국을 극복할 수 없다고 보았다. 따라서 상앙으로서 책임정치란 부국강병을 이루는 것이었기 때문에, 그에게 법의 목적은 적국

---

* 제3장은 「한국행정학보」(한승연, 2017c)에 게재된 같은 제목의 논문을 일부 수정한 것임.

1) 國待農戰而安, 主待農戰而尊. …… 詩·書·禮·樂·善·修·仁·廉·辯·慧, 國有十者, 上無使戰守. 國以此十者治, 敵至必削, 不至必貧. 國去此十者, 敵不敢至, 雖至必却「상군서(商君書)」'농전(農戰)'; 蔣禮鴻, 1986/2011: 22-23). 이 논문에서 사용한 분석의 저본은 蔣禮鴻 撰, 「(新編 諸子集成) 상군서추지(商君書錐指)」(中華書局, 1986/2011, 重印)이다.

의 침략을 막고 자국의 영토를 확장하여 부국강병을 이루기 위해 백성에게 농사지으며 전쟁하는 것을 강제하는 수단이었다. 다시 말해 법은 백성을 국가목적에 복종시키기 위한 수단이었다(淺野裕一, 1983: 2).

그가 유독 형벌을 강조한 이유는 인심의 변화 때문이다. 곧 "옛날에 백성이 순박할 때는 인심이 두터웠으나 오늘날의 백성은 교활하고 가식적이다. 그래서 옛날에는 덕으로 다스리는 것이 효과적이었으나, 오늘날에는 풍속이 바뀌었기 때문에 형벌을 앞세워 법으로 다스리는 것이 효과적이다"는[2] 것이다. 또한 법은 고정불변한 것이 아니라 시세에 따라 변해야 하기 때문에 변법개혁이 필요하다고 보았다.[3] 부국강병을 이루기 위해 군주가 해야 할 일은 법을 세워 엄히 다스리고, 농지를 개간하고 농사에 열중하며, 상업은 필요한 만큼만 허용하고, 관리의 규율을 세우고, 전쟁을 일으켜 국가를 부강하게 하는 것이다.

그러나 그는 실천이 없이 말만 번지르르 하게 하는 유학자들을 나라를 좀먹는 이(蝨)와 같은 존재로 혐오하였기 때문에 군주와 관리들의 개인수양의 중요성을 무시했다. 오로지 법으로 결단함으로써 백성의 일탈행위를 막고 사회질서를 유지할 수 있다고 본 까닭에 그의 형벌제도는 가혹했고, 전혀 예외를 두지 않았다. 예외 없이 법을 엄정하게 적용했기 때문에 일시적으로는 백성의 신임을 얻을 수 있었으나, 부모 자식 간에도 서로를 감시하고 고발하게 함으로써 백성이 서로를 믿지 못하고 인심이 각박해지는 부작용을 초래했다.

---

2) 古之民樸以厚, 今之民巧以僞. 故效於古者先德而治, 效於今者前刑而法('개색(開塞)'; 蔣禮鴻, 2011: 56).

3) 聖人不法古, 不脩今. 法古則後於時, 脩今則塞於勢('개색'; 蔣禮鴻, 1986/2011: 53-54).

중국 고대의 법전은 형(刑)·법(法)·율(律) 3자를 주요 명칭으로 하였는데, 고대법이란 삼대는 형, 춘추전국시대는 법, 진·한 이후는 율이 중심이다. 진나라의 법은 '진율(秦律)'이라고 부르는데, 중국 고대의 법이 형에서 법으로, 율로의 변천과정에서[4] 상앙의 개법위율(改法爲律)은 과도기에 해당한다(김선주, 1991: 113, 130-131). 「당률소의(唐律疏議)」 '명례(名例) 소(疏)'에 따르면, "위나라 문후가 이회에게 가르침을 받아 여러 나라의 형전을 모아 「법경(法經)」 6편을 지으니, 1. 도법(盜法), 2. 적법(賊法), 3. 수법(囚法), 4. 포법(捕法), 5. 잡법(雜法), 6. 구법(具法)이었으며, 상앙이 전수받아 법을 율로 바꾸었다"고[5] 한다. 그러면 상앙은 왜 법이 아닌 율을 주장했을까? 법은 원래 형벌의 의미를 갖고 있는데,[6] 상앙은 이 형벌을 모든 사람에게 고르게 획일적으로 적용하기 위해 법 대신 율을 쓴 것 같다.[7] 실제로 상앙은 당시 진율을 왕족부터 일반 백성까지 예외를 두지 않고 일관되게 강제하였다. 5형 중 가장 큰 형벌은 군

---

4) 중국 고대사회에서 법은 형벌, 모범, 표준, 규범, 제도 등 다양한 의의를 가진 개념이었는데, 나중에 정치적 실효성을 두고 법가와 유가가 대립하면서 법은 강한 형벌을 뜻하는 것으로 의미축소가 일어난다(장현근, 1994: 76). 특히 선진 법가들이 말하는 법은 권위와 강제를 뜻하는 상과 벌, 규범과 제도라는 의미에서 표준으로 파악하였다. 陳啓天(1980: 133-137)은 그 표준을 직분을 분명히 하고 다툼을 멈추게 하는(明分止爭) 표준, 인민의 행위를 통일시키는(齊衆使民) 표준, 성문의 객관적인(成文的客觀) 표준, 시대의 변화나 시세에 맞추는(因時制宜) 표준 등으로 법가의 법률을 정의한다.

5) 魏文侯師於李悝, 集諸國刑典, 造法經六篇, 一盜法, 二賊法, 三囚法, 四捕法, 五雜法, 六具法. 商鞅傳授, 改法爲律. 「당률소의」 원문은 동방미디어 홈페이지에서 검색.

6) 灋(=法), 刑也(許愼, 1988/2016: 470).

7) 「설문해자」에서 "율은 균포다. 율이란 한결같지 않은 것을 법도에 맞게 조절하여 하나로 귀일시키는 것이다. 그러므로 고르게 분포한다고 하는 것이다(律, 均布也. 律者, 所以範天下之不一而歸於一, 故曰均布也; 許愼, 1988/2016: 77)"고 하였다. 균포는 고대의 악기 중에서 음을 조율하는 공구로서 "율의 작용이 인간의 행위를 규제하고 사회체제를 확립하는 것임을 알 수 있다"(김선주, 1991: 25). 율이 법의 의미로 사용되기도 하는데, 「주역」 '사괘(師卦)'에서 "군대를 출정시킬 때 율에 따른다"(師出以律; 藝文印書館, 1981a: 35)고 할 때의 율은 법을 의미한다. 이와 같이 율은 원래 '화(和)'를 이루는 것이 목적이었으나 나중에 의미가 확장되어 규범적 의미를 갖게 된 것 같다(이재룡, 2004: 173).

사를 동원해 토벌하는 것이라고[8) 했듯이 형(刑)과 병(兵)은 밀접한 관계가 있기 때문에(增淵龍夫, 1996: 389) 형벌로서 군공(軍功)을 강제한 상앙의 의도와도 맞아떨어지는 것이었다.

상앙의 법사상을 연구한 국내외의 연구는 많은 편이다. 「상군서」를 체계적으로 연구한 단행본으로는 好並隆司의 「상군서연구(商君書研究)」(1992)가 있다. 법가사상 또는 선진사상을 전반적으로 서술하면서 상앙의 법사상을 서술한 것으로는 木村英一(1944/1998: 43-63)과 이성규(1987), Rubin(1976, 임철규 역, 1988: 97-142), 劉澤華(1996, 장현근 역, 2008: 528-567), 이춘식(2002: 153-200) 등이 있다. 「상군서」의 국내 번역서로는 남기현 역 「상군서」(2004)와 우재호 역 「상군서」(2005) 등이 있고, 번역과 설명을 병행한 저서로는 장현근(2005)과 신동준(2015)이 있다. 상앙의 법사상과 변법개혁을 연구한 국내외의 논문으로는 西嶋定生(1961a: 503-574)과 豊島靜英(1975), 池田雄一(1977), 小野澤精一(1980: 153-179), 好並隆司(1981), 楠山修作(1987), 김선주(1991), 조천수(2004a; 2004b), 윤대식(2004), 조원일(2016) 등이 있다. 이들 기존의 연구는 대체로 상앙의 법사상을 농전과 토지제도의 개혁이라는 관점에서 연구했으나, 군현제와 관료제의 성립이라는 관점에 초점을 맞추고 연구한 것은 거의 없는 실정이다.

상앙이 진나라의 법 또는 율을 중앙의 왕족과 귀족부터 각 지방의 일반 백성까지 일관되게 시행할 수 있었던 이유는 춘추시대부터 서서히 성립되고 있던 현제(縣制)를 전국으로 확대하고, 여기에 현령(縣令)과 현승(縣丞) 등 지방관을 중앙에서 파견하여 전국에 걸쳐

---

8) 刑五而已, …… 大刑用甲兵(「국어」 '노어상(魯語上)'; 韋昭, 1975: 114).

하나의 거대한 관료제를 확립했기 때문이다. 그리고 관료제의 계층적 명령을 통해 중앙에서 지방의 현까지 일관되게 법집행을 관철할 수 있었다. 따라서 이 연구에서는 상앙 당시 진나라가 법치를 통해 어떻게 부국강병을 이루었는지를 확인하기 위해 현제와 관료제가 성립하는 과정을 분석하고자 한다. 이를 통해 동양의 관료제가 역사적으로 성립하는 과정을 시론적으로 설명할 수 있을 것으로 기대한다.

연구방법은 텍스트 분석을 통해 역사적 사실을 설명하는 역사적 접근방법이고, 주요한 분석 텍스트는 「상군서」와 「사기」, 진율의 구체적인 내용과 집행과정을 알 수 있는 「수호지진묘죽간(睡虎地秦墓竹簡, 이하 「진간」으로 표기)」(睡虎地秦墓竹簡整理小組, 윤재석 역, 2010) 등이다.

II. 상앙의 사적과 「상군서」

1. 상앙의 사적

「사기」권68 '상군열전(商君列傳)'에 따르면 상앙은 위(衛)나라의 서얼 출신 공자(公子)로서 이름은 앙(鞅)이고, 성은 공손(公孫)이다. 그는 젊어서부터 형명학(刑名學)을 좋아했으며, 위나라 재상인 공숙좌(公叔座)의 중서자(中庶子, 大夫 가문의 관직명)로 있었다.[9] 공숙좌가 죽을 때 자신의 후임으로 공손앙을 추천한 것으로 볼 때 젊어서부터 그의 경세술은 탁월했던 것 같다. 물론 위나라 혜왕(惠王)은 공숙좌가 죽을 때가 돼서 제정신이 아닌 것으로 판단하고 그를 등용하지 않았다.[10] '상군열전'에 따르면 나중에 공손앙은 진(秦) 효공(孝公)이 구현령(求賢令)을 내려 어진 이를 모신다고 하자 진나라로 건너가 효공의 총신인 경감(景監)의 주선으로 효공을 만나게 된다.[11] 처음에 상앙은 효공에게 오제(五帝)의 도리를 진언했으나 관심을 보이지 않았고, 다음으로 삼왕(三王)의 도리로 진언했으나 이 역시 관심을 보이지 않았으나, 오패(五霸)의 도리로 진언하니 관

---

9) 商君者, 衛之諸庶孽公子也, 名鞅, 姓公孫氏, 其祖本姬姓也, 鞅少好刑名之學, 事魏相公叔座爲中庶子.

10) 공숙좌가 잘못된 것이 아니라 오판한 것은 위나라 왕이었다. 모름지기 잘못을 저지르는 자의 우환거리는 참으로 잘못되지 않은 것을 잘못되었다고 여기는 것이다(非公叔座之悖也, 魏王則悖也. 夫悖者之患, 固以不悖爲悖;「여씨춘추」'중동기(仲冬紀) 제11'; 高誘, 1991b: 113).

11) 公叔旣死, 公孫鞅聞秦孝公下令國中求賢者, 將修繆公之業, 東復侵地, 迺遂西入秦, 因孝公寵臣景監以求見孝公. 효공의 구현령에 관한 자세한 내용은「사기」권5 '진본기(秦本紀)' 효공 원년조를 참조 바람.

심을 보이고, 나라를 강하게 하는 방법에 대해 진언하니 기뻐하였
다.12) 이에 상앙은 오로지 진나라의 부국강병을 책임지기 위해 효
공에게 패자가 될 수 있는 정책을 제안하게 된다.

상앙은 위나라에서 진나라로 갈 때 당시 최고의 법전이던 이회
(李悝)의 「법경」 6편을 갖고 갔으며, 이를 참고하여 변법(變法)을
실시하였다. 이회의 「법경」 자체도 창작이 아니라 당시 여러 나라
의 법조문을 수집하여 계통화하고 위나라의 수요를 참작하여 만든
것이었고, 상앙은 이를 모방하면서도 당시 진나라의 구체적인 조건
을 고려하여 변법을 실시하였다(김선주, 1991: 123, 128). 진효공 3
년(BCE 359) 1차 변법에 성공하자 3년 뒤 상앙은 좌서장(左庶長)
에 임명되었으며,13) 10년(BCE 352) 상앙이 총리격인 대량조(大良
造)가14) 되었으며, 12년(BCE 350) 진나라가 함양(咸陽)으로 천도
했으며, 다음해 2차 변법을 시행하여 현제(縣制)를 시행하였다. 22
년(BCE 340) 상앙을 열후에 봉하고 상군(商君)이라 칭했으나, 24
년(BCE 338) 효공이 죽고 그의 아들 혜문군(惠文君)이 즉위하자
상앙을 거열형(車裂刑, 능지처참)에 처했다.15) 따라서 상앙의 출생

---

12) 衛鞅曰, 吾說公以帝道, 其志不開悟矣. …… 鞅曰, 吾說公以王道而未入也. …… 鞅曰, 吾說公以霸道,
其意欲用之矣. 誠復見我, 我知之矣. …… 故吾以彊國之術說君, 君大說之耳(권68 '상군열전').

13) 진나라의 작제를 1-4급의 하급 작과 모종의 직무를 수행하기 위한 자격으로 주는 작의 두 종
류로 나누고, 상앙이 변법을 추진하기 전에 후자에 해당하는 좌서장의 작을 받았다고 보는 견
해도 있다(민후기, 2011: 201).

14) 진나라의 20등작제 중 「상군서」 '경내(境內)' 편(蔣禮鴻, 1986/2011: 116-118)에는 1급 공사(公
士), 2급 상조(上造), 3급 잠뇨(簪裊), 4급 불경(不更), 5급 대부(大夫), 7급 공대부(公大夫), 8급
공승(公乘), 9급 오대부(五大夫), 객경(客卿), 정경(正卿), 대서장(大庶長), 좌경(左更), 대량조 등
의 작위가 보이는데, 객경 이후는 「한서(漢書)」 권19상 '백관공경표(百官公卿表)'(班固,
1962/2016: 739-740)와 차이가 있다.

15) 三年, 衛鞅說孝公變法修刑, …… 居三年, 百姓便之. 乃拜鞅爲左庶長. …… 十年, 衛鞅爲大良造,
…… 十二年, 作爲咸陽, 築冀闕, 秦徙都之. 幷諸小鄕聚, 集爲大縣, 縣一令, 四十一縣. …… 二十
二年, 封鞅爲列侯, 號商君. 二十四年, 孝公卒, 子惠文君立. 是歲, 誅衛鞅(「사기」 권5 '진본기').
상앙이 "사지가 찢겨져 죽었다"(商鞅支解)는 기록은 「회남자(淮南子)」 제18 '인간(人間)' 편에도
나온다(高誘, 1991a: 310).

연도는 알려져 있지 않으나 BCE 338년에 사망했고, 맹자(372-289 BCE)와 거의 같은 시대를 살았지만 상앙이 약간 선배였다.

태사공(太史公)은 권68 '상군열전' 말미에서 상군은 천성이 각박하고, 은혜가 적은 사람이다. "나는 일찍이 상군이 저술한 '개색'과 '경전(耕戰)' 등을 읽었는데, 그 내용이 본인의 행적과 비슷하였다. 상군이 결국 진나라에서 악명을 얻게 된 것은 그만한 이유가 있는 것이다"고[16] 논평하였다. 「회남자」 제20 '태족(泰族)' 편에서도 "상앙의 입법은 세상에서 매우 뛰어났으나, …… 상앙의 법은 진나라를 망하게 하였으니, 자잘한 법령 조문에는 밝았으나 치란(治亂)의 근본을 알지 못하였기 때문이다"고[17] 평가하고 있다. 상앙은 '형벌로 일어선 자 형벌로 망한다'는 사실을 너무도 적나라하게 보여준다.

2. 「상군서」

전국시대의 제자백가서가 대부분 그렇듯이 「상군서」도 진위 논란이 심한 기록 중의 하나다. 앞에서 소개한 것처럼 태사공이 '개색'과 '경전' 편을 읽었다고 한 점을 보면 「상군서」든 「상자(商子)」든 상군의 저서가 있었던 것은 분명한 것 같다. 반고(班固, 32~92)의 「한서예문지(漢書藝文志)」 '법가' 편에 따르면 「상자」는 29편이었는데 지금은 5편이 없어져서 24편이 남아 있다고 하였다(이세열 해역, 2005: 173). 「군재독서지(郡齋讀書志)」에는 '지금은 3편이 없

---

16) 太史公曰, 商君其天資刻薄人也. …… 亦足發明商君之少恩矣. 余嘗讀商君開塞耕戰書, 與其人行事相類. 卒受惡名於秦, 有以也夫.

17) 商鞅之立法也, 吳起之用兵也, 天下之善者也. 然商鞅之法亡秦, 察於刀筆之跡, 而不知治亂之本也(高誘, 1991a: 366).

어졌다(今亡者三篇)'고 하고, 「서록해제(書錄解題)」에는 '지금 26편이 있는데 또 1편이 없어졌다(今二十六編, 又亡其一)'고 해서 송대에 이미 25~26편이 되었던 것 같다. 현재는 26편이 전해지지만 제16 형약(刑約) 편은 내용이 없고, 제21은 편명과 내용이 모두 존재하지 않는다(木村英一, 1944/1998: 59-60).

木村英一(1944/1998: 59-63)과 蔣禮鴻(1986/2011: 2-4)은 상군이 직접 저작한 것에 가깝고 가장 오랜 된 것은 '농전'과 '개색' 2편으로 보고 있다. 특히 '농전' 편은 「한비자」의 '간겁시신(姦劫弑臣)' 편과, '개색' 편은 '오두(五蠹)' 편과 일부 통하는 곳이 있어서 서로 영향을 주고받은 것 같다. 다만 '오두' 편에서 "지금 경내의 백성이 모두 정치를 논하면서 상앙과 관자의 법을 집에 소장하고 있다"고[18] 기록한 점을 볼 때 한비가 상군의 영향을 받았을 가능성이 큰 것 같다. 적어도 선진 말부터 한대 초까지 상앙의 정책이나 「상군서」가 세간의 주목을 상당히 끌었음을 알 수 있다. 효공과 상앙의 문답체로 된 '경법(更法)'과 '정분(定分)' 편은 대체로 한대 초의 작품인 것 같고, '산지(算地)'와 '내민(徠民)' 편은 상앙 사후인 진나라 소왕(昭王, 324~251 BCE) 말년의 상주문이기 때문에 사실 상앙과는 직접적으로 관련이 없는 내용이다. '열민'과 '거강(去彊)', '근령' 편은 후학의 작품인 것 같고, 그 나머지 편들도 대체로 선진 말에서 한대 초의 작품으로 추정된다.

"「상군서」가 직접 상앙에 의해 편찬되지 않은 부분이 많아도 대체로 그의 사상을 이어받은 후학들에 의해 씌어진 것만은 분명하고, 이런 점에서 「상군서」는 상앙의 정치사상과 법치사상을 계승하

---

18) 今境內之民皆言治, 藏商管之法者家有之(王先愼, 1991: 347).

고 대변하고 있다고 할 수 있다"(이춘식, 2002: 155-156). 따라서 이 연구에서는 상앙의 자작에 가까운 '농전'과 '개색'을 주로 분석하되 나머지 편들도 필요에 따라 분석할 것이다. 진나라 관료제 내에서 실제로 법이 집행되는 과정은 「진간」을 참고하였다.

III. 상앙의 법사상과 관료제 성립

선진사상에서 법가의 공통점은 오직 국가를 위한 법이론을 펼쳤다는 점이다. 중국사에서 법가사상은 최초의 실제적인 공공이념이었고, 기원전 4세기경에 이미 유가의 주요한 경쟁 상대였으며, 그 이후에도 법가의 영향력이 유가와 맞먹었을 뿐 아니라 제국시대의 국가 기구의 특성과 그 관리들의 사상을 결정하는 데에 큰 역할을 했던 것은 사실이다(Rubin, 1976, 임철규 역, 1988: 97-98). 상앙의 법사상은 이미 많은 연구가 이루어졌기 때문에 이 논문에서는 법사상 그 자체보다는 고대 동양 관료제의 성립과 관련 있는 부분을 중심으로 논의할 것이다.

국가를 다스리는 데 중요한 3가지는 법·신(信, 신뢰)·권(權, 권세)이다. 이 가운데 법은 군주와 신하가 함께 잡는 것이고, 신뢰는 군주와 신하가 함께 세우는 것이며, 권세는 군주가 홀로 독단하는 것이다.[19] 그래서 상앙이 진나라 효공의 신임을 얻고 변법개혁을 시작하면서 그가 가장 먼저 한 일은 백성이 국가의 정책을 믿게 하는 것이었다. 권68 '상군열전'에 다음과 같은 일화가 있다.

> 어느 날 상앙은 3장(丈)이나 되는 나무를 국도(國都) 저잣거리의 남문에 세우고, 모인 백성들 중에서 "이것을 북문으로 옮겨놓을 수 있는 자에게 10금(金)을 준다"고 하였다. 백성들은 이것을 이상히 여겨 옮기지 않았다. 다시 "옮길 수 있는 자에게는 50금을 준다"고 하니, 어떤 한 사람이 이것을 옮기자 즉시 50금을 주

---

19) 國之所以治者三: 一曰法, 二曰信, 三曰權. 法者, 君臣之所共操也; 信者, 君臣之所共立也; 權者, 君之所獨制也('수권(修權)'; 蔣禮鴻, 1986/2011: 82).

어 백성을 속이지 않는다는 것을 밝혔다. 그리고 나서 드디어 법령을 공포하였다(已乃立三丈之木於國都市南門, 募民有能徙置北門者予十金. 民怪之, 莫敢徙. 復曰能徙者予五十金. 有一人徙之, 輒予五十金, 以明不欺. 卒下令).

이 일화가 말해주는 것은 당시에는 국가가 백성과의 약속을 잘 지키지 않아서 백성이 국가를 신뢰하지 않았고, 따라서 법을 공포해도 시행된다는 보장이 없는 상태였다는 것이다. 그래서 상앙은 법을 공포하기 전에 백성이 국가를 신뢰하게 만듦으로써 법을 공포하면 반드시 집행될 수 있도록 이런 묘안을 짜냈던 것 같다. 더욱이 새 법을 시행한 지 1년쯤 뒤에 태자(훗날 효문군)가 법을 위반하자 태자를 죽이지는 못하고, 태자를 잘못 가르친 죄로 태부(太傅)인 공자 건(虔, 효공의 이복형)을 처형하고, 태사(太師)인 공손고(公孫賈)에게 이마에 먹물을 들이는 경형(黥刑)을 시행했다. 이로부터 진나라의 백성은 모두 새 법령을 준수하였고, 법령이 시행된 지 10년이 되자 백성들은 매우 만족해하였고, 길에 떨어진 물건을 줍지 않았고, 산에 도적이 없었으며, 집집마다 풍족하고, 사람들마다 넉넉하였다.[20] 법령은 지위고하에 상관없이 모두에게 공평하게 적용되어야 그 실효를 거둘 수 있음을 알 수 있다.

법률의 제정이나 정책결정과 관련하여 상앙은 철저히 엘리트주의를 주장한다. 상앙과 감룡(甘龍), 두지(杜摯) 등 3대부가 효공과 함께 시국책을 논의할 때, 상앙은 "백성은 더불어 함께 일의 시작을 논의할 수는 없으나 이룬 것을 함께 즐길 수는 있으며", 또 당시 진(晉)나라 대부인 곽언(郭偃)의 말을 빌어서 "지극한 덕을 논하

---

20) 於是太子犯法. 衛鞅曰, 法之不行, 自上犯之. 將法太子. 太子, 君嗣也, 不可施刑, 刑其傅公子虔, 黥其師公孫賈. 明日, 秦人皆趨令. 行之十年, 秦民大說, 道不拾遺, 山無盜賊, 家給人足(권68 '상군열전').

는 자는 풍속과 화합하지 않고, 큰 공을 이루는 자는 민중과 일을 도모하지 않는다"고[21] 주장했다. 나아가 "지혜로운 자는 법을 제정하고 어리석은 자는 그 법의 제재를 받는다. 어진 이는 예를 바꾸고 불초한 자는 예에 구속된다. 예에 구속되는 사람은 함께 일을 논의하기에 부족하고, 법의 제재를 받는 사람은 함께 변화를 논의하기에 부족하다"고[22] 주장했다. 따라서 상앙은 일반 백성은 물론 구법, 곧 예를 고수하는 유가나 구귀족은 변법을 논할 자격이 없고, 결국 상앙 자신처럼 시의를 알고 이에 따르는 사람이 주도적으로 결정해야 한다고 역설했다. "상앙 이론의 독특한 특성은 그가 어리석고 고지식하게도 국가기구가 백성들에게 봉사하기 위해 존재한다는 생각을 거부했다는 것과 또한 국가를 필요로 하고 있는 것은 백성이 아니라 통치자라고 그가 솔직히 선언했다는 것이다"(Rubin, 1976, 임철규 역, 1988: 106). 따라서 그로서 위정자가 책임져야 할 것은 국가의 부강과 군주의 안위였지 백성은 아니었으며, 백성은 부국강병을 위해 단지 동원될 뿐이고, 부국강병을 통해 간접적으로 혜택을 누리면 그만인 존재였다.

1. 국가 주도 농전과 엄벌주의 법사상

1) 국가 주도 농전

이에 간초령(墾草令)을 발포하는데 상앙의 변법은 한마디로 농사

---

21) 民不可與慮始, 而可與樂成. 郭偃之法曰: 『論至德者不和於俗, 成大功者不謀於衆』('경법'; 蔣禮鴻, 1986/2011: 2).

22) 故知者作法, 而愚者制焉; 賢者更禮, 而不肖者拘焉. 拘禮之人, 不足與言事; 制法之人, 不足與論變('경법'; 蔣禮鴻, 1986/2011: 4).

지으며 전쟁을 수행하는 농전으로 귀결되고, 이를 보장하기 위해 형벌에 근거한 엄벌주의를 채택했다. 「상군서」 '간령(墾令)' 편에서는 농전을 위해 기존의 모든 제도를 고쳐서 인민이 오로지 황무지를 개간하고, 상업을 억제하여 농사에 힘쓰게 하는 방편을 제시하고 있다. 곧 "백성이 농업을 천하게 여기지 않으면 나라는 편안해지고 위태롭지 않게 된다." "백성은 먹을 곳이 없게 되면 농사를 짓게 되고 농사를 지으면 황무지는 반드시 개간된다." 농사를 장려하기 위해 학문하는 것을 귀하게 여기지 않고, 상인들이 이익을 얻지 못하게 하고, 품팔이 하는 사람들이 밥벌이 할 곳이 없게 하고, 백성들이 함부로 통행하지 못하게 여관을 폐지했다.[23] 또한 곡식의 수확량에 따라 세금을 공평하게 거두고, 장자를 제외한 귀족의 자제들도 징집하여 서민들과 똑같이 부역을 시켰다.[24]

상앙의 농전에서 한 가지 주목할 점은 그가 최초로 창안한 것은 아니지만 국가주도 농업개발정책을 폈다는 것이다. 권68 '상군열전'에 따르면 효공 12년(BCE 350) 함양으로 천도한 뒤 분이법(分異法), 곧 명령을 내려 백성들 중 부자나 형제가 한 집안에 사는 것을 금지하였다. 작은 향읍(鄕邑)과 취(聚)를 모아 현(縣)으로 삼고, 현령이나 현승을 두었는데 모두 31개 현이 있었다. 또 농지를 일정한 단위로 정리하고 경작하게 하여(開阡陌) 부세를 공평히 하고, 도량형을 통일하였다.[25]

---

23) 民不賤農, 則國安不殆. …… 民無所於食則必農. 農則草必墾矣. …… 則民不貴學問, 又不賤農. …… 無裕利則商怯, 商怯則欲農. …… 惰民不窳而庸. 民無所於食, 是必農. …… 廢逆旅, 則姦僞·躁心·私交·疑農之民不行, 逆旅之民無所於食, 則必農(蔣禮鴻, 1986/2011: 7-12).

24) 訾粟而稅, 則上壹而民平. …… 均出餘子之使令, 以世使之(蔣禮鴻, 1986/2011: 6, 14).

25) 令民父子兄弟同室內息者爲禁. 而集小(都)鄕邑聚爲縣, 置令丞, 凡三十一縣. 爲田開阡陌封疆, 而賦稅平. 平斗桶權衡丈尺.

우선 분이(分居異財)와 관련해서 권68 '상군열전'에서는 "서민의 집에서 2남 이상이 동거하고 분이하지 않은 자가 있으면 그 부(賦)를 2배로 한다"고[26] 했다. 분이의 이유에 대해서는 "상앙 이후 진이 가부장권을 약화시켜 개별 인신지배를 강화하기 위해 분이정책을 강행하였다"는 설도 있지만(이성규, 1987: 86-87), 그것보다는 남자 장정 1명을 중핵으로 하는 개별가족을 창설함으로써 부세를 확보하고(楠山修作, 1987: 5), 분이자를 교외로 이주시켜 황무지를 개간시키는 등(好並隆司, 1981: 52-53) 경제적인 동기가 더 강했던 것으로 보인다. 「사기」 권79 '범수채택열전(范雎蔡澤列傳)'에서 "한 집에 2명이 役에 종사하는 집이 없다"고[27] 한 것은 아마도 분이정책의 결과인 것 같다. 어쨌든 전국시대 각국에서 부역의 수취 단위를 증가하기 위해 시행한 분가의 장려, 방대한 가족의 재산공유와 공동식사의 금지(同財共爨)가 전통적인 종법제도를 철저히 붕괴한 것은 사실이다.[28]

다음으로 상앙은 농전을 통해 부국강병을 이루기 위해 황무지의 개간과 함께 개천맥을 시행했다. '개천맥' 또는 '결렬천맥'(決裂阡陌, 以靜生民之業; 권79 '범수채택열전')으로 전해지는 상앙의 토지정책은 과연 무엇인가? 종래 '천맥'에 대해서는 단순히 도로라는 견해도 있었지만 경지의 구획과 관련된 전지(田地) 내의 경계인 것

---

26) 民有二男以上不分異者. 倍其賦.

27) "一室無二事"에 대해 종래 "한 집에 두 개의 직업이 없다"고 해석한 경우도 있지만, 여기서 '事'는 「한서」 권64하 '가연지전(賈捐之傳)'의 "정남은 3년에 1번 役에 종사한다"의 '事'와 마찬가지로 '역에 종사하는 것을 의미한다'(楠山修作, 1987: 5-6).

28) 그래서 한나라 초 가의(賈誼)가 전국시대의 도덕관념을 논하면서, 아비에게 농기구를 빌려준 자식은 은덕을 베풀기라도 한 듯이 생색내고, 어미가 자식의 빗자루를 쓰면 며느리는 서서 욕설을 퍼붓는다(借父耰鉏, 慮有德色; 母取箕箒, 立而誶語; 「한서」 권48 '가의전(賈誼傳)'; 班固, 1962/2016: 2244)고 비판했다.

은 분명한 것 같다. 천맥을 병칭할 때는 1경(頃=100畝)으로 보고 '개천맥'을 1경 단위로 전지를 나누어 정리하였다고 해석하기도 한다. 그리고 개천맥의 목적은 백성에게 균등하게 토지를 나누어 주어서 백성의 생업을 안정시키고, 과세의 공평과 효율적인 징세와 관련이 있었던 것 같다. 특히 개천맥이 현제의 확립과 병기된 것을 보면(각주 25) 참조) 지방제도를 군현제로 재편성하는 과정에서 토지를 일정한 규모로 구획정리한 다음 백성들로 하여금 농사짓게 했던 것 같다(이성규, 1987: 72-77). 이는 오늘날의 국토개발정책과 경지정리사업에 해당한다고 할 수 있다. 이러한 상앙의 농지정책은 상앙의 독창적인 정책이 아니라 이회의 변법으로 수전제(授田制)를 도입하여 먼저 부국강병을 이룬 위나라의 선례를 본받은 것이었다(이성규, 1987: 71).

「상군서」에서 국가 차원의 토지개발계획을 밝힌 편은 후대의 상주문인 '산지'와 '래민' 편이다. 먼저 '산지' 편을 보면 다음과 같다.

> 국가를 위해 토지를 맡아 다스리는 자는 산림이 국토의 1/10을 차지하게 하고, 늪지와 호수가 1/10을 차지하게 하고, 계곡과 시내가 1/10을 차지하게 하고, 도(都)와 읍의 도로가 4/10를 차지하게 하는데, 이것은 선왕이 정한 올바른 법칙이다. …… 이로써 전답을 개간하여 족히 그 백성을 먹이고, 都와 읍의 수로와 도로를 닦아서 족히 그 백성을 살게 하고, 산림과 늪지, 호수와 계곡에서 족히 그 이익을 제공하게 하고, 늪지와 호수의 제방을 막아서 (짐승과 물고기를) 기르게 한 것이다. …… 이를 소위 토지를 맡아서 사역에 대비하는 율이라고 한다(故爲國任地者, 山林居什一, 藪澤居什一, 谿谷流水居什一, 都邑蹊道居什四, 此先王之正律也. …… 其其墾田足以食其民, 都邑逡路足以處其民; 山林藪澤谿谷足以供其利, 藪澤隄防足以畜. …… 此所謂任地待役之律也; 蔣禮鴻, 1986/2011: 43-44).

이를 통해 볼 때 전국시대 진나라에서는 과거 선왕들의 선례를 따라서 국토를 산림과 늪지, 호수와 계곡, 시내와 도로 등으로 구분하고 국가 차원에서 계획적으로 정비하고, 전답을 개간하고, 짐승과 물고기까지 길러서 이용했던 것으로 보인다. 이 '산지' 편의 내용은 전 국토 가운데 7/10에 대한 이용계획만 확인할 수 있어서 사실 불완전하다. 그런데 '래민' 편에는 좀 더 완벽한 또 하나의 토지개발계획이 나온다.

> 사방으로 100리의 땅을 가진 국가는 산과 언덕이 1/10, 늪지와 연못이 1/10, 계곡과 시내가 1/10, 都와 읍의 도로가 1/10, 거친 전답이 2/10, 비옥한 전답이 4/10를 차지하게 한다. 여기서 나는 식량으로 일하는 인부 5만 명을 먹일 수 있다. 또 산과 언덕, 늪지와 호수, 계곡에서 필요한 원자재를 공급할 수 있으며, 都와 읍의 도로에는 백성의 왕래를 수용할 수 있다. 이것이 선왕이 토지를 규제하고 백성에게 분배했던 율이다.
> 지금 진나라의 땅은 사방 5천 리나 되지만 곡식을 심을 수 있는 토지는 2/10가 못 되고, 전답을 경작하는 수는 백만이 안 되며, 늪지와 호수, 계곡, 명산과 대천 등에서 나는 원자재와 여러 재화와 보물이 다 이용되지 못하고 있다. 이는 인구가 토지와 균형을 이루지 못하기 때문이다(地方百里者, 山陵處什一, 藪法澤處什一, 谿谷流水處什一, 都邑蹊道處什一, 惡田處什二, 良田處什四. 以此食作夫五萬, 其山陵・藪澤・谿谷可以給其材, 都邑・蹊道足以處其民, 先王制土分民之律也. 今秦之地, 方千里者五, 而穀土不能處二, 田數不滿百萬, 其藪澤・谿谷・名山・大川之材物貨寶又不盡爲用, 此人不稱土也; 蔣禮鴻, 1986/2011: 86-87).

위 인용문을 보면 사방 100리의 땅을 가진 작은 나라의 토지개발 방법을 제시하고 있다. 곧 전 국토 가운데 비옥한 전답이 4/10, 거친 전답이 2/10 등 전답이 전체 토지의 60%가 되게 개발하라는 것으로써 당시 농업이 주요 산업인 상황에서 지극히 정상적인 토지이용 방법이라고 할 수 있다. 이처럼 "당시 정책입안자들 간에 현 또는 성읍의 건설 시 그 관할 토지의 50~60% 정도를 경작지로 확보해야 한다는 일반적인 인식이 존재한 것은 분명하다"(이성규, 1989b: 47). 그 밖에 산과 언덕, 늪지와 연못, 계곡과 시내, 도로가 각각 10%를 차지하게 계획함으로써 전국토를 100% 활용하는 방법을 제시하고 있다. 특히 이 편의 내용은 사방 100리의 땅을 개발하여 5만 명의 인부를 먹여 살리는 계획까지 밝히고 있어, 이는 호구조사와도 연계되어 있다고 볼 수 있다. 토지개발계획이 아무리 훌륭해도 호구 파악이 안 된다면 실효성을 거두기 어렵고, 또 토지와 인구가 균형을 이룰 때만 경제적 효과를 거둘 수 있기 때문이다. 그래서 토지가 척박하고 인구가 희박한 진나라에서 이 편의 편명인 '래민'처럼 이민정책을 계획했던 것으로 보인다. 그리고 이러한 토지개발계획의 수립과 호구조사 등은 뒤에서 자세히 설명하겠지만 상앙의 십오제와 현제 수립과 밀접한 연계를 맺으며 시행된 것 같다.

'산지'와 '래민' 두 편에서도 이러한 국가 주도의 경제개발계획은 선왕들이 쓰던 법이라고 했는데, 「장자」 '잡편-서무귀(徐无鬼)' 편에 황제(黃帝)의 일화가 소개되어 있다. 황제가 소치는 아이에게 정치하는 길을 묻자 바로 소를 치는 것처럼 하면 된다고 대답하였다. 곧 소에게 해를 줄 수 있는 외부로부터의 해침을 막아 주고 제멋대로 풀을 뜯어 먹게 내버려 둔다는[29] 것으로써 이는 백성을 방목하라는 얘기다. 방목이 아니라 계획적인 목축에 대해서는 「관자」에 자세히 나오는데, 중국사에서 국가 주도의 경제개발정책은 관중(管仲)의 '목민(牧民)' 사상에서 시작된 것으로 보인다(김충열, 1996: 268-269). 사람은 의식이 족해야 예절을 알고 영광과 치욕을 알기 때문에, 위정자는 계절의 변화에 맞춰 재물이 생기게 하고, 황무지를 개간하고 땅의 이로움을 개발하는데 힘써 창고가 가득 차게 해야 한다.[30] 그래서 '승마(乘馬)' 편에서 토지는 정치의 근본이

---

29) 黃帝曰, 夫爲天下者, 則誠非吾子之事. 雖然, 請問爲天下. 小童辭. 黃帝又問. 小童曰, 夫爲天下者, 亦奚以異乎牧馬者哉, 亦去其害馬者而已矣(王先謙, 1991: 157).

30) 倉廩實, 則知禮節, 衣食足, 則知榮辱. …… 不務天時, 則財不生, 不務地利, 則倉廩不盈, 野蕪曠,

고, 토지로 정치를 바르게 할 수 있는데, 그 방법은 토지구획이고, 토지를 바르게 구획하려면 토지의 실제 상황을 살펴서 길이와 크기를 모두 바르게 해야 한다고 주장한다.[31] 그래서 이 편에도 「상군서」와 비슷한 토지구획 방법이 나온다. 곧 식량을 생산할 수 없는 땅과 나무가 없는 산, 마른 연못, 초목이 없는 땅, 사람이 들어갈 수 없는 숲은 각각 1/100, 벌채할 수 있는 늪과 도끼로 벌채할 수 있는 뒷산은 각각 1/9, 도끼로 벌채할 수 있는 깊은 산은 1/10, 그물로 고기를 잡을 수 있는 개울과 도끼로 벌채할 수 있는 삼림, 그물로 고기를 잡을 수 있는 호수는 각각 1/5로 구획한다. 이를 토지를 실제 이용할 수 있는 정도에 따라 균등하게 구획하는 것이라 한다.[32]

균등한 토지구획과 함께 농부가 실기하지 않도록 잘 지도해야 한다. 농부 한 사람이 100무(畝)의 땅을 경작하는데, 봄의 농사철에 1명에게 요역을 부과하면 100무의 땅이 경작되지 않고, 10명에게 요역을 부과하면 1,000무의 땅이 경작되지 않고, 100명에게 요역을 부과하면 10,000무의 땅이 경작되지 않고, 1,000명에게 요역을 부과하면 10만 무의 땅이 경작되지 않아서[33] 가을에 거둘 것이 없기 때문이다. 이처럼 토지를 개간하고 농사철을 잘 지킴과 동시에 물가를 안정시켜야 국부가 늘고 백성의 삶도 편안해진다. 「관자」

則民乃菅(「관자」 '목민'; 尹知章, 1991: 1).

31) 地者政之本也, 是故地可以正政也. …… 然則可以正政者地也, 故不可不正也. 正地者, 其實必正. 長亦正, 短亦正, 小亦正, 大亦正, 長短大小盡正(尹知章, 1991: 13).

32) 地之不可食者, 山之無木者, 百而當一. 涸澤, 百而當一. 地之無草木者, 百而當一. 樊棘雜處, 民不得入焉, 百而當一. 藪, 鎌纏得入焉, 九而當一. 蔓山, 其木可以爲材, 可以爲軸, 斤斧得入焉, 九而當一. 汎山, 其木可以爲棺, 可以爲車, 斤斧得入焉, 十而當一. 流水, 網罟得入焉, 五而當一. 林, 其木可以爲棺, 可以爲車, 斤斧得入焉, 五而當一. 澤, 網罟得入焉, 五而當一. 命之曰地均, 以實數(尹知章, 1991: 14-15).

33) 一農之量, 壤百畝也, …… 起一人之繇, 百畝不擧, 起十人之繇 千畝不擧, 起百人之繇, 萬畝不擧, 起千人之繇, 十萬畝不擧(「관자」 '신승마(臣乘馬)'; 尹知章, 1991: 350).

'경중무(輕重/戊)' 편에 따르면 물가안정책은 상고시대 복희씨 이래 계속 써 왔고,[34] 또 '지수(地數)' 편에 따르면 탕임금의 신하인 이윤 (伊尹)은 물자를 잘 유통시키고, 물가를 잘 조절하고, 열고 닫음과 베풀고 거두어들임을 잘 하고, 정령의 완급을 잘 운용하여 시기를 잘 이용하였다.[35] 또한 큰 흉년이나 가뭄 또는 홍수를 당해 백성이 농사를 지을 수 없으면 궁실공사를 일으켜 백성이 품팔이라도 하게 해야 한다. 궁실을 수리하는 것은 보고 즐기기 위해서가 아니라 나라의 구휼정책을 시행하는 것이다.[36]

이와 같이 토지정책과 물가정책을 상호 보완해서 시행해야 하며 흉년에는 토목공사를 일으켜서라도 백성의 생계를 책임져야 하는 것이다. 중국에서는 주나라 이래 토지를 국유화하고 정전제를 시행하면서 황무지를 개간해 백성에게 나누어 주어야 했기 때문에 국가에서 계획적으로 토지이용계획을 수립하고 시행하는 것은 자연스러운 일이었다고 하겠다. 상앙은 중국 전래의 전통과 관중의 경제정책,[37] 위나라의 수전제 등을 참고하고, 특히 이를 현제의 확립과 연계하여 토지이용계획을 전국에 걸쳐 일관되게 시행하였다.

2) 엄벌주의 법사상

만일 법률을 어긴 자는 모두 엄벌에 처하고 연좌시킨다.[38] 가벼

---

34) 自理國處戱以來, 未有不以輕重而能成其王者也(尹知章, 1991: 414).

35) 伊尹善通移重, 開闔決塞, 通於高下徐疾之策, 坐起之費時也(尹知章, 1991: 382).

36) 若歲凶旱水洪, 民失本事, 則修宮室臺榭, 以前無狗後無彘者爲庸. 故修宮室臺榭, 非麗其樂也, 以平國筴也(「관자」 '승마수(乘馬數)'; 尹知章, 1991: 351).

37) 「관자」와 「상군서」의 각 편은 대부분 전국 말기부터 한대 초기에 걸쳐 성립했기 때문에 내용 중 일부는 서로 영향을 주고받았을 것으로 보인다.

38) 重刑而連其罪('간령'; 蔣禮鴻, 1986/2011: 13).

운 죄도 엄벌에 처한다는 사상은 「상군서」의 전반에 걸쳐 흐른다. 곧 법으로 금하고 상으로 장려하고 그래도 안 되면 엄한 형벌로 처벌했다. '산지' 편에 따르면 "무릇 형벌이란 간사한 것을 빼앗고 금지하는 방편이요, 상이란 금지하는 것을 돕는 방편이다." "그래서 형벌과 사형은 간사함을 중지시키는 수단이요, 관직과 작위는 공적을 권장하는 수단이다."[39] 따라서 '개색' 편에서는 "간사함을 제거하는 근본은 엄정한 형벌보다 더 심오한 것은 없다." 그러니 "형벌로써 형벌을 제거해야 한다"고까지[40] 주장했다. 그러기 위해 '상형(賞刑)' 편은 말한다. "상과 벌과 교육이 일관성이 있어야 한다." "소위 포상에 일관성이 있다는 것은 이익이나 녹봉, 관직이나 작위 등 모든 것이 전쟁의 공적에서만 나오게 하고 달리 시행하지 않는 것이다."[41] 또한 "소위 형벌에 일관성이 있다는 것은 형벌을 시행하는 데에 차등을 두지 않는 것이다. 경·상이나 장군부터 대부나 서인까지 왕의 명령을 따르지 않거나 국가의 금기를 범하거나 군주가 제정한 것을 어지럽히는 자가 있으면 사형에 처하고 사면하지 않"았을 뿐 아니라 "형벌은 3족에 미쳤다."[42] 특히 십오(什伍)로서 백성들을 서로 감시하게 하자 진나라 백성들은 이 연좌법을 원망하였다.[43]

그래서 태사공은 "상군은 천성이 각박하고, 은혜가 적은 사람이

---

39) 夫刑者所以奪禁邪也, 而賞者所以助禁也. …… 故刑戮者, 所以止姦也; 而官爵者, 所以勸功也(蔣禮鴻, 1986/2011: 49-50). 이 '산지' 편은 후대의 상주문으로서 상앙의 말은 아니지만 상앙의 엄벌주의 사상을 계승하고 있다.

40) 去姦之本, 莫深於嚴刑. …… 藉刑以去刑(蔣禮鴻, 1986/2011: 58).

41) 壹賞, 壹刑, 壹敎. …… 所謂壹賞者, 利祿官爵搏出於兵, 無有異施也(蔣禮鴻, 1986/2011: 96).

42) 所謂壹刑者, 刑無等級, 自卿相·將軍以至大夫·庶人, 有不從王令, 犯國禁, 亂上制者, 罪死不赦. …… 刑及三族('상형'; 蔣禮鴻, 1986/2011: 100-101).

43) 商鞅爲秦立相坐之法而百姓怨矣(「회남자」 제20 '태족'; 高誘, 1991a: 366).

다"고 평가했다. "형벌로써 형벌을 제거"하고자 했던 그의 사고는 착각일 뿐 아니라 실현 불가능한 것이었다. 그는 지나치게 단기적인 효과에 집착한 나머지 세상의 더 큰 이치를 알지 못했다. "같은 기운이 서로를 끌어당기는"[44] 원리에 의해 형벌은 더한 형벌을 불러올 뿐 제거하지 못한다는 이치를 그는 알지 못했다. 그래서 결국 그는 자신이 만든 거열형에 처해졌다.

일반적으로 진율이 엄혹하다고 하지만 「진간」에 보이는 실제 율문의 적용 사례를 보면 '인정'이 드러나기도 한다. 예를 들면 「진율 18종」의 '창율(倉律)'에 "어머니가 없는 영아에게는 매월 0.5석을 주고, 설령 어머니가 있더라도 그 어머니가 영아와 떨어져서 관청의 노역에 종사할 경우에도 영아에게 식량을 지급하는데 매월 0.5석을 준다"는 것이 있다(睡虎地秦墓竹簡整理小組, 윤재석 역, 2010: 118-119). 또 동 '금포율(金布律)'에서는 죄수의 의복 지급과 관련하여 "죄수가 추위에도 옷이 없는 경우 털옷(褐衣)를 지어 입을 수 있다"고 한다(睡虎地秦墓竹簡整理小組, 윤재석 역, 2010: 146-147). 더욱이 동 '균공율(均工律)'에서는 작업자들 간의 경쟁 원리를 규정하고 있는데, 작업의 숙련도가 떨어지는 신참자들을 상당히 배려하고 있다. 곧 "신참 공인이 일을 시작함에, 첫해에는 규정된 생산량의 절반을 생산하도록 요구하고, 이듬해에는 납부하는 생산량이 과거에 수공업에 종사한 적이 있는 공인의 생산량과 서로 같도록 한다. 공사(工師)가 잘 지도하여 과거 수공업에 종사한 적이 있는 공인이라면 1년 만에 모두 배우게 하고, 신참 공인이라면 2년 만에 모두 배우게 한다"고 규정하고 있다(睡虎地秦墓竹簡整理小組, 윤재

---

44) 同聲相應, 同氣相求. 「주역」 '건괘(乾卦)'(藝文印書館, 1981a: 15).

석 역, 2010: 161-162). 동 '사율(司律)'에서는 "한 집에서 두 명 이상이 자형(貲刑)·속형(贖刑)·채무의 변제를 위해 관청에서 노역하게 되어 그 집안을 돌볼 자가 없는 경우, 그중 한 사람은 집으로 돌려보내어, 이들이 서로 돌아가면서 복역하게" 했다(睡虎地秦墓竹簡整理小組, 윤재석 역, 2010: 176-180).

이를 통해 볼 때 진율이 형벌주의를 전제로 하면서도 형벌과 직접 관련이 없는 가족이 최소한의 생활을 유지할 수 있도록 배려하는 측면이 있고, 또 인간의 생리적인 욕구를 전혀 무시하지 않았다는 것도 알 수 있다. 특히 생산성을 높이기 위해 기술자들을 경쟁시키면서도 인간이 갖는 능력의 자연적인 한계는 배려하는 차원에서 이행되었음을 알 수 있다. 이 「진간」은 진시황 시기에 기록된 것이기는 하지만 상앙의 변법 이래 진나라는 이를 폐기한 적이 없기 때문에 그 연장선상에 있다고 볼 수 있다. 다만 연좌제는 그 폐해가 극심했다.

2. 현제(縣制)와 관료제의 확립

1) 현제의 확립

상앙이 변법 개혁을 위해 시행한 제도 가운데 현제가 있다. 중국사에서 현이 설치되기 시작한 것은 춘추시대부터다. 「좌전」 '선공(宣公)' 11년 조에 초(楚)나라 장왕이 진국(陳國)을 멸하고 陳을 縣으로 삼았다는[45] 기록이 있고, 이 외에도 「좌전」에는 현에 관한 기

---

45) 冬楚子爲陳夏氏亂故伐陳, …… 因縣陳(藝文印書館, 1981e: 383-384).

록이 많다. 이를 두고 '봉건에서 군현(郡縣)으로' 전환되기 시작했다는 것이 기존의 학설이었다. 예를 들면 이 방면의 권위자인 고힐강(顧頡剛, 1937)은 춘추시대 진(秦)과 초(楚)의 현은 군주의 직할지이고, 진(晉)과 제(齊)의 현은 채읍(采邑)으로서 가신에게 하사한 땅이라고 두 가지 형태로 구분해 설명하였다. 또한 「좌전」에 출현하는 현을 곧장 진한 이후에 성립하는 군현제의 '현'과 성격이 같다고 주장하였다. 이에 대해 增淵龍夫(1996: 459-460)는 각국의 군주로부터 읍을 하사받은 대부(邑大夫)는 한편으로는 그 읍의 생산물로 자신의 일족을 부양하는 채읍(采邑=私邑)의 주인이자 다른 한편으로는 자신을 임명한 군주의 관리감독을 받으면서 그 명령에 따라 읍을 관리하는 공읍(公邑)의 관리자라는 두 가지 성격을 동시에 띨 수밖에 없었다고 주장한다. 그런데 이 둘을 전혀 성격이 다른 현으로 설명하는 고힐강의 주장은 문제가 있다는 것이다.

씨족적 전통이 강한 중국에서는 은나라 이래 국을 하사하고(封國) 읍을 하사하는(封邑) 봉건적 통치방식이 발달했으나, 춘추시대가 되면 다른 국과 읍을 쳐부수고 그 지역의 선주민의 지배방식까지 파괴하는 별종의 지배방식이 등장한다. 「좌전」에 등장하는 현은 군주에 대해 예속적인 읍이고, 군주국의 입장에서는 대체로 자신의 변방에 위치하는 군사거점이자 병력을 유지하는 부(賦)의 제공원이기 때문에 엄중하게 지배해야 할 전략적 요충지였다. 이렇게 현이 된 읍의 내부조직은 군사적, 행정적으로 새로운 조직이 될 필요가 있었으므로 춘추시대의 현은 전국시대가 되면 군주의 직할지인 군현제로 전환되고, 기존의 세습 지배계층인 현대부(縣大夫)는 쫓겨나거나 군주의 관료로서 관료화 되면서 과거에 누리던 정치적 자율성은 점점 상실하게 된다(增淵龍夫, 1961a: 161-164; 增淵龍夫, 1996: 470-471, 481).

이러한 춘추-전국의 격동기에 상앙의 현제가 탄생한다. 상앙의 현제에 관한 기록으로는 다음과 같은 것들이 있다.

> ① (효공 12년) 여러 작은 향과 취를 병합하여 큰 현을 만들고, 현마다 현령 한 사람을 두었으니, 41개의 현이 있었다. 토지를 구획하여 농지로 삼았다(幷諸 小鄕聚, 集爲大縣, 縣一令, 四十一縣, 爲田開阡陌;「사기」권5 '진본기').
> ② 작은 향·읍과 취를 모아 현으로 삼고, 현령이나 현승을 두었는데, 모두 31 개 현이 있었다. 토지를 구획하여 농지로 삼고 경작하게 하여 부세를 공평히 하였다(集小(都)鄕邑聚爲縣, 置令丞, 凡三十一縣, 爲田開阡陌封疆, 而賦稅平; 권68 '상앙열전').
> ③ (효공 12년) 처음으로 작은 읍을 모으고, 현령 31명을 두었으며, 천맥을 열어 농지를 만들었다(初取小邑爲三十一縣令爲田開阡陌; 권15 '육국연표(六國年表)').

위 세 기록을 통해 상앙이 원래의 읍을 현으로 만드는 과정을 보면, 일단 전통적인 행정구역인 작은 향과 읍을 묶어서 1개의 현으로 만들고, 그 수장으로 현령이나 현승을 두고, 계획적으로 토지를 구획하여 경작하게 하고, 그 수확량에 대해 공평하게 세금을 거두었다.「상군서」는 앞에서도 설명했듯이 토지구획 방법에 대해서는 자세하지만, 현제의 시행과정에 대한 설명은 거의 없는데 반해,「상군서」와 성립 시기가 비슷한「관자」'승마' 편에는 행정제도와 인구제도, 생산제도, 군비제도의 조직방법에 대한 자세한 설명이 있다(尹知章, 1991: 14-15 참조).

이를 통해 전국시대의 현제 설립 과정을 살펴보면, 국가 주도로 각 지방에 대해 하향식으로 행정구획제도와 읍제, 생산제도(事制), 군비제도를 차례로 정비하였다. 이처럼 전국시대를 거치면서 일정한 토지와 인구를 단위로 행정지역과 생산제도, 군사제도는 서로 밀접하게 연계되면서 형성되었음 알 수 있다.

이를 상앙의 현제와 연계하여 설명하면 다음과 같다. 위 ①~③의 기록을 종합하면 상앙은 작은 향과 읍을 모아서 현을 만들었다. 상앙이 설치한 현의 호구수에 대해서는 1만호설과 2,000~3,000호설 등 분분하다(池田雄一, 1977: 116-121 참조). 그리고 각 현마다 현령 또는 현승을 한 명씩 두고 다스렸다.46) 상앙 당시에 설치한 현의 숫자에 대해서는 같은 「사기」 안에서도 권5 '진본기'에서는 41현, 권68 '상앙열전'에서는 31현으로 서로 다르다. 당시 진나라에서 현을 설치한 지역이 어디냐에 대해서는 여러 학설이 있지만,47) 이는 현을 설치한 주요한 목적을 통해서 유추할 수 있다. 이에 대해 宮崎市定(1976: 67, 72 각주 14) 참조)은 전사를 대도시에 집중시키지 않고 농민을 지방에 토착시켜 병농일치를 철저히 추진하고, 또 함양으로 천도한 다음에 지방에 현제를 시행한 것은 동원의 편의를 위한 것으로 본다. 곧 소도시가 산재해 있어서는 명령을 전달하고 군대를 징발하는 데 불편하기 때문에, 실제로 소도시를 병합해 대도시를 조성하고 이를 징병의 단위로 삼았다는 것이다.

특히 현제의 시행과 분이법, 사민(徙民)정책은 서로 밀접히 연계되어 있다. 곧 분이의 1차적인 목적은 황무지개발이었기 때문에(好

---

46) 「한서」 권19상 '백관공경표'에 따르면 군수와 현령, 현장(縣長)은 모두 진나라의 관직이었다. 군수는 군을 통치했고, 현령과 현장은 현을 통치했는데, 만호 이상의 현에는 현령을, 만호 미만에는 현장을 두었다(郡守, 秦官, 掌治其郡, 秩二千石. …… 縣令·長, 皆秦官, 掌治其縣. 萬戶以上爲令, 秩千石至六百石. 減萬戶爲長, 秩五百石至三百石; 班固, 1962/2016: 742)고 하는데, 이는 상앙 당시보다는 후대의 일인 것 같으나 이들 관직은 후대에도 이어졌다.

47) 새 수도인 함양 동쪽지역만 현을 설치했다는 설(西嶋定生, 1961a), 진나라 전국에 걸쳐 시행했다는 설(守屋美都雄, 1968), 함양 주변에 설치했다는 설(佐藤武敏, 1971) 등으로 다양하다. 전국에 걸쳐 시행했다는 설도 종래의 집락을 현이 그대로 통합했다는 설(守屋美都雄, 1968)과 실제로 병합이 일어났다고 보는 설로 나뉜다(楠山修作, 1987: 8 참조).

並隆司, 1981: 52-53), 분이법에 의해 분가된 사람들 또는 사면된 죄인을 모집해서 새로 설치된 현으로 이주시키고 토지를 분급하여 농사를 짓게 하고 부세를 거두었다. 이렇게 국가계획에 의해 개간된 토지는 군주의 공전(公田, 국유지)으로써 군주권 강화를 위한 중요한 경제적 기반이 되었다(增淵龍夫, 1961a: 166-167).

정복에 의해 획득한 토지의 경우는 원래의 주민을 강제이주시킴으로써 전통적인 족적질서를 파괴하고 군현제적 관료제를 이식할 수 있었다(西嶋定生, 1961a: 517, 544-545). 따라서 당시의 현은 민정상의 목적보다는 군대동원의 단위로서 의미가 중요했다. 이와 같이 춘추전국시대를 거치며 큰 읍(大邑)과 큰 경지가 발생한 이유는 정복에 의한 것과 함께 국가 주도로 정치적 목적을 위해 통합하는 방법이 있었다(宮崎市定, 1976: 167-168).

이는 「관자」 '승마' 편에서도 확인할 수 있는데, 국가에서 관제와 읍제, 생산제를 정비한 이유는 결국 군사제도 정비로 귀결된다. 따라서 현을 설치한 목적이 군사제도를 정비하고, 이에 필요한 경제력을 확보하여 부국강병을 이루는 것이라면 단계적으로 시행되었을지는 몰라도 진나라 전국에 걸쳐 시행했다고 보는 것이 자연스러울 것 같다. 특히 상앙의 현제는 함양으로 천도한 이후에 현제를 시행한 다음 바로 '개천맥'을 통해 농지를 구획하고 백성에게 토지를 분급한 것과 서로 연결되어 있다는 점에서 더욱 그렇다. 이에 따라 기존의 향과 읍은 차례대로 현으로 재편이 되고, 다시 몇 개의 현을 묶어서 군(郡)으로 재편되면서[48] 점차 혈연적 촌락이 행정

---

48) '縣'이라는 문자는 '懸'과 같아서 중앙에 종속한다는 의미인데, 전국시대에 들어 그 수가 늘어나자 이를 적당한 구역을 합쳐서 郡으로 칭하게 되었다. 郡은 곧 '群'으로 불리는데, 몇 개의 현을 묶은 그룹의 의미인 것 같다(宮崎市定, 1976: 59, 69 각주 2) 참조).

도시로 전환되었을 것으로 보인다.

　비록 상앙이 변법에 따른 각종 정책을 형벌을 앞세우고 강력하게 시행했지만, 이러한 현제의 설치와 토지구획, 분이정책이 단기간에 곧장 시행되지는 못했던 것 같다. 왜냐하면 상앙 사후 100년이 넘은 뒤에 기록된 「진간」에도 '분이'와 '동거'가 계속 반복됐던 것을 보면 긴 시간을 두고 전진과 퇴보를 거듭하며 이루어졌던 것 같다.49) 또한 효공 22년(340년 BCE)에 상앙이 상군 곧 제후로 분봉된 데서도 알 수 있듯이 중앙집권적 군현제와 함께 봉건적 제후도 있었다. 춘추 말기 군현의 장관은 대체로 세습되는 경향을 보였으나(徐揚杰, 1992, 윤재석 역, 2000: 257), 상앙에 이르러서는 군주가 임명하게 되었다. 현제 시행의 결과 지방행정은 군→현→향·읍→취의 하위에 십오 연좌조직을 결성하여 군주의 중앙집권적 지배권을 개별 가(家)까지 직접 미치게 하였고, 연좌제를 통해 위법자는 상호 고발하도록 법제화하였다(조천수, 2004b: 212).

2) 관료제의 확립

　이렇게 국가를 위해 새로 제정된 각종 법을 한 명 한 명의 백성에게 관철시키기 위해 상앙은 군주를 정점으로 하는 거대한 관료제를 설치한다. 신불해가 술치(術治)를 통해 행정절차와 각종 제도를 설치하여 관료제 내의 질서를 계통적으로 확립하려 했다면, 상앙은 법치를 통해 전국을 통틀어 하나의 거대한 관료제를 확립하는 데

---

49) 「진간」을 분석한 太田幸男(1986)에 따르면, 상앙의 법에 의해 시작된 부모-자식 간의 '분이'는 「진간」이 기록된 진시황 시대에도 진행되고 있었지만, 반대로 일단 분이했던 부모형제 등과 다시 '동거'하는 현상도 널리 나타나고 이것이 법적으로도 인정된 점에서 이 두 가지는 상대적인 행위였을 가능성이 크다고 본다.

성공한다. 법치가 확립되고 계층적 질서가 확립되어야 행정제도와 절차 같은 술치를 관철할 수 있게 된다. 이 점에서 상앙은 신불해보다 탁월했다.

상앙이 이회의 「법경」 6편을 들고 혈혈단신으로 진나라에 가서 비교적 짧은 기간에 법치를 실현할 수 있었던 데는 묵가(墨家)나 시자(尸子) 같은 조력자들이 있었기 때문이다. 「상군서」의 구조를 보면 국가기구의 조직화를 위해 묵자 이후 최초로 자료에 대한 체계적인 설명을 시도했고, 또 양자가 사용한 수사학적 방법도 유사하다는 점에서 묵가의 영향을 받은 흔적이 있다. 특히 법가가 사회 일반을 다스리는 유일한 방법으로 선언했던 상벌체계를 통해 다스린다는 원칙이 처음으로 이루어진 곳이 군대였는데, 법가로서 묵자의 유토피아 자체가 바로 군대를 상기시키는 것이었기 때문에 묵자의 사상을 받아들이고 다시 활용할 수 있었다(Rubin, 1976, 임철규 역, 1988: 105, 129). 이러한 군대식 관료제의 설계 위에 상앙의 변법을 정치적으로 지지하면서 실제 행정능력과 정치적 식견을 가진 실무자 집단이 필요한데, 이들은 시자와 그의 제자들이었을 것으로 보인다. 시자의 사상은 유가의 덕치를 바탕으로 정명(正名)과 명분(名分)을 내세워 형벌을 주창하였지만(尸佼, 신용철 역, 1997: 4), 묵가사상도 포함되어 있어서 상앙이 시자를 통해 묵가사상의 영향도 어느 정도 받았을 것으로 추정된다(이성규, 1987: 248-249).50)

「상군서」 '개색' 편에 따르면 시대의 변화, 특히 인구의 증가로 인해 관직을 설치하게 되었다고 한다. 곧 상고시대 모계사회였을

---

50) 「시자」 '광택(廣澤)' 편에 "천자는 천하의 백성을 똑같이 사랑하므로 그 사랑이 크다"(天子兼天下而愛之大也; 尸佼, 2009: 27-28)는 구절은 「묵자」에 빈번히 나오는 '兼愛'나 '兼而愛之' 등을 그대로 옮겨놓은 것 같다(이성규, 1987: 249).

때는 친척끼리 친하게 지냈는데, 인구가 증가하자 남의 것을 빼앗기 위해 싸움이 일어났으므로 현자가 나타나 중정의 도를 세우고 사사로움이 없게 하고 현자를 받들게 했다. 계속해서 인구가 증가하자 또 어지러움이 일어나서 성인이 나타나 토지와 재물과 남녀의 분별을 만들었다. 이렇게 분별을 정하고 금지법을 마련하자 이를 관장할 사람이 필요해서 관직을 설치하고, 관직을 하나로 통일하기 위해 군주를 세움에 따라 존비와 귀천이 생겨나고 관리를 존경하였다.51) 이와 같이 상고시대부터 당시까지 인구가 증가하면서 각 시대의 여건에 맞는 제도가 생겨나고 결국은 관료제가 설치되었다는 것이다. 군주가 국가를 통치하는데 관료제를 설치하는 이유는 예나 지금이나 넓은 땅을 군주 혼자서는 다 다스릴 수 없어 유능한 관리의 도움이 절대적으로 필요하고, 또 이들 관리에게 법령에 따라 효율적으로 명령과 지시를 내리고 계통적으로 보고를 받기 위해서는 계층제가 필요하기 때문이다. 따라서 관료제는 국가조직을 효과적으로 다스리기 위해 역사적으로 고안된 인류의 발명품인 것이다.

그러면 「상군서」와 「진간」을 통해 상앙 당시 진나라의 관료제 안에서 실제 법이 집행되는 과정을 분석해보자. 먼저 한나라 초의 작품으로 추정되는 「상군서」 '정분' 편에 법관을 설치하는 방법이 나와 있다.

진효공이 공손앙에게 묻기를, "법령이 지금 제정되었는데 내일 아침부터 천하

---

51) 天地設而民生之. 當此之時也, 民知其母而不知其父, 其道親親而愛私. 親親則別, 愛私則險民衆, 而以別險爲, 則民亂. 當此之時, 民務勝而力征. 務勝則爭, 力征則訟. 訟而無正, 則莫得其性也. 故賢者立中正, 設無私, 而民說仁. 當此時也, 親親廢, 上賢立矣. 凡仁者以愛爲務, 而賢者以相出爲道. 民衆而無制, 久而相出爲道, 則有亂. 故聖人承之, 作爲土地貨財男女之分. 分定而無制, 不可, 故立禁. 禁立而莫之司, 不可, 故立官. 官設而莫之一, 不可, 故立君. 旣立君, 則上賢廢而貴貴立矣 (蔣禮鴻, 1986/2011: 51-52).

의 관리와 백성이 다 명확히 알게 하고, 집행하는데 일사불란하여 사사로움이 없게 하려면 어떻게 해야 하는가?" 하자, 공손앙이 대답했다. "관리가 법령을 붙들고 그 내용을 숙지하여 천하에 바르게 펼 수 있도록 준비되면 천자에게 아룁니다. 천자께서 각각의 법령을 주관하게 하면 모두 계단으로 내려와 부복하여 임명을 받고 임지로 출발하여 각각 법령을 주관하게 됩니다."
……
천자는 3곳에 법관을 둔다. 궁중에 법관 1명을 두고, 어사가 있는 관청에 1명의 법관과 관리를 두고, 승상이 있는 관청에 1명의 법관을 둔다. 제후국과 군과 현에도 모두 각각 1명의 법관과 관리를 두는데, 모두 진나라 都의 관리와 동급이다. 군과 현과 제후국에서는 천자가 옥새를 찍어 법령을 보내면 수령하여 법령 전체를 묻고 배우게 한다. 관리나 백성이 법령을 알고자 하는 자는 모두 법관에게 묻게 한다. 그래서 천하의 관리와 백성이 법을 알지 못하는 자가 없게 한다. …… 관리가 백성을 대우하는데 법규로써 하지 않으면 백성은 법관에게 묻고, 법관은 법에 저촉되는 죄를 알려준다.
(公問於公孫鞅曰:「法令以當時立之者, 明旦欲使天下之吏民皆明知, 而用之如一而無私, 奈何?」公孫鞅曰:「爲法令, 置官吏樸足以知法令之謂者, 以爲天下正, 則奏天子. 天子則各主法令之. 皆降, 受命發官, 各主法令之. …… 天子置三法官: 殿中置一法官, 御史置一法官及吏, 丞相置一法官. 諸侯郡縣皆各爲置一法官及吏, 皆此(比)秦一法官. 郡縣諸侯一受寶來之法令, 學問幷所謂. 吏民知法令者, 皆問法官. 故天下之吏民無不知法者. …… 遇民不修法, 則問法官, 法官卽以法之罪告之; 蔣禮鴻, 1986/2011: 139-140, 143-144).

　위 인용문에 따르면 중앙의 군주를 정점으로 전국에 걸쳐 거대한 관료제를 설치한 다음, 중앙정부에는 3명의 법관을 두는데, 군주가 거처하는 궁중에 1명, 행정적 기록을 담당하는 어사(御史)의[52] 관청에 1명, 승상이 있는 관청에 1명씩 두었다. 그리고 지방에는 제후국과 군과 현에 각각 법관 1명과 관리 1명씩을 두었다. 이들 법관과 관리들은 각자 임지로 보내기 전에 새로 제정된 법령을 충분히 숙지하게 한 뒤에 군주로부터 임명을 받아 보냄으로써, 일사불란하게 법이 집행되고 사사로이 시행하지 못하게 했다. 또 법의 내

---

[52] 「주례」 '춘관(春官) 어사'에 따르면 어사는 주나라의 기록관(御史掌邦國都鄙及萬民之治令以贊冢宰. 凡治者受瀆焉. 掌贊書. 凡數從政者; 藝文印書館, 1981c: 413)으로서 군주의 비서격이었으나, 「한서」 권1상 '고제기(高帝紀)'의 "秦泗川監平將兵圍豐"에 대한 문영의 주(文穎注)에 "진나라의 어사는 군(郡)을 감시했다"(秦時御史監郡, 若令刺史; 班固, 1962/2016: 11-12)는 기록도 있다.

용을 공개하여 관리와 백성 모두가 국가의 법령을 알게 했다. 그렇지만 중앙에서 하달한 명령이 지방행정의 중심을 이루는 현에서 공정하게 잘 시행된 것만은 아니어서, 명령을 따르지 않는 사람은 누구든 율에 따라 엄벌에 처했고, 이는 현령과 현승 같은 관리도 예외가 아니었다.

형벌이 얼마나 혹독했던지 권68 '상군열전'에 따르면, "법령이 시행된 지 10년이 되자 백성들은 매우 만족해하였고, 길에 떨어진 물건을 줍지 않았고, 산에 도적이 없"을 정도였다. 그러나 상앙이 죽은 뒤 100여 년 뒤에 기록된 「진간」 중 진왕 정(政, 훗날 진시황) 20년(BCE 227) 4월 초이틀에 남군(南郡)의 군수인 등(騰)이 자신의 관할구역 내에 있는 각 현과 도(道)에 반포한 공문인 '어서(語書)'에서는, 법·율·령이 이미 반포되었는데도 관리와 백성이 법을 어기고, 간사한 행위를 그치지 않으며, 사악한 백성을 비호한다고 신랄하게 비판하고 있다(睡虎地秦墓竹簡整理小組, 윤재석 역, 2010: 59-66 참조). 그것은 남군을 비롯한 점령지에 진율을 관철시키기가 그만큼 어려웠음을 의미하는 것이다.[53]

다음으로 상앙의 관리선발 방법을 살펴보기로 한다. 「상군서」에서는 관리의 선발은 철저히 실적제 인사행정을 주장하면서도 그 업적 또는 능력이라는 것은 군공 하나여야지[54] 유가의 지식을 가진 사람은 절대 등용해서는 안 됨을 설파하고 있다. 곧 "군자가 권세를 잡아서 하나로 바르게 하여 술을 세우고, 관직을 설치하고, 작위

---

53) 이에 관한 자세한 사항은 이성규(1985)를 참조바람.

54) 실제로는 군공 외에도 고간(告姦)이나 포도(捕盜), 납속(納粟) 등으로도 작을 받을 수 있었는데, 이들은 모두 구체적인 공로에 대한 포상이라는 점에서는 공통적이다(민후기, 2011: 196-197).

를 귀하게 하여 그에 알맞게 하고, 영예를 논하고 공로를 따져서 관직에 임명하면 위아래의 저울대가 평평한 것처럼 균형을 이루게 된다."55) 왜냐하면 "공로가 있는 사람을 등용하면 백성은 말이 적어지고, 선량한 사람을 등용하면 백성은 말이 많아지기"56) 때문이다. 여기서 선량한 사람이란 말만 번지르르하게 늘어놓는 유가의 선비를 말한다. 더욱이 백성에게 "작위와 녹봉과 상을 줄 때는 심사가 투명해야 한다."57) "공적인 것과 사귀면 국가는 존재하고, 사적인 것과 사귀면 국가는 망하기"58) 때문이다. 이렇듯 「상군서」 여러 곳에서 능력주의 관리등용 원칙을 밝히고 있지만, 한편으로 이는 상앙의 우민화정책과는 상반되는 것이다. 어리석은 백성 가운데서 현능한 관리를 선발한다는 모순을 범할 수 있기 때문이다.59)

이러한 실적제 인사행정의 원칙 아래 실제 관리를 선발하는 절차의 일부가 「진간」 '치리율'에 나와 있다. 곧 현·도관(都官, 조정에 직속된 기구)과 12개 군에서 관리를 임면할 때는 모두 12월 1일부터 시작해서 3월말까지 마친다. 만일 결원이 생길 때는 기일을 기다리지 않고 보충할 수 있었다. 관리(吏)나 위(尉, 군직)를 임용할 때는 정식으로 임명한 뒤에 직권을 행사하게 하거나 파견할 수 있지, 이를 사사로이 처리할 때는 율에 따라 논죄하였다.60) '구원율'

---

55) 故君子操權一正以立術, 立官貴爵以稱之, 論榮擧功以任之, 則是上下之稱平('산지'; 蔣禮鴻, 1986/2011: 50).

56) 任功則民少言, 任善則民多言('근령'; 蔣禮鴻, 1986/2011: 77).

57) 列爵祿賞不道其門, 則民不以死爭位矣('착법(錯法)'; 蔣禮鴻, 1986/2011: 65).

58) 故公私之交, 存亡之本也('수권'; 蔣禮鴻, 1986/2011: 85).

59) 「상군서」 내에서 이러한 내용상의 모순은 이 책의 저자가 여러 명인 데 기인하는 것 같다.

60) 顯·都官·十二郡免除吏及佐·群官屬, 以十二月朔日免除, 盡三月而止之. 其有死亡及故有夬(缺)者, 爲補之, 毋須時. 除吏·尉, 已除之, 乃令視事及遣之; 所不當除而敢先見事, 及相聽以遣之, 以律論之(睡虎地秦墓竹簡整理小組, 윤재석 역, 2010: 192-194).

에는 인사고과의 방법이 나와 있다. 곧 현의 관리인인 전색부(田嗇夫)의 인사고과 방법을 보면, 4월·7월·10월·정월에 농우(耕牛)의 상태를 평가하는데, 만 1년을 기한으로 정월에 대심사를 거행하여, 성적이 우수하면 전색부에게 술 1병과 말린 고기 10가닥을 상으로 내리고, 성적이 열등하면 전색부를 질책하고, 소 사육자는 모두 벌로써 평소 근무일수에서 2개월을 감했다(睡虎地秦墓竹簡整理小組, 윤재석 역, 2010: 86, 90). 이처럼 진나라의 모든 법은 철저한 상벌의 원칙을 통해 관철되었다.

아울러 「진간」 '위리지도'(爲吏之道)에는 진나라의 관리가 지켜야 할 도리가 나와 있다. 곧 "관리에게 5가지 덕목이 있으니, 첫째 충성과 믿음으로 윗사람을 공경하는 것, 둘째 청렴하고 타인에게 원한을 갖지 않는 것, 셋째 일처리가 확실·타당한 것, 넷째 선행을 즐거이 하는 것, 다섯째 남을 공경하기를 많이 하는 것이다. 이 5가지를 모두 갖추면 반드시 큰 상을 받게 된다."[61] 다시 말해 훌륭한 관리는 탁월한 인격을 갖추고 업무처리 능력이 뛰어난 사람이다. 여기에는 유가적 요소가 깊이 배어 있어서 유가의 선비를 '이'라고 저주하는 상앙의 관료관과는 어울리지 않는데, 그 이유는 진나라 정치에 여불위(呂不韋, ?~235 BCE)가 등장한 이후 당대의 여러 사상을 융합적으로 활용하는 경향이 나타난 데 따른 것으로 보인다. 반대로 관리에게 5가지 잘못이 있으니, 사치하고 교만하고, 일을 마음대로 결정하고, 윗사람에게 잘못을 범하고도 잘못한 줄을 모르고, 인재를 천시하고 재물을 귀하게 여기는 것 등이다. 그러니

---

61) 吏有五善: 一曰中(忠)信敬上, 二曰精(淸)廉毋謗, 三曰擧事審當, 四曰喜爲善行, 五曰龔(恭)敬多讓. 五者畢至, 必有大賞(睡虎地秦墓竹簡整理小組, 윤재석 역, 2010: 506-507).

까 사치와 교만을 일삼고 사람을 제대로 대하지 않고, 일처리를 함부로 하면 나쁜 관리가 되는 것이다.[62] 이것 역시 유가적 요소가 깊이 배어 있다. 어쨌든 이는 관리에게 엄정한 법집행만을 강조하는 상앙의 관료관과는 큰 차이를 보이는데, 상군 사후 진나라 관료제에 유가적 요소가 어느 정도 가미된 것 같다.

상앙이 관료제를 통해 전국적으로 시행한 법령의 내용은 「진간」의 '진율18종'을 통해 유추할 수 있다. 이는 진율의 일부에 불과하다.

> 1) 전율(田律): 농업생산에 관한 율문
> 2) 구원율(廐苑律): 가축을 사육하는 우리와 원유(苑囿) 관리에 관한 율문
> 3) 창율(倉律): 양식과 사료 저장 창고에 관한 율문
> 4) 금포율(金布律): 화폐와 재화에 관한 율문
> 5) 관시(關市): 관시의 직무에 관한 율문
> 6) 공율(工律): 관영수공업에 관한 율문
> 7) 공인정(工人程): 관영수공업에서 정해진 생산규정액에 관한 율문
> 8) 균공(均工): 수공업 노동자의 배치와 관리에 관한 율문
> 9) 요율(徭律): 요역에 관한 율문
> 10) 사공(司空): 사공의 직무에 관한 율문
> 11) 군작률(軍爵律): 군공작에 관한 율문
> 12) 치리율(置吏律): 관리임용에 관한 율문
> 13) 효율(效律): 관청의 물자나 재산의 검사에 관한 율문
> 14) 전식률(傳食律): 역전의 식사공급에 관한 율문
> 15) 행서(行書): 문서의 전송에 관한 율문
> 16) 내사잡(內史雜): 수도를 다스리는 내사의 직무에 관한 율문
> 17) 위잡(尉雜): 형벌을 관장하는 정위(廷尉)의 직무에 관한 율문
> 18) 속방(屬邦): 소수민족을 관리하는 속방의 직무에 관한 율문
> (睡虎地秦墓竹簡整理小組, 윤재석 역, 2010: 73-219)

이 '진율18종'을 업무의 종류별로 분류하면 관리 임용과 직무관리에 해당하는 것이 10)~12), 16)~18) 등 6종으로 가장 많았다.

---

62) 吏有五失: 一曰誇以迣, 二曰貴以大(秦), 三曰擅�割, 四曰犯上弗智(知)害, 五曰賤士而貴貨貝(睡虎地秦墓竹簡整理小組, 윤재석 역, 2010: 507-509). 이 구절 뒤에는 관리의 잘못에 대해 5조목씩 두 쌍이 더 있는데 내용은 대동소이하다.

여기에는 관리임용을 비롯해 사공, 내사, 정위, 속방 등 각 관청별 업무처리에 관한 율문, 군공에 따라 작위를 부여하는 방법 등이 포함된다. 다음으로 상공업에 관한 것이 5)~8) 등 4종으로 두 번째로 많았다. 여기에는 관영수공업의 물품생산과 노동자 관리, 시장의 관리 등이 포함된다. 상앙의 무본억상(務本抑商) 정책에도 불구하고 관영 상공업은 존재했음을 알 수 있다. 3)~4), 13)은 재산과 양곡 관리에 관한 율문이다. 1)~2)는 농업생산과 가축사육, 원유(苑囿) 관리에 관한 율문이고, 14)~15)는 행정문서의 전달과 전달자에 대한 식사제공 방법을 규정한 율문이다. 9)는 요역에 관한 율문이다. 관리의 업무를 요약하면 농상공업과 시장을 잘 관리하고, 요역을 적절히 시행하며, 각자 맡은 직분을 법률에 따라 충실히 시행하는 것이다. 「진간」의 기록자가 당시 군수였던 관계로 '진율18종'의 여러 율문은 주로 현 단위로 법령이 집행되는 과정을 비교적 자세히 설명하고 있다.[63]

마지막으로 상앙의 법치는 철저한 문서주의 행정의 원리를 관철하고 있다. 먼저 「상군서」 '정분' 편에서는 "법령을 주관하는 관리는 1척6촌 길이의 부신을 만들어서 연월일시를 분명히 써서 질문받은 법령의 내용을 기록하고 질문한 관리나 백성에게 알려준다." 또 법령 내용을 회답할 때는 부신의 한쪽을 질문한 사람에게 주고, 다른 한쪽은 담당관리가 보관하게 했다.[64] 상하급 기관 간의 업무

---

63) 예를 들면 '전식률'에서는 어사의 졸인(卒人)이 출장 갈 때 역전에서는 매 식사마다 도정한 쌀(粺米) 1/2두, 장(醬) 1/4승, 소금과 채소가 가미된 고깃국, 부추와 파를 제공한다(御史卒人使者, 食粺米半斗, 醬駟分升一, 采羹, 給之韭蔥; 睡虎地秦墓竹簡整理小組, 윤재석 역, 2010: 203-205)가 있다.

64) 各爲尺六寸之符, 明書年·月·日·時, 所問法令之名以告吏民. …… 卽以左券予吏之問法令者, 主法令之吏謹藏其右券(蔣禮鴻, 1986/2011: 141).

보고와 지시도 반드시 서면으로 했다. 「진간」 '행서'는 문서의 전송에 관한 율문으로서 문서의 처리방법이 구체적으로 기록되어 있다. 황제의 명령서 및 '急' 자가 표시되어 있는 문서는 즉시 보내고, 급하지 않은 것은 당일 내로 전송하되 내버려두었을 때는 법에 따라 논죄했다. 또 문서를 전송하거나 받을 때는 반드시 문서를 발송하거나 접수한 월·일과 조·석을 기록해두어 답신하는 데 편리하게 했다. 징집과 관련된 문서에는 반드시 급하게 도착해야 한다는 것을 명기하고, 이 문서를 전송하는 사람이 이미 도착했어야 함에도 도착하지 않을 경우 이를 추적하여 조사해야 했다.[65] '내사잡'에 따르면 상급기관에 지시를 청할 때 반드시 서면으로 해야지 구두로 지시를 청해서는 안 되며, 다른 사람에게 부탁하여 대신 지시를 청해서도 안 되었다.[66] 또한 사법관인 정위의 직무를 규정한 '위잡'에도 "정위는 매년 어사에게 가서 형률을 대조해야 하고", '속방'에서도 각 도관(道官)에서 사람을 이송할 때는 이들이 식량을 수령한 연월일, 의복의 수령 여부, 처의 유무를 반드시 기록하게 했다.[67] 이와 같이 전국시대를 거치며 진나라에서는 문서주의 행정이 보편화되었던 것으로 보인다.

요컨대 상앙은 종실의 귀족이라도 군공이 없는 자는 관직을 얻을 수 없게 하자 군공과 현능함이 차츰 작위를 수여하고 관직에 봉하는 원칙이 되어 이전의 구귀족들이 관직을 농단하는 국면이 바뀌었

---

65) 行命書及書署急者, 輒行之; 不急者, 日餥(畢), 勿敢留. 留者以律論之. 行傳書·受書, 必書其起及到日月夙莫(暮), 以輒相報殴(也). …… 書廷辟有曰報, 宜到不來者, 追之(睡虎地秦墓竹簡整理小組, 윤재석 역, 2010: 207-208).

66) 有事請殴(也), 必以書, 毋口請, 毋羈(羈)請(睡虎地秦墓竹簡整理小組, 윤재석 역, 2010: 210-211).

67) 歲讎辟律于御史. 道官相輸隷臣妾·收人, 必署其已稟年月日, 受衣未受, 有妻毋(無)有, 受者以律續食衣之(睡虎地秦墓竹簡整理小組, 윤재석 역, 2010: 217-219).

다. 관직 세습제가 쇠락함에 따라 일종의 새로운 형태의 관료제가 생겨났는데 관료제와 관직 세습제는 4가지 구별이 있었다. 곧 군주가 아무 때건 관원을 임면할 수 있었고, 대소 관원 모두 관인(官印)으로 권력을 행사했고, 관원은 과거의 채읍 대신 봉록을 수령했으며, 정기적으로 관원에 대해 인사고과를 시행했다. 따라서 전국시대에 관료제는 비록 완전하지는 않았지만 진나라 이후 중국 관료제의 발전에 기초가 되었다(王天有, 1994, 이상천 역, 2011: 29-30).

그러나 상앙의 관료제에서 주의해야 할 점은 그가 주장하는 부국강병의 원리에는 국민의 행복은 빠져 있다는 사실이다. 오늘날 이러한 현상을 일본에서 목격할 수 있다. 그는 진나라의 법을 세우고, 구읍(舊邑)을 현제로 개편하고, 군주를 정점으로 하는 중앙집권적 관료제를 설치하여 현령과 현승, 법관 등을 각 현에 파견하고, 백성을 십오제에 편입하여 군주의 명령을 말단의 행정단위까지 관철시킴으로써 부국강병에 성공하였다. 나아가 상앙이 기획한 군현제와 관료제는 국가의 정책과 법령을 집행하는 매우 효율적인 기구임을 입증함으로써 이후 중국사에서 관료제의 원형을 이루었다. 하지만 백성의 이익을 무시한 채 군주 또는 국가만을 위해 존재하는 관료제는 오래 존속할 수 없다는 교훈을 상앙 자신과 진나라의 비극적인 종말을 통해 우리에게 분명히 알려주고 있다. 오늘날 우리는 법이 없이는 하루도 살 수 없는 세상에 살고 있다. 법이 있지만 법이 잘 지켜지는 것만도 아니다. 이는 인간이 살아가는 데 법이 필요하지만 법만으로는 살 수 없다는 사실을 말해준다고 하겠다. 결국 우리의 유토피아는 관료제를 통한 법질서의 확립과 함께 끊임없는 교육을 통해 이기적인 인간성을 순화함으로써 달성할 수 있지 않을까?

Ⅳ. 결 론

　지금까지 살펴보았듯이 상앙은 전국7웅의 치열한 각축 속에서 진나라를 부국강병으로 이끌기 위해 형벌을 앞세운 법치를 실현하였다. 상앙에게 법의 목적은 적국의 침략을 막고 자국의 영토를 확장하여 부국강병을 이루기 위해 백성에게 농사지으며 전쟁하는 농전을 강제하는 수단이었다. 위정자로서 그가 책임지고자 했던 것은 오직 국가뿐이었고, 국가를 필요로 한 것은 통치자이기에 국가가 백성을 위해 봉사해야 한다는 의식은 전혀 없었던 것 같다. 상앙에게 법은 백성을 국가 목적에 복종시키기 위한 수단이었다. 그렇기에 국가의 정책결정은 상앙 자신처럼 시의를 알고 이에 따르는 사람이 주도적으로 결정해야 한다고 역설했고 실제로 그렇게 했다. 그가 진나라의 부국강병을 위해 실시한 변법개혁의 주요한 내용은 형벌을 앞세운 법치, 군공작제, 분이법, 도량형 통일, 수도 이전, 개천맥 같은 토지계획사업, 부세의 통일 등이고 이 모든 것을 일사불란하게 집행하기 위해 전국에 걸쳐 군현제를 시행하고 관료제를 확립하였다.

　상앙은 법치를 확립하기 위해 모든 정치를 법률에 따라 시행했고, 법을 어기는 사람은 왕족이나 관리, 일반백성을 가리지 않고 똑같이 법률에 따라 처벌하였다. 또한 곡식의 수확량에 따라 세금을 공평하게 거두고, 장자를 제외한 귀족의 자제들도 징집하여 서민들과 똑같이 부역을 시킴으로써 백성이 국가를 신뢰하고 따르게 만들었다. 그리고 상을 좋아하고 벌을 싫어하는 인간의 보편적인 심리를 교묘히 이용하여 공적은 오직 군공 하나만을 인정함으로써, 작위를 원하는 백성들이 죽기 살기로 전투에 임하게 만들었다. 이렇게 볼 때 상앙의 법사상은 어느 정도 공공성을 담고 있었고, 실제로 공공성을 확산하는 결과를 낳기도 했다. 그러나 부세를 늘리기 위해 부자나 형제가 한집안에 사는 것을 금지하는 분이법을 시행하고, 연좌제를 통해 부모자식 간에도 서로를 고발하게 해 전통적인 대가족제도를 서서히 파괴했고, 법의 시행에 전혀 인정을 베풀지 않았기 때문에 인심이 크게 황폐해진 것은 법치의 커다란 부작용이라고 할 수 있다.

상앙이 실시한 부국강병책의 핵심은 관료제의 계층적 명령을 이용한 국가주도 경제개발정책이었다. 상앙은 2차 변법에서 작은 향과 읍을 모아서 현을 만들고 중앙에서 현령과 법관을 파견하고 이들에게 봉록을 지급함으로써, 전통적인 촌락을 국가 직할지로 편입하여 중앙에서 일원적으로 통치할 수 있게 만들었다. 몇 개의 현을 모아 다시 군을 설치함에 따라 진나라의 관료제는 군주→군→현 체제로 정비되었고, 현 내에서는 현→향·읍→취의 하위에 십오 연좌조직을 결성하여 군주의 중앙집권적 지배권을 개별 가까지 직접 미치게 하였다. 기존의 봉건적 채읍을 군현제로 재편하는 과정은 일조일석에 이루어진 것은 아니고 진시황이 제후를 폐지할 때까지 상앙 사후 100년이 넘게 지속되었다.

군현제를 정비한 뒤 개천맥을 시행하여 각 지역의 토지를 일정한 단위로 구획한 다음 백성에게 장정 1명당 100무의 농지를 분급하고, 이들에게 전사를 유지하는 부담을 지워서 농전이 가능하게 만들었다. 인구가 부족한 현에는 분가한 가족을 강제로 이주시킴에 따라 연좌제와 함께 백성의 원망의 대상이 되었다.

중국사에서 관료제는 상고시대 이래 인구가 증가하면서 이들이 평화롭게 살게 하기 위해 생겨난 제도이지만, 상앙의 시대가 되면 모든 관리는 하늘을 대신해 백성을 다스리는 존재가 아니라 오로지 군주 한 사람을 위해 봉사하는 존재로 그 의미가 180도 전환된다. 상앙의 관료관은 말만 번지르르하게 하는 유가의 선비는 절대 배척했고, 백성은 우민화시켰으며, 그가 찬양한 능력이란 백성의 전투능력뿐이었으며, 관리는 군주의 명령에 복종하며 법조문이나 성실히 집행할 능력이 있으면 충분했다. 그러나 상앙 사후에는 관리에게 유능한 업무처리 능력과 함께 유가에서 중시하는 인품이 훌륭할 것을 함께 요구하게 된다. 결국 그의 관료관에는 문제가 있었다는 것이다. 적어도 상앙이 책임행정을 구현하기 위해 관료제 내에 문서주의 행정을 제도화시키고, 명령과 지시, 보고 방식을 계통화한 점은 높이 평가할 만하다. 이처럼 상앙은 관료제 내에 법률에 의한 업무처리, 봉급제, 능력주의 인사행정, 문서주의 행정, 인사고과제 등을 제도화시켰기 때문에 신불해의 술치와는 그 차원이 다르고, 베버식 기계적 관료제의 완성형에 한층 더 가까워졌다고 할 수 있다.

어쨌든 상앙은 변법개혁을 통해 단기적으로는 괄목할 만한 성공을 거두었고 그의 후학들도 생겨났지만, 그 개인의 처절한 죽음과 함께 그의 법치를 계승한 진나라가 천하통일을 이루고도 15년 만에 멸망한 것은 위정자들에게 법만으로는 나라를 장기적으로 다스리기 어렵다는 사실을 각인시켜주었다. 아무리 법과 관료제가 잘 정비되고 잘 작동한다 해도 군주 한 사람에게 봉사하고 백성을 위해 봉사하지 않는다면 그 나라는 오래 갈 수 없다는 것을 진나라는 역사적으로 증명해주었다. 여기서 우리는 유가의 덕치를 다시 떠올릴 수밖에 없는 것이다.

제4장

한비자의 법술사상과
책임정치:
관료제론을 중심으로[*]

Ⅰ. 서 론

능력에 따라 관리를 선발하고, 그렇게 선발된 관리들이 정부 관료제 안에서 경력을 발전시킬 수 있고, 또한 관료제 안에서는 법규에 따라 업무를 처리하고, 관료적 권위가 확립되어 명령 통일의 원리가 작동함으로써 능률적으로 업무처리가 가능한 관료제가 성립하기 위해서는 어떤 정치적 조건이 필요할까? 중국사에서 이러한 관료제는 정치적 전통과 시대적 상황을 반영하며 장기간에 걸쳐 점진적으로 형성된다. 주나라 때부터 고대 관료제가 성립했으나 당시는 봉건제 사회였기 때문에 중앙의 주왕(周王)과 각국의 제후 간의 관계는 대체로 느슨했다고 할 수 있다. 그 이유는 주왕의 명령은 제후에게는 미칠지언정 제후의 신하인 대부(大夫)나 사(士)에게는 미칠 수 없었기 때문이다. 대체로 중국사에서 관료제는 춘추전국시대를 거치며, 특히 상앙(商鞅)의 변법 개혁으로 봉건제를 대신하여 지방행정기관인 현제가 성립하고 중앙에서 현령을 파견함으로써 군주의 명령이 백성에게 직접 미치는 '개별 인신적 지배'가 가능해지면서 성립했다고 본다.[1] 상앙의 변법 이래 군주를 정점으로 하는 관료제의 성립에는 오랜 시간이 걸렸고, 그 과정에 한비(韓非, 280?-233 BCE)가 등장하는데, 특히 그는 술치론(術治論)을 펼쳐서 관료제 내부의 지배원리를 정교화하는 데 기여하게 된다.

---

* 제4장은 「정부학연구」(한승연, 2018a)에 게재된 같은 제목의 논문을 일부 수정한 것임.

1) 이에 대한 자세한 내용은 이 책의 제3장을 참조바람.

법가 사상의 핵심 원리인 세(勢)·법(法)·술(術) 가운데 세는 권세 또는 권력을 의미하고, 법은 법령이나 원칙, 방법을 의미하고, 술은 권모술수나 술책 또는 행정절차, 방법 등 다양한 의미로 쓰인다. 어떤 행위 또는 사실의 방법이라는 측면에서 법과 술은 일맥상통한다고 할 수 있다. 이들 각각의 기능을 군주를 정점으로 하는 관료제의 원리와 연계하여 설명하면,[2] 세는 관료제 내에서 상하간의 계통적 권위를 확립하는 기능을 한다. 법은 법규에 의한 행정을 가능하게 하고, 술은 권모술수적인 측면을 제외하면 행정절차와 표준의 확립, 능력에 따른 관리 선발, 인사고과, 문서주의 행정 등 관료제 내의 모든 행정관리 활동을 포함한다. 「한비자」 법술론의 목적은 부국강병을 이루기 위해 지위고하에 상관없이 법을 일률적으로 적용하고, 능력에 따라 관리를 선발하고 특권귀족 세력을 제거하여 관료제 안에 군신 간의 계층적 권위를 확립함으로써 책임정치를 구현하는 것이었다.

한비가 술에 대해 흥미가 있었던지 "그의 저서에서 '술'에 관해 서술하고 찬양하는 것이 60%를 넘는다"(郭沫若著作編輯出版委員會, 1982, 조성을 역, 1991: 444). 물론 「한비자」의 술은 이러한 행정활동보다는 권모술수와 관련된 부분이 많은 것은 사실이다. 그것은 군신 간의 이합집산과 배신이 일상화된 전국시대 말기라는 시대적 배경 아래 군주에게 모든 권력과 정치술을 집중하여 부국강병을 이루고 국(國)을 보존함으로써 책임정치를 구현하려고 했던 한비의 정치사상이 반영된 결과라고 할 수 있다. 이 술론은 「한비자」라는 저술의 특징임과 동시에 권모술수에 치우친 점은 현대 관료제론에

---

2) 이 논문에서 사용하는 관료제라는 개념은 막스 베버의 이상형 관료제를 의미하고, 인사행정은 주로 관료제 내의 관리의 임용을 의미한다.

서 볼 때 이 저술의 최대 약점이자 법치를 안에서 무너뜨리는 원인이 되기도 한다.

어쨌든 진한(秦漢) 제국 이후 법가의 세·법·술 사상은 군현제(郡縣制)의 확립과 함께 중국 전역에 걸쳐 황제를 정점으로 하는 관료제를 확립하는 데 기초이론을 제공하게 된다. 곧 정치 이데올로기인 유가 사상과 법가의 관료제론이 융합하여 2,000여 년간 중국 왕조를 지탱하는 유교관료제가 성립하게 되는 것이다.

「한비자」에 대한 기존 연구는 매우 많지만, 이 연구에서는 전국시대의 관리(official) 또는 관료제론과 관련이 있는 연구를 주로 소개하기로 한다. 관련 국내외 논문을 보면, 먼저 鎌田重雄(1965)은 주나라부터 진한제국까지 군현제와 관료제의 형성 과정을 개괄적으로 설명하고 있고, 增淵龍夫(1961a)와 增淵龍夫(1961b, 윤혜영 역, 1986: 51-91), 西嶋定生(1961b, 윤혜영 역, 1986: 92-130) 등은 진한제국의 관료제 생성과정 속에서 특히 군·현의 관료 형성과정을 연구하였다. 茂澤方尙(1992)은 「한비자」에 등장하는 '술수(術數)' 개념을 한비와 기록으로서「한비자」를 비교론적 관점에서 설명하고 있고, 高山節也(1982)는 「한비자」에서 원래 광범한 정치술을 의미하던 '술' 개념이 점점 의미가 축소되면서 '法' 개념과 유사해지는 과정을 규명하였다. 이성규(1989a; 1989b)와 김동오(2014)는 진나라의 현(縣) 관료제 내에서 하급 실무관리의 역할을 구체적으로 규명하였다. 김영태(1993)와 김예호(2012)는「한비자」에 나오는 군주의 용술(用術)을 주로 연구하였고, 양순자(2010)는 신불해와 한비의 술, 상앙과 한비의 법에서 인사행정의 원리를 비교론적 관점에서 연구하였다. 최치원(2014)은 막스 베버와 마키아벨리, 한비자가 각각의 시대적 상황 속에서 주장하는 정치인상을 비교론적 관점에서 연구하였다. 관련 저서로는 Creel(1974)의 연구가 가장 유명한데, 신불해의 술치를 연구하면서 전국시대 법가 사상가들의 술론을 통치술과 행정절차, 실적제 인사행정이라는 관점에서 서술하고 있다. 관련 학위논문으로는 김선주(1985)와 정하현(1990), 최승현(2003), 유정병(2004) 등이 있다. 이들 연구는 봉건제가 군현제로 대체되는 과정에서 관료조직도 귀족제에서 관료제로 전환되는 과정과 관료의 탄생 과정을 부분적으로 분석하거나 현의 관료제 조직과 하급관리를 연구하고 있다. 따라서 「한비자」에서 논의하는 세·법·술이 관료제론의 형성에 구체적으로 어떤 이론적 근거를 제시하는지에 대해 통합적으로 논의되지는 않고 있다.

한비가 활동했던 시기는 전국시대 말기로서 상앙의 변법 이래 당시 각국을 통해 법가 사상이 크게 유행하면서 군현제의 시행과 함께 군주를 정점으로 하는 실적제 관료제(merit bureaucracy)가 성립하던 때였다. 따라서 이 연구에서는 한비 또는 「한비자」의 사상이 이 시기 책임정치 구현의 기제로서 관료제론의 성립에 어떤 역할을 했는지, 특히 술론을 중심으로 규명하고자 한다. 「한비자」의 술은 당시에는 권모술수적인 측면이 강했으나, 술의 내용 중에는 능력주의 인재선발과 관련된 것들이 많아서 관료제의 원리로서 제도화, 법제화 할 여지가 있는 것들이 많이 포함되어 있어서, 훗날 한나라 제국을 설계할 때 그 지침으로 활용된다.

연구방법은 역사적 접근방법이고, 주요한 분석 자료는 「한비자」와 「사기」 등이다. 「한비자」 분석의 저본은 왕선신(王先愼)이 찬술하고, 양가락(楊家駱)이 편찬한 「新編 諸子集成 5: 韓非子集解」(1991)이다.[3]

---

3) 국내 번역본은 노재욱·조강환 해역 「한비자(상·하)」(1994a/1994b)를 참고함.

II. 한비의 사적과 「한비자」

1. 한비의 사적

　「사기」 권63 '노장신한열전(老莊申韓列傳)'에 따르면, 한비는 한(韓)나라 공자(公子)로서 형명과 법술의 학설을 좋아하였으나 그의 학설의 근본은 황로사상에 있었다. 한비는 말더듬이어서 변론에는 서툴렀으나 저술에는 뛰어났으며, 이사(李斯)와 더불어 순경(荀卿)에게서 공부하였는데 이사는 자신이 한비보다 못하다고 인정하였다.[4] 이처럼 한비는 순자로부터 유학을 배웠으나 결국은 형명·법술로 전향한 것 같다. 그러나 한비가 유가를 완전히 배척한 것은 아니고 그의 법술론에는 유가의 영향이 남아 있다. 곧 인간이 이익에 밝다는 한비의 인간관은 인간이 이익을 좋아하고 손해를 싫어한다는 순자의 성악설을 계승한 것이다. 또한 "공자의 정명(正名) 사상은 명실(名實)의 일치라는 논리학과 실증주의적 사고를 만들어내고 나아가 정치적 질서와 군신관계 등의 논의로 발전시켰으며, 순자의 '예의 왕국'이라는 구상으로 전개되고, 마침내 한비의 '법'에 의한 지배체제의 확립 논리를 탄생시켰다"고 할 수 있다(謠口明, 2000: 109-107).

　한비는 한나라가 날로 쇠락하자 한왕(韓王)에게 글로 여러 번 간

---

4) 韓非者韓之諸公子也. 喜刑名法術之學, 而其歸本於黃老. 非爲人口吃, 不能道說而善著書. 與李斯俱事荀卿, 斯自以爲不如非.

언했으나 받아들여지지 않았다. 한나라가 법제 정비와 권력 장악, 신하 통제, 부국강병, 인재 등용에는 힘쓰지 않고 소인배들을 등용하는 데 대해 그는 통탄했다.5) 그러나 권6 '진시황본기(秦始皇本紀)'에는 진나라가 이사로 하여금 한나라를 복속시키게 하자, 한왕이 한비자와 진나라를 약하게 할 방법을 도모했다는6) 기록이 있다. 누군가에 의해 한비의 글이 진나라에 전해져, '고분(孤憤)'과 '오두(五蠹)' 편을 읽은 진왕 정(政)은 "이 글을 쓴 사람과 사귈 수 있다면 죽어도 한이 없겠다"고 말할 정도로 그의 글에 감탄했다.7)

한비의 생년은 정확히 알려져 있지 않고, 사망한 해는「사기」내에서도 약간의 차이가 있다. 곧 권45 '한세가(韓世家)'에는 한왕 안(安) 5년(BCE 234)에 사망했다고 하고,8) 권6 '진시황본기'에서는 진왕 정 14년(BCE 233)에 사망했다고 한다.9) 이들 기록과 권63 '노장신한열전'의 기록을 종합하면 한비는 진나라가 한나라를 공격하자 한왕의 사신으로 진나라에 가서 진왕 정에게 자신의 법술을 유세하고 크게 인정을 받았으나 이사의 모략에 걸려 감옥에 억류되었다가 음독자살한 것 같다.10) 이처럼 그 스스로 유세의 어려움을 피력하면서 '세난(說難)' 편을 쓰기도 했지만 자신은 그 화를 면치 못했다.11)「한비자」에는 권모술수와 음모로 가득 차 있는데, 이를

---

5) 非見韓之削弱, 數以書諫韓王, 韓王不能用. 於是韓非疾治國不務脩明其法制, 執勢以御其臣下, 富國彊兵而以求人任賢, 反擧浮淫之蠹而加之於功實之上.

6) 李斯因說秦王, 請先取韓以恐他國, 於是使斯下韓. 韓王患之, 與韓非謀弱秦.

7) 人或傳其書至秦. 秦王見孤憤五蠹之書曰, 嗟乎寡人得見此人與之游, 死不恨矣(권63 '노장신한열전').

8) 王安五年, 秦攻韓, 韓急, 使韓非使秦, 秦留非, 因殺之.

9) 十四年, …… 韓非使秦, 秦用李斯謀留非, 非死雲陽.

10) 秦因急攻韓. 韓王始不用非, 及急迺遺非使秦. 秦王悅之, 未信用. 李斯 姚賈害之毁之曰, 韓非韓之諸公子也. 今王欲幷諸侯, 非終爲秦不爲韓, 此人之情也. 今王不用, 久留而歸之, 此自遺患也, 不如以過法誅之. 秦王以爲然, 下吏治非. 李斯使人遺非藥, 使自殺.

답습해 자신보다 더한 독술을 펼친 이사의 올가미에 걸려들고 말았다. 상앙과 마찬가지로 '음모로 일어선 자 음모로 망한다'는 사실을 우리에게 적나라하게 알려주고 있다.

이처럼 한비는 자신의 뜻을 제대로 펼쳐보지도 못한 채 타국에서 비명횡사했지만, 모든 정치권력을 군주 한 사람에게 부여하고자 했던 그의 불완전한 정치이론은 중국사에서 중앙집권적인 관료제를 형성하는 데 이론적 밑바탕이 되었다.

2. 「한비자」

다른 제자백가서와 마찬가지로 「한비자」도 진위논란이 심한 기록 중 하나다. 「사기」에 따르면 한비는 진왕 정이 읽었다는 '고분'과 '오두' 외에도 '내외저설(內外儲說)', '세림(說林)', '세난' 편 등 10여 만자를 기록했다고 한다.[12] 「한서예문지」 '법가' 편에는 「한자(韓子)」 55편이라고 기록하고, 지금 「한비자」 20권 55편이 전하지만 모두가 한비의 저작은 아니라고 하였다(班固, 이세열 역, 2005: 175). 木村英一(1944/1998: 196-250)은 「법가사상의 연구」 '부록 한비자고증'에서 太田方(1808)과 容肇祖(1936)의 고증을 비판적으로 수용하면서 한비의 자작에 가까운 것은 '고분'과 '세난', '간겁시신', '오두', '현학(顯學)', '화씨(和氏)' 등 6편이고, 그 나머지 편들은 한비의 후학들에 의해 기록된 것이고,[13] 그 가운데서도

---

11) 然韓非知說之難, 爲說難書甚具, 終死於秦, 不能自脫(권63 '노장신한열전'). '고분' 편에서 한비 스스로도 법술을 터득한 선비가 "법술을 밝혀 군주의 뜻에 거슬리면 형리의 손에 죽지 않으면 자객의 칼에 죽는다"(是明法術而逆上之者, 不僇於吏誅, 必死於私劍矣; 王先愼, 1991: 57)고 했는데, 그는 자살을 강요받고 자살하였다.

12) 故作孤憤五蠹內外儲說林說難十餘萬言(권63 '노장신한열전').

'주도(主道)'와 '양권(揚權)', '해로(解老)', '유로(喩老)' 등 4편은 황로계열의 한비 후학들에 의해 기록된 것으로 평가한다. 한편 '초현진(初見秦)'과 '존한(存韓)', '난언(難言)', '칙령(飭令)' 등 4편은 한비 일파의 저작이 아닌 것으로 본다.

이 연구에서는 기무라 에이이치(木村英一)의 설에 따르되, 전국시대의 관료제론은 법가 사상가들의 기나긴 논의를 거쳐 형성되었기 때문에 「한비자」 전편에 걸쳐 관료제론과 관련이 있는 부분은 두루 분석하기로 한다.

---

13) 그는 한비 후학들의 저작들 중에서도 '난(難)' 편 4편과 '난세(難勢)', '문변(問辯)', '문전(問田)', '정법(定法)' 등 8편은 한비 일파의 논란 답문, '애신(愛臣)'과 '유도(有度)', '이병(二柄)', '팔간', '십과(十過)', '망징(亡徵)', '삼수(三守)', '비내(備內)', '남면(南面)', '식사(飾邪)', '설의(說疑)', '궤사(詭使)', '육반(六反)', '팔설(八說)', '팔경(八經)', '충효(忠孝)', '인주(人主)' 등 17편은 초기 한비 후학의 저작, '관행(觀行)'과 '안위(安危)', '수도(守道)', '용인(用人)', '공명(功名)', '대체(大體)' 등 6편과 '팔경'의 일부분, '심도(心度)'와 '제분(制分)' 등 2편은 후기 한비 후학의 저작으로 고증하고 있다.

Ⅲ. 한비의 법술사상과 관료제론

1. 한비의 법술론(法術論)

한비 법사상의 목적은 상앙과 마찬가지로 중농정책과 엄벌주의를 바탕으로 부국강병을 이룩하는 것이지만, 상앙과는 달리 법과 함께 군주의 신하 제어술인 군술(君術)을 매우 중시한다. 역사관에서는 상앙과 한비 모두 역사진화론을 주장한다. 한비가 저술한 '오두' 편에서 자신이 유가의 덕치를 배격하고 법치를 주장하는 이유를 "세상이 달라지면 일도 달라지고", 또한 "일이 달라지면 대비하는 것도 바뀌어야 하기"[14] 때문이라고 했다. 곧 상고시대에는 짐승으로 인한 해악을 피하기 위해 성인이 나무를 엮어 집을 지어 해악을 피하게 하자 그를 왕으로 삼고 유소씨(有蘇氏)라 불렀고, 사람들이 날음식을 먹고 배탈이 나자 성인이 나타나 불을 발명하고 구워 먹게 하니 그를 왕으로 삼고 수인씨(燧人氏)라 불렀다. 중고시대에는 천하에 큰물이 나자 곤(鯀)과 우(禹) 부자가 물길을 텄고, 근고시대에는 걸(桀)과 주(紂)가 난폭하게 굴며 천하를 어지럽히자 탕(湯)과 무(武)가 그들을 정벌했다. 그러나 이들 성인은 옛날 방식을 따른 것이 아니라 세상의 흐름을 잘 알아서 그에 따라 대비했다.[15]

---

14) 世異則事異. …… 事異則備變(王先愼, 1991: 341).

15) 上古之世, 人民少而禽獸衆, 人民不勝禽獸蟲蛇. 有聖人作, 搆木爲巢, 以避羣害, 而民悅之, 使王天下, 號之曰有巢氏. 民食果蓏蚌蛤腥臊惡臭, 而傷害腹胃, 民多疾病. 有聖人作, 鑽燧取火以化腥臊, 而民說之, 使王天下, 號之曰燧人氏. 中古之世, 天下大水, 而鯀禹決瀆. 近古之世, 桀紂暴亂,

옛날에 비해 당시에는 인구의 증가로 물자도 부족하고 그에 따라 인심도 변했기 때문에 법으로 엄히 다스려야 한다는 것이다. 이처럼 '오두' 편에서는 상고시대, 중고시대, 근고시대, 당금(當今)의 시대로 역사를 4시대로 구분한 데 반해, 한비 후학들의 저술로 추정되는 '팔설' 편에서는 인성의 변화를 기준으로 고대, 중세, 당금의 3시대로 구분하고 있다(王先愼, 1991: 326-327). 한비의 역사진화론에서 군주의 탄생 배경은 백성이 필요에 의해 왕을 선택했다는 사회계약론적 견해를 피력하고 있다(郭沫若著作編輯出版委員會, 1982, 조성을 역, 1991: 461-462).

한비 후학들의 논란문답에 해당하는 '정법' 편에는 법과 술의 정의가 있다. 이에 따르면 한비는 신불해의 술과 상앙의 법을 계승하고 있다. "술이란 군주가 신하의 능력에 따라 관직을 주고, 그의 말을 좇아 그 실적을 추궁하며, 생사의 권한을 잡고 여러 신하들의 능력을 시험하는 것으로써 이것은 군주가 잡고 있어야 한다." 이에 반해 "법이란 관청에 게시되어 있는 법령으로서 상벌이 백성의 마음에 반드시 새겨져 있어야 하며, 법을 신중하게 따르는 자에게는 상을 주고, 간사하게 명령을 어기는 자에게는 벌을 가하는 것으로 이것은 신하가 따라야 하는 것이다."[16] 여기서 법은 모든 백성에게 널리 알리고 지키게 하며, 법을 어길 때는 누구든 엄하게 처벌하는 상앙의 법이다.[17] 법을 지켜야 할 사람은 신하와 백성이지 군주는

而湯武征伐. …… 是以聖人不期脩古, 不法常可, 論世之事, 因爲之備('오두'; 王先愼, 1991: 339).

16) 今申不害言術, 而公孫鞅爲法. 術者, 因任而授官, 循名而責實, 操殺生之柄, 課羣臣之能者也, 此人主之所執也. 法者, 憲令著於官府, 刑罰必於民心, 賞存乎愼法, 而罰加乎姦令者也, 此臣之所師也(王先愼, 1991: 304).

17) 한비가 계승한 상앙의 법은 대전제가 형벌로써 형벌을 제거한다는(以刑去刑) 것이고, 이를 위해 가벼운 죄도 엄중하게 처벌해야 한다는 것이었다(重輕罪; 王先愼, 1991: 167-168). 따라서 당시의 법 개념은 현대적인 법의 의미와 함께 형벌을 의미했다.

아니다. 반면 술의 핵심은 신상필벌(信賞必罰)과 형명참동(刑名參同)으로써 관료제와 능력주의 인사행정 등이다. 이 술을 행하는 사람은 오직 군주 한 사람이다. 그리고 "군주에게 술이 없으면 윗자리에서 눈귀가 가려지고, 신하에게 법이 없으면 아래에서 어지러워지기 때문에 제왕에게는 어느 하나라도 없어서는 안 되는 것이다."18) 다시 말해 이 편에서 말하는 법술론은 법을 제정하되 지키지는 않아도 되는 군주가 신하와 백성에게 법의 준수를 강제하고, 신하의 말과 행동이 일치하는지를 살펴서 책임을 추궁할 수 있는 전제군주제를 전제하고 있다. 따라서 이러한 관료제 안에서는 신하들이 공포정치를 회피하려고 하기 때문에 군신 간에 필연적으로 권력투쟁이 일어날 수밖에 없는데, 한비와 그 후학들은 군주가 신하를 완벽하게 제어할 수 있다고 착각하고 그 방법으로 술을 제시하고 있으니 이 법술론은 그 자체로 모순을 내포하고 있는 셈이다.19)

한비 후학들의 논란문답인 '난삼(難三)' 편에서 정치의 요체로서 법술의 중요성을 다시 한번 강조하고 있다.

> 군주에게 있어 큰일이란 법 아니면 술이다. 법이란 문서로 엮어 관청에 비치하고 백성에게 널리 알리는 것이다. 술이란 오직 군주의 마음속에 깊이 간직해두었다가 많은 단서와 대조하여 몰래 뭇 신하들을 통제하는 것이다.
> 그러므로 법은 명확하게 드러날수록 좋고, 술은 남에게 드러나 보이면 좋지 않다. 그래서 현명한 군주가 법을 말하면 나라 안의 신분이 비천한 사람에게도 들려 모르는 사람이 없으니, 단지 집안의 사람만이 들을 수 있는 것이 아니다. 술이란 남몰래 쓰는 것이므로 군주가 총애하는 측근이나 가까이에서 섬기는 신하도 들을 수 없으니 방안의 모든 사람이 들을 수 없는 것이다(人主之大物, 非

---

18) 君無術則弊於上, 臣無法則亂於下, 此不可一無, 皆帝王之具也(王先愼, 1991: 304).

19) 유가에서는 국가의 중대사를 결정할 때 군신간의 논박과 여론수렴을 매우 중시하지만 법가에서는 이것이 불가능해진다. 예를 들면 궁궐을 수리하고 큰 공사를 일으키는 것은 흉년에 구휼정책으로 시행하는 것인데(「관자」'승마수'; 尹知章, 1991: 351), 진시황은 보고 즐기기 위해서 아방궁을 짓기 시작했고 훗날 이것이 백성의 원성을 쌓아서 망국의 원인이 되었다는 데서 법가의 한계를 볼 수 있다.

法則術也. 法者編著之圖籍, 設之於官府, 而布之於百姓者也. 術者藏之於胷中, 以偶眾端, 而潛御羣臣者也. 故法莫如顯, 而術不欲見. 是以明主言法, 則境內卑賤, 莫不聞知也, 不獨滿於堂. 用術則親愛近智, 莫之得聞也, 不得滿室; 王先愼, 1991: 290).

이처럼 법은 널리 공개하여 모든 사람이 알게 해야 하지만, 술은 군주가 가슴속에 묻어 놓고 남몰래 써야 하는 비장의 무기라고 했는데, 그렇다면 구체적으로 이 술이란 무엇일까? 한비는 역사진화설에 따라 악과 음모가 판치는 당시에는 당시에 맞는 법술을 펴야 한다고 주장한다. 한비의 법술은 신불해의 술을 계승한 것인데,[20] 군주가 신하를 확고하게 제어하도록 하기 위해 이를 더 구체화하였다. 우선 한비 법술 사상의 바탕이 되는 한비 이전의 술에 대한 논의를 종합하면 다음과 같다.

정치에 술이 등장한 이유가 직하도가학파에 속하는 윤문(360?-280? BCE)의 어록인 「윤문자(尹文子)」 '대도상(大道上)' 편에 나와 있다. 곧 도로써 다스리기에 부족하면 법을 쓰고, 법으로 다스리기에 부족하면 술을 쓰고, 술로 다스리기에 부족하면 권(權)을 쓰고, 권으로 다스리기에 부족하면 위세(勢)를 쓴다. 그러나 위세를 쓴다 해도 다시 권으로 돌아와야 하며, 권을 쓴다 해도 다시 술로 돌아와야 하며, 술을 쓴다 해도 다시 법으로 돌아와야 하며, 법을 쓴다 해도 다시 도로 돌아와야 하며, 도를 쓰면서는 아무 작위를 더하지 않아야 저절로 다스려진다.[21] 당시에는 도와 법만으로는 세상을 다스리기가 어려워서 술을 쓰지만 도와 법, 술, 권, 세는 서로 유기적으로 작동해야 한다는 것이다.

---

20) 이에 대한 자세한 사항은 Creel(1974)과 이 책의 제2장을 참조바람.

21) 道不足以治則用法, 法不足以治則用術, 術不足以治則用權, 權不足以治則用勢. 勢用則反權, 權用則反術, 術用則反法, 法用則反道, 道用則無爲而自治(尹文, 1991: 1).

법가에서 말하는 '술'에는 권모술수라는 측면을 바탕에 깔고 있지만, 권모술수에 초점을 맞추면 정치·행정학적으로 의미 있는 논의, 더 나아가 관료제론의 확립과 관련하여 별로 논의할 게 없어진다. 그러나 신불해의 '술'은 관리의 직권을 충분히 인식한 바탕 위에 중앙집권적인 군주의 권력을 확립하려는데 그 본질이 있었고, 한비가 계승한 것은 이러한 '술'이었다(茂澤方尚, 1992: 119).

먼저 신불해의 술을 심도 있게 연구한 Creel에 따르면, 술(technique)을 의미하는 '術(shu)' 또는 '數(shù)'라는 글자를 보면, '數'는 춘추시대 이전 기록에는 거의 출현하지 않고 춘추시대가 되면 많이 출현하는데, 전국시대 이전에는 '술'의 의미로 사용되지 않았다. 곧 춘추시대에 '數' 자는 '숫자'(number, figure), '여럿의'(several), '빈번한'(frequent), '열거하다'(to enumerate), '질책하다'(to reprimand) 등의 뜻으로 쓰였다. 그러다가 전국시대가 되면 '술'의 의미로 사용되기도 하고 안 쓰이기도 했다. '術' 자도 춘추시대 기록에는 사용이 드물지만 전국시대 기록에는 자주 출현하고, 그 의미도 거의 전적으로 '술(방법)'의 의미로 사용되고 있다. 다시 말해 전국시대가 되면 '술'을 의미하는 글자가 '數'에서 '術'로 대체가 되며, 한편으로는 이 둘을 합성한 '술수(術數)'라는 글자도 출현한다. 이는 전국시대에 통계 내지 수학의 발전과 관계가 있는 것 같다. 특히 「상군서」에 출현하는 '數'는 많은 경우 '숫자' 또는 '통계적 방법'(statistical method)을 의미하지만, '방법'(method)이나 '술'을 의미하는 경우도 있다(Creel, 1974: 125-134).22)

---

22) 「주역」의 원본인 경(經)에는 '數' 자가 출현하지 않는다. 「금문상서」에는 '홍범' 편에 1회 출현하고, 「시경」에도 1회 출현한다('소아(小雅) 절남산지십(節南山之什) 교언(巧言)'). 「논어」에는 5회 출현하고, 「좌전」에는 84회, 「국어」에는 26회 출현한다(Creel, 1974: 125, 각주 3) 참조).

Creel 이후 술에 대한 연구가 진전되면서 「한비자」의 술은 광범한 의미를 갖는 정치술 내지 통치술에서 점점 개념이 분화되면서 어떤 '규준' 또는 일정한 규준을 갖는 방법으로서 술책, 나아가 술을 터득한 군주가 베푸는 정치인 '필연의 도' 곧 법과 상벌을 의미하게 되어 술이 법과 대등한 지위를 얻고 있다(高山節也, 1982: 223-221). 다시 말해 「한비자」 내에서도 술에 대한 개념이 변화하고 있다는 것이다. 한편 술수를 "technique"로 보는 Creel의 설명에 반대하며 茂澤方尚(1991: 295)은 '수'는 자연적 필연(이치)을 의미하는 데 반해, 「한비자」의 '술'은 군주의 오만을 스스로 규제하는 술이자, 다른 한편으로는 어떤 담보를 갖고 생살여탈의 칼자루를 휘두르는 무제약적인 술이라는 이중적인 성격을 갖는다고 주장한다(茂澤方尚, 1992: 120). 김영태(1993: 208)는 한비 "술론의 궁극적인 목적은 군권과 신권의 대립에서 군주가 신하를 제압하는 것에 있다"고 보고, 한비가 제시하는 술의 구체적인 방법은 신상필벌론과 연계되기 때문에 관리의 임용과 인사제도와 연계되어야 제대로 이해할 수 있다고 주장한다. 양순자(2010: 563)는 한비자 사상에서 술은 법을 잘 운용하기 위한 방법으로 파악한다. 김예호(2012)는 "한비자의 술치론은 자연의 원리와 현상을 관찰하는 인식론적 관점에서 비롯한 것인데 정치론의 범주에 적용되면서 사회현상을 가늠하는 개념으로 구체화"되었는데 그것이 바로 형명일치(形名一致)라고 본다.

어쨌든 정치에서 술의 필요성을 특히 강조한 사람은 바로 한비이며, 그는 상앙의 법과 신불해의 술을 비판적으로 융합하여, 술을 인사고과와 문서주의 행정 등과 같은 행정절차(administrative procedure)로 발전시키게 된다(Creel, 1974: 41).

「한비자」에는 술의 내용을 7술 또는 8술 등으로 요약한 부분이 있는데 기존의 논의를 바탕으로 술을 통치술 내지 술책이라 할 때 그 구체적인 통치의 방법은 무엇인지 분석하기로 한다. 실제로 「한비자」에 출현하는 술 중에는 '방법'을 의미하는 경우가 많다. 술에는 군주가 신하에 대해 쓸 수 있는 술이 있고, 신하가 군주에 대해 쓸 수 있는 술이 있다.

먼저 한비학파가 전한 설화집으로 분류되는 '내저설상-7술'(內儲說上-七術) 편에는 군주가 쓸 수 있는 7가지 술이 구체적으로 정리되어 있다. <표 4-1>의 ①~⑦ 가운데 ⑥과 ⑦은 명백히 권모술수에 해당하지만, 그 나머지 ①~⑤는 관료제 내의 인사행정에 해당하는 것으로써 신상필벌과 형명참동으로 설명할 수 있다. 곧 ② 죄를 범한 사람은 반드시 처벌하여 군주의 권위를 세우는 것과 ③ 공적을 올린 관리는 반드시 상을 주어 최선의 능력을 발휘하게 하는 것, ⑤ 군주의 명령을 의심하는 신하를 꾸짖는 것 등은 신상필벌을 통해 관료제 내의 계층적 질서를 세우는 것이다. 그리고 ① 관리들의 행위를 여러 가지 단서를 바탕으로 비교검토하고 관찰하는 것과 ④ 신하의 말을 하나하나 정확하게 듣고 그 실적에 대해 문책하는 것은 뒤에서 자세히 검토하겠지만, 한비 법술론의 핵심을 이루는 것으로써 능력에 근거해 관리를 선발하되 그렇게 선발된 관리들의 언행이 일치하는지를 따지는 형명참동 사상이다. 따라서 「한비자」에 출현하는 술의 일반적인 용법인 통치술 내지 술책의 구체적인 방법은 관료제 내의 신상필벌과 형명참동으로 요약할 수 있겠다.

<표 4-1> 군주의 7술과 신하의 8술

군주의 7술	신하의 8술
① 여러 가지 단서를 바탕으로 서로 비교 검토하고 관찰한다(衆端叄觀).	㉮ 군주와 잠자리를 함께 하는 사람을 이용한다(在同牀).
② 죄를 범한 사람은 반드시 처벌하여 군주의 권위를 명확히 한다(必罰明威).	㉯ 군주의 측근에 있는 사람을 이용한다(在旁).
③ 공적을 올린 사람은 반드시 상을 주어 신하의 능력을 다하게 한다(信賞盡能).	㉰ 군주의 부형을 이용한다(父兄).
④ 신하의 말을 하나하나 정확하게 들어 그 실적에 대해 문책한다(一聽責下).	㉱ 군주의 재앙을 조장한다(養殃).
⑤ 군주의 명령을 의심하는 신하를 꾸짖는다(疑詔詭使).	㉲ 백성을 이용한다(民萌).
⑥ 군주 스스로는 분명히 알고 있으면서 모르는 척 신하에게 물어본다(挾知而問).	㉳ 유창한 변설을 이용한다(流行).
⑦ 일부러 반대되는 말을 하고 거꾸로 일을 행하여 신하를 살핀다(倒言反事).	㉴ 굳센 위력을 이용한다(威强).
('내저설좌상'; 王先愼, 1991: 158)	㉵ 주위에 있는 여러 강대국을 이용한다(四方).
	('팔간'; 王先愼, 1991: 36-37)

한비는 이러한 술은 어디까지나 군주가 쥐고 독단적으로 사용해야 한다고 했지만, 군주의 술에 대응하기 위해 신하들 편에서는 나름대로 8가지 술을 사용하는데 한마디로 권모술수라고 할 수 있다. <표 4-1>에서 신하의 8술을 보면 그 구체적인 방법은 크게 사람이나 변설, 상황을 교묘히 이용하는 것이다. 곧 신하가 군주를 속이고 자기에게 유리하게 만들기 위해 이용하는 사람으로는 군주를 모시는 부인들과 측근 인사들, 군주의 부모와 형제자매, 나라의 재물을 백성에게 퍼주고 그들의 마음을 이용하는 방법이 있다. 영부인과 대통령의 자식 또는 대통령의 최측근을 이용하거나 관제데모를 조장하여 특권을 챙기는 불법은 오늘날도 여전히 일어나고 있다. 변설을 이용하는 방법으로는 여러 나라의 변사(辯士)들을 모아서 적당히 이익을 베풀고 그들로 하여금 군주 앞에서 자신에게 유리한 말을 하게 하는 것이다. 상황을 이용하는 방법으로는 과도하게 세

금을 거두고, 불필요한 강제노역을 일으켜 군주의 재앙을 조장하는 방법, 자객들을 끌어 모아 위력으로 협박하는 방법, 주변의 강대국과 결탁하여 군주를 압박하는 방법 등이 있다.

이와 같은 신하의 권모술수에 대해 '팔간' 편에서는 군주가 다음과 같이 대처하라고 주문한다. 곧 신하들이 군주를 속이는 방법이 사람이나 변설, 상황을 이용하는 것이기 때문에 대응책도 그에 따라 제시한다. 먼저 군주의 부인들의 사사로운 요구는 함부로 들어주지 말고, 좌우의 측근이나 부모형제, 대신들은 자신의 진언에 대해 반드시 책임을 지게 하고, 무용을 쓰는 사람은 전장의 공적만 인정하되 반드시 이룬 것만큼만 포상한다. 또한 백성에게 덕을 베푸는 것은 반드시 군주에게서 나오는 것임을 분명히 한다. 다음으로 진언을 들을 때는 여러 신하들의 평판에 대해 사실 여부를 확인하여 서로 편당을 짓지 못하게 한다. 마지막으로 출처를 명확히 하여 신하가 군주의 뜻을 넘겨짚지 못하게 하고, 제후의 요구는 법규에 맞으면 들어주고 아니면 거절한다.[23] 이 모든 것은 한마디로 형명참동에 해당하기 때문에 인사행정 제도의 확립을 통해 대부분은 해결할 수 있는 것이다.

이와 함께 「한비자」는 군주가 또 다음과 같이 대응할 것을 주문한다. 「한비자」에서 술이 사용되는 대상은 주로 특권 귀족세력 내지 개혁에 반대하는 중신(重臣)들로 볼 수 있다(김영태, 1993: 204-

---

23) 明君之於內也, 娛其色而不行其謁, 不使私請. 其於左右也, 使其身必責其言, 不使益辭. 其於父兄大臣也, 聽其言也, 必使以罰任於後, 不令妄擧. 其於觀樂玩好也, 必令之有所出, 不使擅進, 不使擅退, 羣臣虞其意. 其於德施也, 縱禁財, 發墳倉, 利於民者必出於君, 不使人臣私其德. 其於說議也, 稱譽者所善, 毁疵者所惡, 必實其能, 察其過, 不使羣臣相爲語. 其於勇力之士也, 軍旅之功無踰賞, 邑鬪之勇無赦罪, 不使羣臣行私財. 其於諸侯之求索也, 法則聽之, 不法則距之(王先愼, 1991: 38).

205). 이들 지위가 높고 임무가 중대한 사람은 3가지 절목으로 묶어두어야 한다. 곧 부모나 처자 같은 가족과 친척을 인질로 잡아두는 것(質), 작위나 봉록을 후하게 주어 이익을 얻게 하는 것(鎭), 증거를 대조하여 책임을 추궁하는 것(固) 등이다.24) '질'이란 인질을 말하고, '진'이란 '이병' 편에서 말하는 술로서 덕의 작용이며, '고'란 책임추궁으로써 「한비자」의 가장 대표적인 술이다(增淵龍夫, 1996: 256). 이 가운데 관리를 통제하기 위한 방법으로써 인질을 잡아두는 것은 현재는 쓰이지 않지만 전통사회에서 널리 사용되었던 방법이다. 이에 반해 관리에게 생활급을 보장하는 것과 인사고과를 통해 성과를 평가하는 방법은 오늘날의 인사행정에서도 쓰고 있다.

2. 「한비자」 '술'의 용례 분석

그러면 「한비자」에 출현하는 '술'의 의미를 정확히 이해하기 위해 그 용례를 분석하기로 하되, 형명참동이나 명실이 직접 등장하는 용례는 3에서 분석한다. 먼저 한비의 자작 편에 사용된 '술'의 용례는 다음과 같다.

첫째, '고분' 편에서 "지술(智術)의 선비는 반드시 먼 앞날을 내다보는 능력이 있고, 사물을 밝게 통찰하는 혜안이 있고, 능법(能法)의 선비는 반드시 의지가 굳건하여 바르게 처신한다. 따라서 지술·능법의 선비가 발탁되어 조정에 쓰이면 신분이 높고 권력이 많은 신하들은 반드시 법도를 벗어나서 쫓겨나게 될 것이다. 그래서 지법

---

24) 其位至而任大者, 以三節持之. 曰質, 曰鎭, 曰固. 親戚妻子, 質也. 爵祿厚而必, 鎭也. 叁伍責怒, 固也. 賢者止於質, 貪饕化於鎭, 姦邪窮於固('팔경-기난(起亂)'; 王先愼, 1991: 333).

(智法)의 선비는 권력을 잡고 있는 사람과는 양립할 수 없는 원수가 된다"고[25] 했다. 여기서 지술지사는 군주가 신하를 통제하는 방법을 터득한 선비를 말하고(노재욱·조강환, 1994a: 311, 주 1) 참조), 능법지사는 법에 능한 선비로서 현재 권력을 잡고 군주를 휘두르는 중인(重人)들과는 서로 대척점에 있는 사람들이기 때문에 군주가 술을 펴서 반드시 발탁해야 할 인재들이다. 한비가 말하는 중인이란 "군주의 명령을 무시하고 제멋대로 권력을 휘두르며, 법을 어기고 사익을 추구하며, 나라의 재정을 소모시켜 자기 가문의 편의를 도모하고, 군주를 자기 생각대로 조종하는 힘을 가진 사람을 말한다."[26] 한비가 주장하는 술의 주요한 대상은 바로 이 중인들이며, 이들을 몰아낼 수 있는 사람은 법을 엄정하게 집행하고, 군주에게 신하통제술을 제안할 수 있는 지술·능법의 선비뿐인 것이다. 그러나 이 법술의 선비들은 중인들에 가려져 군주를 만나기도 어렵고, 설사 만나더라도 군주에게 강력히 정책을 진언하다가 군주의 뜻에 거슬리면 형리의 손에 죽거나 자객의 칼에 죽는 현실을 한비는 통탄하였고,[27] 자신도 그렇게 희생되었다. 법술지사의 정책이 평가받기 어려운 현실을 통탄하는 내용은 '화씨' 편에도 이어진다.[28]

둘째, '간겁시신' 편에는 '술(수)'이 방법을 뜻하는 여러 용례들

---

25) 智術之士, 必遠見而明察, …… 能法之士, 必强毅而勁直, …… 故智術能法之士用, 則貴重之臣, 必在繩之外矣. 是智術之士, 與當塗之人, 不可兩存之仇也(王先愼, 1991: 55).

26) 重人也者, 無令而擅爲, 虧法以利私, 耗國以便家, 力能得其君, 此所爲重人也('고분'; 王先愼, 1991: 55).

27) 故法術之士, 奚道得進, 而人主奚時得悟乎. …… 是明法術而逆主上者, 不僇於吏誅, 必死於私劍矣(王先愼, 1991: 56-57).

28) 지금 대신들은 권력을 탐하고, 백성은 어지러운 정치에 젖어 있는데 이것은 옛날 진나라와 초나라보다 더하다. 그런데도 군주는 도왕이나 효공처럼 귀가 열려 있지 않으니 법술지사가 어찌 오거나 상군과 같은 위험을 무릅쓰고 자신의 법술을 밝힐 수 있겠는가? 그 때문에 세상은 어지럽고 패왕은 나타나지 않는다(當今之世, 大臣貪重, 細民安亂, 甚於秦楚之俗, 而人主無悼王孝公之聽, 則法術之士, 安能蒙二子之危也, 而明已之法術哉. 此世所亂無霸王也; 王先愼, 1991: 68).

이 출현한다. 곧 "무릇 술을 터득한 사람이 신하가 되면 법도와 술수에 관한 의견을 진언하여 위로는 군주의 법을 밝게 하고"와[29] "술에 맡겨 다스려야 하는데 그렇지 않고 (군주) 자신의 밝음만 믿고 본다면 설령 본다하더라도 그것은 적어서 간신의 농간에 가려지지 않을 수 없는 술이다"[30] 등의 술(수)은 통치술 내지 방법을 의미한다. 또한 같은 편의 "술수를 터득한 사람이 신하가 되었을 때, 당연히 군주의 좌우에 있는 간신들로부터 방해를 받게 되니 현명한 군주가 아니면 그 진언을 들을 수가 없는 것이다"에서[31] 술수는 방법을 의미한다고 볼 수 있다.

셋째, '오두' 편의 "지금 나라 안에서 법과 술을 시행하지 않으면서 지혜를 나라 밖의 외교에 쏟는다면 치강에 이르지 못할 것이다"에서[32] 술은 정책을 의미한다. 또 "이것만이 망하지 않는 술이다. 절대로 망하지 않는 술을 버리고, 반드시 망하는 일에 의지함은 나라를 다스리는 사람의 허물이다"에서[33] 술은 방법으로써, 나라를 부강하게 하려면 합종연횡(合從連橫)에 매달리지 말고 내치에 힘쓰라는 내용이다. '현학' 편의 "술을 터득한 군주는 사람들의 우연한 선행을 바라지 않으며, 사람들이 필연적으로 선하게 되는 방법을 쓴다"의[34] 술도 방법을 의미한다.

다음으로 한비 후학들이 저작한 편들에 사용한 술의 용례를 분석하면 다음과 같다. 먼저 '정법' 편에서는 군주에게 법과 술이 왜 둘

---

29) 夫有術者之爲人臣也, 得效度數之言, 上明主法(王先愼, 1991: 70).

30) 不任其數, 而待目以爲明, 所見者少矣, 非不弊之術也(王先愼, 1991: 71).

31) 然則有術數者之爲人也, 固左右姦臣之所害, 非明主弗能聽也(王先愼, 1991: 74).

32) 今不行法術於內, 而事智於外, 則不至於治强矣(王先愼, 1991: 349).

33) 此必不亡之術也. 舍必不亡之術, 而道必滅之事, 治國者之過也(王先愼, 1991: 349).

34) 故有術之君, 不隨適然之善, 而行必然之道(王先愼, 1991: 355).

다 필요한지 자세히 설명하고 있다. 곧 상앙이 십오연좌제를 실시하여 백성이 서로 죄를 고발하게 하고 연대책임을 지게 해서 법치를 확립했지만, 신하의 간악함을 알아내는 군주의 술이 없었으므로 부국강병을 이룰수록 권신들의 봉토만 늘어났다. 그래서 상군이 10번이나 법을 바로 잡을지라도 권신들은 그 밑천을 자신들의 사익을 채우는데 썼을 뿐이다.35) 반면 신불해는 술에는 능했으나 한(韓)나라의 구법과 신법을 하나로 통일하지 못해서 그 법과 명령을 하나로 통합하지 못했기 때문에, 그가 군주로 하여금 10번이나 술을 쓰게 하여도 권신들의 속임수를 막을 수 없었다.36) 다시 말해 상앙은 형벌로써 법을 세우고 현의 행정을 담당하는 실무관리의 신상필벌은 어느 정도 확립했지만 권신들의 권모술수를 막을 술을 무시했고, 신불해는 술로써 행정절차와 능력주의 인사행정의 원칙을 확보하려고 했으나 법 자체가 오락가락했다. 이와 같이 법이나 술만으로는 중앙집권을 확립하여 부국강병을 이룰 수 없기 때문에 한비는 상앙의 평등한 형벌의 원칙을 법으로 고정한 다음, 관료제 내에 계층적 권위와 능력주의 인사행정의 원칙을 관철하기 위해 신불해의 술을 융합했다고 할 수 있다. 이때의 술은 모두 신상필벌·형명참동과 같은 인사행정을 의미한다.

둘째, 초기 한비 후학의 저작에 속하는 편들에 나오는 술의 용례를 보면 다음과 같은 것들이 있다. '유도' 편에서는 "신하들 사이의 평판에 따라 상벌을 시행한다면 공적인 법도를 버리고 사사로운 술

---

35) 公孫鞅之治秦也, 設告相坐而責其實, 連什伍而同其罪, 賞厚而信, 刑重而必. …… 故其國富而兵强, 然而無術以知姦, 則以其富强也資人臣而已矣. …… 故戰勝則大臣尊, 益地則私封立, 主無術以知姦也. 商君雖十飾其法, 人臣反用其資(王先愼, 1991: 305).

36) 申不害不擅其法, 不一其憲令, 則姦多. 故利在故法前令, 則道之, 利在新法後令, 則道之. 利在故新相反, 前後相悖, 則申不害雖十使昭侯用術, 而姦臣猶有所謂其辭矣(王先愼, 1991: 304).

책을 행하여 패거리끼리 결탁하고 서로를 감싸게 될 것이다"고[37] 했는데 여기서 술은 사술 즉, 권모술수이다. '충효' 편에서는 "인생에서는 반드시 언론과 충신과 법술에 의지해야 하는데, 언론과 충신과 법술이 미묘하고 황홀해서는 안 된다. 미묘하고 황홀한 말이나 염담한 학문은 천하 사람을 홀리는 술책에 지나지 않는다"고 했는데,[38] 여기서 법술과 술은 방법을 의미한다. '팔설' 편의 "이로써 도를 터득한 군주는 청렴결백한 관리를 구하기보다 신하의 잘못을 알아내는 술을 익히는 데 힘쓴다"와[39] '팔경4-입도(立道)' 편의 "말이 알려지고 일이 누설되면 술은 행해지지 않는다"의[40] 술은 모두 권모술수를 의미한다. 이처럼 한비의 자작 편에서 술은 권모술수의 의미로 별로 쓰이지 않았으나, 초기 한비 후학의 저작들에서는 권모술수라는 뜻으로 쓰이는 용례가 많다.

셋째, 황로사상에 근거한 한비 후학들의 저작 편에서 '술'의 용례를 분석하면 다음과 같다. '해로' 편의 "술을 터득하지 못한 사람은 인위적으로 무위하고 무사(無思)하고 허심하려 한다"에서[41] 술은 도술로서 덕을 획득하는 방법(노재욱·조강환, 1994b: 328 주2) 참고) 또는 객관적 필연(자연의 이치)을 의미한다. 또 같은 편의 "성인은 정신을 쓸 때 고요한데, 고요하면 소비가 적고, 소비가 적은 것을 아낀다고 한다. 嗇이라는 술은 자연의 도리에서 생기는 것인데, 만약 색을 실천한다면 이것이 곧 도에 따라 理를 실천하는

---

37) 以譽爲賞, 以毀爲罰也, 則好賞惡罰之人, 釋公行, 行私術, 比周以相爲也(王先愼, 1991: 22).
38) 必以(依)言論忠信法術, 言論忠信法術, 不可以怳惚 怳惚之言, 恬淡之學, 天下之惑術也(王先愼, 1991: 360).
39) 是以有道之主, 不求淸潔之吏, 而務必知之術也(王先愼, 1991: 328).
40) 言通事泄, 則術不行(王先愼, 1991: 335).
41) 夫無術者, 故以無爲無思爲虛也(王先愼, 1991: 95).

것이다"에서[42] 술도 방법 또는 객관적 필연을 의미한다. 역시 같은 편의 "이른바 (노자가) '나라를 보전하는 모체가 있다'고 했는데, 그 모체는 도이며, 도라는 것은 곧 나라를 보전하는 술을 만든다. 나라를 보전하는 술이기 때문에 이것을 '나라를 보전하는 모체'라고 하는 것이다"에서[43] 술은 방법을 뜻한다. 이처럼 황로사상에 근거한 저작에서는 노자 사상의 영향으로 술은 남면술로서 통치의 방법을 뜻하지만, 한편으로 그러한 방법은 객관적 필연성을 띠고 있다고 할 수 있다.

넷째, 후기 한비 후학들의 저작 편에서 술의 용례를 분석하면 다음과 같다. '관행' 편에서 "세상에 믿을 수 있는 3가지 수(數)가 있다. 그 첫째는 지혜가 있어도 공적을 세우지 못하는 것이고, 둘째는 힘이 있어도 들어 올릴 수 없는 것이고, 셋째는 강해도 이기지 못하는 것을 말한다"에서[44] 수는 객관적 필연을 의미한다. 이어지는 구절의 "그래서 요임금 같은 지혜가 있더라도 뭇 사람의 도움이 없었으면 큰 공적을 세울 수 없었고, 오획과 같은 장사라 해도 다른 사람의 도움이 없었으면 자기 몸을 들어 올릴 수 없고, 맹분과 하육 같은 용사라도 법술이 없었으면 오래도록 이길 수 없었을 것이다"에서[45] 법술은 기술 또는 방법을 뜻한다. '대체' 편의 "나라가 어지러울 때는 법술에 따라 다스리고, 옳고 그름의 판가름은 상벌

---

42) 聖人之用神也靜, 靜則少費, 少費之謂嗇. 嗇之謂術也, 生於道理, 夫能嗇也, 是從於道而服於理者也(王先愼, 1991: 101-102).

43) 所謂有國之母, 母者道也. 道也者, 生於所以有國之術, 所以有國之術, 故謂之有國之母(王先愼, 1991: 103).

44) 天下有信數三, 一曰, 智有所不能立, 二曰, 力有所不能擧, 三曰, 彊有所不能勝(王先愼, 1991: 146).

45) 故雖有堯之智, 而無衆人之助, 大功不立. 有烏獲之勁, 而不得人助, 不能自擧. 有賁育之彊, 而無法術, 不得長生(王先愼, 1991: 146).

로써 하며, 물건의 경중은 저울에 따라야 한다"에서 법술은 정책 또는 방법을 의미한다.

따라서 전국시대의 술론과 「한비자」의 술론을 종합하면 술은 일반적으로 통치술 내지 술책을 의미하며, 그 구체적인 내용은 권모술수를 비롯하여 통계적 방법, 기술, 정책, 신상필벌·형명참동과 같은 인사행정, 객관적 필연 등 다양한 의미를 내포한다. 특히 「한비자」에서 술은 전형적으로 통치방법이나 어떤 문제를 해결하는 방법·기술, 정책이라는 뜻으로 널리 쓰이면서도 한비의 자작편보다는 한비 후학들의 저작편에서 권모술수라는 의미로 널리 쓰이고 있어서, 한비 자신보다는 후학들에 의해 관료제 위에 군림하는 자의적인 전제군주상을 확립하려고 한 것으로 보인다. 또한 후기 한비 학파로 갈수록 도가 사상의 영향을 받아서 술이 객관적 필연이라는 뜻으로도 널리 쓰이고 있음을 알 수 있다. 법과의 관계에서 술은 법을 운용하기 위한 방법인데, 특히 술은 군주의 권력을 위협하는 특권 귀족을 제어하는 수단이다. 법술을 터득한 선비가 술책을 진언한다고 할 때 그 술책이라는 것은 결국 나라를 구제할 수 있는 좋은 정책을 의미한다. 그렇기 때문에 실현가능하고 좋은 정책을 제안한 선비는 관리로 발탁하고, 그렇지 못한 선비는 발탁하지 말아야 하는 것이다. 그리고 법술의 선비가 제안하는 정책 또는 방법 가운데 핵심을 이루는 것은 '형명참동'으로 불리는 관료제론 또는 인사행정론이었다.

3. 형명참동과 관료제론

고대 중국의 관료제는 원시시대에 점을 쳐서 신의 뜻을 인간에게 매개하는 신관(神官) 관료에서 시작된 것 같은데, 대체로 동양사회에서 지배자와 피지배자가 구분되면서 인간 통치를 위해 역사적으로 형성되어 지속된 제도라고 할 수 있다(木村正雄, 1965b: 1, 4-5). 주나라의 관리는 천관(天官) 곧 신관(神官)으로 구성되는 태사료(太史寮), 천자를 도와 서정을 관장하는 사무관료 계통인 경사료(卿事(士)寮), 근위대와 궁내관의 역할을 담당한 관료인 공족료(公族寮) 등 3계통으로 구성되어 있었다. 주초에는 태사료의 권력이 막강했으나 BCE 10세기경인 목왕(穆王) 때부터 정치가 신중심주의에서 왕중심주의로 바뀌면서 주왕의 지위가 강화되고 춘추시대가 되면 이러한 경향이 점점 더 강화됨에 따라 관료의 권력도 태사료를 대신해 경사료와 군사·경찰 관료의 권력이 더 강해졌다(木村正雄, 1965a: 119-120, 138-141).

이와 함께 춘추 말기부터 전국시대에 걸쳐 씨족제가 해체되고 전제적 군주가 출현하면서 봉건적 읍이 행정도시인 군현제로 재편되고, 진한대를 거치면서 군주의 가신과 권신들의 문생(門生)이 관료로 변신하여 이들 군현을 다스리게 된다. 이들을 통해 군주가 인민으로부터 직접 인두세를 징수하고 요역과 병역을 부과하는 개별 인신적 지배, 곧 관료제가 등장한다(鎌田重雄, 1965: 7-12). 이러한 관료제로의 전환과정에 결정적 계기를 제공한 것은 상앙의 변법개혁이었다. 상앙은 "진나라의 법을 세우고, 구읍(舊邑)을 현제로 개편하고, 군주를 정점으로 하는 중앙집권적 관료제를 설치하여 현령과 현승, 법관 등을 각 현에 파견하고, 백성을 십오제에 편입하여 군주의 명령을 말단의 행정단위까지 관철시킴으로써 부국강병에 성공하였다. 나아가 상앙이 기획한 군현제와 관료제는 국가의 정책과 법령을 집행하는 매우 효율적인 기구임을 입증함으로써 이후 중국사에서 관료제의 원형을 이루었다"(한승연, 2017c: 486). 상앙이 전국에 걸쳐 중앙집권적인 관료제의 계층을 형성하는 데 주력했다면, 한비는 신불해의 술을 계승해 그 관료제 안에서 군신간의 위계질서를 명확히 하고, 형명참동의 원리를 통해 인사절차와 인사고과 등 실적제 인사행정의 원리를 확립하려고 하였다.

그러면 「한비자」 술론의 핵심인 형명참동의 원리와 관료제론에 대해 설명하기로 한다. 초기 한비 후학의 저작에 속하는 '팔경'과 '유도' 편에서 군주에게 관료제가 필요한 이유를 설파하고 있다. 곧 "한 사람의 힘으로는 여러 사람을 대적할 수 없고, 한 사람의 지혜로는 사물을 다 규명할 수 없으므로 한 사람의 힘과 지혜를 쓰기보다는 한 나라의 힘과 지혜를 다 쓰는 것이 더 낫기"[46] 때문이다. 또한 군주 혼자서는 백관이 하는 일을 다 살필 수 없고 능력도 모자라기 때문에 유능한 관리들의 도움이 필요하고, 또 눈과 귀로 보고 듣거나 말에 의지하면 어차피 신하들에게 속기 때문에, 신하들의 속임수를 막기 위해 제도화된 관료제가 필요하다는 것이다.

> 무릇 군주 혼자서는 백관이 하는 일을 살피기에는 시간이 모자랄 뿐 아니라 능력도 부족하다. 또한 군주가 눈으로 보고 살피면 신하는 눈치만 살펴 행동을 꾸밀 것이며, 군주가 귀로 듣고 살피면 신하는 소문을 듣기 좋게 잘 꾸밀 것이고, 군주가 스스로의 생각으로 판단하면 신하는 변설로 군주의 판단을 흐리게 할 것이다. 그래서 선왕들은 이 3가지만으로는 부족하다고 여겨 자신의 능력을 버

---

46) 力不敵衆, 智不盡物, 與其用一人, 不與用一國('팔경'-주도(主道); 王先愼, 1991: 331).

리고, 법술에 의거하고 상벌을 살폈던 것이다. 이렇게 선왕이 지킨 바는 법이 간단했어도 아무도 이를 범하는 사람이 없었다(夫爲人主, 而身察百官, 則日不足, 力不給. 且上用目, 則下飾觀, 上用耳, 則下飾聲, 上用慮, 則下繁辭. 先王以三者爲不足, 故舍己能, 而因法數, 審賞罰. 先王之所守要, 故法省而不侵. '유도'; 王先慎, 1991: 24).

그런데 "군신 간의 관계는 부자와 같은 혈육관계가 아니라 서로 계산에 의해 만들어지는 관계" 곧 계약관계이기 때문에, "군주는 작록을 떨어뜨림으로써 신하의 시장에 참여하고, 신하는 사력을 다함으로써 군주의 시장에 참여한다."[47] '난이' 편에 따르면 관료제 내의 관직은 현자를 등용하기 위한 방편이며, 작록은 공로에 대해 상을 주기 위해 있기 때문에 관직제도를 만들고 작위와 봉록을 벌여 놓으면 선비는 스스로 모여들게 되니,[48] 군주로서 사람 구하는 일은 어렵지 않지만 그들을 부리는 일은 어렵다고 했다. 그렇기 때문에 군주가 관리를 쓸 때는 법도에 따르고, 관리들이 한 말과 실적이 일치하는지를 대조해서(刑名參之) 이것이 일치할 때만 상을 주고 그렇지 않을 때는 처벌해야 한다는 것이다.[49]

> 무릇 관직은 현자를 등용하기 위한 방편이며, 작록은 공로에 대해 상주기 위해 있는 것이다. 관직제도를 만들고 작록을 벌여 놓으면 선비들은 스스로 모여들게 마련이니 군주로서 사람 구하는 일이 어찌 힘들겠는가. 오히려 구한 사람을

---

47) 君臣之際, 非父子之親也, 計數之所出也. …… 且臣盡死力以與君市, 君垂爵祿以與臣市('난일'; 王先慎, 1991: 267).

48) 당시에 사력을 다해 군주의 시장에 참여한 대표적인 인물이 이사이다. 그는 원래 초(楚)나라 사람이고 순자에게서 제왕의 통치술을 배운 뒤 진나라로 건너가서 재상이던 문신후(文信侯) 여불위(呂不韋)의 가신이 되었다가 능력을 인정받고, 진왕 정에게 유세하고 발탁되어 장사(長史), 객경(客卿) 등을 거쳐 천하통일 후 승상이 되었다(「사기」 권87 '이사열전(李斯列傳)').

49) 예를 들면 진왕 정 원년(BCE 246) 정국거(鄭國渠) 사건으로 이사를 비롯한 빈객 축출 논의가 불붙자, 이사는 과거 진목공(秦穆公, ?-621 BCE)이 융족인 유여(由余)와 완족인 백리해(百里奚), 송(宋)의 건숙(蹇叔), 진(晉)의 비표(丕豹)와 공손지(公孫支) 등을, 효공(孝公)이 위나라의 상앙을 발탁하여 부국강병을 이루었음을 조리있게 설명하여 빈객축출령을 취소하게 함으로써 인재발탁의 장벽을 제거하였다(「사기」 권87 '이사열전').

부리기가 쉽지 않을 것이다.
군주가 사람을 부릴 때는 반드시 법도를 바탕으로 바르게 다루고, 진언과 실적을 참조하여 이를 확인해야 한다. 진언한 일을 실행에 옮겼을 때 법도에 맞으면 시행하고, 법도에 맞지 않으면 중지해야 하며, 실행한 결과가 진언과 맞으면 포상하고 맞지 않으면 처벌해야 한다. 이렇게 실적과 진언을 바탕으로 신하를 장악하고 법도에 따라 아랫사람을 단속해야 하는 것으로 이를 소홀히 해서는 안되는 것이니, 어찌 군주가 사람 부리는 일을 편안히 할 수 있겠는가?(且官職所以任賢也, 爵祿所以賞功也. 設官職, 陳爵祿, 而士自至, 君人者奚其勞哉. 使人又非所佚也. 人主雖使人, 必以度量準之, 以刑名參之, 以事遇於法則行, 不遇於法則止. 功當其言則賞, 不當則誅. 以刑名收臣, 以度量準下, 此不可釋也, 君人者焉佚哉; 王先愼, 1991: 277).

그러면 군주가 신하를 다루는 술, 곧 방법인 이 형명참동이란 구체적으로 무엇인가? 「윤문자」 '대도상' 편에 따르면 "명이란 형상의 이름이고, 형상이란 명에 응하는 것이다. …… 그러므로 명이 있어야 형상을 살피고, 형상이 있어서 명을 정하는 것이다. 명으로 일을 정하고, 일로 명을 살핀다. …… 이 (객관적인) 명과 (주관적인) 분(分)을 정하면 만사가 어지럽지 않다"고[50] 했다. 그러니까 명이란 형상이 있는 것의 이름이고, 형상이란 그 이름에 상응하는 것으로써 관료제 안에서 관직명에 따라 그 일(직분)을 정하는 것이 명이고, 그 일의 결과로서 그 관직명을 살피는 것이 형이 된다. 그리고 그 명에는 선악과 시비의 구별(分)이 붙게 되므로 명분을 명확히 정하면 만사형통이라는 것이다. 이때의 명은 공자의 정명(正名)과 같고,[51] 명과 실(實)의 일치를 강조한 묵가 사상을 따르고 있어서, 「한비자」에서 "형과 명이 서로 같게 된다"(형명참동)와 같은 법가의 명학(名學, 논리학)은 모두 묵가 이후의 개량된 정명주의이다

---

50) 名者, 名形者也, 形者, 應名者也, …… 故亦有名以檢形, 形以定名, 名以定事, 事以檢名. …… 定此名分, 則萬事不亂也(尹文, 1991: 1-3).

51) Creel(1974: 119)은 「논어」 '자로(子路)' 편 제3장에 나오는 공자의 '정명론'은 그의 후예인 「순자」의 '정명(正名)' 편에 인용되지 않았다는 이유로 이 부분은 공자 후학들의 가탁으로 본다.

(胡適, 1958, 송긍섭 외 역, 1983: 404-405). 그래서 "한비자에서의 '형(形)'은 관리의 직무수행 결과나 공적을 가리키고, '명(名)'은 관리의 본래 직분이나 주장하는 말을 가리킨다. '형'을 '명'과 맞추어 보아 양자가 서로 부합하면 상을 내리고 부합하지 않으면 벌을 내림으로써 신하를 통어하는 정치술이 한비자의 이른바 '형명참동(形名參同)' 혹은 '심합형명(審合形名)'이다"(김선민, 2011: 20).[52] 이는 관료제 내의 분업과 직분의 한계, 권한의 위임, 인사고과 등을 의미한다.

「한비자」에 출현하는 형명의[53] 용례를 통해 형명참동의 구체적인 의미를 분석하면 다음과 같다. 먼저 한비의 자작에 속하는 편들에는 직접 '형명'이라는 용어는 등장하지 않지만, 형명참동에 해당하는 내용은 있다. 예를 들면 '간겁시신' 편의 "군주가 술수로써 신하를 제어하지 않고, 신하의 말과 실제 행위를 살펴 공적과 허물을 밝히지도 않으며"라든가, "군주가 만약 성인의 치술에 밝고, 세상에 떠도는 소문을 따르지 않고, 신하의 말과 행동(名實)을 바탕으로 옳고 그름을 판단하고, 계획과 실행이 일치하는가를 말과 대조하여 살피면, 좌우의 측근 신하들은 속임수로 일신의 편안을 얻을 수 없다는 것을 알게 된다"[54] 등은 바로 형명참동을 일컫는 것이다. 여

---

52) 김선민(2011: 18-20)은 「황제사경 역주」 '해제'에서 "'명'이란 자연과 사회의 사물들을 지시하고, 인간이 따라야 할 모범을 제시하는가 하면, 행위의 시비선악을 가리는 기준으로서 인간의 실제생활을 전방위에 걸쳐 긴밀하게 규정하고 구속하는 질서체계"로 규정한다. 그는 특히 사회규범체계로서 '명'은 매우 광범한 도덕적·법적 체계를 가리킨다고 하였다. 그래서 「황제사경」의 '심형명(審刑名)'은 천하의 어떤 일국 또는 군주를 대상으로 국내보다는 천하를 무대로 하는 외교적 전략수립과 밀접한 관련이 있는 데 반해, 「한비자」의 '심합형명'은 군주가 자국의 신하들을 대상으로 하기 때문에 이 둘은 서로 다르다고 주장한다. 따라서 같은 형명 사상도 제자백가서에 따라 그 의미가 다름을 알 수 있다.

53) 「한비자」에서는 '형명'을 '刑名'으로 표기한 경우도 있고, '形名'으로 표기한 경우도 있는데, 이 연구에서는 이 둘을 같은 의미로 사용한다.

54) 人主非有術數以御之也, 非參驗以審之也, …… 人主誠明於聖人之術, 而不苟於世俗之言, 循名實

기서 '참(参)'이란 "많은 증거를 모아 맞추어 조사한다는 뜻"이다 (노재욱·조강환, 1994a: 164, 주 4) 참조). 이 편에서는 '형명'이라는 말 대신에 '명실(名實)'이라는 용어를 쓰고 있다.

다음으로 아래 ㉠~㉢에서 보듯이 '형명'이라는 용어가 직접 등장하는 것은 모두 한비 후학들의 저작에 속한다. 첫째, ㉠에서는 군주는 신하가 자기의 주장을 말하게 하고, 신하들이 자신의 직분을 지키며 능력을 발휘하게 보장하되 그 말과 실적이 일치하는지를 살펴서 일치하면 상을 주고 일치하지 않으면 벌을 준다. 이때 군주가 할 일은 신하가 주장한 말의 결과가 나타날 때까지 마음을 비우고 고요하게 지켜보는 것으로써, 다분히 남면술을 내포하고 있어서 인사고과를 제도화 하는 데까지는 나아가지 않았다고 할 수 있다. 둘째, ㉡에서도 형명참동이란 신하가 주장하는 말과 실제 일의 결과로서 그에 따라 상벌을 시행한다는 것이고, 그렇게 하는 이유는 신하의 간사한 짓을 금지시켜 관료제 내 관리의 책임성과 윤리성을 확보하기 위해서이다. 마지막으로 ㉢에서는 군주의 역할을 좀 더 확장해서 군주가 도(道)를 운용하기 위해 가장 먼저 할 일이 명(名)을 바로 세우는 것이고, 다음으로 신하의 말과 실적을 대조하여 상벌을 시행하는데, 형명참동이 이루어지면 군신 간의 직분이 바로 서서 계층적 질서를 확보할 수 있을 뿐 아니라 나아가 이것이 관리와 백성의 관계에서도 직분이 바로 선다는 것이다.

㉠ 그러므로 현명한 군주는 마음을 비우고 고요하게 지켜봄으로써 신하가 스스로 자기의 주장을 말하게 하며, 그 말한 일이 저절로 결정되도록 기다린다. ……
말을 하고자 하는 사람은 스스로 주장하게 되며, 어떤 일을 하고자 하는 사람

而定是非, 因参驗而審言辭. 是以左右近習之臣, 知僞詐之不可以得安也(王先愼, 1991: 68, 70).

은 스스로 실적을 올리게 된다. 그 말과 실적을 참고하여 일치하면 군주는 하는 일이 없어도 신하들의 모든 실정이 밝게 드러난다. …… 뭇 신하들이 자신이 맡은 직분을 지키고, 모든 관리가 떳떳하게 그 능력에 따라 일하도록 하는 것을 길이 지켜야 할 불변의 도라고 한다. …… 군주의 도량은 너무 커서 헤아릴 수가 없고 너무 깊어 측량할 수 없을 때, 신하들의 말과 실적을 대조하고 법식에 맞는지를 살펴 제멋대로 행동한 사람을 엄히 처벌한다면 나라에 도적이 없어질 것이다(故虚靜以待令, 令名自命也, 令事自定也. …… 有言者自爲名, 有事者自爲形, 形名參同, 君乃無事焉, 歸之其情. …… 羣臣守職, 百官有常, 因能而使之, 是謂習常. …… 大不可量, 深不可測, 同合刑名, 審驗法式, 擅爲者誅, 國乃無賊. '주도'; 王先愼, 1991: 18–19. 강조는 필자, 이하 같음).

ⓛ 군주가 신하의 간사한 짓을 금지시키려 한다면 말과 실적이 일치하는지를 살펴야 하는데, 형명이란 말과 실제 일의 결과이다. 신하가 어떤 진언을 하면 군주는 그 진언에 따라 일을 맡기고 오로지 그 공적에 따라 책임을 따진다. 공적이 그 일에 합당하고 말과 일이 일치하면 상을 주지만, 공적이 그 일에 합당하지 않고 말과 일이 일치하지 않으면 벌을 준다(人主將欲禁姦, 則審合刑名者, 言與事也. 爲人臣者陳而言, 君以其言授之事, 專以其事責其功. 功當其事, 事當其言, 則賞. 功不當其事, 事不當其言, 則罰. '이병'; 王先愼, 1991: 27–28).

ⓒ 군주가 유일한 도를 운용하는 길은 명을 세우는 것이 으뜸이다. 명이 바르면 모든 사물은 안정되지만, 명이 한쪽으로 치우치면 사물은 흔들린다. …… 말과 실적을 대조하여 그 결과에 따라 상벌을 시행한다. 말과 실적에 대해 믿음이 있으면 신하는 성심을 다하여 직무를 수행할 것이다. …… 군주와 신하의 도는 같지 않다. 신하는 의견을 진언하고, 군주는 그 진언을 기억한다. 신하는 그 진언에 맞는 실적을 올리고, 군주는 말과 실적을 대조하여 적절한 상벌을 내린다면 위아래가 조화를 이룰 것이다. …… 무릇 통치가 아주 잘되면 신하는 사사로운 덕을 베풀 수가 없다. 또 군주가 신하의 말과 실적을 대조하여 살피면 백성은 모두 그 직분을 지킨다(用一之道, 以名爲首, 名正物定, 名倚物徙. …… 形名參同, 用其所生. 二者誠信, 下乃貢情. …… 君臣不同道, 下以名禱. 君操其名, 臣效其形, 形名參同, 上下和調也. …… 凡治之極, 下不能得, 周合刑名, 民乃守職. '양권'; 王先愼, 1991: 30–33).

군신 간의 배반이 밥 먹듯이 일어나던 전국시대라는 상황에서 형명참동이란 군주가 신하의 간사함을 제어하는 통치술로써, 일단 군주는 술책을 제안할 능력이 있는 신하를 발탁한 다음 신하가 제안한 정책과 그 결과가 일치하는지 여부를 잘 살펴서 상벌을 시행하면 군신 간의 직분이 바로 서고, 나아가 이것이 일반 관리와 백성의 관계에서도 직분이 바로 서게 된다는 것이다.

이 형명에 대해 Creel(1974: 121-123)은 '실적과 관직명(performance and title)'으로 해석하고, 명은 '직무분석 내지 사무분장(job description)'으로 보기도 한다. 그리고 형명은 이름에 상응하는 실적(reality)을 요구하기 때문에 '명실'과 같은 의미로 사용된다고 한다. Makeham(1994: 72-75, 79-80)은 형명은 원래 문자 그대로 '모양(shape)'과 '이름(name)'을 뜻하지만, 형은 '(특정한) 양식(form)'과 '표준(standard)'이고, 명은 직분에 상응하는 '주장이나 진언(words, speech, declaration, claim)'으로 해석한다. 그도 법가 사상에서 형명과 명실은 서로 유사하다고 본다.

춘추전국시대를 거치면서 군신 간의 직분의 구분에 대한 논의는 여러 학파에서 중요한 논의의 주제였던 것 같다. 「논어」 '태백(泰伯)' 편의 "그 자리에 있지 않다면 그 자리가 할 일을 도모하지 말라"든가[55] '헌문(憲問)' 편의 "군자는 생각이 그 지위를 벗어나지 않는다"[56] 등도 직무한계의 중요성을 말하는 것이다. 묵적(墨翟, 468?-376? BCE)의 어록인 「묵자」 '상현중(尙賢中)' 편에서 정치술에는 3가지 근본이 있다고 했는데 그것은 관료제 내의 계층적 권위를 말한다. 그 근본이란 "작위가 높지 않으면 백성이 존경하지 않는다는 것, 받는 녹봉이 많지 않으면 백성이 신임하지 않는다는 것, 정령을 결단하지 못하면 백성이 두려워하지 않는다는 것이다. 옛날의 성왕들이 현능한 사람들에게 높은 작위를 주고, 많은 녹봉을 주며, 정사를 맡겨 결단하고 명령할 권한을 준 이유는 신하를 위해서가 아니라 그들이 맡은 일이 이루어지기를 바라서였다."[57] 같은 내

---

55) 子曰, 不在其位, 不謀其政. 이 말은 '헌문' 편에도 반복해서 나온다(劉寶楠·劉恭冕, 1991: 164, 319).

56) 曾子曰, 君子思不出其位(劉寶楠·劉恭冕, 1991: 319).

57) 未知所以行之術, 則事猶若未成. 是以必爲置三本. 何謂三本. 曰, 爵位不高, 則民不敬也. 蓄祿不

용이 '상현상(尙賢上)' 편에도 반복해서 나온다.58) 그러니까 군주 혼자서 나라를 다스릴 수 없기 때문에 관료제를 설치한 이상 현능한 인재를 뽑아서 그 직분에 상응하는 작위와 녹봉, 권한을 주어서 백성이 관리를 존경하고 따르게 하였다. 「윤문자」 '대도상' 편에서도 "칭찬과 상, 형벌은 군주의 권한이고, 직무를 지키고 능력을 발휘하는 일은 신하의 업무이기 때문에, 상하가 서로 침범하거나 관여하지 않는 것을 일러 명을 바르게 한다"고59) 했다. 이처럼 관료제 안에서는 개인의 특출한 능력이 아니라 관리들이 경험을 축적하고 각각의 지위에 적합한 권세를 부여하는 '세'의 제도화(유정병, 2004: 136), 곧 경력발전과 계층적 권위의 확보를 통해 정책을 성공으로 이끌 수 있다는 것이다. 이러한 논의들을 볼 때 당시의 정치에서 군신상하 간의 직분을 명확히 하는 것이 대단히 중요했음을 알 수 있다.

관료제 안에서 군신 간에 직분의 한계를 명확히 한다는 것은 그 직분에 상응하는 권력을 부여할 때 가능하다. 곧 군주는 최고의 권력을 부여잡고, 관리에게는 "國을 다스리는 사람에게는 국을 다스릴 권한을 주었고, 장관에게는 장관 노릇할 수 있는 권한을 주었으며, 邑을 다스리는 사람에게는 읍을 다스릴 권한을 주었다."60) 그

厚, 則民不信也. 政令不斷, 則民不畏也. 故古聖王高予之爵, 重予之祿, 任之以事, 斷予之令(孫詒讓, 1991: 30).

58) 옛날의 성왕들이 신분에 상관없이 현능한 사람을 등용하여 높은 작위를 주고 많은 녹봉을 주며 정사를 맡겨 결단하고 명령할 권한을 준 이유는, 작위가 높지 않으면 백성이 공경하지 않고, 받는 녹봉이 많지 않으면 백성이 신임하지 않으며, 정령을 결단하지 못하면 백성이 두려워하지 않기 때문이다(故古者聖王之爲政, 列德而尙賢, 雖在農與工肆之人, 有能則擧之. 高予之爵, 重予之祿, 任之以事, 斷予之令. 曰, 爵位不高, 則民弗敬. 蓄祿不厚, 則民不信. 政令不斷, 則民不畏; 孫詒讓, 1991: 26-27).

59) 慶賞刑罰, 君事也. 守職效能, 臣業也. …… 上下不相侵與, 謂之名正(尹文, 1991: 5).

60) 故可使治國者使治國, 可使長官者使長官, 可使治邑者使治邑(「묵자」 '상현중'; 孫詒讓, 1991: 29).

래서 「한비자」 '궤사' 편에는 관료제의 설계 원리가 나와 있다. 곧 나라를 다스리는 3가지 방법은 이익(利)과 위세(威)와 명칭(名)인데, 이롭게 하면 백성의 마음을 얻을 수 있고, 위세로는 명령을 시행하게 만들며, 명칭은 위아래가 함께 기준을 삼는 것이다. 명칭을 정하는 것은 관작을 존중하기 위한 것이고, 작위를 마련한 것은 귀천의 기준을 세우고 민중을 독려하기 위한 것이고, 위세와 이득은 명령을 시행하기 위한 것이며, 형벌은 군주의 위세를 휘두르기 위한 것이다.[61] 관료제가 존재하는 이유는 백성에게 이익을 제공하기 위해서이고, 관작의 명칭을 정하고 귀천의 기준을 마련함으로써 백성이 충성하도록 독려하고, 계층적 명령이 시행되도록 각 계층에 상응하는 위세와 이익을 제공하며, 그래도 따르지 않는 사람은 형벌로써 군주의 권위를 세운다. 이와 같이 유가에서 주장하는 직분의 한계는 군자 스스로 지키는 것을 강조한 반면, 묵가와 법가에서는 법과 상벌에 의해 강제하는 것으로 그 성격이 완전히 바뀐다. 그러나 관료제 안에서 부여되는 이 인위의 세(勢)라는 것은 "어진 사람이 사용하면 세상이 다스려지고, 못된 사람이 사용하면 세상이 어지러워진다."[62] 이처럼 세와 법과 술은 그 자체로는 중립적이지만 쓰기에 따라서 정반대의 결과를 가져올 수 있기 때문에 결국 현인정치로 나아갈 수밖에 없는 것이다.

그러면 관료제 안에서 일할 관리를 어떻게 선발해야 하는가? 「한비자」에서 말하는 "관리는 백성의 줄기나 벼리이므로 성인은 관리

---

61) 聖人之所以爲治道者三. 一曰利, 二曰威, 三曰名. 夫利者所以得民也. 威者所以行令也. 名者上下之所同道也. …… 夫立名號, 所以爲尊也. …… 設爵位, 所以爲賤貴基也, …… 威利所以行令也, …… 法令所以爲治也, …… 官爵所以勸民也, …… 刑罰所以擅威也(王先愼, 1991: 314).

62) 賢者用之則天下治, 不肖者用之則天下亂('난세'; 王先愼, 1991: 298).

를 다스리되 백성을 직접 다스리지는 않기" 때문에 "성인은 직접 백성을 상대하지 않고 현명한 군주는 몸소 작은 일에 관여하지 않는다."[63] 그래서 군주가 관리를 통해서 백성을 통치하려면 관료제가 필요한 것이다. 그리고 관리를 임용할 때는 말단에서부터 경험을 쌓아서 승진한 사람을 써야 한다. 곧 '현학' 편에서 "현명한 군주가 관리를 임용할 때는 재상은 반드시 주부(州部)의 지방관리에서 승진한 사람을 뽑고, 맹장은 반드시 병졸에서 승진한 사람을 뽑는다"고[64] 했다. 또 '문전' 편에서도 "둔백이나 주부의 지방관청의 관리에 두고 시험한 뒤에 등용하는 것이 아니라면 어찌 현명한 군주로서 대비를 갖추었다고 하겠는가?"라고[65] 하였다.

이렇게 관리의 경력을 통해 말과 실적이 일치하는지 여부를 확인한 다음에 중용해야 관리의 현능의 정도를 확인할 수 있다. 그리고 "사물은 각기 마땅한 바가 있고, 재목은 마땅히 쓰일 데가 있어서 각기 마땅한 곳에 써야 한다. 닭은 새벽에 시간을 알리게 하고, 고양이는 쥐를 잡게 하듯이 관리들을 각기 능력에 따라 쓰면 군주는 일하지 않아도 된다."[66] 이처럼 관리의 현능을 확인한 다음에 적재적소의 인사를 시행하고 상하의 역할이 바뀌어서는 안 된다. 특히 상앙처럼 "적의 머리를 자른 사람을 의사나 목수로 삼는다면 그 능력에 맞지 않기 때문에 집은 지어질 수 없고, 병은 낫지 않을 것이다."[67] 한 사람에게 여러 관직을 겸직시키지 않아야 업무의 전문성

---

63) 故吏者, 民之本綱者也. 故聖人治吏不治民. …… 是以聖人不親細民, 明主不躬小事('외저설우하(外儲說右下)-우경(右經)'; 王先愼, 1991: 258).

64) 故明主之吏, 宰相必起於州部, 猛將必發於卒伍(王先愼, 1991: 354).

65) 夫無毛伯之試, 州部之關, 豈明主之備哉(王先愼, 1991: 303).

66) 夫物者有所宜, 材者有所施, 各處其宜, 故上下無爲. 使雞司夜, 令狸執鼠, 皆用其能, 上乃無事('양권'; 王先愼, 1991: 30).

67) 今有法曰, 斬首者令爲醫匠, 則屋不成而病不已('정법'; 王先愼, 1991: 306).

을 키울 수 있고, 신분에 상관없이 능력에 따라 관리를 선발해야 할 뿐 아니라 이들에게 언로의 길을 터서 언제든 측근을 통하지 않고 군주를 만나 좋은 정책을 제안할 수 있어야 한다.68)

그러나 「한비자」의 술론은 여기서 그치지 않는다. '팔경-기난(起亂)' 편에서는 "살려두면 일에 방해가 될 신하인데 그를 죽일 명분이 서지 않을 때는 독살하든가 그의 원수를 시켜 암살하라"69)고 했다. 군주의 마음에 들지 않는 신하는 모두 죽여야 한다는 것인데, 이렇게 되면 결국 군신 간의 반목과 반역은 끝없이 반복될 뿐이다. 한비와 그의 후학들은 백성을 그대로 내버려두는 것도 정부가 해야 할 일이라는 사실을 알지 못했다.

---

68) 一人不兼官, 一官不兼事. 卑賤不待尊貴而進論, 大臣不因左右而見('난일'; 王先愼, 1991: 267).

69) 生害事, 死傷名, 則行飮食, 不然而與其讎(王先愼, 1991: 333).

IV. 결 론

중국사에서 관료제는 일찍이 주나라 때부터 형성되었으나 그것이 군현제의 성립과 함께 전국적인 규모로 계통적으로 확립되어 군주가 일반 백성을 개별적으로 지배할 수 있게 된 것은 전국시대 상앙의 변법개혁을 통해서였다. 그리고 군신상하 간의 계층적 권위와 명령계통이 확립된 것은 한비와 그의 후학들이 신불해의 술치를 계승하여 이를 이론적으로 정교화 하면서였다. 한비는 나라가 백성에게 이익을 제공하고 책임지기 위해서는 군주가 신하를 확고하게 제어할 수 있는 힘이 있어야 된다고 보고, 이를 보장하기 위해 관료제가 필요하다고 보았다. 한비는 인간이 이익을 좋아한다는 순자의 인성론을 수용하고, 또 공자의 정명론 이래 발전한 묵가의 정명주의를 개량한 형명론을 바탕으로 술치론을 전개하였다. 곧 그는 인성호리설과 형명론을 현실정치에 이용하여 관직을 만들고 작록이라는 미끼를 던져 현능한 선비들이 관직에 모여들게 만들고, 이들이 군주의 명령에 절대복종하고 맡은 바 사명을 다하도록 채찍을 가하기 위해 엄격하게 법을 적용하고, 신하의 주장과 그 시행의 결과를 비교분석하여 상벌을 가하는 형명참동의 법술론을 설파했다.

한비는 역사진화설에 따라 옛날에 비해 당시에는 인구의 증가로 물자도 부족하고 그에 따라 인심도 변했기 때문에 덕으로는 다스릴 수 없고 법으로 엄히 다스려야 한다고 주장했다. 법이란 공개하여 모든 신하와 백성이 알고 따르게 하며 법을 어길 때는 엄벌에 처하는 상앙의 법이고, 술이란 군주가 능력에 따라 관리를 선발하고 그들의 주장과 업적을 살펴서 생살여탈을 결정하는 것으로써 군주가 한손에 잡고 몰래 시행하는 신불해의 술이다. 전국시대의 술론과 「한비자」의 술론을 종합하면 술은 일반적으로 통치술 내지 술책을 의미하며, 그 구체적인 내용은 권모술수를 비롯하여 통계적 방법, 기술, 정책, 신상필벌·형명참동과 같은 인사행정, 객관적 필연 등 다양한 의미를 내포한다. 법과의 관계에서 술은 법을 운용하기 위한 방법인데, 특히 술은 군주의 권력을 위협하는 특권 귀족을 제어하는 수단이다. 법술을 터득한 선비가 술책을 진언한다고 할 때 그 술책이라는 것은 나라를 구제할 수 있는 좋은 정책과 방법을 의미한다. 그렇기 때문에 실현가능하고 좋은 정책을 제안한 선비는 관리로 발탁하고, 그렇지 못한 선비는 발탁하지 말아야 하는 것이다. 그리고 법술의 선비가 제안하는 정책 가운데 핵심을 이루는 것은 '형명참동'으로 불리는 관료제론 또는 인사행정론이었다.

「한비자」에서 술은 포괄적인 정치술에서 그 의미가 점점 축소되면서 법 개념과 유사해지는 한편 법은 술처럼 방법의 의미로도 쓰이고 있어서 법과 술이 서로 수렴하는 경향을 보인다. 이는 한비와 그의 후학들이 상앙의 법과 신불해의 술을 비판적으로 융합하여, 임시방편적인 술책으로 이해되던 술론을 법치의 토대 위에 관료제를 확립하고 관료제 내에 능력주의 인사행정과 문서주의 행정 등과 같은 행정제도와 절차로 발전시키는 과정에서 나타난 현상이라고 할 수 있다. 이 술론은 훗날 한대를 거치면서 유교관료제의 확립과 함께 실적제 인사행정과 인사고과 등으로 제도화되어 법치의 영역에 포함된다.

요컨대「한비자」술론의 목적은 관료제 안에서 엄격하게 법을 집행하는 수단을 제공함으로써 백성에게 이익을 제공하는 것이다. 군주 한 사람의 힘과 지혜로는 나라를 다스릴 수 없고, 관리들이 하는 일을 모두 살필 수도 없기 때문에 군주의 명령을 모든 백성에게 관철시키기 위해서는 관료제가 필요하다. 군주를 정점으로 관료제를 확립하기 위해서는 관료제 내에 분업과 직분의 한계를 명확히 하고, 계층적 권위를 수립한 다음 각각의 직분에 적합한 권한을 위임하여 관리들이 능력을 발휘할 수 있게 해야 한다. 관리를 선발할 때는 그 현능의 정도를 확인한 다음 적재적소의 인사를 시행해야 하는데, 이를 위해 관리는 말단에서 뽑은 다음에 경력발전을 통해 능력을 인정받은 사람만 등용해야 한다. 특히 군주는 술책을 제안할 능력이 있는 신하를 발탁한 다음 그 제안한 정책과 결과의 일치 여부를 살펴서 상벌을 시행하고, 엄격하고 평등한 법집행을 보장함으로써 어느 정도 공공성을 확보할 수 있다.

이 형명참동과 문서주의 행정을 통해 군주는 계층적 질서를 확립함으로써 관리의 책임성과 윤리성을 확보할 수 있다. 이처럼「한비자」술론의 핵심인 형명참동은 관료제 내의 계층적 권위와 책임행정, 실적제 인사행정의 원리를 확립하고, 나아가 그것을 관리와 백성의 관계에서도 관철함으로써 군주-관리-백성이라는 계층적 질서의 확립에 초점을 맞추고 있지만, 아직 행정절차나 인사행정, 인사고과 등을 제도화하는 데까지는 나아가지 못했다. 다만 군신간의 관계를 언제든 파기될 수 있는 계약관계로 파악하고, 신하의 일탈을 통제하기 위해 추상적인 덕과 예가 아니라 관료제 안에서 계층적 권위와 명령계통을 제도화하려 한 그들의 냉철한 현실분석 능력은 높이 평가할 만하다고 하겠다.

한비와 그의 후학들이 구상한 관료제론은 유가와 도가, 묵가, 법가 사상의 융합으로써 당시의 상황에서 부국강병을 이루기 위해 필요한 것이기는 했지만, 그들의 기획이 후대에 물려준 것은 유토피아가 아니라 백성에게는 거의 악몽에 가까운 억압장치였다고 해야 할 것이다. 그들은 군신 간의 위계질서를 세우는 데 급급한 나머지 백성을 그냥 내버려두는 것도 정치가 할 일이라는 것을 알지 못했다. 또한 업무처리에서도 지나치게 관리의 실적과 결과를 중시하고, 특정한 정책의 동기나 과정을 무시함으로써 관료제 내에 목적 달성을 위해서라면 수단과 방법을 가리지 않는 냉혹함을 조성하게 되었다. 사마천이 한비의 법은 "너무 가혹하여 은덕이 결핍되어 있다"고[70] 평가했듯이, 상앙이나 한비 모두 말법에 집착한 나머지 정치의 큰 도를 알지 못했다. 특히 그들이 그토록 강조한 계층적 권위의 확립을 법적 제도나 절차보다는 권모술수에 의존한 데서 신뢰를 바탕으로 한 관료적 권위의 형성이 필요함을 알 수 있다.

전국시대 법가에 의해 만들어진 관료제는 중앙집권을 통해 부국강병을 이룩하는 과정에서 국가의 필요에 의해 만들어진 발명품이었지만, 오랫동안 봉건제 하에서 자유를 구가했던 전통도시에 군주 중심의 관료제를 확립한다는 것은 지난하면서도 시간이 많이 걸리는 작업이었다. 법가 사상가들의 개혁이 현대에 주는 시사점은 관료제의 원리를 새롭게 세우는 것도 어렵지만, 관료제의 병폐를 개혁하는 것도 법 하나로는 어렵고 이해관계자들 간의 타협과 양보를 통해 점진적으로 추진하는 것이 필요함을 말해준다고 할 수 있다.

---

70) 韓子 …… 其極慘礉少恩(「사기」 권63 '노장신한열전').

이 때문에 법가의 관료제론은 한대에 도가·유가 사상과 재융합을 통해서 관료제 내의 계층적 명령질서를 법령과 함께 유가에서 중시하는 군신 간의 예와 의를 결합하여 유교관료제가 성립함으로써 더 안정적이고 지속 가능한 형태로 발전할 수 있었다. 인간과 자연의 합일관계를 인정하지 않는 상태에서는 아무리 교육을 해도 인간성의 변화를 기대하기 어렵기 때문이다.

제5장

동양사의 유능하고
책임 있는 공무원:
한나라 초기 관료제를
중심으로[*]

Ⅰ. 서 론

도(道)라는 것은 자연의 질서이고, 이 도를 이루는 수단이 덕(德)인데, 도와 덕 그 자체는 중립적인 성질을 띠므로 사용자의 성향에 따라 그 결과가 전혀 달라질 수 있다. 그런데 현실의 정치에서 덕을 구현하기 위해서는 거대 관료제의 도움이 반드시 필요한데, 이 관료제라는 장치도 그 자체로는 중립적인 성질을 띠므로 이 관료제 안에서 일을 하는 관료와 이 관료제를 관리하는 관리자들의 성향과 의도에 따라 관료제의 작동결과는 전혀 달라질 수 있다. 그래서 이 관료제의 핵심을 이루는 관료, 곧 인간에 대한 연구가 필요하고, 그들의 성향을 계발하는 것이 필요한 것이다.

그러면 이 관료제 안에서 일을 할 관료는 어떤 사람이어야 하는가? 동양에서는 일찍부터 오직 유능한 사람만이 관인(官人)이 될 수 있다는 사상이 있었다. 「상서(尚書)」 '고요모(皐陶謨)' 편의 '능관인(能官人)'이 그것이다. 여기서 '능'이란, 「설문해자(說文解字)」에 따르면 '能'은 중도를 지키는 현능(賢能)한 사람 또는 힘이 세고 위엄이 있는 '능걸(能傑)'을 뜻한다.[1] 그러니까 '능관인'이란 곰처럼 묵직하고 위엄이 있어서 중도를 지킬 수 있는 현능한 사람이자 힘과 열정이 있어서 어떤 문제든 해결할 능력이 있는 사람으로서 한 마디로 '현능한 정치가'를 말한다고 할 수 있다. 그러면 '현능'

---

* 제5장은 「한국행정학보」(한승연, 2018b)에 게재된 같은 제목의 논문을 일부 수정한 것임.
1) 능은 곰에 속한다. …… 능이라는 짐승은 중도를 지키므로 현능이라 하고, 힘이 세고 위엄이 있어서 능걸이라 한다(能, 熊屬. …… 能獸堅中, 故偁賢能. 而彊壯, 偁能傑也(許愼, 1988/2016: 479)).

은 구체적으로 무엇을 의미하는가? 「경국대전주해(經國大典註解)」에 따르면 '현능'이란 「주례(周禮)」 '지관(地官)-대사도(大司徒)'에서 말하는 지(智)·인(仁)·성(聖)·의(義)·충(忠)·화(和)의 6덕과 효(孝)·우(友)·목(睦)·인(婣, 혼인), 임(任)·휼(恤)의 6행을 갖추면 '어질다(賢)'고 하고, 예(禮)·악(樂)·사(射)·어(御)·서(書)·수(數) 등 6예의 도에 통달하면 '능하다(能)'고 하였다.[2]

이를 자세히 살펴보면 대체로 6덕과 6행은 고위관리에게 요구되는 사항이고, 6예는 이들 밑에서 실무를 담당하는 하급관리에게 요구되는 사항이라고 할 수 있다. 고위관리는 하급 실무관리를 거쳐서 승진하기 때문에, 설사 관직에 입문할 당시에는 6예를 갖추었다 하더라도 경력을 쌓아서 고위직으로 승진하기 위해서는 6덕과 6행을 갖추어서 어질고 유능한 관리가 되어야 하는 것이다.[3] 공안국 (孔安國)의 「상서정의(尚書正義)」에 대한 역주에서 김동주(2016: 91)는 이를 "적임자를 벼슬시킨다"고 해석하고 있다. 여기서 적임자란 역시 '현능한 정치가', 곧 정책결정가에게 요구되는 지혜와 실무능력을 두루 갖춘 인재를 말한다고 할 수 있다.

그러면 이러한 '현능한 정치가'가 책임져야 할 일은 무엇인가? 그것은 제자백가의 각 학파에 따라 차이가 있다. 먼저 유가에서는 "하늘을 대신해 백성을 다스리는 권한을 위임받은 군주는 자연의 순리를 따르고 중정의 덕을 베풀어서 하늘 아래 모든 백성을 이롭게 하고 잘 살게 하는 것"이었다(한승연, 2017b: 478). 이를 좀 더

---

2) 賢能: 智仁聖義忠和, 謂之六德, 孝友睦婣任恤, 謂之六行, 禮樂射御書數, 謂之六藝, 有六德六行而爲賢, 通夫六藝之道而爲能(동양학연구소, 1987: 64).

3) 동양사에서 관인(官人) 또는 관리는 현대의 정치인과 행정인을 모두 포괄하는 개념이고, 이 논문에서 사용하는 관리도 이와 같다.

구체적으로 표현하면 "백성이 떳떳한 생업이 없으면 떳떳한 마음도 없기" 때문에(若民則無恒山, 因無恒心; 「맹자(孟子)」 '양혜왕장구상(梁惠王章句上)'; 藝文印書館, 1981f: 23), 위정자의 책임은 백성이 안정된 생업을 갖고 편안히 살게 하는 것이다. 이를 위해 유가에서는 현능한 군자가 정치를 해야 한다고 주장한다. 이에 반해 법가에서는 정치가 해야 할 일은 군주 중심의 중앙집권적인 국가를 형성하고 부국강병을 이루어 영토를 확장하는 것이었다. 그리고 이를 위해 그들은 군주를 정점으로 하는 거대 관료제를 형성하고 법술(法術)에 능한 인재를 관리로 선발해야 한다고 주장하였다. 이렇듯 유가와 법가에서는 책임정치의 내용이 크게 차이가 있었기 때문에 현실의 관리에게 요구되는 책임의 범위도 차이가 있었다.

그러나 한나라 초기에 유가와 법가 사상이 융합하여 새로운 관료제가 형성되면서 결국 거대 관료제 안에서 일할 관리는 유가 사상에 능통한 '현능하고 책임 있는 정치가'를 지향하게 된다. 물론 거대 관료제의 구성 원리는 법가 사상을 계승하게 된다. 한나라 초기에 각 관리들은 자신이 제안한 정책이 실패하면 그에 대한 책임으로 당연히 죽음을 각오해야 했다. 다시 말해 젊어서 학문을 배우고 군주에게 자기 나름의 치국책을 올리고 능력을 인정받아 군주의 부름을 받으면, 관직에 나아가 소신껏 정책을 펴고 정책의 결과에 대해서는 전적으로 책임져야 하는 것이 관리된 자의 운명이었다. 이러한 관리상은 현대의 관점에서도 바람직한 것이기는 하지만, 소극행정과 보신주의에 익숙한 현대의 관료상과는 동떨어진 것이어서, 현대의 관료제가 적극행정과 소신행정으로 나아가기 위해서는 동양사의 '유능하고 책임 있는 공무원상'이 형성되는 과정을 연구하지 않을 수 없는 것이다.

이에 이 연구에서는 전국시대부터 한나라 초기에 걸쳐서 유가와 법가 사상의 융합을 통해 새롭게 유교관료제(Confucian bureaucracy)가4) 형성되는 과정에서 동양사의 '유능하고 책임 있는 공무원상'이 어떻게 형성되는지 분석하고자 한다. 연구방법은 역사적 접근방법이고, 주요한 분석 텍스트는 「춘추공양전(春秋公羊傳)」, 「사기(史記)」, 「춘추번로(春秋繁露)」, 「한서(漢書)」, 「예기(禮記)」 등이다.

---

4) 이를 학술적으로 개념화한 박병련(2017: 87-88)에 따르면 유교관료제란 '유교 경전'과 성취적 관료 충원 제도인 '과거제적 형식'의 도입뿐 아니라 유교의 '이념 체계'에 대한 이해가 중요하게 여겨지고, 그것이 관료 충원과 관료제 운영 등과 밀접하게 관련되며, 사회구조 또한 이를 뒷받침하는 제도를 말한다.

Ⅱ. 유가와 법가의 정치적 책임론

그러면 먼저 한나라 전후에 통용되었던 관리의 책임성이 무엇을 의미했는지를 살펴보기로 한다.

유가의 예(禮)와 제도론이 집대성되어 있는 「예기」 권12 '왕제' 편에 따르면 위정자는 반드시 백성의 생업을 책임져야 한다. 곧 위정자는 자연의 순리를 따르고 각국의 풍속에 맞게 백성을 다스리되, 백성에게 땅을 나눠주고 제때에 먹고 일하게 하여 각자 사는 곳에서 편안히 살게 한 뒤 학교를 일으켜서 예의를 가르쳐야 한다. 이는 오랑캐조차 하는 일이다.5) 이 생업의 중요성은 몸이 성한 사람뿐 아니라 몸이 성하지 않은 사람도 그 재능에 따라 일을 할 수 있게 해주어야 하는 것이다.6) 이를 위해 관리가 해야 할 일은 무엇인가? 「예기」 권5 '곡례하(曲禮下)' 편에 따르면 관리는 관료제 안에서 각자 맡은 바 직분에 충실하고 직분의 한계를 넘

---

5) 무릇 인민의 재용에 대비하는 일은 반드시 천지의 춥고 따뜻함, 마르고 습함, 넓은 골짜기와 큰 하천에 따라 그 제도를 달리한다. 그 사이에 살고 있는 인민은 풍속이 다르며, …… 무릇 인민을 살게 하는 일은 땅을 측량하여 읍을 만들고, 땅을 나눠주어 백성을 살게 한다. 땅과 읍과 인민이 사는 것은 반드시 서로 풍족하도록 해야 한다. 황폐한 땅이 없고 노는 백성이 없으며, 제때에 먹고 제때에 일하게 하면 인민은 다 그 사는 곳을 편안히 여기며, 일하는 것을 즐거워하고 권장하여 공을 세우고, 군주를 높이고 윗사람을 친애하게 된다. 그렇게 한 뒤에 학교를 일으킨다. …… 중국과 동이, 서융, 남만, 북적이 각기 다 편안히 사는 집이 있고, 맛있는 음식이 있고, 마땅한 의복이 있고, 이롭게 쓰는 것이 있고, 갖추어진 기물이 있다(凡居民材, 必因天地寒煖燥濕, 廣谷大川異制. 民生其間者異俗, ……, 凡居民量地以制邑, 度地以居民, 地邑民居必叅相得也. 無曠土無游民, 食節事時, 民咸安其居, 樂事勸功, 尊君親上, 然後興學. …… 中國夷蠻戎狄, 皆有安居和味宜服利用備器; 藝文印書館, 1981d: 247-249).

6) 벙어리와 귀머거리와 절뚝발이, 앉은뱅이, 다리 꿇은 자, 난장이, 백공들은 각기 그 기능에 따라 일을 시키고 먹인다(瘖聾跛躄斷者侏儒百工各以其器食之. 권13 '왕제' 편; 藝文印書館, 1981d: 267).

어서는 안 된다.7) 아울러 관리는 군주가 할 일을 제대로 못하면 반드시 간언해야 하고 극간도 주저해서는 안 되며, 3번을 간해도 듣지 않으면 군주 곁을 떠나야 한다.8)

이에 반해 법가 주요 사상가들의 정치적 책임론은 상당한 차이를 보인다. <표 5-1>을 통해 신도, 신불해, 상앙, 한비 등 법가의 주요 사상가들의 관료제론을 비교하면 다음과 같다. 먼저 법의 목적 곧 정치적 책임론을 보면, 직하학자였던 신도는 전쟁 중지와 사회질서 유지 등 사회공익 달성을 주장한 반면, 재상으로서 직접 정치에 관여했던 신불해와 상앙 및 왕실사람이었던 한비는 국부 내지 부국강병을 주장했다. 이러한 법의 목적을 달성하기 위해 법의 제정자는, 상앙만 군주와 지혜로운 자(知者)라고 본 반면, 나머지 세 사람은 모두 군주가 직접 제정해야 한다고 보았다. 군권의 허용 범위에 대해서는 학자인 신도만 제한해야 한다고 본 반면, 신불해와 상앙은 무제한 허용해야 한다고 보았고, 한비는 절대적으로 무제한 허용해야 한다고 주장해 대체로 전제군주제의 확립에 기여하였다. 그러나 군권의 무제한 허용은 군주의 자의적인 독단을 허용함으로써 결국 법치를 허물게 된다. 관리의 선발 기준은 네 사람 모두 업무능력을 기준으로 삼아야 한다고 하여 실적제 인사행정의 확립에 크게 기여하였다. 다만 신도는 관리의 능력이 중요하다고 하면서도 현지(賢

---

7) 관에 있으면 관의 말을 하고, 부에 있으면 부의 말을 하고, 고에 있으면 고의 말을 하고, 조정에 있으면 조정의 말을 한다. 鄭玄의 주에 따르면 官은 문서보관소, 府는 재물보관소, 庫는 수레와 말, 병기 보관소, 朝는 군신이 모여 정사를 논하는 곳을 말한다(在官言官, 在府言府, 在庫言庫, 在朝言朝; 官謂板圖文書之處, 府謂寶藏貨賄之處也, 庫謂車馬兵甲之處也, 朝謂君臣謀政事之處也; 藝文印書館, 1981d: 100).

8) 군주를 섬길 때는 안색을 범하여 극간하는 일은 있어도 군주의 허물을 숨겨서는 안 된다(事君有犯而無隱; 권6 '단궁상(檀弓上)' 편, 藝文印書館, 1981d: 109). 신하된 자의 예는 군주의 허물을 드러내어 간하지 않지만, 3번을 간해도 듣지 않으면 떠나야 한다(爲人臣之禮不顯諫, 三諫而不聽則逃之. 권5 '곡례하' 편; 藝文印書館, 1981d: 95).

智)에 의존해서는 안 된다고 하고, 상앙은 군공을 중시하면서도 백성의 우민화를 병행하여 모순을 노정하였다.

<표 5-1> 법가 사상가들의 관료제론 비교

사상가	핵심 요소	법의 목적 (정치적 책임)	법 제정자	군권	관리선발 기준
신도(愼到)	勢	사익추구 금지 전쟁 중지 사회질서 유지	군주	제한	능력(賢智 부정과 모순) 사회적 분업
신불해 (申不害)	術	의식 풍족 국부	군주	무제한	능력, 분업
상앙(商鞅)	法	부국강병	군주, 知者	무제한	능력(軍功, 농사) 우민화 병행
한비(韓非)	法·術	부국강병 백성에 이익제공	군주	절대적 무제한	능력(지술지사, 능법 지사, 법술지사)

자료: 「慎子」'威德', '逸文'(許富宏, 2015: 21, 64, 78), 「申子」'大體'(楊家駱, 1980: 168, 172, 174; 王先愼, 1991: 213), 「商君書」'更法', '算地', '開塞', '錯法', '靳令', '修權'(蔣禮鴻, 1986/2011: 2, 4, 50, 56, 65, 77, 82), 「韓非子」'難二', '難三', '定法', '詭使'(王先愼, 1991: 277, 290, 304, 314), 한승연(2017a; 2017b; 2017c) 등에서 작성.

유가와 법가의 정치적 책임론을 비교하면, 유가에서는 관료제가 백성의 생업을 책임지기 위해 관료제 안에서 관리는 군주가 이 책임을 다할 수 있도록 적극적으로 간언해야 한다고 주장한다. 반면 법가에서는 대체로 부국강병을 통해 국가 내지 군주를 강하게 하는 것이 정치의 목적이기 때문에 그들의 1차적인 관심의 대상은 백성이 아니었다. 이를 현대적 행정책임으로 설명하면, 유가에서는 백성의 여망이나 요구를 적극적으로 정책에 반영하는 도의적 책임(responsibility)과 맡은 바 업무를 성실히 수행해야 하는 직무적 책임(obligation) 같은 주관적 책임을 법적 책임(accountability)보다 더 강조한다고 볼 수 있다(백완기, 2006: 328-330). 이에 반해 법가에서는 법적 책임, 즉 객관적 책임을 강조한다. 이러한 법가의 유산은 현대 관료제에도 투영되고 있어서 관료들은 주관적 책임을 바탕으로 적극행정을 펼치기보다는 법적인 책임 추궁을 피하려는 소극행정에 집착하는 경향을 보이고 있다.

따라서 정치적 책임성이든 행정적 책임성이든 도덕적, 법적, 직무적 책임을 동시에 강화하기 위해서는 각각의 이론과 제도 자체는 중립적인 도구이므로 제도의 정비도 중요하지만, 그 제도를 운영하는 인간의 가치나 마음에 따라 그 결과가 달라질 수 있음에 주의해야 함을 알 수 있다.

III. 한나라 유교 관료제의 성립과 책임정치

1. 유가와 법가의 융합 관료제

그러면 지금부터 한나라 초기에 유가와 법가의 융합 관료제가 성립하는 과정을 설명하기로 한다. 한나라 관료제와 진나라 관료제의 가장 큰 차이는 통치의 목표가 전혀 달랐고, 그에 따라 통치방식도 달랐다는 데 있다. 한나라도 제국의 번영을 추구했고 진나라의 법치를 포기한 것은 아니었지만, 그 방법은 형벌로 공포정치를 펼친 게 아니라 형벌을 완화하여 민심을 순화시키고, 백성에게 생업을 보장하여 그들의 생활을 안정시키는 것이었다.

한고조 유방(劉邦, 256~195 BCE)은 진나라의 혹독한 법을 원망하는 민심을 고려하여 약법삼장(約法三章)을 공포하여 형벌을 크게 완화하는 조치를 취했다. 곧 "살인자는 죽이고, 다른 사람을 다치게 하거나 도둑질을 하면 각각 그 죄에 해당하되(법대로 처리한다-필자주), 그 나머지 진나라의 법은 모두 폐지했다." 그리고 사람을 보내 진나라의 관리와 함께 현(縣)·향(鄕)·읍(邑)을 돌며 이를 알리게 하니, 진나라 인민이 크게 기뻐하며 소와 양, 술과 음식을 내어 군사에게 바쳤다고 한다.[9] 그동안 가혹한 진법(秦法)에 시달리던

---

9) 與父老約, 法三章耳: 殺人者死, 傷人及盜抵罪. ······ 乃使人與秦吏行至縣鄕邑告諭之. 秦民大喜, 爭持牛羊酒食獻享軍士(「한서」 권1상 '고제기상(高帝紀上)'; 班固, 1962/2016: 23). 이 논문에서 인용한 「한서」(1~12)는 班固 저, 顔師古 注, 中華書局(1962/2016) 출판본임. 국내 번역서는 진기환 역주, 「한서」(1~10)를 참고함. 이하 「한서」는 권수와 편명만 표기함.

인민들이 유방의 이 조치를 얼마나 반겼는지 그 사정을 알 만하다. 전국시대를 거치면서 유가와 법가, 도가 등 제자(諸子)들 간에는 이미 이론상의 융합이 일어나고 있었는데, 한나라 초기에 일부 사상가들은 형벌과 강압적인 수단만으로는 장기적이고 안정적으로 정치를 유지할 수 없다는 것을 알고 도가와 법가를 융합한 황로학(黃老學)이 관학의 지위를 차지했다(왕궈빈, 황효순 역, 2012: 242-245).

천하가 안정된 뒤에도 사방의 오랑캐가 평정되지 않자 이 삼장법만으로는 간사함을 막을 수가 없어서 다시 상국(相國) 소하(蕭何, 257~193 BCE)가 진나라 법을 모으고 그 가운데 시세에 맞는 것을 취해서 구장률(九章律)을 만들었다.[10] 이처럼 소하에게는 율령을 정리하게 하고, 한신(韓信, 231?~196 BCE)에게는 군법을 요약케 하고, 장창(張蒼, ?~152 BCE)에게는 법규를 정비하게 하고, 숙손통(叔孫通, ?~194? BCE)에게는 의례를 제정케 했으며, 육가(陸賈)에게는 치국방책인 「신어(新語)」를 편찬하게 하여[11] 한제국 초기의 각종 제도를 정비하였다. 소하가 작성한 구장률은 도율(盜律)·적률(賊律)·수율(囚律)·포율(捕律)·잡률(雜律)·구율(具律)·호율(戶律)·흥률(興律)·구율(廐律)의 9장으로 구성되었는데, 이 가운데 전 6장은 형벌 관련 규정으로서 전국시대 이회(李悝)의 「법경(法經)」을 기초로 하였으며, 후 3장은 호구·부역·축산 방면의 규정이 추가된 것인데 현재 원문은 전해지지 않는다(이병갑, 1995: 57-58). 이와 같이 한고조는 외형적으로는 진율을 폐기한다고 선포했지만

---

10) 漢興, 高祖初入關, 約法三章曰:「殺人者死, 傷人及盜抵罪.」蠲削煩苛, 兆民大說. 其後四夷未附, 兵革未息, 三章之法不足以禦姦, 於是相國蕭何攗摭秦法, 取其宜於時者, 作律九章(권23 '형법지(刑法志)'; 班固, 1962/2016: 1096).

11) 初順民心作三章之約. 天下既定, 命蕭何次律令, 韓信申軍法, 張蒼定章程, 叔孫通制禮儀, 陸賈造新語(권1하 '고제기하(高帝紀下)'; 班固, 1962/2016: 80-81).

실제적으로는 일부 선별하기는 했지만 진율을 한나라 제국의 기본 법률로 수용했음을 알 수 있다.

　공자는 3대에 큰 도가 행해지던 때는 천하를 공(公)으로 삼아 현능한 사람을 발탁하여 노인은 여생을 편히 마치게 하고, 장정은 쓰일 곳이 있게 하고, 어린이는 의지하여 자랄 곳이 있게 하는 대동(大同)의 세상을 꿈꿨다. 그러나 지금의 세상은 대도(大道)가 숨겨져 천하를 개인의 집으로 여기고, 각자 제 부모만을 부모로 여기며, 제 자식만을 자식으로 여기는 세상이 되었다고 한탄하였다.[12] 어쨌든 한나라 초기에도 백성의 생업은 중요하게 여겨서 본업인 농업을 장려하기 위해 힘썼다. 한문제(漢文帝, 재위 180~157 BCE) 12년(BCE 168) 3월에 조서를 내려서, 백성을 이끄는 길은 본업인 농업에 힘쓰게 하는 데 있지만, 백성이 굶주리고 농민이 모자라는 데도 관리가 힘써 권장하지 않음을 꾸짖고, 그해 농민의 조세를 절반으로 깎아주었다.[13] 또한 13년 5월에는 육형(肉刑)의 법을 폐지했는데 이는 '형법지'에도 기록이 있고,[14] 천하의 본업인 농업을 장려하기 위해 토지에 대한 조세를 폐지하고, 고아와 과부에게 포와 비단과 솜을 지급하였다.[15] 이에 반고는 문제 23년간의 통치를 "오로지 인민

---

12) 公子曰, …… 大道之行也, 天下爲公, 選賢與能. …… 使老有所終, 壯有所用, 幼有所長. …… 是謂大同. 今大道旣隱, 天下爲家, 各親其親, 各子其子(「예기」 '예운(禮運)'; 藝文印書館, 1981d: 412-413).

13) 詔曰: 「道民之路, 在於務本. …… 民有飢色, 是從事焉尙寡, 而吏未加務也. …… 其賜農民今年租稅之半.」(권4 '문제기(文帝紀)'; 班固, 1962/2016: 124).

14) '형법지'에 따르면, 문제는 "지금은 사람이 죄가 있으면 교화를 베풀지 않고 형벌을 먼저 가한다. 혹 잘못을 고쳐서 선행을 하고자 해도 할 수 있는 방법이 없으니 짐은 그것이 심히 가련하다. 무릇 형을 가해서 죄인의 지체를 절단하거나 피부에 글자를 새기면 종신토록 고칠 수가 없다. …… 이제 육형을 폐지하고 다른 것으로 대체하라"고 하였다(今人有過, 敎未施而刑已加焉, 或欲改行爲善, 而道亡繇至, 朕甚憐之. 夫刑至斷支體, 刻肌膚, 終身不息, …… 其除肉刑, 有以易之. 권23 '형법지'; 班固, 1962/2016: 1098).

15) 五月, 除肉刑法, 語在刑法志. 六月, 詔曰: 「農, 天下之本, 務莫大焉. 今廑身從事, 而有租稅之賦, 是謂本末者無以異也. 其於勸農之道未備. 其除田之租稅. 賜天下孤寡布帛絮各有數.」(권4 '문제기'; 班固, 1962/2016: 125).

을 덕으로 교화하는 데 힘썼기에 나라 안의 인민이 모두 넉넉했고, 예의가 지켜지고, 사형에 처한 자가 수백 명에 불과했으니 거의 형벌을 적용하지 않았다. 아! 참으로 어진 군주였다"고 평가하였다.[16)

이와 함께 한나라는 황무지를 개척하여 국부를 증진하고 백성을 관리하기 위해 호적을 정비하고, 사민정책을 적극 펼쳤다. 진나라의 상앙이 부국강병을 위해 전국에 현을 설치하고 황무지를 개척하기 위해 인민을 강제로 이주시킨 정책은, 진나라의 가혹한 법을 비판한 한나라에서도 계승되었다. 곧 문제의 뒤를 이어 황위에 오른 경제(景帝, 재위 157~141 BCE)는 BCE 155년에 천하의 20세 남자를 처음으로 등록하여 호적을 정비하였다.[17) 또한 읍(邑)을 조성하기 위해 인민을 강제 이주시키는 조치를 여러 번 취하였다.[18) 이 사민정책은 무제(武帝, 재위 141~87 BCE) 때에도 이어졌고 그 비용을 충당하기 위해 산민전을 신설했다.[19) 이와 같이 인민을 강제

---

16) 贊曰: …… 專務以德化民, 是以海內殷富, 興於禮義, 斷獄數百, 幾致刑措. 嗚呼, 仁哉(권4 '문제기'; 班固, 1962/2016: 134-135).

17) 令天下男子年二十始傅. 이에 대해 안사고(顏師古)는 구법은 23세였는데 이번에 20세로 고쳐서 제도를 바꿨다고 주석을 붙이고 있다(舊法二十三, 今此二十, 更爲異制也. 권5 '경제기(景帝紀)'; 班固, 1962/2016: 141).

18) 예를 들면 경제 5년 봄 정월에 양릉(陽陵)에 읍을 조성하고, 여름에 인민을 모집하여 양릉읍(경제의 무덤)으로 이사시키고 20만 전을 하사했다. 장안(張晏)의 주석에 따르면 경제는 수릉읍과 기읍을 조성했다(五年春正月, 作陽陵邑. 夏, 募民徙陽陵, 賜錢二十萬. 張晏曰:「景帝作壽陵, 起邑」)(권5 '경제기'; 班固, 1962/2016: 143-144).

19) 무제 (元朔)2년(BCE 127) 여름에 인민을 모집하여 삭방군으로 10만 명을 이주시키고, 또 군국의 호걸과 자산 3백만 전 이상을 무릉현으로 이주시켰다(夏, 募民徙朔方十萬口. 又從郡國豪傑及訾三百萬以上于茂陵)(권6 '무제기(武帝紀)'; 班固, 1962/2016: 170). 또 무제 (元狩)4년(BCE 119) 겨울에는 유사(有司, 관리)가 관동의 빈민古)을 농서(隴西), 북지(北地), 서하(西河), 상군(上郡), 회계군(會稽郡) 등으로 모두 72만 5천 명을 이주시키기 위해 현관(縣官)에서 의식을 공급해 구휼해야 하는데 비용이 부족하니, 은과 주석을 거두어들여서 백금과 피폐(皮幣, 白鹿 가죽)를 만들어 비용을 충당하자고 요청했다. 처음으로 일종의 재산세인 산민전(算緡錢)을 거두었다(四年冬, 有司言關東貧民徙隴西, 北地, 西河, 上郡, 會稽凡七十二萬五千口, 縣官衣食振業, 用度不足, 請收銀錫造白金及皮幣以足用. 初算緡錢)(권6 '무제기'; 班固, 1962/2016: 178). 무제 (元狩)5년에는 천하의 간사하고 교활한 관리와 인민을 변방으로 이주시켰다(徙天下姦猾吏民於邊)(권6 '무제기'; 班固, 1962/2016: 179). 그 밖에도 인민을 강제 이주시킨 기록은 더 있다.

로 이주시켜 기득권 세력의 권력을 약화시키고, 이들을 이용해 전국을 개발하여 인민의 생업을 안정시키고, 형벌을 대폭 경감하여 문경의 치세(文景之治)를 이루었으나, 무제 때에는 다시 형벌을 대폭 강화하는 정책으로 돌아선다.

무제는 즉위하자마자 유가 학술자인 조관(趙綰)과 왕장(王臧)을 발탁하여 역법과 복식 제도를 개정하려 했으나, 황로학을 좋아하는 모후 두태후(竇太后)와 충돌이 일어나 이들이 자살하는 불상사가 일어났다.[20] 그래도 무제는 법가 학술자의 발탁은 기피하였다. 곧 무제(建元) 원년(BCE 140) 겨울 10월에 조정대신들로 하여금 현량 방정하고, 직언, 극간할 수 있는 선비들을 천거하라고 조서를 내렸는데, "승상 위관(衛綰)이 상주하여 '현량을 천거하되 혹 신불해나 상앙, 한비, 소진, 장의의 학술을 배운 자들은 국정을 어지럽힐 것이니 모두 제외할 것을 주청하니,' 무제가 허락하였다."[21]

그러나 표면상의 이러한 인재등용 방침과는 달리, 흉노족의 정벌에 적극 나서면서 징발이 빈번해지자 인민의 생활이 빈곤해져서 점점 범죄가 늘어나자 장탕(張湯)과 조우(趙禹) 같은 혹리(酷吏)들을 등용하여 법조문을 정비하고 형벌을 엄히 시행했다. 이에 따라 "율령은 모두 359장, 대벽(大辟, 사형)에 관한 조문은 모두 409조, 1천 882의 사례, 죽을죄의 결사비(決事比, 일종의 판례) 사례가 1만 3천 472건이 있다. 문서는 서재나 누각에 가득차서 사법관리조차 다 살펴볼 수 없었다. 이 때문에 각 군국에서 이를 이용할 때 각 조문의

---

20) 竇太后治黃老言, 不好儒術, 使人微伺得趙綰等姦利事, 召案綰臧, 綰臧自殺(「사기」 권12 '효무본기(孝武本紀)').

21) 建元元年冬十月, 詔丞相, 御史, 列侯, 中二千石, 二千石, 諸侯相舉賢良方正直言極諫之士. 丞相綰奏: 「所擧賢良, 或治申, 商, 韓非, 蘇秦, 張儀之言, 亂國政, 請皆罷.」 奏可(권6 '무제기'; 班固, 1962/2016: 155-156).

의미가 명확하지 않아서 혹 죄가 같아도 판결이 달랐다. 간사한 관리들은 이 때문에 거래를 하였는데, 살리고자 하면 죽을죄도 경감하여 살려주고, 죽이고자 하면 죽을죄를 내렸으니, 사람들은 모두 무고한 죄를 받은 이들을 불쌍히 여겼다."22) 문제의 치세에는 거의 형벌을 적용하지 않았는데, 무제 때에 와서 이렇듯 형벌은 크게 가혹해졌고, 자기수양을 닦은 적이 없는 법조문만을 갖고 노는 간사한 관리들에 의해 법은 농락당했다. 이에 반고는 '무제기'의 말미에서 "무제의 큰 기개와 지략으로 문경의 공손과 검소를 바꾸지 않고 그 인민을 구제했더라면 「시경」이나 「상서」에 나타난 칭송보다 더 나았을 텐데,"23) 그러지 못하고 늘 전쟁을 일삼고 인민을 형벌로 내몬 데 대해 아쉬움을 토로했다.

특히 장탕은 자신은 법률을 배웠지만 "그 당시 무제는 유가의 학설을 좋아하였기에 장탕은 큰 옥사를 판결하면서 경전의 뜻에 의거하고자 박사의 제자들을 데려다가 「상서」와 「춘추(春秋)」를 배웠고 그들을 자신의 속관으로 임명하여 의옥사건을 평정하게 하였다."24) 이와 같이 그는 법률밖에 모르는 자신의 약점을 숨기고 무제의 비위를 맞추기 위해 판결문에 유가 사상을 덧씌웠다. 유가 사상은 자기수양을 기반으로 하지만 관리의 인품은 단기간에는 확인하기 어려운 점이 있기 때문에 이처럼 양두구육(羊頭狗肉)이 일어날 수 있는 것이다.

---

22) 律令凡三百五十九章, 大辟四百九條, 千八百八十二事, 死罪決事比萬三千四百七十二事. 文書盈於几閣, 典者不能徧睹. 是以郡國承用者駁, 或罪同而論異. 姦吏因緣爲市, 所欲活則傅生議, 所欲陷則予死比, 議者咸冤傷之(권23 '형법지'; 班固, 1962/2016: 1101).

23) 如武帝之雄材大略, 不改文景之恭儉以濟斯民, 雖詩書所稱何有加焉(권6 '무제기'; 班固, 1962/2016: 212).

24) 是時, 上方鄕文學, 湯決大獄, 欲傅古義, 乃請博士弟子治尙書, 春秋, 補廷尉史, 平亭疑法(권59 '장탕전(張湯傳)'; 班固, 1962/2016: 2639).

2. 한나라 초기 관료제의 구성

진나라가 천하를 겸병하고 황제의 칭호를 세우고, 백관의 직위를 세웠는데, 한나라도 이를 답습하고 고치지 않았으나 그 뒤 약간의 개정이 있었다.[25] 한나라 초기의 관료제는 중앙관과 지방관으로 구성되었다. 중앙관은 진나라의 제도를 계승하여 3공(三公)과 열경(列卿, 3공 외의 고급관리)은 그대로 두고 내조(內朝)를 신설했으며, 지방관은 기존의 군현과 함께 제후국을 신설하여 이 두 가지가 병존했다. 3공은 승상(또는 相國, 大司徒로 개칭)과 태위(太尉, 大司馬로 개칭), 어사대부(大司空으로 개칭)이다. 먼저 3공을 보면 승상은 문관의 수장으로서 국가의 주요 정책을 총괄했으며, 그 밑의 주계(主計, 또는 計相)는 군국에 계책을 상주하는 책임을 맡았고, 치적(治狀)은 군국 내 1년 동안의 조부(租賦)와 형옥(刑獄), 선거(選擧) 등의 업무를 포괄하였다. 이들 외에 승상부에는 여러 속리(屬吏)가 있어서 관리의 임면, 군국의 사무, 장주(章奏)의 모의, 징집과 세금 등의 업무를 분장하였다. 태위는 무관의 수장으로서 군대를 통솔했으며, 어사대부는 백관을 감찰하는 업무를 담당했다(권19하 '백관공경표하(百官公卿表下)'; 班固, 1962/2016: 745-791; 王天有, 1994, 이상천 역, 2006: 44-46; 왕궈빈, 황효순 역, 2012: 213).

다음으로 열경을 보면 곧 봉상(奉常, 太常으로 개칭)은 종묘제례를 관장하고 학교 교육을 관리했는데, 특히 태상의 속관으로 박사를 두고 무제 때에는 장안(長安)에 태학(太學)을 세우고 태학생을

---

25) 秦兼天下, 建皇帝之號, 立百官之職. 漢因循而不革, 明簡易, 隨時宜也. 其後頗有所改(권19상 '백관공경표상(百官公卿表上)'; 班固, 1962/2016: 722).

양성하여 이들은 한대 관료군의 상비군이 되었다. 그 외에 궁전 출입문의 수위를 담당하는 낭중령(郎中令), 황궁의 보위를 책임지는 위위(衛尉), 사법과 옥사를 주관하는 정위(廷尉), 전달관 및 외국 소수민족 사절의 접대를 주관하는 전객(典客), 종실사무를 담당하는 종정(宗正), 황제의 거마와 말정책을 관리하는 태복(太僕), 전국의 재정과 경제를 주관하는 치속내사(治粟內史), 수도 장안의 보위를 책임지는 중위(中尉), 건축과 시공을 담당하는 장작소부(將作少府), 무제 때 신설한 상림원(上林園)과 황실의 재물 및 주전을 관리하는 수형도위(水衡都尉) 등이 있었다(권19하 '백관공경표하'; 班固, 1962/2016: 745-791; 王天有, 1994, 이상천 역, 2006: 46-50).

한나라 초기의 중앙관제를 보면 3공은 정책결정·집행, 군사, 감찰 등으로 분업화하여 하나의 관료제 안에서 상호견제 하도록 구성되어 있다. 열경도 예악과 교육, 사법과 감옥, 궁궐과 수도의 보위와 거마 관리, 외교업무, 재정과 주전·건축 등으로 분업화되어 있다. 이와 함께 한나라 초기에 승상의 권력이 확대된 것을 견제하기 위해 무제는 승상의 권력을 삭감하는 대신 측근 신료의 지위를 높여서 '내조'로 불렀으며, 점차 정책결정을 담당하게 함으로써 승상과 어사대부, 9경으로 구성되는 외조(外朝)와 서로 대립, 견제하게 하였다(王天有, 1994, 이상천 역, 2006: 50-51). 이처럼 중국의 관료제는 황권과 신권의 대립을 통해 권력투쟁을 벌이면서도 상호 견제하고 협력하는 가운데 역사적으로 형성되고 있었다.

한나라 초기의 지방제도는 사회를 안정시키기 위해 주나라의 봉건제와 진나라의 군현제를 병용했다. 한고조는 천하통일 후 친족과 공신들을 제후왕으로 봉하는 대신 중앙에서 유능한 관리를 제후국의 부(傅) 또는 상(相)으로 임명해 제후들을 지도, 감독하게 했지만 제후들은 상당한 정치적 자율성을 누렸다. 그러나 경제 때 오초7국의 난을 계기로 대제후는 소멸되고 소제후만 남았다(宮崎市定, 2015, 조병한 역, 2016: 164-166, 173-174). 이처럼 제후국을 일부 부활한 것을 제외하면 그 외의 지방제도는 진나라를 계승하여 군, 현, 향, 정(亭)을 기본조직으로 삼았고, 군에는 군수, 현에는 현령(縣令)과 현장(縣長)을 두고, 향관은 삼로(三老)와 장부(墻夫), 유격(遊擊)을 두었다(왕굉빈, 황효순 역, 2012: 214). 이에 따라 황제를 정점으로 이에 직속하는 3공9경과 군현으로 이루어지는 전국적인 규모의 관료제 외에 각 제후국에서도 별도의 관료제를 구성하는 이원적 관료조직을 갖게 되었다. 곧 황제 → 3공9경 → 군수·현령으로 이어지는 관료제를 통해서는 진나라와 마찬가지로 백성에 대한 직접 지배가 가능했으나, 제후국에 대해서는 어느 정도 정치적 자율권을 인정하게 된다. 모든 관리는 20등작제(等爵制)로 분류했는데(권19상 '백관공경표상'; 班固, 1962/2016: 739-740), 위(魏)나라에서 구품관인법을[26] 실시하기 이전까지는 관리의 등급을 봉록의 질수(秩數, 녹봉의 수)에 따라 구분했으나,[27] 실시 이후는 이와 함께 관품(官品, 1품~9품)에 따라 구분하였다(宮崎市定, 1997, 임대희 외 역, 2002: 104-105, [표 2] 참조). 이 3공9경제는 당나라 때 3성6부

---

[26] 위나라에서 관리의 자격을 심사하여 관리를 1품에서 9품으로 선발하는 이 제도는 한나라 이래의 효렴·수재 같은 선거법도 포함했고, 흔히 구품중정제로 불렸으며, 수나라 때부터 과거제로 대체되지만(宮崎市定, 1997, 임대희 외 역, 2002: 24-25, 68-69), 관직을 9등급으로 나누는 제도는 고려와 조선을 거쳐 현재까지도 남아 있다.

[27] 이 등작제는 주로 군대의 공로에 따라 설치한 명예칭호이고, 실직을 갖는 관료에 대해서는 급여의 질수에 따라, 3공은 특별히 만석이고, 최상급은 中2천석, 그 다음은 2천석, 比2천석에서 1백석까지 나누었다(권19상 '백관공경표상'; 班固, 1962/2016: 739-740; 宮崎市定, 1965: 28; 宮崎市定, 1997, 임대희 외 역, 2002: 105, [표 2]) 참조).

제로 대체되는데,[28] 이는 관료제의 발전과정이라고 할 수 있다.

3. 유능하고 책임 있는 관리

1) 현량 천거

이 관료제 안에서 책임행정을 구현하고 백성의 생업을 보장하여 그들이 편안히 살게 하기 위해서는 유능하고 책임 있는 관리를 발탁해야 한다. 유가와 법가의 융합 관료제가 형성되는 과정을 보면, 둘 다 능력에 근거한 인재의 선발을 주장한 점은 같다. 하지만 그 내용을 보면 유가에서는 덕성과 실무능력을 함께 중시한 반면, 법가에서는 법집행 능력을 중시했다. 유가에 비해 법가의 탁월성은 전국 규모의 관료제를 체계적으로 형성하고 관리의 신분적 요소를 해체했다는 점이다.[29] 다만 법가의 인사행정은 술수 차원에 머물렀지만, 한대 이후 정기적인 인재 추천과 유학지식에 대한 시험을 통해 관리를 선발하면서 제도화되었다. 이에 따라 군주를 중심으로 거대 관료제를 형성하고, 덕성과 실무능력이 뛰어난 인재를 추천과 시험으로 선발하고, 이들을 통해 백성의 삶을 편안케 하려는 유교

---

28) 당나라의 3성은 황제의 조칙을 만드는 중서성, 이를 심의하는 문하성, 6부를 거느리고 정책을 집행하는 상서성을 말하는데, 이는 정책결정과정에서 견제와 균형, 상보(相補)를 도모하는 제도였다(박병련, 2017: 100-101). 고려는 중서문하성과 상서성의 2성6부제를 채택했는데, 이 6부제는 당의 6부제를 모방하여 성립된 것이었고(한충희, 1998: 29), 이것이 조선에서는 6조제로 바뀌었다.

29) 물론 전국시대 유가 사상가 중 법가적 요소를 적극 수용했던 순자(荀子, 313-238 BCE)도 관리선발에서 신분적 요소의 철폐를 주장하였다. 곧 "비록 왕공과 사대부의 자손일지라도 예의에 합당치 못하면 곧 서인으로 돌리고, 비록 서인의 자손일지라도 문학을 쌓고 행실을 바르게 하여 예의에 합당하면 곧 경상이나 사대부의 일을 맡긴다"고 하였다(雖王公士大夫之子孫, 不能屬於禮義則歸之庶人. 雖庶人之子孫也, 積文學, 正身行, 能屬於禮義, 則歸之卿相士大夫. 「순자」 '왕제'; 楊倞, 1991: 94).

관료제가 탄생하게 된다.

그러면 한나라 초기에 유가와 법가의 융합 관료제가 형성될 당시 유능하고 책임 있는 관리를 발탁하기 위해 어떤 정책을 펼쳤는지 살펴보기로 한다.

그 전에 당시에는 관리의 직무 내지 책임을 무엇으로 인식했는지를 확인하면 다음과 같다. 혜제(惠帝, 재위 195-188 BCE)가 조서를 내려서, "관리는 인민을 다스리는 자이니 그 직무를 다할 때 인민이 관리를 신뢰한다. 관리의 녹을 후하게 하는 것은 인민을 위하기 때문이다"고 하였다.[30] 또한 경제 6년(BCE 151) 5월에 조서를 내리길, "관리는 인민의 스승이니, 수레와 의복이 상응해야 한다. 질록이 6백 석 이상인 관리는 모두 고급 관리이다. 법도를 따르지 않고, 관리의 복장을 갖추지 않고 마을에 출입한다면 인민과 다를 바가 없다"고 하였다.[31] 무제(元鼎) 2년 가을 9월에 강남지방이 수재를 겪은 뒤에 조서를 내려, "관리나 인민으로서 굶주린 인민을 구휼하여 재앙을 면하게 한 사람은 모두 조정에 보고하라"고 하였다.[32] 당시에는 군국에 큰 기근이 들면 사람이 사람을 서로 잡아먹는 형국이었기 때문에[33] 굶주리는 백성을 구휼하는 것은 관리의 1차적인 책무였다. 이렇게 볼 때 당시 관리는 인민을 다스리는 자이자 스승으로서 후한 녹을 받기 때문에 그들의 책무는 수레와 의복 등 몸가짐부터 인민의 모범이어야 할 뿐 아니라 인민이 굶주리지 않도록 맡

---

30) 吏所以治民也. 能盡其治則民賴之. 故重其祿. 所以爲民也(권2 '혜제기(惠帝紀)'; 班固, 1962/2016: 85).

31) 五月, 詔曰:「夫吏者, 民之師也. 車駕衣服宜稱. 吏六百石以上, 皆長吏也. 亡度者或不吏服, 出入閭里, 與民亡異」(권5 '경제기'; 班固, 1962/2016: 149).

32) 吏民有振救飢民免其厄者, 具擧以聞(권6 '무제기'; 班固, 1962/2016: 182).

33) (元鼎)三年 夏四月, 雨雹. 關東郡國十餘飢, 人相食(권6 '무제기'; 班固, 1962/2016: 183).

은 바 직무에 최선을 다해서 인민의 신뢰를 얻는 것이었다.

한나라 초기에 유능하고 책임 있는 인재를 발탁하기 위한 여러 정책들을 살펴보면 다음과 같다.

첫째, 항우는 유능한 사람을 질투하고, 유공자를 해치며, 현자를 의심하여 부하의 공을 인정하지 않고 은덕을 베푸는 데 인색했기에 천하를 잃었지만, 한고조는 자신보다 전투능력이 탁월한 장량(張良, 250?~186? BCE)과 백성을 안정시키고 군량공급에 능한 소하, 백전백승의 명장 한신 등의 인물됨을 알고 등용하였기에 천하를 얻을 수 있었다.[34] 한나라 건립 이후에는 앞에서도 서술했듯이 소하가 율령, 한신이 군법, 장창이 법규, 숙손통이 의례, 육가가 「신어」를 제작하는 등 적재적소에 유능한 인재를 발탁하여(각주 11) 참조) 한나라의 기틀을 다질 수 있었다.

둘째, 한고조 이후에도 현량방정과 간언자를 등용하기 위한 조치들은 이어졌다. 문제 2년 11월에 일식이 일어나자 문제는 하늘이 자신의 부덕함을 견책한 것으로 보고, 천하통치의 모든 책임은 자신에게 있으니, "현량방정하고 직언 극간할 수 있는 인재를 천거하여 자신의 부족한 점을 바로잡아 주기를 바랐다."[35] 이와 함께 천거할 수 있는 현량의 저변을 확대하기 위해 연좌제인 수라법(收拏法)과 비방요언죄(誹謗妖言罪)를 폐지하였다. 곧 문제 원년(BCE 179) 12월에 죄 없는 부모나 처자, 자식, 형제 등을 연좌시키지 말

---

34) 項羽妒賢嫉能, 有功者害之, 賢者疑之, 戰勝而不與人功, 得地而不與人利, 此其所以失天下也. …… 帷幄之中, 決勝千里之外, 吾不如子房; 塡國家, 撫百姓, 給餉餽, 不絶糧道, 吾不如蕭何; 連百萬之衆, 戰必勝, 攻必取, 吾不如韓信. 三者皆人傑, 吾能用之, 此吾所以取天下者也(권1하 '고제기하'; 班固, 1962/2016: 56).

35) 十一月癸卯晦, 日有食之. …… 人主不德, 布政不均, 則天示之災以戒不治. …… 天下治亂, 在予一人, …… 及舉賢良方正能直言極諫者, 以匡朕之不逮(권4 '문제기'; 班固, 1962/2016: 116).

도록 했고,36) 문제 2년에는 뭇 신하들의 언로를 막는 비방요언죄를 폐지시켰다.37) 곧 "옛날에 천하를 다스리면서 조정에는 진언을 권장하는 깃발과 정사의 잘못을 지적할 수 있는 나무(誹謗之木)를 세웠는데, 이는 통치의 도에 대해 소통하고 간언자를 오게 하려는 조치였다. 지금은 비방요언죄가 있어서 뭇 신하는 그 뜻을 다 말할 수 없고, 윗사람은 자신의 과실을 들을 수가 없다. 그러니 어떻게 먼 곳의 현량을 오게 할 수 있겠는가? 이 법을 폐지하라"고 하였다.38) 그래서 여러 신하 가운데 원앙(袁盎, ?~148 BCE) 같은 이가 직설적이고 신랄하게 진언을 해도 문제는 늘 관대하게 그의 의견을 채택하였다.39) 동양에서는 예부터 군주의 정치에 대해 직언할 수 있는 인재를 널리 구하기 위해 여러 대책을 강구했음을 알 수 있다. 이를 통해 볼 때 동양사에서 인재란 단순히 업무처리 능력이 뛰어난 사람만을 의미하는 것이 아니라 이와 함께 덕이 있어서 직언할 수 있는 용기가 있는 사람이었음을 알 수 있다.

셋째, 문제의 뜻을 이어 경제도 현량 천거의 저변을 한층 더 확대하기 위해 재산이 없는 사람도 관리가 될 수 있게 하였다. 곧 경제(後元)2년(BCE 142) 5월 조서를 내려 상인은 관리가 될 수 없지만, 재산이 없는 사람도 관리가 될 수 없음을 안타깝게 여겨서 재산이 4만 전만 되어도 관리가 될 수 있게 하여 청렴한 인재가 오랫

---

36) 今犯法已論而使毋罪之, 父母妻子同産坐之及爲收孥, 朕甚不取其議之, …… 請奉詔書, 除收孥諸相坐律令(「사기」 권10 '효문본기').

37) 今法有誹謗妖言之罪, 是使衆臣不敢盡情, 而上無由聞過失也. …… 自今以來有犯此者勿聽治(「사기」 권10 '효문본기').

38) 五月, 詔曰:「古之治天下, 朝有進善之旌, 誹謗之木, 所以通治道而來諫者也. 今法有誹謗訞言之罪, 是使衆臣不敢盡情, 而上無由聞過失也. 將何以來遠方之賢良? 其除之.」(권4 '문제기'; 班固, 1962/2016: 118).

39) 羣臣如袁盎等稱說雖切, 常假借用之(「사기」 권10 '효문본기').

동안 관직을 얻지 못하는 일이 없도록 하였다.[40]

넷째, 한나라 초기의 황제 가운데 현량을 천거하는 데 가장 큰 노력을 기울인 것은 역시 무제였다. 무제는 즉위 직후인 건원 원년(BCE 140)에 현량 방정하고 직언 극간할 수 있는 선비를 천거하되 법가의 학술자는 배제하게 하였다(각주 21) 참조). 또 (元光)원년(BCE 134) 겨울 11월에는 처음으로 각 군국에 효렴(孝廉)을 1명씩 천거하게 하였고, 그해 5월에는 현량을 천거하라는 조서를 내리고, 자신이 어떻게 하면 요순 삼왕과 같아질 수 있는지 책문(冊文)을 내리고, 고금 왕도정치의 요체를 잘 아는 현량한 인재들은 문서로 답을 올리라고 하니 동중서(董仲舒)와 공손홍(公孫弘) 등이 대책(對冊)을 올렸다.[41] 이때 동중서가 올린 '천인삼책'(天人三策)과 그의 공양학(公羊學)은 이후 2,000년 동안 유교관료제의 핵심이론이 된다. 이에 대해서는 뒤에서 자세히 논하기로 한다.

한편 (元朔)원년(BCE 128) 겨울 11월에는 조서를 내려, 청렴하거나 효행하는 인재를 천거케 하여 풍조를 바로잡고 성인의 위업을 이어가기를 기대했는데, 어떤 군에서는 한 사람도 추천하지 않은 곳이 있음을 질책하며, 중이천석과 예관(禮官), 박사들에게 인재를 천거하지 않는 자를 처벌하는 방안을 논의하게 하니, 이들은 청렴한 인재를 살피지 못했다면 직분을 수행하지 못한 것이니 파면해야 한다고 상주했고, 무제는 이를 재가하였다.[42] 이처럼 동양사에서는

---

40) 有市籍不得宦, 無訾又不得宦, 朕甚愍之. 訾算四得宦, 亡令廉士久失職, 貪夫長利(권5 '경제기'; 班固, 1962/2016: 152).

41) 元光元年冬十一月, 初令郡國舉孝廉各一人. …… 五月, 詔賢良曰: 「…… 何行而可以章先帝之洪業休德, 上參堯舜, 下配三王! …… 賢良明於古今王事之體, 受策察問, 咸以書對, 著之於篇, 朕親覽焉.」於是董仲舒, 公孫弘等出焉(권6 '무제기'; 班固, 1962/2016: 160-161).

42) 「興廉舉孝, 庶幾成風, 紹休聖緒. …… 今或至閭郡而不薦一人, 是化不下究, 而積行之君子雍於上聞也. …… 其與中二千石, 禮官, 博士議不舉者罪.」有司奏議曰: 「…… 不察廉, 不勝任也, 當免」

관리들이 지방의 훌륭한 인재를 천거하는 것이 선택이 아니라 의무였다. (元朔)5년 여름 6월에도 조서를 내려, 예악이 붕괴된 것을 심히 애석해하며, 천하의 박문(博聞)한 인사를 모두 조정에 천거하고, 잘 알려지지 않은 경전을 찾아내고 예학을 진흥하게 하자, 승상 공손홍이 박사에게 제자 관원을 두도록 건의하여 학자들이 더욱 늘어났다.43) 그 외에도 현량을 천거하기 위한 조서는 계속 이어졌다.

이처럼 무제는 문무의 인재를 간절히 구하여 처음으로 매승(枚乘, ?~140 BCE)을 영입했으나 오는 도중 사망했고, 주보언(主父偃, ?~126 BCE)을 발탁했고, 무제는 나이와 신분에 상관없이 인재를 영입했기 때문에 많은 이인(異人)들이 무제에게 몰려들었다. 양을 치던 복식(卜式)과 상인인 상홍양(桑弘羊, 152?~80 BCE)을 발탁했으며, 위청(衛靑, ?~106 BCE)은 노비에서 발분하여 기신하였고, 김일제(金日磾, 134~86 BCE)는 항복한 포로에서 출세하였다. 고아한 유학자로는 공손홍, 동중서, 아관(兒寬, ?~103 BCE)이 있고, 행실이 독실한 사람으로는 석건(石建)과 석경(石慶), 질박하고 곧은 인재로는 급암(汲黯, ?~112? BCE)과 복식, 어진 이를 잘 천거한 사람으로는 한안국(韓安國, ?~127 BCE)과 정당시(鄭當時), 법령 정비에는 조우와 장탕, 문장에는 사마천(司馬遷, 145?~86? BCE)과 사마상여(司馬相如, 179~117 BCE), 골계에는 동방삭(東方朔, 154~93 BCE)과 매고(枚皐), 응대에 뛰어난 엄조(嚴助, ?~122 BCE))와 주매신(朱買臣, 174?~115 BCE), 역수에는 당도(唐

奏可(권6 '무제기'; 班固, 1962/2016: 166-167).

43) 夏六月, 詔曰:「蓋聞導民以禮, 風之以樂, 今禮壞樂崩, 朕甚閔焉. 故詳延天下方聞之士, 咸薦諸朝. 其令禮官勸學, 講議洽聞, 擧遺興禮, 以爲天下先. ……」丞相弘請爲博士置弟子員, 學者益廣(권6 '무제기'; 班固, 1962/2016: 171-172).

都)와 낙하굉(落下閎)이 유명하였다. 음악에는 이연년(李延年, ?~ 87 BCE), 계략에는 상홍양, 사신으로는 장건(張騫, 164?~114 BCE)과 소무(蘇武, 140~60 BCE), 장수로는 위청과 곽거병(霍去病, 140~117 BCE), 유조(遺詔)를 잘 따른 곽광(霍光, ?~68 BCE)과 김일제가 있었으니 그 나머지 인재는 다 기록할 수가 없다.[44] 이렇게 한나라의 초기 관료제는 유생들을 중심으로 하면서도 그 인적 구성이 다양해서 제자백가의 후예들을 두루 잘 활용하였다. 그런 한편 많은 인재들이 끝없는 권력투쟁과 모함으로 자살하거나 처형된 것은 매우 안타까운 일이었다.[45]

2) 동중서의 「천인삼책(天人三策)」

이렇게 하여 무제는 즉위 후 현량문학지사를 백여 명 등용하였는데 동중서도 현량대책으로 천거된 대표적인 인재였다.[46] 동중서는 광주현(廣州縣) 사람이고, 젊어서 「춘추」를 전공했으며, 경제 때 박

44) 上方欲用文武, 求之如弗及, 始以蒲輪迎枚生, 見主父而歎息. 羣士慕嚮, 異人並出. 卜式拔於芻牧, 弘羊擢於賈豎, 衛靑奮於奴僕, 日磾出於降虜, 斯亦曩時版築飯牛之(明)[朋]已. 漢之得人, 於兹爲盛, 儒雅則公孫弘, 董仲舒, 兒寬, 篤行則石建, 石慶, 質直則汲黯, 卜式, 推賢則韓安國, 鄭當時, 定令則趙禹, 張湯, 文章則司馬遷, 相如, 滑稽則東方朔, 枚皐, 應對則嚴助, 朱買臣, 曆數則唐都, 落下閎, 協律則李延年, 運籌則桑弘羊, 奉使則張騫, 蘇武, 將率則衛靑, 霍去病, 受遺則霍光, 金日磾, 其餘不可勝紀(권58 '공손홍복식아관전(公孫弘卜式兒寬傳)'; 班固, 1962/2016: 2633-2634).

45) 명장 한신은 장안에서 모반했다가 삼족이 멸족 당했고, 뛰어난 외교력으로 유방을 도왔던 역이기(酈食其)는 이 사건 때문에 오해받아서 제왕(齊王)에 의해 삶겨 죽었고, 주건(朱建)도 처음에는 강직한 명성이 있었으나 계책에 휘말려 자살했다. 문제 때 승상인 강후(絳侯) 주발(周勃)이 역모에 휘말려 옥고를 치른 이후 가의(賈誼)의 건의에 따라 그 뒤로는 대신들이 죄를 지으면 모두 자살하고 형벌을 받지는 않았다. 무제 때에 다시 감옥에 보내졌는데, 이는 혹리 영성(甯成)부터 시작되었다(是時丞相絳侯周勃免就國, 人有告勃謀反, 逮繫長安獄治, 卒亡事, 復爵邑, 故賈誼以此譏上. 上深納其言, 養臣下有節. 是後大臣有罪, 皆自殺, 不受刑. 至武帝時, 稍復入獄, 自甯成始. 권48 '가의전(賈誼傳)'; 班固, 1962/2016: 2260).

46) 武帝卽位, 擧賢良文學之士前後百數, 而仲舒以賢良對策焉(권56 '동중서전(董仲舒傳)'; 班固, 1962/2016: 2495).

사가 되었다. 거의 3년 동안 뜰을 보지 않을 정도로 학문에 정진했으며, 진퇴와 용모와 행동거지가 예가 아니면 행하지 않았기에 학사들이 모두 스승으로 존중하였다.47) 그는 무제의 책문에 세 번의 「현량대책(賢良對冊)」을 올려 천거되었다.

무제가 세 번에 걸쳐 동중서에게 내린 책문의 요지는 다음과 같다. 재이(災異)의 변고는 왜 일어나는가? 백성을 화락하게 하고 밝은 정사를 펴려면 어떻게 수행해야 하는가? 오제삼왕의 도가 왜 다른가? 천(天)과 인(人)이 호응하는 도(道)는 무엇인가?48) 이에 대해 세 번에 걸친 동중서의 대책을 종합적으로 분석하면 다음과 같다.

첫째, 재이의 변고는 왜 일어나는가에 대해 동중서는 도에 대한 설명으로 대책을 시작한다. 도란 정치가 따라야할 바른 길이고, 인의예악(仁義禮樂)은 모두 그 도구이다. 그리고 공자의 말을 인용하여 이 도를 크게 하는 것은 사람이지 도가 사람을 위대하게 하는 것은 아니라고 했다. 그래서 안정과 혼란, 정치의 치란과 흥망은 자신에게 달린 것이어서, 상하가 불화하면 음양이 어긋나고 괴이하며 불길한 징조가 일어나는데 이것이 바로 재이가 일어나는 까닭이다. 천도(天道)의 큰 것은 음양에 있는데, 양은 덕이고 음은 형벌이며, 형벌은 죽이는 것을 주로 하고 덕은 살리는 것을 주로 한다. 나라를 다스리며 형벌에 의지하는 것은 하늘에 순응하는 것이 아니기에 그렇게 하려 했던 선왕은 없었다. 그런데 선왕의 덕치와 교화를 담당하는 관직을 없애고 법을 집행하는 관리에게만 백성을 다스리게

---

47) 董仲舒, 廣川人也. 少治春秋, 孝景時爲博士. …… 蓋三年不窺園, 其精如此. 進退容止, 非禮不行, 學士皆師尊之(권56 '동중서전'; 班固, 1962/2016: 2495).

48) 災異之變, 何緣而起? …… 百姓和樂, 政事宣昭, 何脩何飭/ 夫帝王之道, 豈不同條共貫與? 何逸勞之殊也?/ 故朕垂問乎天人之應(권56 '동중서전'; 班固, 1962/2016: 2496-2497, 2506, 2513).

위임한다면 형벌에 의지하겠다는 뜻이니, 백성을 학대하면서 덕치와 교화를 사해에 펴겠다면 성공하기 어렵다고[49] 무제에게 강력히 경고하였다.

동중서가 말하는 이 천인감응론(天人感應論)의 요지는 "장차 국가가 도를 잃어 실패할 것 같으면 하늘이 먼저 재해를 내려 견책하는데, 이를 알아 자성하지 않으면 괴이한 일로 경고를 보내 두렵게 하고, 그래도 변고를 알지 못하면 패망에 이르게 한다"는 것이다. 그러나 음양오행에 바탕을 둔 동중서의 재이론은 불완전한 이론이어서 그가 상(相)으로 봉직했던 강도국(江都國)에서 이를 시험했으나 뜻대로 되지 않았고, 또 다른 모함에 연루되어 겨우 사형을 면한 이후로 그는 재이에 대해서는 다시는 말하지 않았다.[50] 그런데도 이 천인감응론은 이후 근대 이전까지 동양정치의 기본사상이 되었던 것은 역사의 아이러니라 하지 않을 수 없다. 물론 이 천인감응론을 인간이 천지자연과 사시사철 같은 자연의 원리에 순응하는 사상으로 본다면 오늘날까지도 유효하다고 할 수 있다. 춘추시대 정치가였던 오자서(伍子胥, ?~484 BCE)가 "군주를 섬기는 것을 부모를 섬기듯이 한다"고[51] 말한 데 대해, 동중서는 "신하는 군주를 위해 죽고, 모든 사람은 아버지를 위해 죽는다"고 해석했는데, 그 이유는 "사람은 각자 그 섬기는 이를 위해 죽기"[52] 때문이라고

---

49) 道者, 所繇適於治之路也, 仁義禮樂皆其具也. …… 孔子曰「人能弘道, 非道弘人」也. 故治亂廢興在於己, …… 上下不和, 則陰陽繆盭而妖孽生矣. 此災異所緣而起也. …… 天道之大者在陰陽. 陽爲德, 陰爲刑; 刑主殺而德主生. …… 爲政而任刑, 不順於天, 故先王莫之肯爲也. 今廢先王德敎之官, 而獨任執法之吏治民, 毋乃任刑之意與! 孔子曰:「不敎而誅謂之虐.」虐政用於下, 而欲德敎之被四海, 故難成也(권56 '동중서전'; 班固, 1962/2016: 2499-2500, 2502).

50) 國家將有失道之敗, 而天乃先出災害以譴告之, 不知自省, 又出怪異以警懼之, 尚不知變, 而傷敗乃至./ 行之一國, 未嘗不得所欲. …… 仲舒遂不敢復言災異(권56 '동중서전'; 班固, 1962/2016: 2498, 2524).

51) 伍子胥復曰, …… 事君猶事父也(「춘추공양전」 '정공(定公)' 4년; 남기현 해역, 2005: 486).

52) 臣死君而衆人死夫. …… 各死其事(「춘추번로」 제13권; 董仲舒, 남기현 해역, 2005: 392).

했다. 이렇게 그는 부모를 섬기듯이 군주에게 충성하라고 공맹 사상을 크게 왜곡시키면서까지 군주의 절대권위를 인정했지만, 한편으로는 "군주는 백성의 마음이요, 백성은 군주의 몸체"라고[53] 하고, 또 군주가 하늘의 뜻에 의해 제한받게 함으로써 군주와 신하가 서로 견제하게 했다는 점에서 법가의 전제군주론과는 차이가 있다.

둘째, 백성을 화락하게 하고 밝은 정사를 펴려면 어떻게 수행해야 하는가? 이에 대답하기 위해 동중서는 진나라 정치의 병폐를 지적하면서 당시 한나라의 정치를 진단하고 있다. 곧 자고이래로 진나라처럼 백성을 많이 죽인 적은 없었는데, 한나라가 건립되고 나서도 그 독기와 기세가 아직도 남아 있어서 한나라는 썩은 나무요, 더러운 흙담과 같아서 좋은 통치를 하려고 해도 어찌할 방도가 없다. 법령이 나오면 그에 따라 간사한 길이 나오고, 명령이 내려지면 거짓이 생겨나서 더 나빠지기만 하고 있다. 그 이유는 한나라의 정치가 시작된 이래 당연히 바꾸어야 할 것을 바꾸지 못했기 때문인데, 군주는 마땅히 오상(五常)의 도를 닦고, 백성과 관리를 모두 바르게 해야 한다.[54] 이처럼 동중서는 냉정한 현실분석을 바탕으로 무제에게 유가의 덕치를 베풀어 관리의 기강을 바로 잡고 백성을 교화할 것을 간곡히 주청했다.

셋째, 오제삼왕의 도가 왜 다른가? 동중서의 대책은 다음과 같다. 성군들은 모두 성인같이 훌륭한 신하들이 덕을 돕고, 어질고 유능한 관리들이 직분을 담당하니 교화가 크게 이루어지고 천하가 화합

---

53) 君子 民之心也, 民者 君之體也(「춘추번로」제13권; 董仲舒, 남기현 해역, 2005: 326).

54) 自古以來, 未嘗有以亂濟亂, 大敗天下之民如秦者也. 其遺毒餘烈, 至今未滅 …… 今漢繼秦之後, 如朽木糞牆矣, 雖欲善治之, 亡可柰何. 法出而姦生, 令下而詐起, 如以湯止沸, 抱薪救火, 愈甚亡益也. …… 故漢得天下以來, 常欲善治而至今不可善治者, 失之於當更化而不更化也. …… 詩云: 「宜民宜人, 受祿于天.」爲政而宜於民者, 固當受祿于天. 夫仁誼禮智信五常之道, 王者所當脩飭也(권56 '동중서전'; 班固, 1962/2016: 2504-2505).

했다. 곧 요는 순(舜)과 우(禹), 후직(后稷), 설(卨=契), 구요(咎繇) 등을 등용했고, 순은 천자의 자리에 올라 우(禹)를 재상으로 삼고, 요를 보좌하던 사람들로 그 하던 일을 계속하게 했기에 팔짱을 끼고서도 천하가 다스려졌다. 문왕(文王)은 굉요(閎夭), 대전(大顚), 산의생(散宜生) 같은 성현을 조정에 등용하여 만물을 다스릴 수 있었다. 다만, 요는 천명을 받고 천하를 걱정했기에 자리에서 즐길 겨를이 없었고, 문왕은 주왕(紂王)의 학정으로 흩어진 백성들을 모아 안정시켜야 했기에 해가 저물도록 식사할 겨를이 없었다. 이렇게 볼 때 제왕이 하는 일의 조리는 같으나, 힘들거나 편하기가 다른 것은 만난 시절이 달랐기 때문이었다.[55] 모든 성왕은 정치를 현인에게 맡겼기 때문에 잘 다스릴 수 있었다.

넷째, 천(天)과 인(人)이 호응하는 도(道)는 무엇인가? 이에 대해 동중서는 이렇게 대답했다. 천(天)이란 만물의 시작이어서 모든 것을 다 망라하고 포함하여 차별이 없으며, 일월과 풍우의 작용으로 만물을 융화하고 음양과 한서(寒暑)를 거치며 만물이 성장한다. 그래서 성인은 천을 본받아 도를 세우고, 두루 사랑을 베풀고 사사로움이 없으며, 덕과 인을 베풀기를 두텁게 하고, 의와 예를 세워서 인민을 인도하였다. 공자께서 「춘추」를 지은 것은 위로는 천도(天道)를 알게 하고, 아래로는 인정에 바탕을 두었으며, 옛일을 참고하여 지금의 일을 고찰한 것이다. 질박(質樸)을 본성이라 하는데 인간

---

55) 臣聞堯受命, 以天下爲憂, 而未以位爲樂也. 故誅逐亂臣, 務求賢聖, 是以得舜, 禹, 稷, 卨, 咎繇 衆聖輔德, 賢能佐職, 敎化大行, 天下和洽, …… 舜知不可辭, 乃卽天子之位, 以禹爲相, 因堯之輔佐, 繼其統業, 是以垂拱無爲而天下治. …… 文王順天理物, 師用賢聖, 是以閎夭, 大殿, 散宜生等 亦聚於朝廷. …… 當此之時, 紂尙在上, 尊卑昏亂, 百姓散亡, 故文王悼痛而欲安之, 是以日昃而不 暇食也. …… 繇此觀之, 帝王之條貫同, 然而勞逸異者, 所遇之時異也(권56 '동중서전'; 班固, 1962/2016: 2508-2509).

의 본성은 교화를 통해서만 완성되고, 인욕을 정(情)이라 하는데 정은 법도로 제한하지 않으면 조절할 수 없다. 그래서 군주는 천명(天命)을 따르면서 백성이 본성을 지키도록 교화에 힘써야 한다. 도를 떠나면 언제든 폐단이 생긴다고 동중서는 경계하였다.56) 춘추전국시대를 거치면서 '천' 개념은 점점 주재적 성격이 옅어지면서 자연현상으로 인식되었으나, 동중서에 이르면 다시 주재적 성격을 띠게 된다. 이를 현대적으로 해석한다면 아무리 정치가 인간사회의 일이라고 해도 자연의 순리를 벗어나서는 안 되고, 국민 모두를 교화하고 끌어안아야 한다는 것으로 이해할 수 있겠다.

무제 즉위 초기에 유학이 융성하였으나 동중서는 춘추공양학의 대가로서 「춘추」의 사상을 바탕으로 대책을 올려 공자의 학문을 높이고 백가의 주장을 억제하고 물리쳤다. 학교를 세우고, 주와 군(州郡)에서 재능과 효렴이 있는 인재를 추천한 것은 대개 그가 발의한 것이었다. 법가의 사상가들이 대개 비명횡사한 것과는 달리, 자연의 순리에 따라 살았던 그는 늙어서 집에서 편안히 죽을 수 있었다.57) 유가와 법가 사상을 융합한 그의 유교관료제론은 이후 2,000년간 동양 정치의 핵심 사상이 되었다.

---

56) 臣聞天者羣物之祖也, 故徧覆包函而無所殊, 建日月風雨以和之, 經陰陽寒暑以成之. 故聖人法天而立道, 亦薄愛而亡私, 布德施仁以厚之, 設誼立禮以導之. …… 孔子作春秋, 上揆之天道, 下質諸人情, 參之於古, 考之於今. …… 質樸之謂性, 性非教化不成; 人欲之謂情, 情非度制不節. 是故王者上謹於承天意, 以順命也; 下務明教化民, 以成性也. …… 弊者道之失也(권56 '동중서전'; 班固, 1962/2016: 2515, 2518).

57) 自武帝初立, 魏其, 武安侯爲相而隆儒矣. 及仲舒對冊, 推明孔氏, 抑黜百家, 立學校之官, 州郡擧茂材孝廉, 皆自仲舒發之. 年老, 以壽終於家(권56 '동중서전'; 班固, 1962/2016: 2525).

3) 유능하고 책임 있는 관리

그러면 현량과 청렴, 효렴들을 어떻게 발탁하고, 관직에 발탁한 다음 어떻게 해야 이들이 유능하고 책임 있는 관리가 될 수 있을까? 이에 대한 답 역시 동중서의 대책에서 찾을 수 있다. 우선 그는 현인을 구하기 전에 선비를 기를 것을 주문했는데, 선비를 기르는 방법으로는 태학보다 나은 것이 없으니, 태학은 어진 선비를 배출하는 곳이자 교화의 본원이라고 했다. 따라서 모든 군국에 태학을 설치하고 훌륭한 스승을 두어 천하의 인재를 양성하고, 이들을 시험하고 자문하여 영재를 얻으라고 했다. 당시의 군수나 현령은 백성을 거느리는 장수로서 군주의 뜻을 받들어 널리 교화를 펴는 사람인데, 만약 백성을 인솔한 장수가 어질지 못하면 군주의 덕을 펼 수가 없고 은택도 아래로 흐르지 못하기 때문이다.[58] 고래로 국가의 인재 선발은 그 시대의 교육제도와 밀접한 관계를 맺으며 발달해왔는데, 교육은 과거제를 도입하면서 더욱 중요해졌다. 곧「증보문헌비고(增補文獻備考)」제184권 '선거고(選擧考)1'[59]에 따르면 "성인이 먼저 가르친 뒤에 뽑아서 쓰니, 선거(選擧)는 특히 사람을 쓰는 법이고, …… 이름난 신하와 어진 신하로서 아름답고 밝은 정치를 도운 이가 비록 모두 선거로 진출하였으나, 대개 배양(培養)한 가르침에 근본 하였으니 아름답고 거룩하다"고 하였다. 전통사회에서 태학은 관리양성소의 기능을 하였다.

---

58) 夫不素養士而欲求賢, 譬猶不(琢)[琢]玉而求文采也. 故養士之大者, 莫大(虐)[摩]太學, 太學者, 賢士之所關也, 教化之本原也. …… 臣願陛下興太學, 置明師, 以養天下之士, 數考問以盡其材, 則英俊宜可得矣. 今之郡守, 縣令, 民之師帥, 所使承流而宜化也; 故師帥不賢, 則主德不宣, 恩澤不流 (권56 '동중서전'; 班固, 1962/2016: 2512).

59) 聖人先敎而後擧選擧特用人之法 …… 名臣碩輔之出而贊休明之治者雖皆以選擧進蓋本於培養之敎也 猗歟盛哉. 원문은 '한국의 지식콘텐츠' 홈페이지에서 제공하는 「국역 증보문헌비고」본을 사용함.

이렇게 어질고 훌륭한 인재를 양성하여 발탁한 다음에는 이들을 어떻게 승진시키고 부려야 할까? 그는 고대의 이상적인 제도와 당시의 폐단을 대조하면서 선발도 승진도 철저한 능력주의 인사제도를 주문한다. 곧 "현명한 사람에게 맡겨서 능력 있는 이를 부리고, 사방을 살펴서 들으면 밝게 되고, 능력을 헤아려서 관직을 주고 현명하고 어리석은 차이에 차등을 두어야 한다." 어진 이를 가까이 하여 팔다리로 삼고, 실적과 공적을 따져서 고과를 결정하고, 공이 있는 사람은 진출시키고 공이 없는 사람은 퇴출하는 것은 상벌로써 한다.60) 또한 연공서열에 따라 승진하는 것이 아니라 현능을 시험하여 승진시키고, 재능에 따라 관직을 수여하며, 덕을 살펴서 직위를 정하면 청렴한 자와 그렇지 않은 자의 관로가 다를 것이며, 현자와 불초한 자의 처지가 달라진다는 것이다.61) 이 공(功)이라는 것은 고대에도 임관과 직책에 따라 차이를 두었고, 날짜나 채워서 오래 근무했다는 게 아니어서 재능이 없는 자는 오래 근무해도 낮은 자리를 떠날 수 없었고, 어진 인재는 오래 근무하지 않아도 군주를 보좌하는 데 지장이 없었다. 그래서 관리는 힘과 지혜를 다해 그 직무를 수행하며 공을 쌓았다. 지금은 그렇지 않아서 오래 근무하면 높은 자리에 오르고, 더 오래 근무하면 고관이 되기 때문에 청렴한 자와 그렇지 않은 자가 뒤바뀌고, 현자와 불초한 자가 뒤섞여 참된 인재를 얻을 수 없다고62) 동중서는 분석하고 있다.

---

60) 任賢使能 觀廳四方 所以爲明也. 量能授官 賢愚有差 所以相承也. 引賢自近 以備股肱 所以爲剛也. 考實事功 次序殿最 所以成世也. 有功者進 無功者退 所以賞罰也(「춘추번로」 제17권; 董仲舒, 남기현 해역, 2005: 498).

61) 毋以日月爲功, 實試賢能爲上, 量材而授官, 錄德而定位, 則廉恥殊路, 賢不肖異處矣(권56 '동중서전'; 班固, 1962/2016: 2513).

62) 且古所謂功者, 以任官稱職爲差, 非(所)謂積日絫久也. 故小材雖絫日, 不離於小官; 賢材雖未久, 不害爲輔佐. 是以有司竭力盡知, 務治其業而以赴功. 今則不然. (累)[絫]日以取貴, 積久以致官, 是

이와 함께 그는 관료제 내에서 동양적 분업의 원리를 제시하고 있다. 곧 관료제 안에서 관리는 능력에 따라 직무를 맡고 각자 분업해서 직무를 처리하되 자신의 직분에 맞게 일을 해야 한다. 예를 들면 군자의 자리라면 군자의 역할을 해야지, 「주역(周易)」에서 말하듯이 '짐을 지고 수레를 타면 도적을 불러들이게 된다.' 여기서 수레를 타는 자는 군자의 자리에 있다는 뜻이며 짐을 등에 지는 것은 소인의 일이니, 군자의 자리에 있으면서 서인의 일을 한다면 틀림없이 재앙이 일어나기 때문이다.[63]

이와 같이 관리의 능력에 따른 분업과 함께 동중서는 관리들에게 욕망의 분업까지 요구하고 있다. 곧 하늘이 만물을 낼 때 이빨을 준 동물에게는 뿔이 없고, 날개가 있는 새에게는 발이 2개이니, 이는 큰 것을 받은 자는 작은 것을 가질 수 없게 한 것이다. 예전에 녹을 받은 자는 힘으로 먹고 살지 않았으니 장사나 공장에 종사하지 못하는 것은 하늘의 뜻과 같은 것이다. 그래서 녹봉을 받는 자는 녹봉으로 살면서 백성과 생업을 다투지 않아야 이익을 내는 것이 균등해지고 백성도 풍족해진다. 예전에 공의자(公儀子)가 노나라의 재상일 때 집에서 길쌈하는 것을 보고 화가 나서 아내를 내쫓고, 집에서 식사하면서 채소를 먹다가 화를 내며 채소를 뽑으면서, "나는 이미 녹봉을 받고 있는데 농사짓는 사람과 길쌈하는 여인의 이득을 뺏을 수 있는가?"라고[64] 했다는 유명한 일화가 있다. 다시

以廉恥貿亂, 賢不肖渾殽, 未得其眞(권56 '동중서전'; 班固, 1962/2016: 2512-2513).

63) 易曰:「負且乘, 致寇至.」乘車者君子之位也, 負擔者小人之事也, 此言居君子之位而爲庶人之行者, 其患禍必至也. 若居君子之位, 當君子之行(권56 '동중서전'; 班固, 1962/2016: 2521).

64) 夫天亦有所分予, 予之齒者去其角, 傅其翼者兩其足, 是所受大者不得取小也. 古之所予祿者, 不食於力, 不動於末, 是亦受大者不得取小, 與天同意者也. …… 故受祿之家, 食祿而已, 不與民爭業, 然後利可均布, 而民可家足. …… 故公儀子相魯, 之其家見織帛, 怒而出其妻, 食於舍而茹葵, 慍而拔其葵, 曰:「吾已食祿, 又奪園夫紅女利虖!」(권56 '동중서전'; 班固, 1962/2016: 2520-2521).

말해 관리는 자신에게 주어진 법적 책임은 물론이고, 맡은 바 직무에 최선을 다해서 백성의 기대를 충족시키고, 나아가 관직을 이용해 과욕을 취하지 않음으로써 세상의 이익이 고르게 나누어질 수 있도록 솔선수범해야 하는 것이다. 이익을 세상과 나눔으로써 모두가 고르게 가진다는 유가 사상은 자연의 순리에 바탕을 둔 것이다. 현재도 공무원에게는 영리추구가 금지되어 있다.

이와 같이 유가와 법가 모두 나라를 잘 다스리기 위해서는 관료제를 형성하고, 현능한 인재를 등용하고 적재적소에 배치하여 분업해야 한다고 주장한 점에서는 같다. 그러나 법가의 관료제론은 능률 향상을 위해 항상 관리를 시험하고 속마음을 떠보고, 서로를 감시하게 해야 한다는 데 반해, 유가의 관료제론은 천도 내지 자연의 순리에 따라 나라를 다스리기 위해서는 학교를 세워서 오상을 가르친 다음 인재를 선발하고, 선발된 관리들이 백성에게 모범을 보임으로써 백성이 저절로 교화되게 하고, 생업에 충실하게 해야 한다고 보기 때문에 정치를 보는 관점이 전혀 다름을 알 수 있다.

더욱이 정책결정에 참여한 관리들이 정책에 대해 책임을 지게 하는 방법도 전혀 다르다. 유가의 정책결정 방법은 오로지 간언과 공개된 장소에서 공개토론을 통해 결정하는 것이다. 그 대표적인 사례를 「염철론(鹽鐵論)」의 '금경(禁耕)'과 '복고(復古)' 편에서 염철의 관영과 민영을 놓고 벌인, 상인 출신 대부와 유가 선비인 문학 간의 격렬한 논쟁에서 엿볼 수 있다. 먼저 대부는 염철의 관영과 표준정책을 폐지하면 재산과 세력 있는 백성이 천하의 재물을 차지하여 그 이익을 독점할 것이고, 시장의 물가가 그들의 수중에서 놀아나서 한 집이 백 집을 헤치기 때문에 염철 관영과 표준정책이 필요하다고 주장했다. 이에 대해 문학은 철로 만든 농기구는 농민에게 가장 중요한 생산도구이고, 진(秦)·초(楚)·연(燕)·제(齊) 나라는 토지생산력과 토지의 질이 다르고, 사용하는 농기구의 크기와 굴곡에 차이가 있다. 그런데 이를 관영하여 표준화시키면 농민이 오히려 불편을 겪게 되고, 또 염철을 만드는 곳이 대부분 지세가 험한 벽지여서 이 일이 너무 고통스러워서 군현에서 이 일에 복무하는 기술자들이 돈으로 사람을 고용하여 대신시키기에 오히려 제품의 질이 떨어지기 때문에 조정 또는 한 관청 내지 한 관리가 천리에 이르는 백성을 상하게 한다고 염철의 민영을 주장한다.[65] 이 두 편에서는 염철의 관영 문제를 놓고 황제 앞에서 대부와 문학 간에 반복적으로 논쟁이 이어지고 있다.

염철 관영을 둘러싼 대부와 문학 간의 논쟁의 초점은 대부는 국가의 재정과 관리의 편리성을 위해 관영을 주장한 데 반해, 문학은 오로지 제품의 질과 백성의 편리를 위해 민영을 주장하고 있다. 양측의 이러한 차이는 근본적으로 국가의 목적 또는 책임의 대상이 무엇이냐에 대한 해석의 차이에서 생기는 것이라고 할 수 있다. "염철 회의 이후 술의 전매는 폐지되었지만, 소금과 철의 전매는 여전히 지속되"다. "염철 문제를 둘러싼 양측의 대결 구도는, 그 시대에 정부 시책에 대한 비판이 공공연히 이루어졌음을 방증하는 것이므로 염철 논의가 토론 정치의 한 획을 그었다고 평가할 수 있

---

65) 大夫曰:「…… 縣官設衡立準, 人從所欲, 雖使五尺童子適市, 莫之能斯. 今罷去之, 則豪民擅其用而專其利. 決市閭巷, 高下在口吻, …… 一家害百家, ……」文學曰:「…… 鐵器者, 農夫之死士也. …… 夫秦, 楚, 燕, 齊, 土力不同, 剛柔異勢, 巨小之用, 居句之宜, 黨殊俗易, 各有所使. 縣官籠而一之, 則鐵器失其宜, 而農民失其使. 器用不便, 則農夫罷於壄而草萊不辟. …… 故鹽治之處, 大傲皆依山川, 近鐵炭, 其勢咸遠而作劇. 郡中卒踐更者, 多不勘, 責取庸代. …… 愚竊見一官之傷千里 ……」('금경' 제5; 桑弘羊, 1992/2012: 68-69). 번역서는 김원중 역, 「염철론」을 참고함.

겠다." 당시 한나라 조정에서 군주와 신하가 민간의 대표와 함께 토론을 거쳐서 국가의 주요 정책을 결정하고자 한 드문 예에 속한다(환관 저, 김원중 역, 2007: 393-395). 이러한 논쟁은 결국 대부의 승리로 끝나고 말았는데, 무제를 비롯한 한나라 초기의 군주들이 유가의 덕치를 본격적으로 구현하려고 했다기보다는 왕조의 기초를 다지기 위해 법치의 토대 위에 유가 사상으로 약간 분칠했던 것으로 볼 수 있겠다.

Ⅳ. 결 론

지금까지 한나라 초기에 '유능하고 책임 있는 공무원상'이 형성되는 과정을 연구하였다. 한고조를 비롯한 한나라 초기의 황제들은 형벌과 강압적인 수단만으로는 장기적이고 안정적으로 정치를 유지할 수 없다는 것을 알고 형벌을 완화하는 조치를 취했으나, 사방의 오랑캐를 평정한다는 이유로 다시 구장률을 제정하여 진율을 한제국의 기본 법률로 수용하게 된다. 다만 백성의 생업을 중시하여 농업을 장려하기 위해 토지에 대한 조세를 폐지하고 환과고독을 보살폈다. 그런 한편 호적을 정비하고, 읍을 조성하고 황무지를 개간하기 위해 상앙의 사민정책을 계승하였다. 무제는 현량 천거에서 법가 학술자를 기피하면서도 정벌정책에 대응하기 위해 장탕과 조우같은 혹리들을 등용하여 법조문을 정비하고 형벌을 크게 강화하였다. 대유학자 동중서는 유가, 도가, 법가, 음양가 등의 이론을 융합하여 진나라의 독기를 제거하여 삼대의 덕치를 구현할 수 있는 유교관료제의 원리를 제시하였다.

백성이 각자 자신의 능력에 맞는 생업을 갖고 편안히 살게 하기 위해 유교관료제가 성립하는 과정을 요약하면 다음과 같다. 먼저 한나라 초기의 관료제는 크게 중앙관과 지방관으로 구성되고, 중앙관은 다시 3공9경 내지 열경으로 구성되었다. 중앙정치의 핵심을 이루는 3공은 문관의 수장인 승상과 무관의 수장인 태위, 백관을 감찰하는 어사대부로 3권을 분업화하여 상호견제하게 하였다. 이처럼 중국의 관료제는 황권과 신권의 대립을 통해 권력투쟁을 벌이면서도 상호 견제하고 협력하는 가운데 역사적으로 형성되었다. 지방제도는 제후국을 일부 부활한 것을 제외하면 진나라의 지방제도를 계승하여 군현을 기본조직으로 삼았다. 따라서 황제를 정점으로 3공9경과 군현으로 이루어지는 전국 규모의 거대 관료제 외에 각 제후국에서도 별도의 관료제를 구성하는 이원적 관료조직을 갖게 되었다.

이 관료제 안에서 일할 유능하고 책임 있는 관리를 선발하기 위해 철저한 능력주의 인사제도를 확립하였다. 우선 동중서의 건의에 따라 태학을 세우고 박사들을 길러서 이들을 관리후보군으로 양성하였다. 그리고 각 군국에서 정기적으로 현량방정하고 청렴한 인재를 추천하게 하고, 지역에 인재가 있는데도 추천하지 않으면 해당 관리를 파면시켰다. 이와 함께 천거할 수 있는 인재의 저변을 확대하기 위해 악법인 연좌제와 비방금지법을 폐지하고, 재산이 없는 사람도 관리가 될 수 있게 문호를 개방하였다. 이에 따라 한나라의 초기 관료제는 동중서나 공손홍 같은 유생들이 주류를 이루면서도 그 인적 구성이 다양해서 제자백가의 후예들을 두루 활용할 수 있었다. 동양사에서 인재란 단순히 업무처리 능력이 뛰어날 뿐 아니라 덕이 있어서 직언할 수 있는 용기가 있는 사람이었다.

특히 동중서는 천인감응론을 내세워 군주는 자연의 순리를 따르고 인의예악을 그 도구로 삼아 백성을 교화하면 하늘도 이에 감응하여 시절을 조화롭게 하지만, 그렇지 않으면 재이가 일어나니 형벌로 백성을 학대하지 말고 덕치와 교화를 펼 것을 강력히 주장하였다. 곧 군주 스스로 오상의 도를 닦고, 관리의 기강을 바로 잡고,

백성을 모두 교화하고 끌어안아야 한다는 것이다. 그리고 관료제 안에서 일하는 관리는 능력에 따라 직무를 맡고 각자 분업해서 직무를 처리하되 자신의 직분에 맞게 처신해야 한다. 관리의 승진도 연공서열이 아니라 현능과 업적에 따라 이루어져야 한다. 동중서는 관리의 능력에 따른 분업과 함께 관리가 관직을 이용하여 과욕을 취함으로써 백성의 생업을 해치지 않고, 이익이 사회에 고르게 분배될 수 있도록 욕망의 분업까지 요구하는 동양적 분업의 원리를 제시하였다.

유가와 법가 모두 나라를 잘 다스리기 위해서는 관료제를 형성하고, 현능한 인재를 등용하고 적재적소에 배치하여 분업해야 한다고 주장한 점에서는 같다. 그러나 법가의 관료제론은 능률 향상을 위해 항상 관리를 시험하고 속마음을 떠보고, 서로를 감시하게 해야 한다는 데 반해, 유가의 관료제론은 천도 내지 자연의 순리에 따라 나라를 다스리기 위해서는 학교를 세워서 오상을 가르친 다음 인재를 선발하고, 선발된 관리들이 백성에게 모범을 보임으로써 백성이 저절로 교화되게 하고, 생업에 충실하게 해야 한다고 보기 때문에 정치를 보는 관점이 전혀 다름을 알 수 있다.

유가의 정책결정 방법은 오로지 간언과 공개된 장소에서 공개토론을 통해 결정하는 것이다. 한나라 초기의 염철 관영 문제를 놓고 벌인 논쟁을 보면, 논쟁의 초점은 행정편의주의냐 아니면 백성의 편의제공이냐 였는데, 정책의 합리성 논리보다는 군주의 편의에 따라 결정되고 말았다. 결론적으로 한나라의 초기 관료제는 법치를 근간으로 하면서 유가 사상으로 분칠을 한 혐의가 짙지만, 동중서의 유교관료제론은 당송을 거치면서 더 정교화될 수 있는 토대를 제공하게 된다. 동양적 정치책임론은 백성의 생업보장이라는 실질이 중심을 이루었다면, 현대적 정치책임론은 설명책임이라는 형식적인 측면이 강조되는 차이를 보인다. 유감스럽지만 현대의 관료제는 유가보다는 법가적 관료제의 유산을 그대로 물려받고 있는 실정이다.

제6장

근대 공무원像의 변화: 교양인에서 기능인으로*

Ⅰ. 서 론

각 시대 국가의 행정업무를 담당하는 관료(bureaucrat) 또는 공무원(public official)의 일반적인 모습(像)은 어떻게 형성되고 변화할까? 여기서 '관료'란 국가의 관리로서 비인격화된 목적에 타당한 '직무상의 의무'(Amtstreue)를 담당하는 사람을 말한다(辻淸明, 1969: 3). 또한 공복(公僕, public servant)을 의미하는 '공무원'이라는 용어도 같은 맥락에서 생겨났으며(유종해・김문성, 2003: 18-21), "국가 또는 공공단체의 기관구성자로서 공무처리(공무담임)를 그 사명으로 하는 개개의 인적 요소"로 정의할 수 있다(강수희, 1957: 57). 1949년 제정한 「국가공무원법」(법률 제44호) 제1조에서도 "공무원으로 하여금 국민전체의 봉사자로서 최대의 능률을 발휘케함을 목적으로 한다"고 규정하고 있다. 따라서 근대적 의미의 '관료'와 '공무원'은 의미가 같다고 할 수 있겠다.

Max Weber(한태연・김남진 역, 1959: 5-9)의 관료제(Bureaukratie)에 따르면 전통적 관료와 근대적 관료를 구분 짓는 가장 큰 특징은 개인의 타고난 신분이나 정치적 성향과 상관없이 '자격과 능력'(qualifications and competence)에 따라 선발한다는 것이다. 이를 기준으로 한다면 제1장부터 제5장까지 서술했듯이 동양에서는 고대부터 이미 근대적 관료제가 성립했으며, 관료제 내에 견제와

---

* 제6장은 「한국행정논집」(한승연, 2007b)에 게재된 논문, "행정 관료의 변화에 관한 역사적 연구: 관료 임용시험제도를 중심으로"를 대폭 수정한 것임.

균형의 원리도 일찍부터 작동하고 있었다. 어느 나라든 근대적 관료제가 도입된 이후는 이 '능력'이라는 것이 1차적으로 관료 또는 공무원의 모습을 결정한다고 하겠다.

고래로 국가의 인재 선발은 그 시대의 교육제도와 밀접한 관계를 맺으며 발달해왔다. 그래서 항상 먼저 가르친 다음에 뽑아서 썼기 때문에 고려와 조선도 국학과 과거제도는 서로 밀접하게 연계되면서 발전했고, 당시의 국학은 관리양성소의 기능을 하였다(이병도, 1961: 185-186, 347-348). 특히 실력사회(meritocracy)를 지향하는 근대 산업사회가 되면, 학력이 직업과 연계되면서 선발수단으로서 학력과 시험은 밀접한 관계를 갖게 된다(Weber, 한태연·김남진 역, 1959: 81-89; 天野郁夫, 1983: 182-183). 직관적으로 사람의 능력을 판단할 수 없는 상황에서 시험은 그 주요한 수단이 될 수 있다(Stahl, 1983: 106). 특히 사회적 지위를 규정하는 요인으로서 교육 내지 학력이 다른 요인보다도 중요성을 갖는 학력사회화는 산업사회에 공통된 현상이다(天野郁夫, 1982, 석태종·차갑부 역, 1995: 9). 이처럼 관료선발과 교육제도는 밀접한 관계가 있으며(Cole, 1954: 66, 73), 중국이나 독일, 일본 등 세계 여러 나라에서 경쟁적 시험의 제도화가 시작된 것은 관료임용시험부터다(天野郁夫, 1983: 161). 따라서 전통사회와 근대사회를 가릴 것 없이 관료로서의 능력을 평가하고 선발하는 기준으로서 관료임용[1] 시험제도, 그 가운데서도 시험과목은 중요한 의미를 갖는다고 할 수 있다.

그런데도 지금까지 관료임용시험과 관련한 연구는 대체로 인사

---

[1] 임용(appointment)은 신규채용(recruitment)과 내부임용(staffing from inside the service)을 모두 포함하지만(오석홍, 2005: 119-120), 이 연구에서는 신규채용만 다루기로 한다.

행정 관련 교과서를 중심으로 선발시험의 기술적인 측면을 주로 다루었을 뿐(Stahl, 1983: 104-128; Nigro & Nigro, 1986: 229-262; 김중양, 1999: 165-220; 박동서, 2001: 175-196; 오석홍, 2005: 151-171), 선발시험이 갖는 시대적 의미 또는 '능력'과 선발 시험과목 간의 관계에 대해 깊이 있게 탐구한 연구는 거의 없는 실정이다. 따라서 이 연구에서는 1894년 갑오개혁으로 과거제도가 폐지되고 근대적 관료제도가 도입된 이후 현재까지, 한국 일반직 행정관료2)의 임용시험제도를 분석하여, 시험이 만들어내는 '공무원의 상'이 시대별로 어떻게 변화해왔는지 분석하고자 한다.3) 아울러 근대적 관료제도의 근간이 관료의 능력을 중심으로 충원한다고 할 때, 구체적으로 그 '능력'의 내용이 무엇인지를 선발시험과목의 변화를 통해 고찰하고자 한다.

---

2) 현행 「국가공무원법」(법률 제15522호) 제2조에서는 일반직 공무원을 "기술·연구 또는 일반행정에 대한 업무를 담당하는 공무원"으로 정의하고 있으나, 이 연구에서는 일반행정 업무를 담당하는 공무원만을 연구대상으로 한다.

3) 물론 관료는 시험에 합격하고 임용되면 각 관료 특유의 교육훈련을 거치고, 관리 엘리트로서 '조직적 인격'을 획득하고, 제도적 조직적 틀 속에서 역할행동을 수행하는 조직인(組織人)이 되고(片岡寬光, 1996: 2), 또 관료인으로서 의식과 실천력의 형성에는 각 관료의 사회적 배경과 임용 후 상사와의 인간관계, 직무상의 경험 등이 영향을 미친다(小谷良子, 2007: 84). 그러나 관료는 어려운 임용시험을 통해 정책형성에 필요한 전문적 지식을 갖춘 엘리트집단으로서 지위를 확보하기 때문에(中道實, 2002: 164; 小谷良子, 2007: 85에서 재인용), '전문인'으로서 '관료의 상'을 형성하는 데는 임용시험과목이 결정적 영향을 미친다고 하겠다.

II. 이론적 배경

1. 선행 연구의 검토

전통적 시대의 행정인은 관리가 아니라 주로 전통적인 충성의 유대로 맺어진 가신들로 충원이 되었고, 관리에게는 비인격적 의무가 아니라 인격적 충성이 요구되었다(Weber, 임영일 외 역, 1994b: 170-172). 따라서 이들에게는 관직의 기본자격으로서 합리적인 기술적 훈련은 거의 찾아볼 수 없으나, 관리에게 기술적 훈련이 조금이라도 요구된 곳에서는 행정업무의 근본적인 변화가 이루어졌다. 예를 들어 '읽고 쓰는 기술'에 대한 요구는 지식층의 생활양식을 통해 문화의 발전에 결정적인 영향을 미치기도 했으며(Weber, 임영일 외 역, 1994b: 174), 고대 중국에서 경서를 익힌 문인계층은 합리적 통치를 향한 진보의 담당자이자 모든 '지성'의 대변자였다(Weber, 임영일 외 역, 1994a: 371). 또 평민이라도 문자를 익힐 수 있으면 문인이 될 수 있었으므로, 가산제 외부에서도 관리의 충원이 이루어졌다(Weber, 임영일 외 역, 1994a: 372).

이에 반해 근대적 관료제도는 어디까지나 실적주의[4]에 바탕을 두고 있다. 또 실적주의는 전문시험으로 대표되기 때문에, 논의의

---

[4] 여기서 실적주의(merit system)란 "상대적인 실적과 업적이 개인의 선발과 승진을 결정하고, 성과의 조건과 보상이 서비스에 대한 경쟁과 연속성에 기여하는 인사제도를 말한다"(Stahl, 1983: 35). 그리고 실적주의는 공직 취임에 대한 기회균등과 인사행정의 기준으로서 개인의 능력과 실적(achievement, merit), 공무원의 정치적 중립과 신분보장 등을 그 내용으로 한다(박동서, 2001: 77-79).

편의상 관료임용시험제도를 지원자격과 시험과목, 시험제도의 변화 요인 등으로 나누어서 살펴보기로 한다.

첫째 지원자격을 보면, 민주국가에서는 공직취임의 기회를 모든 국민에게 개방하는 것이 헌법상의 원리이나, 구체적인 직위에 적합한 사람만을 채용해야 하는 기술적 요청이 있기 때문에, 일정한 자격요건을 설정하여 모집대상을 한정하는 기준으로 삼는다(오석홍, 2005: 143). 구체적인 자격요건은 나라마다 다르지만, 학력과 연령 등이 중요하다. 우선 현대행정은 어느 나라나 공직의 계층에 따라 학력을 기준으로 하여 어느 정도 차별하는 것은 불가피하다고 하겠다(박동서, 2001: 170). 더욱이 근대 관료제의 확산에 따라 전문교육을 받은 인력이 필요해지면서 전문시험과 전문교육은 밀접하게 연계되면서 보급되고, 전문교육을 마치고 취득한 학위가 사회적 위세를 나타냄으로써, 학력은 전문관료의 선발에 중요한 자격기준이 되고 있다(Weber, 한태연·김남진 역, 1959: 84-85). 다음으로 연령은 최고연령제한과 최저연령제한이 있는 것이 보통이다(김중양, 1999: 176). 외국의 예를 보면 영국은 연령제한이 심하고, 미국은 별로 제한을 안 하는 편이다(김중양, 1999: 177; 박동서, 2001: 173). 한국은 현재 최저연령만 제한하고, 최고연령제한은 폐지하였다. 연령을 낮추는 요인으로는 참신한 인재를 채용할 수 있고, 공직에 대한 경험이 풍부하고 일체감이 높은 직업공무원을 양성할 수 있다는 데 있다(오석홍, 2005: 148). 이 밖에도 자격요건으로 국적, 성별, 거주지(주민), 결격사유 등이 있다.

둘째 시험과목을 보면, 각 나라는 관료 지원자들의 근대적 '능력'을 검증하기 위해 임용시험을 실시하고 있다. 그러나 같은 '능력'을 검증하면서도 나라마다 시험의 내용이나 과목에는 상당한 차이가 있다. 곧 일반교양을 위주로 하는 경우(영국), 직급에 따라 특수한 기술지식을 요구하는 경우(미국), 법학을 위주로 하는 경우(독일), 사회과학 일반에 중점을 두는 경우(프랑스), 일반교양을 기초로 하고 거기에 직급에 따른 전문지식을 테스트하는 경우(한국, 일본) 등 다양하다(박동서, 2001: 171-172). 공무원은 분야별 전문지식과 함께 준법, 능률, 봉사, 진취 등의 자세도 필요하므로(박동서, 2001: 172), 영국의 일반교양 위주도, 독일의 법학 위주도 약화되고 있는 실정이다(Chapman, 1968: 444-451).

셋째 시험제도의 변화 요인을 보면, 각 시대가 필요로 하는 관료의 역할과 능력에 달려 있다고 할 수 있다. 고래로 대규모 치수사업이나 상비군의 창건과 이와 관련한 재정의 발달은 서기나 관리의 발달을 가져왔고, 특히 근대국가에서는 사회정책적인 여러 과제의 수행과 사회질서유지, 문화의 다양성에 따른 행정수요의 증가, 근대적인 교통수단의 공적인(gemeinwirtschaftlich) 관리 등이 행정의 전문화를 촉진시켰다(Weber, 한태연·김남진 역, 1959: 27-35). 전후 제3세계 국가에서는 '근대화의 대행자'로서 관료제도의 중요성이 부각되고, 서구적 합리성과 기술을 가진 관료의 선발과 훈련에 힘을 쏟게 된다(Alavi, 1972, 임영일·이성형 역, 1988: 347). 행정국가화에 따라 관료의 역할은 정책집행 중심에서 점차 정책결정, 이해 조정, 국가 비전의 제시 등으로 확대되고 있어(Aberbach, et al., 1981: 238-244; Aberbach & Rockman, 1988: 2-6), 갈수록 관료에게 기대되는 역할은 전문지식 그 이상으로 확대되고 있는 실정이다.

기존의 많은 연구 결과에 따르면 학업성적(GPA)과 직업적인 성공 사이에는 긍정적인 상관관계가 있다는 것도 있고, 반대로 부의 상관관계가 있다는 것도 있다(Bretz, 1989: 12). 적어도 타당한 시험(valid test)[5]이라면 시험성적과 업무성과 사이에는 상당한 관계가 있다고 하겠다(Giffin, 1989: 134-135; 박동서, 2001: 163). 따라서 한 시대를 이끌어갈 전문적 '관료의 상'은 시험에 의해 크게 규정된다고 하겠다.

2. 시대 구분

한국에서 능력에 의한 선발과 신분제적 요소가 폐지된 근대적 실적주의가 태동하기 시작한 것은 과거제도가 폐지된 갑오개혁 이후라고 할 수 있다. 그러면 갑오개혁으로 근대적 관료제도가 도입된 이후 관료의 전문적 지식, 곧 능력을 평가하는 수단으로서 관료임용시험 제도의 변화를 고찰해보기로 하자. 기존의 연구에서 근대 이후 관료임용시험제도를 통시적으로 고찰한 것은 거의 없고, 관료제도나 인사행정 연구에서 함께 다룬 연구는 더러 있다(박동서, 1961; 박문옥, 1963; 정요섭, 1964; 윤재풍, 1976; 정시채, 1985; 김중양, 1999). 이들 연구에서는 주로 왕조나 정권의 변화에 따라 시대구분 하고 있다. 이 연구에서는 공무원 임용시험과 관련한 법이나 제도의 변화를 고찰하는 제도사적인 접근방법을 따르되, 이는 각 시대의 정치·행정의 이념과 목적, 기능, 체제와 중요한 상관관

---

5) 시험을 의미하는 용어로서 'examination'은 경쟁적 선발을 촉진하기 위해 고안된 여러 개의 시험을 의미하고, 'test'는 필기시험, 구술시험 같은 개별시험을 의미한다(Stahl, 1983: 105).

계를 갖고(윤재풍, 1976: 488), 한 국가의 사회경제적 조건을 반사하기 때문에(Stahl, 1983: 3), 각 시대를 대표하는 '관료의 상'을 도출하기 위해 사회 구조·성격의 발전과정을 시대구분의 기준으로 함께 쓰기로 한다(조동원, 1999: 469).

한국에서는 갑오개혁 이후 실적주의의 모든 요소들을 한꺼번에 받아들인 것이 아니라 단계적으로 받아들였다. 곧 1894년 갑오개혁의 일환으로 (「고종실록(高宗實錄)」, 음력 6월 28일)[6] 신분제를 철폐하여 문무, 귀천에 상관없이 '재능'에 따라 인재를 선발할 수 있게 되었다. 1905년부터 시험을 통해 소수의 관료를 선발하기는 했으나(정구선, 1998: 72), 관료선발시험이 정례화, 조직화된 것은 일제 강점 이후의 일이었다. 일본은 메이지유신 이후 학력·시험·자격을 바탕으로 능력주의에 입각한 관료선발 체계를 구축하고(天野旭夫, 1982, 석태종·차갑부 역, 1995: 25-32, 124-127), 조선총독부도 일본의 관리선발제도를 준용하여(박이택, 2006: 288), 1911년 이후 거의 매년 관리선발시험을 시행하였다(안용식, 1999: 41).

그러나 조선총독부의 인사제도에는 능력주의 외에 민족별 할당과 같은 한국인의 배제와 수용에 관한 원칙도 존재했다(박이택, 2006: 288). 대체로 조선총독부의 한국인 관리들은 식민통치의 일선 담당자 내지 조력자에 지나지 않았다(최창희, 1981: 252). 광복 후 미군정은 남한사회의 현상유지에 힘썼으나 인사제도만은 미국제도를 새로 수입하였다. 곧 직계제와 보수제, 훈련, 고과제 등을 새로 도입했으나 당시 남한의 실정에 맞지 않아서 결국 실패로 끝나

---

6) 「고종실록」은 국사편찬위원회에서 제공하는 「조선왕조실록」 원문과 번역문을 참조함 (sillok.history.go.kr/main/main.do).

고 말았다(박동서, 1961: 109-111; 김중양, 1999: 9). 정부수립 이후에는 1948년에 「정부조직법」(법률 제1호)을 제정하여 처음으로 인사행정을 법률의 형식으로 규정하고(박동서, 2001: 91), 1949년에 「국가공무원법」(법률 제44호)을 제정하여 공무원은 '국민의 봉사자'임을 천명했다. 같은 해에 「공무원임용령」(대통령령 제208호), 1960년대 들어서는 「공무원고시령」(국무원령 제241호), 1966년 「공무원임용시험령」(대통령령 제2405호) 등 관련 법령을 정비함으로써, 공개경쟁시험을 통한 공무원의 선발과 신분보장 등 실적주의가 정착되고 있다.

먼저 관료 임용시험제도와 관련해서는 시대별로 시험과목을 분석하여, 관료의 능력 가운데 구체적으로 어떤 능력, 곧 기예나 기능을 요구했는지를 파악하고자 한다. 일제시대 이래 한국의 관료에게는 높은 법률지식을 요구하고 있고, 이와 함께 실무관료에게 산술과 주판, 서체, 컴퓨터와 정보처리 능력 등을 요구하고 있다. 식민지적 질서유지, 근대화·산업화의 수행, 민주화, 정보화 등 사회의 구조나 성격의 변화는 새로운 관료상을 요구할 것이다. 이와 함께 관료에게 어떤 인적 특성을 요구하느냐에 따라서도 관료상은 변할 것이다. 인사행정은 단순한 기술 혹은 기법이라기보다는 인간들이 상호작용하면서 이뤄지는 사회적 현상이기 때문에, 행정이 어떠해야 하는가에 대한 국민의 이해에 따라 관료의 역할은 변화 또는 지속하게 된다(임도빈, 2001: 108).

이에 따라 이 연구에서는 관료임용시험의 제도사적인 변화와 사회 구조·성격의 발전과정을 고려해, 대한제국기(태동기), 일제시대(타율적 적응기), 미군정기(과도기), 대한민국시대(발전기)의 4시기로 나눈다. 정부수립 이후는 다시 크게 국가형성기, 산업화시대, 민주화시대, 거버넌스시대로 나눈다. 그 이유는 기간이 60여 년에 걸쳐 있고, 여러 번 정치경제적으로 큰 격변을 겪으면서 사회의 성격도 크게 변화했고, 그에 따라 행정과 관료에게 요구되는 역할과 능력도 많이 바뀌었기 때문이다.

Ⅲ. 관료 임용시험제도의 변화 분석

1. 대한제국기(태동기)

한국 행정사에서는 갑오개혁 이후 근대적인 실적주의에 입각한 관료임용제도가 도입되기 전에도 제한적이나마 실적주의적인 요소를 찾아볼 수 있다. 곧 삼국통일 후 신라는 원성왕 4년(788년)에 국학을 설치하고, 문필로서 인재를 선용하는 독서삼품과(讀書三品科)를 창시하는데, 이것은 후세에 과거의 단서를 이루었다(유상근, 1968: 19-20). 고려도 태조 13년(930년) 먼저 서경(평양)에 국립학교를 설치하여 인재를 교육하였으며(이병도, 1961: 185-186; 유상근, 1968: 35), 이후 광종 9년(958년) 당나라 제도를 모방하여 과거제를 실시하고, 시(詩)·부(賦)·송(頌)·시무책(策) 등을 시험하여 진사(進士)를 뽑고, 겸하여 의약·복서(卜筮) 등의 업(業)을 뽑았다(「증보문헌비고」 제184권 '選擧考1 科制1 高麗'). 조선시대 들어서도 태조 원년(1392년)에 국학과 향교에 생도를 증원하여 인재를 양성하고, 과거법을 정하여 나라를 위해 사람을 뽑는 근본으로 삼았으며, 사서오경(경학)과 시·부·표(문예), 시무책(논문) 등을 시험하고 재주를 헤아려서 뽑아 섰다. 또 태종 8년(1408년)부터는 무과(武科)도 시행하였다(「증보문헌비고」 제186권 '選擧考3 科制3 朝鮮'). 이처럼 문과시험은 대체로 인문학적인 교양을 중시했기 때문에 행정실무에 대한 전문지식은 부족한 실정이었다(유상근, 1970:

292; 윤재풍, 1976: 499; 이강선, 1986: 316). 그나마 신라는 골품제도를 개혁하지 않았고(유상근, 1968: 21), 고려시대에는 관학생과 향공진사(鄕貢進士), 현직관리만이 과거 응시자격이 있었고, 조선시대에도 문과는 양인(良人)만이 응시할 수 있었기 때문에(유영옥, 1992: 157-159), 인재등용에 한계가 있었다.

그런데 여기서 근대적인 실적제도의 도입과 관련하여 반드시 기억해야 할 사실이 있다. Max Weber(임영일 외 역, 1994a: 371-400)도 중국의 과거제도를 높이 평가했듯이, 소위 서구의 '실적주의'라는 것은 중국의 제도를 모방 이식하여 시행착오를 겪으며 발전해왔다는 사실이다(윤재풍, 1976: 498).[7] 한국에서도 통일신라 이래 구한말까지 1천 년에 걸쳐 제한된 범위에서나마 과거제도를 구체화, 정교화시키면서 그 나름대로 실적주의를 발전시켜왔다. 특히 갑오개혁 이전 1880년대의 근대적 관료기구나 관직명의 개혁에서 그 모델이 된 것은 한국의 전통적인 제도와 청국의 제도였다.[8] 적어도 갑오개혁 이전의 관제개혁에서는 중국식 제도를 조선의 전통과 절충하려는 노력을 엿볼 수 있다(김필동, 1996: 189-191). 특히 이름난 신하와 어진 신하가 모두 과거로 선출되었다는 사실은 주목할 만하다고 하겠다(「증보문헌비고」, 제184권 '선거고1').

아울러 인재등용과 관련해서는 이미 1882년 7월 22일(음력)에

---

7) 16세기 말에 중국에 들어왔던 예수회의 수도사 마테오 리치(M. Ricci)는 이 제도에 대해 경탄하고 로마 본부에 상세하게 보고한 적이 있었으며, 그 뒤 예수회계의 학교인 꼴레쥬에서는 경쟁제도를 늘 시행했다(天明旭夫, 1982, 석태종·차갑부 역, 1995: 36-37, 47 참조).

8) 예를 들어 최초의 근대적 관료기구인 통리기무아문(1880)은 청국의 총리각국사무아문(總理各國事務衙門)을 모델로 한 것이고(전해종, 1962: 693), 관직명에서 총리·총판(總辦)·방판(幫判)과 같은 명칭은 청국의 것을, 주사(主事)는 고려시대에 사용한 적이 있는 직명을 적절히 사용한 것으로 볼 수 있다. 주사는 고려시대에는 문하부(門下府), 상서도성(尙書都省), 밀직사(密直司), 육조(六曹), 고공사(考功司) 등에 소속된 구실아치의 하나였고, 조선시대에는 함경도, 평안도 지방에 두었던 향리의 하나였다(오희복, 1999: 401).

고종이 지역과 문벌을 초월하여 용인의 폭을 넓히겠다는 파격적인 인사교서를 발하여, 오로지 재능(才)에 따라 인재를 발탁하겠다는 뜻을 천명한 바 있었다.9) 그러나 당시는 아직 근대적인 교육기관이 정비되지 않은 때여서 시험보다는 중앙과 지방 관리의 추천에 따라 인재를 등용했다(<표 6-1> 참조). 이에 따라 새롭게 발족된 통리교섭통상사무아문에 새로 임명된 주사 10명 가운데 4명이 과거를 거치지 않고 임용되었는데, 이는 새로운 관료기구가 참신한 근대관료의 출현을 가능케 했다는 사실을 말해준다고 하겠다(김필동, 1992a: 15-16, 21). 물론 그들의 발탁에는 어느 정도 그들의 전문성이 작용했고, 그들의 존재가 근대적 관료제로 가는 단서를 제공한 것은 사실이지만, 근대적 관료기구의 상층부는 여전히 과거 출신의 전통관료들이 차지했고, 신진관료들이 전통관직의 핵심직위에 진출하는 데는 한계가 있었다(김필동, 1992b: 79-81; 김필동, 1996: 210-215; 한승연, 2015).

한편 제도상으로 보편적인 실적주의가 도입된 것은 갑오개혁을 계기로 1894년 6월 28일(음력) 연좌제 금지, 문벌타파, 신분제 철폐 등이 실현된 이후다.10) 그러나 갑오·을미개혁은 대한제국의 자주적 개혁이 아니라 일본의 군사적 위협에 의한 개혁이었기 때문에, 이때부터 당시 일본의 관료제도가 광범하게 수입된다.11) 특히 관료

---

9) 「日省錄: 高宗篇19」(7월 22일조). 「今西北以下一體通用顯職惟才是擧」 제하의 조서. "國家用人 … 宜恢用人之路凡西北松都庶孽醫譯胥吏軍伍一體通用顯職惟才是擧 …" 참조(강조는 필자). 「일성록」 원문은 규장각 원문검색서비스에서 검색함.

10) 다만 연좌제 가운데 중죄인의 자손을 등용하는 문제와 관련해서는 고종이 1895년 8월 16일에는 "신중한 문제에 관계되니 경솔히 의논하기 어렵다"는 비답을 내렸으나, 며칠 뒤인 8월 22일에는 승인을 함으로써(「고종실록」), '재능'에 따른 인재등용의 폭이 더 넓어졌다.

11) 우선 갑오개혁을 이끌어갈 새로운 기구인 군국기무처(軍國機務處)가 일본의 제안으로 6월 26일(음력)에 발족되고 불과 3개월 만에 208건에 달하는 대개혁을 단행하여 근대국가 형태인 의정부관제를 공포하였고, 다음으로 을미개혁에서는 의정부를 내각으로, 각 아문(衙門)을 부(部)

제는 새 품계에 따라 칙임관(勅任官), 주임관(奏任官), 판임관(判任官) 등의 계급제도를 채택하였고,[12] 이 제도는 일제시대까지 계속되다가 광복 이후 미군정의 직계제 도입, 정부수립 이후 「국가공무원법」의 제정으로 1급~5급 공무원으로 개편됨에 따라 폐지되었다. 관료임용제도는 추천제와 시험제가 결합된 새로운 제도가 제정되었다. 이는 대체로 조선의 천거제와 일본의 시험제도가 결합된 것으로 볼 수 있다(정구선, 1993: 66). 곧 1894년 7월 12일(음력) 제정한 「선거조례(選擧條例)」에 따르면, 첫째 지원자격은 출신지역과 신분의 귀천에 상관없이 '품행이 단정'하고 '재주와 기술'(원문은 有品行才諝藝術)이 있으면 각 부(府)와 아문의 대신들이 추천서를 발급하고 전고국에 보내어 시험하게 했다. 또 같은 날 제정한 「전고국조례(銓考局條例)」에 따르면 전고국은 이들을 대상으로 시험을 실시하는데, 시험에는 보통시험과 특별시험이 있었다(「고종실록」).

<표 6-1> 대한제국시대 관료임용제도

시기	법적 근거	임용방식	지원자격	시험과목
1882년 7월22일	고종의 조서	추천제(중앙·지방관리의 천거)	신분차별 철폐, 재능(才)에 따라 인재 등용	
1894년 7월12일	전고국 조례 선거조례	추천제 + 시험제 보통시험	신분차별 철폐, 품행단정, 재능과 기술이 있는 사람 중 각 부·아문에서 추천	국문, 한문, 글자쓰기, 내국정(국사), 외국사정

로 개편하고, 각 부의 기구는 국·과로 개편하였다(이강선, 1987: 165-178).

12) 1894년 7월 14일(음력)에 제정한 「문관수임식(文官授任式)」에 따르면 칙임관은 정1품~종2품, 주임관은 3품~6품, 판임관은 7품~9품까지로 구분하고 있다(「고종실록」). 이에 앞서 일본은 1886년 3월에 「고등관관등봉급령(高等官官等俸給令)」(칙령 제6호)과 「판임관등봉급령(判任官官等俸給令)」(칙령 제36호)을 제정한 바 있다. 이에 따르면 관리를 고등관과 판임관으로 나누고, 고등관은 다시 칙임관과 주임관으로 나누었다. 칙임관 중에는 다시 친임식을 거쳐 서임하는 친임관(親任官, 대신급)이 있었고, 친임관을 제외한 고등관은 모두 9등급으로 나누어 1등과 2등은 칙임관(차관, 국장급), 3등 이하는 주임관(과장급 이하)으로 했다(秦郁彦, 1981: 663).

			한 사람	(세계사), 국내사정, 외무관계
		특별시험	보통시험 합격자 중 각 부·아문에서 추천한 사람	추천서에서 밝힌 재능 시험
1905년 4월24일	문관전고소 규칙	시험제 초고(初考)	각 학교 졸업한 만20세 이상 남자, 미졸업자 중 학식·재능이 있는 남자	논문, 공문(필수) 역사, 지리(抽籤面講) 산술, 이학(수의문대)
		회고(會考)	초고 합격자, 관립학교 또는 동 상당 사립학교 졸업자, 유학자, 3년 이상 관청 견습생 근속자	정치학, 경제학, 국제법, 이학/ 사서, 현행법제, 현행법률(추첨면강)
1906년 10월25일	문관전고소 시험규칙 (정기시험, 임시시험)	시험제 초고	18세 이상, 중등교육 상당 학력 유무 고시	작문, 공문 또는 논문 필사, 해서 또는 速寫 산술, 필산 또는 주산
		회고	초고 합격자, 1년 이상 관청 견습생 근속자 학리상 원칙과 현행법령 통달 여부, 그것의 실무응용 능력 여부 고시	법학, 경제학, 현행법령 중 택1

자료: 서울대학교고전간행회(1972: 164); 「고종실록」(1894)의 「전고국조례」, 「선거조례」(7월 12일); 「문관전고소규칙(文官銓考所規則)」(의정부령 제1호), 「문관전고소시험규칙(文官銓考所試驗規則)」(의정부령 제2호).

둘째 시험과목을 보면 보통시험에서는 국문과 한문, 글자쓰기(寫字), 산술(수학), 내국정(국사), 외국사정(세계사), 국내사정(內情), 외무관계(外事) 등 교양과 근대적인 지식을 함께 시험하고 있어 4서5경을 시험하는 과거시험과는 큰 차이가 있음을 알 수 있다. 특별시험은 보통시험에 합격한 사람에 한해 각 추천서에서 밝힌 재능에 대해 시험했다. 같은 해 7월 14일에 제정한 「문관수임식(文官授任式)」에 따르면 주임관은 추천을 통해, 판임관은 추천과 시험을 통해 선발하도록 하고 있다. 이렇듯 과거처럼 공허한 문예를 시험해서는 참된 인재를 얻을 수 없다고 해서(「고종실록」, 음력 1894년 7월 3일) 새로운 시험제도를 도입했지만, 인재양성 부진 등으로 말미암아 이 시험은 10여 년간 한 번도 실시되지 못했고, 대체로 천거를 통해 관리를 임용하였던 것 같다(정구선, 1998: 71).

　근대적인 시험제도를 통해 관리를 등용하기 시작한 것은 1905년 이후의 일이었다. 우선 판임관 선발시험을 관장하기 위해 1905년 2월 26일 의정부에 문관전고소를 설치하고(「문관전고소규제(文官銓考所規制)」, 칙령 제10호), 두 달 뒤인 4월 24일에는 「문관전고소규칙」(의정부령 제1호)을 반포하여 시험자격과 시험과목을 구체적으로 규정했다. 곧 시험자격은 각 학교를 졸업한 만 20세 이상의 남자 또는 미졸업자 중 학식과 재능이 있는 사람이고, 시험은 초고(初考)와 회고(會考)로 나누었다. 초고에서는 논문과 공문(필수), 역사와 지리(추첨면강), 산술과 이학(수의문대)을 시험하고, 초고 합격자에 한해 회고를 시행했다. 회고에서는 정치학과 경제학, 국제법, 이학, 여기에 사서(四書)와 현행법제, 현행법률(이상 추첨면강)을 시험했다. 갑오개혁기의 「선거조례」와 비교하면 역시 교양과 근대적인 전문지식을 시험하고 있지만, 일제의 내정간섭이 본격화되면서 교양에서는 국문과 한문, 국사 같은 과목이 빠진 대신, 법률지식은 한층 더 강화되고 있다. 특히 각 관립학교 졸업자와 이에 상응하는 사립학교 졸업자, 외국 유학자, 각 관청 견습생으로 3년 이상 근속자는 초고를 면제하고, 곧장 회고에 응시할 수 있게 함으로써 특정한 학력이나 자격, 경력을 가진 사람을 우대하고 있다. 이역시 메이지유신 이후 학력·자격·경력을 바탕으로 관료를 선발하던(天野旭夫, 1982, 석태종·차갑부 역, 1995: 25-32) 일본제도의 영향을 받았다고 하겠다.

　한편 1906년 10월 25일에는 이 「문관전고소규칙」을 폐지하고,

대신 「문관전고소시험규칙」(의정부령 제2호)을 제정하여 보통문관 시험의 근거로 삼았다. 이 시험규칙에 따르면 시험은 정기시험과 임시시험으로 나누고, 정기시험은 매년 2회로 하되 1회에 30명 이내로 선발하게 했다. 시험자격은 18세 이상[13]인 사람으로 규정하고 있어 전해의 규칙에 비해 연령도 낮아졌을 뿐 아니라, 학력제한도 없고, 남자만으로 제한하고 있지도 않다. 물론 그렇더라도 당시의 현실에서 여성이 시험에 응시하는 것은 현실적으로 거의 불가능했다. 시험은 다시 초고와 회고로 나누고, 초고의 면제 범위도 각 관청에서 1년 이상 근속한 자로, 이전에 비해 크게 축소되었다. 초고에서는 중등교육 상당의 학력을 고시하기 위해 작문, 필사, 산술 등을 시험하였다. 회고에서는 수험자가 학리상의 원칙과 현행법령에 통달하고 그 취득한 학력을 실무에 응용할만한 재능의 소유 여부를 고시하기 위해 법학, 경제학, 현행법령 중 1과목을 시험하였다. 전해의 규칙에 비해 초고에서는 역사와 지리 같은 교양과목은 완전히 제외되고, 속기와 주산 같은 단순 실무지식을 주로 시험하고, 회고에서도 정치학과 국제법 같은 과목은 제외하고, 법학과 경제학 위주로 개편되었다. 다시 말해 일제는 민족의식과 국제정세에 대한 안목을 두루 갖춘 유능한 관리보다는 장차 한반도 침략과 지배에 필요한 단순실무형 관리를 선발하고자 했음을 알 수 있다.

문관전고소 시험은 1905년부터 시행되어 정기시험 1회, 임시시

---

13) 과거의 응시연령과 관련해서는 고려 강종 원년(1212)에 15세 미만인 자는 응시하지 못하게 했고, 공민왕 20년(1371)에는 25세 미만인 자에 대해 과거에 응시하지 못하게 한 적이 있었다(「증보문헌비고」 제184권 '選擧考1 科制1 高麗'). 또 조선 세종 20년(1438)에 진사과를 시행하면서 진사시험은 25세 이상인 사람에 한해 응시하게 한 적이 있었다(「증보문헌비고」 제186권 '選擧考3 科制3 朝鮮'). 이처럼 25세 이상으로 제한한 적도 있었으나 대체로 15세 이상의 남자면 응시할 수 있었다는 점에서, 갑오개혁 이후는 전반적으로 연령제한이 강화되었다고 볼 수 있다.

험 15회 등 모두 16회 정도 실시되어, 1910년까지 모두 49명의 회고 합격자를 내었다. 합격 당시 이들의 평균 연령은 30세였고, 전통교육과 근대교육을 받은 사람이 각각 절반씩이었으며, 합격 후 몇 달 이내에 전원 판임관으로 임용되었다(정구선, 1998: 74-78). 그렇지만 판임문관의 임용요건으로 문관보통시험의 합격이 법규로 규정된 것은 1908년 7월이었고(「문관임용령(文官任用令)」, 칙령 제51호), 또 이 법에서는 관립 고등학교 졸업자와 이와 동등 학력자, 외국대학에서 법률 또는 정치·경제학과를 졸업한 사람을 널리 등용하는 길을 열어놓고 있었다.

셋째, 시험제도의 변화 요인은 지금까지 살펴보았듯이 근대적인 개혁의 일환으로, 또 이를 실천할 새로운 인재의 확보차원에서 도입되었다. 곧 안으로는 근대적인 제도와 문물을 도입하여 근대화를 이루고, 밖으로는 국제관계에 적절히 대응할 수 있는 인재가 필요하였다. 이에 따라 지원자격과 관련해서는 실적주의적인 요소가 널리 도입되었지만, 교육시설이 미비한데다 외래제도가 급속히 유입되면서 근대적인 지식을 가진 관립학교 졸업자, 해외 유학자와 시찰자, 외국어 실력자 등이 널리 발탁되었다.[14]

결과적으로 태동기에 도입된 근대적인 관료선발 시험제도는 근대적인 실적주의로 가는 맹아가 된 것은 사실이지만, 선발제도의 결정에 일제의 입김이 작용했고, 그 선발범위가 매우 좁았으며, 그

---

14) 1907년 8월 현재 내각 관리들의 학력을 보면 국내 관립학교 출신자와 일본유학자가 많았고, 관립학교 중에서도 일어학교 출신자가 많아서 일본어 해득 능력이 관리임용에 중요한 영향을 미쳤음을 알 수 있다(정구선, 1996: 176). 대한제국기에 외교관 또는 해외시찰단 경력을 배경으로 발탁된 근대적인 실무관료들도 있고(오연숙, 2002: 118), 또 구한말 기술직 중인(中人) 출신의 관료로서 기술직뿐 아니라 군수, 군인, 경찰, 의사, 판사, 교사, 약사, 기사 등 다양한 분야에 진출하는 경향을 보이고 있다(김현목, 2000: 166).

들이 전통관직을 주도하는 위치에 있지도 못했다는 점에서[15] 그 적용범위가 매우 제한적이었음을 알 수 있다. 특히 관료선발 기준으로서 '재능' 또는 '능력'의 내용은 근대적인 단순 실무지식이나 기술, 법학, 외국어(특히 일어), 해외유학 또는 해외시찰 등이었음을 알 수 있다.

2. 일제시대(타율적 적응기)

앞에서도 서술했듯이 일제는 갑오개혁을 시작으로 1904년의 고문정치, 1906년의 통감부 설치 등을 계기로 한국의 관료제도 개혁에 깊숙이 관여한다(최창희, 1981: 202). 또 일제 강점 이전부터 다수의 일본인 관리들이 한국정부의 고위직을 차지하고 있었다.[16] 일제는 식민지 행정체제를 일본행정과는 별개로 편성하고, 예외적인 경우를 제외하면 그 행정법규도 별개로 제정, 시행했다(최창희, 1981: 202). 그러나 인사제도만큼은 일본의 제도를 준용하여 학력·시험·자격·경력을 바탕으로 능력주의에 입각한 관료선발 체계[17]를 구축하였다(박이택, 2006: 288). 일제시대의 관리는 "국가의 특별한 선임에 의해 국가에 대해 충실하게 무정량의 근무에 복무해야 할 의무를 부담하는 자연인"을 의미했다(內田達孝, 1934: 107). 조

---

15) 1896년부터 1904년까지 의정부 관직에 임명된 130명 가운데 72명(55.3%)이 과거(문과) 출신이고, 이들 중 대신직을 역임한 46명 가운데 33명(71.7%)이 문과 출신이어서, 과거합격이 고위관료의 우선 요건임을 알 수 있다(오연숙, 2002: 116-117).

16) 1908년 현재 일본인 관리수는 궁내부와 내각의 고등관과 판임관이 2,090명, 일본인 순사 1,708명, 촉탁·고원 1,197명, 통감부 관리 1,984명 등 모두 6,979명에 이르러, 한국인 관리수를 능가했다(정구선, 1996: 268).

17) 1889년에 제정된 메이지헌법에서도 일본 신민은 법률과 명령이 정하는 바의 자격에 따라 평등하게 문무관과 그 밖의 공무에 종사할 수 있다(제2장 제18조)고 능력주의에 입각한 관료선발 원칙을 천명하고 있다(朝鮮總督府, 1916: 제1집 1).

선총독부의 관리[18]에게도 이러한 의무가 부과되었음은 물론이다
(朝鮮總督府, 1916: 제2집 145; 秦郁彦, 1981: 666). 다시 말해 관
료선발은 능력주의 원칙을 따르고 있지만, 그렇게 선발된 관리가
근대적인 공복을 의미하는 것은 아니었다.

조선총독부 관리임용의 근간을 이룬 것은 「문관임용령」과 「고등시
험령」, 「보통시험령」 등이고, 이들 시험은 기본적으로 자격시험이었
다. 우선 일제는 한국 강점 당일인 1910년 8월 29일, 구 한국정부에
속해 있던 관청과 관리들을 조선총독부 소속의 관청과 관리로 승계
하는 조치를 취했다[19]('조선총독부 설치에 관한 건」, 칙령 제319호).

조선총독부의 관리자격은 원칙적으로 크게 3가지가 있었다. 첫째
일본 신민일 것, 둘째 만 20세 이상의 성년 남자일 것, 셋째 관직에
필요한 지능을 가질 것, 곧 시험에 합격할 것 등이다(內田達孝,
1934: 122-124; 車田篤, 1934: 200-203). 또 이들은 1899년에 제정
된 「문관분한령(文官分限令)」(칙령 제62호)(朝鮮總督府, 1916: 143)
에 의해 신분을 보장받았지만, 관제 또는 정원의 개정으로 인력이
남거나 관청사무의 형편에 따라 필요할 때 휴직을 명할 수 있고,
휴직 후 고등관은 만 2년, 판임관은 만 1년 이내에 복직되지 않으
면 자동으로 퇴직되었으므로(제5, 11조), 근대적인 의미의 신분보장
과는 거리가 있었다.

---

18) 일본의 메이지헌법기, 나아가 그 적용을 받은 조선총독부의 문관 '관리'는 법적인 의미에서 판
    임관 이상(대우관리 포함)으로 한정되었다. 같은 국가의 직원이라도 사법상의 고용관계에 의
    해 고용된 다수의 고원(雇員, 관리의 보조적 업무에 종사)과 주로 육체적 노동에 종사하는 용
    인(傭人), 촉탁 등은 관리에 포함되지 않았다(秦郁彦, 1981: 663).
19) 그렇게 승계된 관리 가운데 조선총독부에서 장기근속 한 자들은 대체로 근대교육과 일본 유학
    경험이 있고 친일성향을 띤 사람들이었다. 예를 들어 강점 당시 대한제국 군수에서 조선총독
    부 군수로 승계된 310명 가운데 신식 교육을 받지 못한 유학(儒學) 출신자들이 일제시대 초반
    에 집단 강제퇴직 당했으며, 그 대신 1920년대 이후는 신식 교육자와 일본 유학생들이 점차
    크게 진출하고 있다(홍순권, 1995: 52-54).

이번에는 <표 6-2>를 참고하여 보통시험과 고등시험을 중심으로 구체적인 지원자격과 시험과목을 살펴보기로 하자. 「보통시험령」이 제정되기 전 보통시험에 해당하는 시험들, 곧 1911년 6월에 제정한 「조선인판임문관시험규칙」(부령 제79호)과 1912년의 「시보와 견습에 관한 건」(부령 제103호, 판임문관견습시험), 1913년의 「조선총독부와 소속관서 문관채용에 관한 건」(부령 제64호) 등은 대체로 교양과 실무 과목으로 구성되어 있고, 교양과목은 일본의 언어와 역사, 지리에 치우쳐 있으며, 실무과목은 하급 행정에 필요한 최소한의 과목으로 구성되어 있었다. 1905년 을사늑약 체결 이후 대체로 한국인 하급 실무관리에 대해 민족의식 배제, 국제정세에 대한 안목 배제, 일본 문화와 실무지식 강조의 경향을 나타내고 있다. 「조선인판임문관시험규칙」이 규정하고 있는 지원자격을 보면 연령과 학력, 경력과 관련한 특별한 제한은 없지만, 수험지원자는 신분과 직업, 연령에 관한 경찰관서의 증명서를 첨부하도록 하고 있어(제4조), 한국인 지원자의 사상적 성향을 중시했던 것 같다.[20] 거기에 제국대학이나 각종 관공립 학교 졸업자에게는 무시험 임용의 특전이 주어졌다.

이렇게 복잡하게 시행되던 판임문관에 관한 임용시험은 1918년 8월 일본의 「문관임용령」(칙령 제261호)이 개정 공포되고 한국에도 적용이 되면서(최창희, 1981: 208) 보통시험으로 통일된다. 문관보통시험은 1915년에 시행한 적이 있었으나, 보통시험이 본격적으로

---

20) 물론 이런 관행은 일제 강점 이전에도 있었다. 곧 각 도의 관찰사가 군수를 천보할 때 해당지역의 경찰관리가 천보 받은 군수의 신분을 조사했다(「대한매일신보」, 1910: 2; 「황성신문」, 1910: 3). 나아가 강점 이후에는 각 경찰서에서 학교직원을(「매일신보」, 1910a: 1), 탁지부에서 고원의 신분을 조사한 적이 있으며(「매일신보」, 1910b: 3), 심지어는 경찰이 경성제국대학 예과 지원자의 신분을 조사하기까지 했다(「매일신보」, 1924: 1; 「매일신보」, 1925: 2).

이루어진 것은 1919년부터였다(안용식, 1999: 41).

<표 6-2> 일제시대 관료임용제도

시기	법적 근거	지원자격	시험과목
1911년 6월28일	조선인판임문관시험규칙 (부령 제79호)	학력, 경력 제한 없음	필기: 일본어(회화), 현행법제(대요), 독서, 작문, 필사, 수학, 역사, 지리 중 5과목 이상 구술: 이 중 1과목 이상
1912년 5월14일 시행	시보와 견습에 관한 건 (부령 제103호), 동 개정 (부령 제16호, 9월25일)	학력, 경력 제한 없음 단, 체격시험 합격자	(견습)학술시험: 한글/일본어, 한국의 현행법령 해석, 한국지리, 작문(기사 또는 논설)
1913년 6월26일	조선총독부와 소속관서 문관채용에 관한 건 (부령 제64호)	특정 경력 소유자, 특정 과정 이수자(시보, 견습) 체격시험에 합격한 자 (견습채용시험)	한글/일본어, 작문, 법학통론, 행정법 대의
1915년 8월17일 시행	문관보통시험 (관보 광고)	학력 제한 없음(중학교 졸업 정도의 난이도)	필기: 한문, 작문, 필사, 산술, 지리, 역사, 행정법, 형법, 민법, 한글(일본인), 일어(한국인) 구술시험
1918년 1월17일 (1943년 까지)	고등시험령 (칙령 제7호)	예비시험: 중학교 졸업 상당자 본시험: 예비시험 합격자, 고등학교 또는 대학 예과 졸업 상당자	논문, 외국어 필기: 헌법, 행정법, 민법, 형법, 국제공법, 경제학(필수) + 상법, 민사소송법, 형사소송법, 재정학 중 택1 구술시험: 법문 제시
1919년 8월18일 시행 (1943년 까지)	보통시험령(칙령 제8호, 1918년 1월) 보통시험 (관보 광고)	학력 제한 없음(중학교 졸업 정도의 난이도)	필기: 한문, 작문, 산술, 지리, 역사, 행정법대의(한국), 형법대의, 민법대의(필수) + 경제대의, 민형소송법, 한글(일본인만), 영어 중 택1 구술시험
1929년 3월27일	고등시험령 개정 (칙령 제15호)	예비시험: 중학교 졸업 상당자 본시험: 예비시험 합격자, 고등학교 또는 대학	필기: 헌법, 행정법, 민법, 경제학(필수) + 철학개론,

		예과 졸업 상당자	윤리학, 논리학 등 20과목 중 택3
1933년 1938년 1943년	보통시험 (관보 광고)		필수: 한문→일본어 필수: 형법대의→헌법대의 선택: 형법대의 추가 선택: 경제학대의, 형법대의

자료: 「朝鮮總督府官報」(1911년 6월28일자, 1912년 5월14일자, 9월25일자, 1913년 6월26일자, 1915년 6월 4일자, 1918년 1월22일자, 1919년 6월17일자, 1929년 4월2일자, 1933년 5월6일자, 1938년 6월2일, 1943년 5월27일자); 朝鮮總督府(1916: 133-134); 안용식(1999: 43) 참조.

그러면 1918년 1월 17일 「보통시험령」(칙령 제8호)을 공포하고, 1919년부터 시행한 보통시험의 과목을 보기로 하자. 「보통시험령」 에서는 중학교 학과목 중 5과목 이상에 대해 중학교 졸업 정도에서 시행한다(제4조)고만 명시하고 구체적인 과목은 밝히지 않았다.21) 그 대신 1919년 6월 17일자 관보에 수록된 '보통시험' 광고에 따르 면 시험은 필수과목으로 한문과 작문, 산술, 지리(일본, 외국), 역사 (일본, 외국), 행정법대의(한국에 관한 법규), 형법대의, 민법대의 등 8과목이 부과되었고, 선택과목으로 경제대의, 민형소송법, 한글 (일본인), 영어 4과목 중 1과목을 선택하게 했다. 이전의 견습시험 에 비해 보통시험에서는 한문이 공통적으로 부과되고 있으나, 1915 년의 시험과 비교하면 과목에 약간의 변동이 있다. 곧 필수과목에 서 필사가 빠지고 국어가 선택과목으로 바뀌었으며, 역사에서 동양 사 대신 외국사, 행정법대의에서 식민지 관계 사항이 빠졌다. 그 대 신 경제대의와 민형소송법, 영어 등이 새로 선택과목으로 추가되었 다. 대체로 하급관료에게 필요한 일본에 대한 최소한의 교양과 실 무지식, 법률 과목으로 구성되어 있고, 일본 역사와 지리 외에 동양

---

21) 「보통시험령」에서는 보통시험의 시험과목은 보통시험위원장이 정한다고 되어 있고, 통상 매년 8월에 시험이 있었고, 그 몇 달 전인 5~6월 사이에 「朝鮮總督府官報」 '광고란'을 통해 시험과 목과 구비서류, 자격요건 등에 대해 자세히 공시했다.

사와 식민지 관련 법규는 오히려 제외하고 있다. 결국 한국인 지원자에게는 민족의식이나 세계사에 대한 안목은 배제하고 식민지 통치에 필요한 최소한의 실무지식만을 요구하고 있는 셈이다. 더욱이 이전까지 한국인에게 선택과목으로 부과하던 일본어 시험이 빠져 있는데, 이는 한국에 대한 식민통치가 이미 10년이 지난 시점이어서 학교교육을 중심으로 상당 정도 일본어가 보급되었기 때문에 더 이상 시험할 필요가 없어졌기 때문인 듯하다.22)

한편 1930년대 들어서는 시험과목에 약간의 변동이 있었다. 곧 1933년에는 필수과목에서 한문을 제외하고 그 대신 '국민성'을 강조하기 위해 국어(일본어)를 신설했고, 1938년에는 필수과목에서 형법대의를 선택과목으로 돌리고 그 대신 헌법대의를 신설하였다. 이는 1937년 중일전쟁 발발 이후 시국사안이 중대해짐에 따라 보통시험의 문제 자체가 황민화 정책과 전시체제의 성격을 농후하게 띤데 따른 것이다.23) 곧 보통시험의 준비과정 자체가 황민화과정이었다(橋谷弘, 1990: 146). 마지막 시험이 있었던 1943년에는 선택과목을 대폭 축소하여 경제학대의와 형법대의 2과목만 남겨두었다. 이렇게 33년간 시행된 각종 판임관 시험에 합격한 사람은 모두 3,772명이었고, 1940년 창씨개명 이전의 합격자 3,426명을 놓고 보

---

22) 참고로 제1차 「조선교육령」 시행기(1911~1922)에 일제는 일본어를 '국어'라 부르고(제5조), 소위 "국어는 국민정신이 깃드는 곳"이라 하여 일본어의 수업시수를 늘렸다. 보통학교(지금의 초등학교)의 주당 한글과 일본어 수업시수를 보면 한글이 학년별로 5~6시간인데 반해 일본어는 모든 학년이 10시간이고, 고등보통학교(지금의 중학교)의 경우 각각 3~4시간 대 7~8시간이어서 대체로 한글보다 일본어 수업시간이 2배 정도 더 많았다. 게다가 국어교과의 명칭을 '조선어 및 한문'이라 하고, 많은 수업시수를 '한문'에 충당하는 실정이었다(정재철, 1985: 305, 311-312). 그나마 일제 말기로 갈수록 한글교과를 정규 교과목에서 배제하여 선택과목으로 전락시켰다.

23) 1942년 보통시험의 국어(일본어) 첫 문제는 제2의 일본국가라 불리는 '바다에 가면(海行かば)'의 가사를 제시하고, "이 노래를 해석하고 이에 대한 자신의 감회를 서술하라"는 것이었다(「朝鮮行政」, 1942: 64).

면 한국인이 1,488명(43.4%), 일본인이 1,938명(56.6%)으로 일본인 합격자 수가 많았다(안용식, 1999: 44-45). 합격자의 전직을 보면 조선총독부의 하급관료 출신들이 많았다.[24]

다음으로 「보통시험령」과 같은 날 공포된 「고등시험령」(칙령 제7호)에 따라 주임문관의 임용자격시험은 '고등시험'이라 불렀으며, 매년 1회 도쿄(東京)에서 실시했다. 이 두 법령은 「문관시험규칙」(칙령 제197호)에서 지정한 '문관보통시험'과 '문관고등시험'을 각각 대체한 것이다. 이 두 시험은 1919년 이후 각각 판임문관과 주임문관을 선발하는 근거를 이루었다. 시험은 예비시험과 본시험으로 나누고 예비시험에 합격한 사람만 본시험을 볼 수 있었다(제4조). 지원자격은 예비시험은 중학교 졸업 상당자여야 하고, 시험과목은 논문과 외국어이며, 본시험을 보기에 상당한 학식을 갖고 있는지 여부를 고시했다(제5, 7조). 단 고등학교나 대학 예과 또는 문부대신이 이와 동등 이상이라고 인정하는 학교를 졸업한 자는 예비시험을 면제했고, 예비시험은 한번 합격하면 이후는 면제했다(제8조).

본시험은 행정과, 외교과, 사법과의 3과로 나누었고, 필기와 구술로 고시했다. 행정과의 시험과목은 헌법과 행정법, 민법, 형법, 국제공법, 경제학 등 6과목은 필수이고, 상법과 민사소송법, 형사소송법, 재정학 가운데 1과목을 선택하게 했다.[25] 경제학과 재정학을 빼면 전부 법학 과목이었다. 그런데 1929년에 가면 이 「고등시험령」(칙령 제15호)을 개정하여 본시험의 시험과목이 대폭 개편되었다.

---

24) 1919년부터 1937년까지 보통시험 합격자 1,152명의 전직을 보면 순사가 272명(23.6%), 훈도가 33명(2.9%), 간수가 17명(1.5%), 기타 관직이 20명(1.7%) 등 모두 342명(29.7%)이 조선총독부의 하급관료 출신이었다(장신, 2003: 50 <표 2>에서 계산).

25) 이 시험과목은 이전에 「문관시험규칙」의 문관고등시험과 비교하면, 필수과목에서 국제법이 국제공법으로 바뀐 것을 제외하면 똑같다.

곧 필수과목에서 형법과 국제공법이 빠져서 2과목이 줄어들고, 그 대신 선택과목은 대폭 확대되어 20과목[26] 중 3과목을 선택하게 했다. 필수과목에서 법학의 비중이 줄어든 대신 선택과목에서 교양과목이 크게 늘어난 것이 특징이다. 일본 정당내각이 이 개정을 실시한 목적은 고등시험 행정과 합격자의 전공을 다양화하여 행정의 능률을 증진하려는 것이었는데, 시험 과목 개정 이후에 오히려 법학 전공자의 합격률이 증가함에 따라 실패로 돌아갔다(한승연, 2016).

한편 고등시험 행정과는 일본에서는 1894년부터 1943년까지 매년 합격자를 내었으며, 한국인으로는 1923년에 합격한 이창근(李昌根, 明治대 졸)이 처음이었다(秦郁彦, 1981: 447-643). 일본인 합격자 중에서는 이미 1903년에 2명, 1904년에 3명, 1905년에 5명 등이 한국으로 파견되었다(秦郁彦, 1981: 456-460). 물론 반대로 한국인 합격자가 일본정부에 배속된 경우도 있어서, 1943년에는 합격자의 절반인 11명이 일본 내각의 각 성에 고루 배치되었다(이기동, 1985: 476). 1923년부터 1943년까지 한국인은 약 133명이 합격하였다(이기동, 1985: 471). 특히 총독정치에 복무한 이들 한국인 관료들은 '행정의 근대화'를 몸소 체득한 행정기술자로서, 광복 이후에도 미군정과 제1공화국을 거치면서 정치와 행정의 요직을 차지한다(이기동, 1985: 455, 478; 안용식·김천영, 1989: 211-213).

지금까지의 분석 결과를 종합하면 다음과 같다. 첫째, 지원자격을 보면 특별한 경우를 제외하면 관료는 만 20세 이상 성년 남자들의 세계였다. 학력과 관련해서는 보통시험의 경우 학력제한은 없었

---

26) 선택 20과목은 철학개론, 윤리학, 논리학, 심리학, 사회학, 정치학, 일본사, 정치사, 경제사, 일문과 한문, 상법, 형법, 국제공법, 민사소송법, 형사소송법, 재정학, 농업정책, 상업정책, 공업정책, 사회정책 등이다.

지만 중학교 졸업 정도의 난이도를 기준으로 시험하고, 고등시험의 예비시험은 중학교 졸업 상당자로 제한함에 따라 실질상 고등·보통시험 모두 최소 중학교 졸업 정도의 학력을 요구했다고 볼 수 있다. 또한 고등학교 이상 졸업자에게는 고등시험의 예비시험을 면제하고, 특정시험 합격자나 제국대학 졸업자에게는 견습 근무기간을 면제하는 등 각종 특혜를 부여하고 있다. 결국 일제시대를 통해 관료임용시험에는 학력·시험·경력 등 학력주의와 능력주의가 결합되어 작용하고 있음을 볼 수 있다. 이와 함께 체격조건도 중요한 자격요건으로 작용하고 있다.

둘째, 시험과목을 보기로 하자. 일단 보통시험은 교양과 실무지식, 법학 과목으로 구성되어 있지만, 갈수록 교양의 비중은 줄어들고 그것도 일본의 역사와 지리만을 요구하고 있다. 나아가 다른 시험에 비해 간이시험의 성격을 갖는 판임관견습시험부터 보통시험, 고등시험까지 다소 과목 수에 변화는 있었지만 일관되게 법학과목을 중시하고 있다. 물론 1929년 이후의 고등시험은 다수의 법학과목과 함께 선택과목으로 광범하게 교양과목을 인정하고 있다. 이는 일제가 당나라 과거제의 논리와 탁월성에 프로시아 모델을 혼합하여 자신의 구미에 맞게 변형하면서 관료 임용시험에서 헌법과 행정법 같은 법학과목의 비중이 커졌기 때문이다(Marx, 1957: 64). 그러나 그러한 변형은 어디까지나 형식에 불과했다. 이는 시험과목이 도쿄제대 법학부의 교과목에 가까웠고(윤재풍, 1976: 507), 합격자의 다수가 법학 전공자였던 데서 확인할 수 있다.27)

---

27) 전전 평균 매년 합격자 400명 중 75%가 도쿄대 법대 출신이었다(박동서, 1961: 69). 1944년 9월 현재 조선총독부와 소속관서의 주임관 이상 고등관 822명의 학과와 전공을 보면, 우선 일본인 743명 가운데 432명(58.1%)이 대졸자이고, 대졸자의 출신대학은 경성제대와 도쿄제대를

셋째, 시험제도의 변화 요인을 보기로 하자. 조선총독부는 한마디로 식민지 한반도를 안정시키고 일본의 이익을 실현하기 위해, 식민지체제를 이끌어갈 일본인 관리와 일선에서 이를 도와줄 한국인 관리가 필요했다. 특히 근대적인 법치국가를 정착시키기 위해서는 당연히 법학 지식이 필요했고, 그와 함께 식민지 통치를 위해 사회를 통제하고 질서유지를 위해서는 법학을 전공한 사람이 필요했다고 볼 수 있다(박동서, 1961: 64, 69; 안용식・김천영, 1989: 201, 215). 게다가 한국인 관리는 법학을 비롯하여 일본어로 사고하고 표현할 줄 아는 실무능력과 조선총독부의 제반 정책을 이해하고 널리 선전할 수 있는 능력, 명확한 국가관념 등이 요구되었다.[28] 따라서 한국인 수험생들은 수험과정을 통해 일제가 요구하는 관리의 자세를 알게 모르게 체화했다(장신, 2002: 70). 그나마 시험과 시험 이외의 경로를 통해 임용된 한국인 관리의 수는 매우 적은 편이었다.[29]

지금까지 살펴보았듯이 일제시대의 관리는 품행이 단정하고, 일정수준의 전문적 교육을 그 자격으로 하고, 그러한 전문적 교육의 유무를 확인하기 위해 시험 또는 일정 수준의 학력이 요구되었다.

비롯한 관립대학이 355명(82.2%)으로 대다수를 차지했다. 기술직을 제외한 사무직 211명의 대학 전공은 법학이 121명(57.3%)으로 절반을 훨씬 넘었다. 다음으로 한국인은 79명 가운데 대졸자가 58명(73.4%)으로 대다수를 차지했고, 대학・전문학교 출신자 60명 중 45명(75.0%)이 관립대학 출신으로 역시 대다수를 차지했다. 기술직을 제외한 사무직 55명의 대학 전공은 법학이 35명(63.6%)으로 다수를 차지했다(안용식・김천영, 1989: 198-210 해당 표에서 계산).

28) 특히 역사와 작문 등에서 수험자의 국체 관념을 명확히 밝힐 것을 요구하고 있다. 예를 들어 1933년의 역사과목 문제는 "明治 천황의 치적의 대요를 서술하라"였다. 또 보통시험의 작문 문제도 시국 관념을 시험하는 경우가 많았다. 예를 들어 1923년의 문제는 현대사조와 국민의 각오, 단련이었고, 1929년은 현대가 요구하는 인물, 1937년은 황국청년의 사명 등이었다. 일제 말기가 되면 구술시험에서도 일본의 전쟁수행에 대한 수험생의 명확한 태도를 요구했다. 답안은 어디까지나 일제의 입맛에 맞게 작성해야지, 자기 소신대로 답안을 작성했다간 요시찰명부에 오를 수도 있었다(장신, 2002: 70-75).

29) 1942년 현재 조선총독부와 소속관서의 판임관(대우) 이상의 관리 50,560명 가운데 한국인은 15,921명(31.5%)으로 일본인 34,639명(68.5%)에 비해 2배 이상 적었다(朝鮮總督府, 1944: 400-401에서 계산).

따라서 일제시대 관리의 자격은 법학을 중심으로 한 전문적 교육의 유무에 있었다고 할 수 있다(靑山秀夫, 1967: 172). 특히 한국인 관리에게는 근대 교육과 일본 유학, 친일성이 관리 등용의 중요 요건으로 작용했고, 또 식민지 관료로 등용되기 위해서는 일제가 요구하는 제도에 타율적으로 적응할 수밖에 없었다.

3. 미군정기(과도기)

일제의 갑작스런 패망과 함께 곧장 미군정이 실시되면서 남한 사회는 대혼란에 빠진다. 미군정은 해방공간의 혼란을 수습하고 정치적인 안정을 되찾아 남한에 미국식 민주주의 정부를 수립하기 위해 존속한 임시적인 체제였다. 이처럼 군정의 목적 자체가 점령지역의 치안과 질서를 유지하는 것이기 때문에(김갑수, 1947: 19), 미군정의 정책은 대체로 현상유지와 정치경제적인 여러 통제수단을 제거하는 데 그치고 별로 새로운 제도를 마련하지 않았으나, 인사제도만큼은 미국 제도를 새로 도입하여 직위분류제와 보수의 조정, 채용시험의 원칙을 확립하고자 노력하였다(박동서, 1961: 109; 총무처, 1969: 12).

미군정기 관리임용의 근거를 이룬 법규는 <표 6-3>과 같다. 먼저 1945년 9월 9일 미 24군단이 인천에 상륙하고 남한에 대해 군정을 선포한 이래, 미군정은 같은 해 11월 2일 「이전법령 등의 효력에 관한 건」(군정법률 제21호)을 공포하여, 8월 9일 현재 실행중인 모든 법규와 일제시대의 관공리를 당분간 존치시킴으로써 대부분의 일제시대 법규와 관공리를 승계하였다. 그러나 친일부역자의 존치

에 대해 남한 내의 여론이 비등하자, 미군정은 11월 16일에 '조선
직원검사위원회'를 창설하여 군정청의 관직을 갖고 있는 사람이나
얻고자 하는 사람에 대해 친일 또는 이적 행위를 탐사하여 친일부
역자들을 공직에서 배제하는 조치를 취하였다[30](「조선직원검사위
원회의 창설」, 군정법률 제29호). 물론 이러한 조치에도 불구하고
행정 경험자들이 필요하다는 이유로 많은 친일부역자들이 관공리로
남아 있었음은 주지의 사실이다.

<표 6-3> 미군정기 관료임용제도

시기	법적 근거	임용방식	지원자격	시험과목
1945년 11월 2일 시행	이전 법령 등의 효력에 관한 건 (군정법률 제21호)	일제 관료 승계	군정장관의 명령으로 개정 또는 폐지된 것을 제외하고, 일제시대의 법규와 관공리를 승계함	
1945년 11월 16일 시행	조선직원검사위원회(군정법률 제29호)	동 위원회의 검사 후 임용	친일 또는 이적 행위자 공직에서 배제	
1946년 4월 20일 제정	인사행정처의 직능규정에 관한 건(군정법률 제69호)	시험제	특별한 규정 없음	문관시험을 통해 공직채용자의 업무 성실, 적성 확인
1948년 3월 8일 제정	고시규정(군정법률 4호)	시험제	한국시민. 연령제한은 특정직만. 학력제한 없음. 귀속적 요소 배제	필기시험: 시험과목은 불상

자료: 한국법제연구회(1971); 해당 법령은 국가법령정보센터 > 근대법령에서 검색.

---

30) 이 원칙은 이후 지방 관공리와 지방회의원 선거 출마자에게도 적용되어, 일제시대 중앙 또는
지방회의원으로 재임한 자, 칙임관 이상의 지위에 있었던 자, 자기의 이익을 위해 일본인과 협
조하여 한국인민에게 해를 끼친 자 등은 피선거권을 박탈했다(「도及기타 지방의 관공리, 회의
원의 선거」, 군정법령 제126호, 1946).

한편 이와 같은 우여곡절을 거친 뒤에 미군정은 1946년 4월 20일에 「인사행정처의 직능규정에 관한 건」(군정법률 제69호)을 제정하여 기존의 인사관계 법령을 폐지하고, 미국식 인사제도를 부분적으로 도입하였다. 곧 인사행정 전담기관으로 인사행정처를 신설하고, 기존의 계급제 대신 직위분류제를 도입하고(제2조 가), 공무원은 임명될 직위의 담임에 필요한 성실과 적성을 확인하기 위해 문관시험에 합격할 것을 요구함으로써, 공무원 임용에 실적주의 원칙을 천명하였다(제4조). 또한 한국 최초로 남녀의 성별 구별 없이 보통선거로 지방공무원을 선출하는 제도도 도입하였다.[31] 특히 이 법은 공식적인 법규로서 공직 임명에 여성에 대한 제한을 폐지했다는 점에서 의의가 깊다고 하겠다. 나아가 1948년 3월 8일에는 공무원 적격자를 조직적이고 과학적으로 모집하기 위해 「고시규정」(군정법률 제4호)을 제정하고, 모든 일반직 공무원과 별도 규정이 없는 별정직 공무원에 대해 기회균등의 원칙에 따라 실력과 적성을 공개경쟁시험을 통해 평가하고, 정치적인 성향이나 종교 등에 의해 차별적인 대우를 받지 않는다고 천명했다. 지원자격은 한국시민이면 남녀 누구나 가능하고, 연령과 학력은 특정한 경우를 제외하고는 원칙적으로 제한을 두지 않았다.

그러나 미군정의 파격적인 인사제도의 도입과 성과주의 원칙의 천명에도 불구하고 미군정기 동안 인사행정처는 보통문관시험을 단 1차례 시행한 적이 있었으나, 법정인들조차 언제 어디서 시행하는

---

31) 1946년 11월 15일에 「도及기타지방의 관공리, 회의원의 선거」(군정법령 제126호)를 제정, 시행하여 도지사, 부윤, 군수, 도사(島司), 읍장, 면장, 도회의원, 부회의원, 읍회의원, 면회의원 등을 주민이 직선하게 하고, 만 25세 이상의 한국인 남녀로서 선거 직전 1년 이상 선거지역 내에 거주한 사람이면 누구나 피선거권이 있었다.

지도 모르게 실시되었다(「법정」, 1947: 3; 박문옥, 1963: 343). 그 대신 미군정의 임용정책은 고위관료는 추천, 중하위관료는 유임과 추천, 신규모집에 주로 의존하였다(김수자, 1996: 253). 특히 추천을 통해 임용된 사람들은 고위관료와 중하위 관료 모두 대체로 친일세력과 우익 성향의 인물 등용, 좌익세력 배제라는 공통적인 특성을 지니고 있었다. 심지어 공개모집한 통역응모자 등도 인사행정처에서 공산당원이나 범죄 경력자 등 부적격자를 가려내었다(서울신문사, 1979: 68). 이에 따라 미군정기에는 다수의 미국인 관리[32]와 함께, 한국인 고위관리는 대체로 미국 유학 등으로 영어가 가능한 부유층으로서 친일적 성향을 띠고, 반공의식이 투철한 북한출신 기독교인들이 다수를 차지했다(McCune, 1947: 612; 손정목, 1991: 618-619; 김수자, 1996: 257-263). 이에 대해 당시 법정계에서도 정실인사에 의한 부당한 인물을 배제하고, 고시제도를 조속히 실시할 것을 촉구하고 있다(정일형, 1946: 10; 「법정」, 1947: 3).

요컨대 미군정이 새나라 건설의 임무를 담당할 근대적이고 민주적인 관리를 등용하기 위해 남녀 간의 기회균등과 성과주의 인사원칙, 보통선거를 통한 지방 관공리의 주민직선제의 도입 등 제도적인 혁신을 도모한 점은 높이 평가할 만하다. 그러나 신생 한국의 현실을 무시하고 소위 서구적 충격요법을 통해 발전적인 인사제도를 모색했지만(윤형섭, 1974: 176), 제도와 현실 간의 괴리가 너무 커서 소기의 성과를 거두지 못하고 혼란만 가중시켰다. 게다가 미군정의 모든 직원은 임시 임명이고 군정장관이나 그 지령에 의해

---

32) 1947년 7월 현재 미군정청에는 약 4만 명의 한국인과 군인 · 민간인을 포함하여 미국인 3,231명이 근무하고 있었다(McCune, 1947: 614).

언제든지 해임할 수 있었기 때문에, 관리의 신분이 보장되지 않는 근본적인 한계를 지니고 있었다(「정당, 회사등의 명찰첩부」, 군정법령 제16호, 1945).

4. 대한민국시대(발전기)

대한민국 정부수립 직후에는 아직 공무원임용제도가 정비되지 않아서 행정명령인 「인사사무처리규정」(대통령령 제30호)에 따랐다. 이 규정에 따르면 시험이나 전형을 통해 공무원을 임명할 수 있고(제6조), 대통령에게 공무원의 임명을 상신할 때는 부윤(구청장) 또는 읍면장이 증명하는 신원증명서 1통을 첨부하여 제출토록 하고 있어(제10조), 미군정기와 마찬가지로 지원자의 사상 내지 신원검증에 유의했음을 알 수 있다. 이와 함께 공직희망자는 임명되기 전에 경찰의 조사를 받아야 했다.[33] 그 이듬해인 1949년에 자유당정부는 공무원제도의 근간을 이루는 「국가공무원법」을 제정하고, 공무원의 신분보장[34]과 함께(제5장), 그 임용은 고시 또는 전형에 따라야 한다고 실적주의 원칙을 천명하고 있다. 다만 오랜 식민지 독립투쟁을 감안하여 독립운동에 공헌이 있는 사람은 특별전형에 의해 임명할 수 있도록 했다(제5조).[35]

---

[33] 특히 3급 이상의 경우 중요시 되었으며, 조사의 내용은 정치사상, 즉 공산주의에 대한 것과 야당에 대한 것이었다. 누구나 공무원이 되려면 자기소재 관할구역 경찰과 경무대 경찰에 의한 이중조사를 받아야 했다(박동서, 1961: 200).

[34] 법규상으로는 신분보장이 명문화되었으나, 이후에도 여러 차례에 걸쳐 임의적인 공무원 감원이 있었다. 곧 1951년 2월의 20% 감원결정, 1953년 8월의 25% 감원결정, 1956년 9월의 31,793명 감원결정, 1957년 8월의 6,000명 감원결정, 9월의 3,835명 감원결정, 1958년 10월의 공무원감원요강 결정 등 일련의 감원 조치가 있었다(조석준, 1967: 154).

[35] 이에 따라 자유당정부 초대 내각의 장차관 30명 가운데 독립운동가로 활동한 사람이 5명(17%)이었다. 반면 총독부 출신 관리도 3명(10%)이나 있었다(김수자, 1997: 213-215). 또한

그러나 같은 해에 제정한 「공무원임용령」(대통령령 제208호)에서는 4급과 5급 공무원의 임명은 각 행정기관의 장이 전행하게 함으로써(제8, 9조), 미군정기와 마찬가지로 실무직 공무원의 임용에 정실이 개입할 수 있는 여지를 제공하게 된다.[36] 또한 같은 해에 「고등고시령」(대통령령 제174호)과 「보통고시령」(동 제175호)을 제정하여 공무원임용제도를 정비했으나, 실적주의가 보편화되기 시작한 것은 1961년 4월에 「공무원임용령」(국무원령 제240호)과 「공무원고시령」(국무원령 제241호)을 제정하여 임용시험제도를 정비하고, 나아가 1963년에 「국가공무원법」(법률 제1325호)을 폐지 제정하여 종전의 자격시험에서 채용시험으로 전환되면서였다. 이에 따라 "정부수립 초기에는 일제하의 관리로 있던 자로 미군정시에도 계속 근무한 자와 미군정시대에 채용되었던 자 및 정부수립 후 정실에 의해 채용된 자들로 관료군을 형성하고 있었다(안용식, 1978: 45)."

일제시대와 마찬가지로 광복 이후에도 공무원임용시험의 근간을 이룬 것은 고등시험과 보통시험이었다. 광복 이후 현재까지 장기간에 걸쳐 고시제도가 여러 차례 복잡하게 변화해온 관계로, 임용시험제도는 5급 공채시험과 7·9급 공채시험으로 나누어서 고찰하기로 한다.

자유당정부의 장차관에서 도지사 이상 행정엘리트 가운데 독립운동가 출신은 11명(7%)이었으나, 민주당정부에서는 1명도 없었다(안병만, 1985: 172-173, 176).

36) 이러한 경향은 3급 이상 고위직도 마찬가지여서 1949년부터 1961년까지 고등고시 행정과의 합격자수는 337명(3.9%)에 불과한 반면, 1951년부터 1961년까지 고등전형 합격자 수는 8,263명(96.1%)으로 나타나(박동서, 1969: 442), 고위공직자는 거의 전부 전형을 통해 임용되었다.

1) 5급 공채시험

일반행정 고급공무원의 임용자격 시험을 고등고시라 하고, 1944
년부터 중단된 이래 미군정기 동안 실시하지 않았던 이 시험은
1949년에 「고등고시령」을 제정 시행하면서 부활되었고, 한국전쟁
이 발발한 1950년을 제외하면 매년 시행되고 있다. 우선 이 시험은
일제시대에는 고등문관시험 또는 고등시험(일명 고문)으로 불리다
가 광복 이후에는 고등고시(1949)에서 고등고시 행정과(1961),
1973년에는 이 시험이 세분화되면서 행정고등고시(일명 행시)로 바
뀌었다가, 1981년에 「국가공무원법」(법률 제3447호)을 개정하여 일
반직 공무원의 계급을 1급에서 9급으로 개편함에 따라 행정고등고
시도 5급시험으로 개편되었다(「공무원고시령」, 「공무원임용령」, 「공
무원임용시험령」 참조).[37] 현재는 5급 공채시험으로 부른다. 1966년
에 「공무원임용시험령」을 제정한 이후에는 임용시험은 직급별로 실
시하는 것을 원칙으로 하되, 특수한 직렬에 대해서는 전문분야별로
분리해서 실시할 수 있도록 했다(제2조).

다음으로 5급 공채시험의 지원자격을 보기로 하자. 첫째, 학력은
광복 직후 고등고시를 부활할 당시에는 본고시의 경우 예비고시 합
격자나 대학 1학년 수료 상당자, 1963년에는 대학졸업 상당자 등으
로 제한이 있었으나, 1973년 이후 시행하는 모든 공개경쟁 공무원
시험에서 학력제한과 경력제한은 폐지되었다. 그러나 광복 이후 교

---

37) 1949년 시작 당시 고등고시의 본고시는 행정과와 사법과의 2과로 시작했다가, 1953년에 기술
과가 추가되었다. 행정과는 다시 제1부(일반행정), 제2부(재정), 제3부(외무행정), 제4부(교육행
정)로 나뉜다(「고등고시령」). 1961년에는 고등고시 행정과로 개편되면서 제4부가 떨어져나간
다(「공무원고시령」). 1963년에는 행정직 3급, 외무직 3급, 재경직 3급, 학예직 3급 등으로 바
뀌었다(「임용시험과목에 관한 건」). 1970년 12월 개정에서는 행정직과 재경직을 행정직으로
통합하였다가, 1981년 이후에는 행정직렬의 직류가 세분되고 있다.

육시설을 대폭 확대하고 학력사회를 지향하는 추세에 있었고, 고등고시가 다분히 '학력검사'에 가까웠고(안용식, 1978: 45-46), 대학졸업 정도 수준에서 출제가 되고 있다는 점에서, 단순히 기회균등의 원칙을 내세워 학력제한을 폐지한 것은 현실과 거리가 있다고 하겠다. 특히 1981년부터 2002년까지 고등고시 합격자 가운데 전문대졸자와 고졸자가 각각 4명밖에 안 된다는 점에서 더욱 그렇다(행정자치부, 1998: 118; 행정자치부, 2004: 146-147).

아울러 연령제한을 보면 정부수립 당시부터 1965년까지는 특별한 제한 규정은 없었으나, 대체로 대학 재학 정도의 학력을 요구함에 따라 적어도 20세는 되어야 가능했을 것이다. 현재는 7급 이상은 20세 이상, 8급 이하는 18세 이상으로 최저연령만 제한하고, 최고연령 제한은 없어졌다(「공무원임용시험령」 제16조).

둘째, 5급 공채시험의 시험과목을 보기로 하자. 2차 시험을 기준으로 필기시험 과목을 보면, 광복 직후에는 필수과목으로 국사와 헌법, 행정법, 경제학, 민법 등이 부과되고, 여기에 선택과목이 2과목 부과되었다. 구술고시 과목은 행정법과 민법, 경제학 등으로 일제시대와 마찬가지로 법학과목의 비중이 높았다. 1961년부터는 필수과목에 헌법, 행정법, 민법 등 법률과목과 경제원론 외에 행정학과 정치학이 새롭게 추가되어 기존의 법률과목 외에 사회과학 과목이 대폭 보강되었다. 그 대신 국사 과목이 빠졌다. 행정학은 1961년에 2차시험의 필수과목으로 추가된 이래 계속해서 필수과목으로 고시되고 있다. 선택과목으로는 국제법, 사회학, 교육학, 심리학, 조사방법론, 노동법, 사회정책, 통계학, 정보체계론, 지방행정론 등 국제화와 지방화, 정보화 등의 영향을 반영하여 과목이 변동되고 있다. 대체로 선택과목은 교양과 전문지식을 함께 고시하다가 점점 전문지식만 고시하는 경향을 보이고 있다. 국민윤리와 한국사는 한때 필수 또는 선택과목으로 부과된 적이 있었다. 외국어 과목은 다수의 외국어 가운데 1과목을 선택하던 방식에서 영어 단일과목으로 개편되었다.

2002년 1월에는 21세기 세계화, 지식정보화에 부응하기 위해 「공무원임용시험령」(대통령령 제17496호)을 대폭 개편하여 5급 채용시험을 공직적격성(PSAT)과 전문성을 검정하는 방식으로 전환하고, 시험과목을 전문과목 위주로 개편하였다. 실제로 국민윤리(1996)와 한국사 과목이 제외되면서 2006년부터는 필수와 선택과목 모두에서 교양과목은 사라진 셈이다. 곧 1차시험을 언어논리, 자료해석, 상황판단 영역 등으로 나누어 공직자로서 기본소양과 종합적 사고력 등 공직적격성을 검정할 수 있게 하고,[38] 영어과목은 토플이나 토익 등의 공인영어성적으로 대체하는 한편, 2차시험은 전문과목 위주로 개편하고 시험과목을 줄였다. 현재는 1차 시험에 한국사(2급 이상)와 헌법 과목이 자격요건으로 부과되고 있다.[39]

셋째, 시험제도의 변화 요인을 보기로 하자. 제1공화국이 '행정부 재기'였다면 5 · 16쿠데타 이후는 행정국가화가 본격화되는 시기였다. 현대 행정국가는 공무원의 능력으로서 전문성은 물론, 정책결정과 갈등의 조정 등으로 인해 넓은 이해력과 적응력, 창의성, 조정

---

38) 언어논리, 자료해석, 상황판단 영역의 평가는 다음과 같다. 언어논리영역은 문장의 구성 및 이해능력, 논리적 사고력, 표현력, 추론능력 등을 검정한다. 자료해석영역은 통계처리 및 해석능력, 수치자료의 정리 및 분석능력, 정보화능력 등을 검정한다. 상황판단영역은 상황의 이해능력, 추론 및 분석능력, 문제해결능력, 판단 및 의사 결정능력 등을 검정한다.
39) 「고등고시령」과 「공무원임용시험령」 등 각 해당법령은 국가법령정보센터 > 현행법령과 연혁법령에서 검색(이하 같음).

력 등이 요구된다(박동서, 2001: 172). 현재 새로운 시험제도는 1차 시험에서 교양과 종합적 사고력을 함께 검증하고 있고, 2차 시험은 사회과학 과목 위주로 개편되고, 면접시험도 대폭 강화되었다. 이에 따라 갑오개혁 이래 100여 년간 지속된 법률지식 암기 위주의 시험 관행은 타파되고 있으나 공직 지원자의 인성을 검증하기에는 아직 미흡한 실정이다.

2) 7·9급 공채시험

1949년 「보통고시령」(대통령령 제175호)을 제정할 당시에는 공무원의 임용자격에 관한 고시를 보통고시라 하다가(제1조), 1961년에 「공무원고시령」(국무원령 제241호)을 제정하면서 이를 나누어서 일반직 사무계 4급을류 공무원의 임용자격에 관한 고시를 보통고시, 일반직 사무계 5급을류 공무원의 임용에 관한 고시를 5급공무원고시라 불렀다(제3조). 1981년에 「국가공무원법」(법률 제3447호)을 개정하여 일반직 공무원의 계급을 1급에서 9급으로 개편함에 따라 보통고시도 각각 7급시험과 9급시험으로 개편되었다. 고등고시와 마찬가지로 보통고시도 1963년부터는 자격시험에서 채용시험으로 전환되었고, 1966년에 「공무원임용시험령」(대통령령 제2405호)을 제정한 이후는 이 법령과 그 시행규칙에 따라 직급별로 고시를 시행하고 있다. 시험은 1차·2차의 필기시험과 면접시험으로 고시하며, 원칙적으로 전단계의 합격자만이 다음 단계의 시험에 응시할 수 있다. 7급시험은 전문행정업무의 수행에 필요한 능력·지식을, 9급시험은 행정업무의 수행에 필요한 기본적 능력·지식을 고시한다(현행 「공무원임용시험령」 제12조, 대통령령 제29029호).

첫째, 시험과목을 보면 1949년 시작 당시의 보통고시 과목은 국사, 국어, 작문, 지리, 수학, 법제대의, 경제대의 등 7과목을 고시하고 선택과목은 없었다. 이를 일제 말기인 1942년의 보통시험 과목, 곧 국어(일본어), 작문, 산술, 지리, 역사, 행정법대의, 헌법대의, 민법대의(필수), 거기에 경제대의, 형법대의, 민·형소송법, 한글, 영어 중 2과목 선택 등 10과목과 비교하면, 교양과 실무지식을 검정하는 과목은 거의 같고 행정법대의, 헌법대의 등 법학과목이 다소 줄어들었다. 정부수립 직후여서 제헌헌법이 제정된 지 1년밖에 안 되었고, 아직 행정법이 제대로 정비되지 않은 점을 감안한다면 일제시대의 보통시험과 이 당시의 보통고시는 시험과목이 거의 같은 셈이다.

1961년에 「공무원고시령」이 제정되고 나서는 시험을 1차와 2차로 나누고, 직무수행에 필요한 학식과 그 응용능력을 검정하였다(제2조). 1차시험에서는 체육을 제외한 고등학교의 거의 모든 과목을 망라한 일반교양을 고시하고, 2차시험에서는 국어및국문학, 헌법, 경제원론, 행정법, 행정학 등 필수 5과목에, 교양과 인문사회, 외국어를 포함한 18과목40) 중 2과목을 선택하게 하여 모두 7과목을 고시했다. 대체로 1차시험은 교양과목을, 2차시험은 교양과 전문지식을 함께 검정했다. 1996년부터 현재까지 7급 공채시험의 1차시험은 국어(한문포함), 국사, 영어 3과목에 대해 고시하고 있다. 2차시험은 다소 증감은 있었지만 대체로 헌법, 행정법, 행정학, 경제학 과목이 중심을 이루고 있다. 1990년대 초반에 한때 전산학개

---

40) 문화사, 역사학, 철학개론, 심리학, 윤리학, 논리학, 자연과학개론, 교육학, 수학, 행정법, 정치학, 사회학, 재정학, 통계학, 영어, 중국어, 불어, 독어 등 18과목(「공무원고시령」, 국무원령 제241호).

론을 필수과목으로 부과한 적이 있었다. 주로 사회과학 관련 과목이 선택과목으로 부과된 적이 있었으나, 2004년부터 선택과목은 없어지고 위 4과목에 대해서만 고시하고 있다. 대체로 1차시험은 교양과목, 2차시험은 교양과 전문지식을 함께 검정하던 방향에서, 2차시험은 법학을 비롯한 전문지식을 검정하고, 선택과목의 범위가 점점 줄어들다가 없어지는 경향을 보이고 있다.

다음으로 9급 공채시험을 보면 1961년에 보통고시에서 분리될 당시에는 5급시험이었으나, 1981년 공무원의 계급 개편에 따라 9급시험으로 전환되었다. 1961년 시작 당시부터 1차와 2차 시험으로 구분되어 있었으나, 대체로 1·2차 시험을 병합해서 실시해왔다. 시험과목을 보면 1차시험은 일반교양, 2차시험은 교양과 전문지식을 함께 검정했다. 1차시험은 1970년까지는 대체로 국어, 국사, 수학, 일반상식을 중심으로 검정했으나, 1971년부터는 2차시험의 선택과목이던 영어가 1차시험의 필수과목으로 전환되어 국어, 국사, 영어를 고시했다. 2012년 고졸전형의 도입으로 2차시험 과목은 행정법총론, 행정학개론, 사회, 과학, 수학 등 5과목 중 2과목을 선택하도록 바뀌었다.

둘째, 시험제도의 변화 요인을 보기로 하자. 7·9급 공무원은 일선 행정업무를 담당하는 실무자이므로, 정부수립 이후 줄곧 이들에게는 일반교양과 직무수행능력이 요구되었다. 다만 업무가 복잡다양해지고 과학기술이 발전하면서 전문지식과 영어의 비중이 더 커지고 있다. 지자제의 실시와 함께 분권화와 권한의 위임이 확대되는 추세여서 전문지식과 함께 변화하는 환경에 유연하게 대처하기 위해서는 다양한 교양도 필요하다고 하겠다.

지금까지 살펴보았듯이 정부수립 이후 공개경쟁시험의 확대를 통해 실적주의가 정착된 것은 큰 의의가 있다고 하겠다. 더욱이 남성의 세계였던 관료사회에 여성에 대한 사회적 인식의 변화, 여성의 고학력화, 여성고용 촉진 노력 등에 힘입어 1990년대 이후 여성이 크게 증가하고 있는 점도 큰 변화라고 하겠다. 여성의 공직진출 현황을 보면, 행정부 소속 전체공무원에 대한 여성공무원의 비율은 1987년 21.4%, 1993년 26.6%, 2003년 34.1%, 2017년 12월 현재 46.2%(총무처, 1988: 164; 총무처, 1994: 162; 행정자치부, 2004: 211; 인사혁신처, 2018: 23)로 1990년대 이후 크게 증가하고 있다. 그러나 2017년 12월 현재 여성 고위공직자는 고위공무원이 55명(5.2%), 1~3급이 84명(6.3%)이어서(인사혁신처, 2018: 23) 절대 다수가 하급 실무직에 종사하고 있는 실정이다. 또 미국과 영국, 호주, 뉴질랜드 등 주요 OECD 국가의 여성 고위공직자 비율이 10~20%인 것과 비교하면 한국은 낮은 편이다(西尾陽子, 2000: 174-175).

한편 공무원의 지원자격 가운데 결격사유의 변화를 역사적으로 고찰하면 다음과 같다. 근대사회에 비해 전근대사회에서는 신분적인 제약이 존재했다는 점은 차이가 있지만, 그 외에 범죄자나 부도덕한 사람, 부패공직자가 공직에 임용되는 것을 제한한 점은 시대에 관계없이 같았다. 공무원은 국민의 범죄를 예방하고 감시 감독해야 하며, 도덕적인 모범을 보여야 한다는 점에서 정당화될 수 있을 것이다. 여기에 일제시대 이후 시장거래가 활성화되면서 파산자 같은 중대 경제범, 사상이 불온한 사람, 체격미달자 등이 추가되고 있다. 중대 경제범은 부패 유혹에 쉽게 넘어갈 수 있다는 점에서 그들의 공직진출 제한은 타당하다고 하겠다. 특히 최근 들어서는 각종 범죄자와 부패공직자에 대한 제한이 강화되고 있는 실정이다. 사상적인 측면을 보면 일제시대에는 독립운동가처럼 반일사상을 가진 사람을 기피했다면, 광복 이후는 이것이 반공사상으로 대체되었다고 할 수 있겠다(한승연, 2007a: 34-37).

IV. 시대별 공무원상의 변화 분석

한 시대를 이끌어갈 관료의 상은 그 시대에 필요한 관료의 역할이나 그들에 대한 기대에 의해 결정되고,[41] 이는 관료 임용시험으로 구체화되어 나타난다. 유능한 관료를 선발하기 위해서는 많은 사람들이 경쟁에 참여하도록 '가열(warm-up)'하는 한편, 이들을 필요한 지위와 역할의 수에 맞게 감소시키는 '냉각(cool-out)'과정이 필요하다(天野郁夫, 1982, 석태종·차갑부 역, 1995: 21). 아무리 결점이 있더라도 시험은 주어진 한계 내에서 신중하게 시행된다면 다른 어떤 방법보다도 더 공정하고 타당하다는 것이 입증되었고, 또 시험은 인간의 능력을 측정하는데 객관성(objectivity)을 부여했다(Stahl, 1983: 106). 특히 선발도구로서 시험은 근대 관료제도의 도입과 함께 근대적인 학교제도, 그 가운데서도 대학교육과 결합하면서 그 시대에 필요한 관료를 양산하고 있다.

그러면 지난 1세기 동안 교육의 발전과 관료임용 시험과목의 변화가 그 시대의 요구에 맞는 관료를 선발하는데 기여하였을까? 이를 위해 우선 근대화 도입기, 식민지시대, 국가형성기, 산업화시대, 민주화시대, 거버넌스시대 등 각 시대별로 어떤 공무원이 필요했는지 알아보기로 하자. 眞渕勝(2000: 15)은 일본의 고위관료 유형을

---

41) 물론 이는 상황에 따라 차이가 나기도 하는데, 예를 들어 제2차 세계대전 당시 유럽은 전시 수요를 충당하는 과정에서 각국의 관료제는 유사성을 띠게 되고, 특히 전문가와 과학자 관료군에 대한 수요가 크게 증가했다면(Cole, 1954: 66-67), 일본은 국체관념 같은 관료의 사상적인 측면을 중시했다.

3가지로 분류하고 있다. 곧 1960년대까지는 정치와 이해관계를 뛰어넘어 높은 견지에서 국익을 위해 일하는 국사형(國士型) 관료가 지배적이었고, 1970년대 이후 1980년대 중반까지는 정치의 한복판에서 다양한 이해를 조정하는 조정형 관료가 지배적이었으며, 1980년대 이후는 정당이 활성화되면서 국익의 정의와 이해의 조정은 정치가에게 맡기고 결정된 정책을 엄격하게 집행하려는 이원형(吏員型) 관료가 등장하여, 현재는 이 삼자가 공존하고 있다고 주장한다. 일본의 이러한 현상은 전통적인 서구의 관료가 정책집행 중심에서 행정국가화에 따라 점차 정책결정, 이해 조정, 국가 비전의 제시 등으로 역할이 확대되고 있는 것과는(Aberbach, et al., 1981: 238-244; Aberbach & Rockman, 1988: 2-6) 정반대의 경향이라고 할 수 있다(眞渕勝, 2006: 267-268). 일본의 고위 관료사회가 전반적으로 정책결정형에서 실무형으로 바뀌고 있다고 하겠다.

한국에서도 구한말의 근대화, 일제의 식민지 통치, 광복 이후의 새로운 국가형성, 개발연대의 서구형 경제발전 추진기까지는 소수의 전문관료가 스스로 국가목표를 설정하고 그 방향으로 국민을 지도하는 국사형 관료가 지배적이었다는 점에서, 한국의 관료도 대체로 일본의 관료와 유사한 변화과정에 있다고 볼 수 있겠다. 그 뒤 1980년대 후반의 정치민주화를 계기로 노동운동과 시민사회운동이 활성화되고, 지방자치제를 실시함에 따라 각 집단 간의 이익갈등이 폭발하면서 조정형 관료를 필요로 하고 있다. 하급 관료는 전통적으로 실무형이 중심을 이루고 있으나, 관료조직 내에서 분권화와 권한 위임이 진전되고 있는 점을 감안하면, 실무지식과 함께 환경의 변화에 유연하게 대처할 수 있는 능력도 필요할 것이다.

대한제국 이후 근대적인 관료임용제도의 변화는 한마디로 '전문성'의 강화로, 또 남성의 전유물에서 남성과 여성이 공유하는 세계로 발전해왔다. 전문성의 강화는 학교교육의 발전을 수반함에 따라 정치적 엘리트의 충원에는 계급이나 직업, 수입보다는 교육이 더 결정적인 요인으로 작용하고 있다(윤형섭, 1974: 188). 한편 '전문성' 곧 '능력'의 내용은 시대별로 공통된 부분과 변화한 부분이 있다. 공통점은 과거제도 폐지 이후 줄곧 근대적인 실무지식과 법학 위주의 전문지식을 중시한 점이다. 특히 대한제국 이후 현재까지 법학지식은 관료임용의 가장 중요한 요건으로 작용하고 있다. 또한 구한말 이후 외국어 능력, 그중에서도 일제시대까지는 일본어, 광복 이후는 영어 능력이 중요한 임용요건으로 작용하고 있다. 차이점은 실무지식과 전문지식의 내용이 시대별로 다소 변화했다는 점이다. 먼저 실무지식은 작문, 필사, 산술, 주산 같은 과목에서 과학기술의 발달에 따라 통계학, 회계학, 조사방법론, 정보체계론(전자계산학) 등으로, 전문지식도 능률화, 지방화, 세계화의 진전에 따라 경영학, 정책학, 지방행정(도시및지방행정), 국제법 등으로 나타나고 있다. 과학기술의 발달에 따른 과목의 변화는 비교적 잘 반영되고 있다고 하겠다. 또한 전문성이 강화되면서 행정직렬의 직류가 세분화되고 있다. 전문성이 강화되면서 오히려 시험과목은 역학, 의학, 율학, 산학 등을 고시하던 과거시험의 잡과와 유사해졌다고 하겠다.

한편 관료의 공익관을 기준으로 한다면 국사형은 이상주의자, 조정형은 현실주의자, 이원형은 합리주의자로 분류할 수 있다(眞渕勝, 2006: 260-262). 이렇게 본다면 국사형 관료는 장기적인 국가의 목표를 설정하고 실천할 수 있는 능력이, 조정형 관료는 정치적인 협상능력이, 이원형 관료는 법학적인 실무지식이 필요하다고 하겠다. 다시 말해 국사형 관료는 교양과 철학지식이, 조정형 관료는 사회과학 지식이, 이원형 관료는 법학지식이 필요한 셈이다. 그러나 관료제가 건전하게 발전하려면 관료사회 내부에도 복수의 공익관이 존재해야 하지만, 개개의 관료도 복수의 공익관을 균형 있게 조화시킬 수 있어야 한다는 점에서(眞淵勝, 2006: 262), 관료는 법학뿐 아니라 다양한 지식을 갖출 필요가 있다고 하겠다. 특히 정부의 각 부서는 여러 개의 전문화된 기능과 프로그램으로 구성되어 있기 때문에, 이를 한 차원 높은 견지에서 조직화하기 위해서는 관리기술이 필수적이다(Marx, 1957: 111-113). OECD 행정관리부(PUMA)의 조사보고에서도 고급 공무원에게는 전문적, 기술적 능력보다는 리더십, 전략적 비전, 직원의 관리 등 관리자로서의 능력과 함께 고결함과 성실성 같은 전통적인 가치가 더 중요하다고 밝히고 있다(西尾陽子, 2000: 179).

그런데 한국의 경우 2002년의 대개편 이전까지 행정고등고시는 법률과목의 비중이 지나치게 컸던 것이 사실이다. 근대적인 법률체계의 도입시기, 식민지 통제사회, 국가형성시기, 산업화시기, 민주화시기, 거버넌스시기 할 것 없이 일관되게 법학의 비중이 크다는 것은 모순이라고 하겠다. 법치주의의 정착을 위해서는 법학지식이 필요하다고 하지만, 형식적인 법치주의가 '법의 지배'를 의미하는 것은 아니며(박동서, 1961: 65), 육법전서를 기계적으로 암기한 사람이 새로운 시대가 당면한 사회경제적 난제들과 전문적 기술을 요하는 문제들을 처리하는 데 적합하다고 볼 수는 없다(이한빈, 1967:

10). 특히 헌법, 행정법, 국제법 등 국가학을 중시하는 풍토는 프로이센의 제도를 모방한 일본학풍(차기벽, 1993: 23)이 광복 이후 산업화, 민주화 시대까지도 관료임용시험에 영향을 미치고 있음을 의미한다. 광복 이후 채용시험뿐 아니라 승진시험도 헌법, 행정법, 행정학, 경제학 과목을 중심으로 시행되었기 때문에 공무원 임용시험에서 법학지식은 필수였다고 하겠다. 갈수록 전문성에 대한 요구가 강화되고 있지만, 그렇다고 전문지식이 반드시 법학지식을 의미하는 것은 아니다. 이에 따라 전통적으로 교양과목을 중시했던 영국이나 법률과목을 중시했던 독일 모두 사회과학 과목의 비중을 높이고 있는 실정이다(Marx, 1957: 112-113).

그동안 한국은 일반행정가(generalist)를 지향하면서도 고위공무원 임용시험은 교양을 경시하고 법학과 사회과학 과목 위주로 응시자의 능력을 검정해왔다. 그리고 시험과목의 개편은 국가학을 기본으로 하고, 거기에 한국사나 국민윤리 같은 최소한의 교양과목 인정 여부를 놓고 논란을 벌였다. 한국 관료제도의 근간을 이루었던 일본은 오히려 1985년의 대개편 이후 고위공무원 채용시험에서 교양시험과 종합시험의 비중이 매우 커졌다는 사실에 주목할 필요가 있을 것이다.

애초에 영국이 고전학이 중심을 이루는 교양 위주로 관료임용시험을 편성한 이유가 고전을 공부할 여유가 없는 하층민들의 참여를 억제하기 위해서였기 때문에(天野郁夫, 1982, 석태종·차갑부 역, 1995: 53-54), 그 의도는 대단히 불순했다고 볼 수 있다. 물론 그렇다고 문학이나 교양을 주로 공부했던 조선시대 과거출신 관료들의 행정 실무능력이 일반적으로 떨어졌다고 볼 수는 없다.[42] 또한 조선시대에도 인사고과제도가 있어서 관료의 성적을 엄격히 관리했다.[43] 그런 점에서 갑오개혁 이후 도입한 근대적 관료임용제도가 전통적 제도의 장점을 계승하지 못하고, 한국의 정치사회적인 실정을 고려하지 않은 채 서구의 법학 중심으로 전개된 점은 매우 유감이라고 하겠다.

　眞渕勝의 분류에 따르면 1980년대 이후는 한국에서도 고위관료는 조정형 관료를 필요로 함에 따라 적어도 5급 공채시험은 법학보다는 교양과 사회과학 과목의 비중을 더 높여야 했다. 그나마 정부수립 이후 행정학, 정치학, 경제학 같은 사회과학 지식이 필수과목으로 확대된 것은 바람직한 변화라고 하겠다. 실제로 실무지식이 필요한 7·9급 시험에는 국어와 국사 같은 최소한의 교양을 검정하면서, 주로 정책결정에 참여할 5급 응시자에게는 법률지식 중심으로 검정한 것은 모순이라고 하겠다. 이처럼 공무원에 대한 시대적인 역할이나 기대에 상관없이, 5급 공채 시험과목은 과거제도 폐지 이후 지난 1세기 동안 대체로 이원형 관료의 선발에 가까운 것이었다고 하겠다. 이 때문에 문학성과 풍류가 넘치던 전통적인 관료상은 전문지식으로 무장한 이성적이고 차가운 근대적 관료상으로 급변해왔다. '선비'에서 '기능인'으로 변화함에 따라 대체로 관료의

---

42) 예를 들어 문과 출신인 다산 정약용은 관청의 물품구입과 회계장부(下記) 작성 등과 관련하여 사칙연산의 원리를 사용하고 있다(정약용, 다산연구회 역주, 1978: 361-362). 또 조선시대 관리들은 묘시(5~7시)에 출근하고 유시(오후 5~7시)에 퇴근했다. 다만 겨울에는 진시(7~9시)에 출근하여 신시(오후 3~5시)에 퇴근했다. 겨울을 제외하면 하루 평균 12시간 정도 근무하고, 번갈아 가며 숙직을 하였다(「경국대전(經國大典)」 권1 '吏典-考課' 조; 한국정신문화연구원, 1985: 121). 특히 조선시대의 지방관은 행정, 사법, 조세 업무와 함께 국가비상시에는 군사지휘관의 역할까지 담당했다는 점에서 그들의 업무량이나 실무능력은 상당했다고 볼 수 있다.

43) 인사행정을 도목정사(都目政事)라 하고 매년 6월과 12월에 관리의 등급을 매겨 왕에게 보고하고 승진, 전임 등의 인사조치를 행하였다(「경국대전」 권1 '吏典-褒貶' 조; 한국정신문화연구원, 1985: 119-120).

상은 편협해졌다고 하겠다. 다시 말해 근대적 관료제와 경쟁시험이라는 '기술'이 전 세계로 확산되면서, 이 기술을 전제로 하는 관료임용제도도 비슷한 양상으로 전개되고 있는 셈이다(Fukuyama, 이승협 역, 2006: 30-31).

오늘날의 행정에서는 효율성이 점점 더 중요해지고 있지만, 지난 1세기가 넘도록 행정의 핵심적 가치인 형평성과 전문성, 리더십, 실적제, 정치적 응답성 등은 존중되었고 앞으로도 준수해야 할 것이기 때문에(Hays & Kearney, 2001: 594), 전문지식 못지않게 풍부한 교양과 윤리의식도 갖추어야 할 것이다. 특히 공무원의 결격사유로서 윤리문제가 점점 더 중요시되고 있는 점을 주목할 필요가 있겠다. 정책결정을 담당하는 고급공무원이 제나라의 역사와 민족을 제대로 이해하지 못한다면 좋은 정책을 수립하기는 어려울 것이다. 한 사회에는 다양한 엘리트가 필요하다면 엘리트의 덕목(merit)도 다양해져야 할 것이다(정문길, 1998: 25-26). 더욱이 공무원에게 필요한 기술(skill)은 대학에서 완전히 습득할 수는 없고, 재직 경험을 통해 습득하는 것이 일반적이다(Liebman, 1963: 168). 정부의 능률이나 생산성이 반드시 이성(理性)을 전제로 해야 되는 것은 아니며, 정부실패를 보완하기 위해 '이성의 대안인 감성'에도 좀 더 주목할 필요가 있다고 하겠다(이대희, 2005: 2).

그러므로 관료를 선발할 때는 수험자의 지식능력과 함께 면접시험에서 품행이나 품성을 검증할 필요가 있다. 이 때문에 조선시대에는 과거가 아닌 천거를 통해 관리를 임용할 때는 추천연좌제를 실시하여, 만약 천거로 입관한 자가 실덕하거나 범죄를 저지를 때는 추천자도 함께 처벌했다(문정식, 2001: 146). 따라서 추천자는 인재를 천거하기에 앞서 그 사람의 능력과 함께 품성도 살펴야 했다. 근대적 시험제도가 도입되면서 관료의 품성에 대한 평가는 '품행단정'이라는 말로 대별되었다. 이미 이 말은 1894년 갑오개혁 당시 제정한 「선거조례」에서 '품행이 있는 자'로 나타나고 있고, 일제시대 이후 최근까지도 각종 임용·채용에서 널리 사용되었다. 그러나 이를 검증해야 할 면접시험을 보면, 일제시대에는 주로 지원 동기와 관리의 의무를 시험했고(장신, 2002: 71), 때로는 필기시험 과목 중 일부로 대신하기도 했다. 광복 이후에도 대체로 이와 비슷해서 당해 직무수행에 필요한 능력과 적격성을 검정했다(「공무원임용시험령」, 1966). 유신시절에는 한때 응시자의 창의력과 품행 등에다 유신이념 또는 새마을정신의 실천능력 등을 시험함으로써(「공무원임용시험 시행규칙」, 총리령 제134호, 일부개정 1976), 단순히 정권의 하수인을 선발하는 듯한 인상을 주고 있다. 다행히 이 조항은 1980년에 폐지되었지만, 그동안 공무원 임용시험에서 면접시험은 그다지 큰 비중을 차지하지 못했다.44) 따라서 품행이 단정한, 곧 소신 있고 덕성(virtue)을 갖춘 공무원을 선발하려면 응시자의 능력과 함께 가치관을 제대로 파악할 수 있는 면접기법을 개발해야 할 것이다.

---

44) 그나마 품행단정이라는 용어는 언제부턴가 '용모단정'이라는 말로 변질됨에 따라, 현재는 인력 채용 시 용모·키·체중 등에 따른 차별을 원칙적으로 금지하고 있다(「남녀고용평등법」(제7조), 「고용정책기본법」(제19조), 「국가인권위원회법」(제2조)).

V. 결 론

　지금까지 공무원 임용시험의 지원자격과 시험과목이 시대별로 공무원상을 어떻게 변화시켜왔는지 고찰해보았다. 산업화의 진전과 근대적 관료제의 확산으로 전문교육을 받은 인력이 필요해지면서 전문교육과 전문시험은 전 세계에 확산되고, 그 결과 관료임용시험과 학력주의는 밀접한 관계를 맺으며 발달해왔다. 근대적 관료는 한마디로 '품행단정 하고 재능과 기술이 있는 관료'를 말한다. 정부 업무가 갈수록 전문화, 다양화되고 관료에 대한 효율성과 전문성에 대한 요구가 커지고, 이에 맞춰 지식 중심의 교육을 받음에 따라, 관료는 인격적인 측면은 약화되고 갈수록 기능인화되고 있다. 다시 말해 실제로는 지난 1세기 동안 법학 위주의 '재능과 기술이 있는 관료'를 선발해왔다. 남성의 전유물이던 관료 세계가 느리지만 광복 이후 점차 여성에게도 문호가 개방된 것은 큰 변화라고 하겠다.

　한국에서는 갑오개혁과 함께 신분제와 과거제가 폐지되고, 능력과 자격에 근거한 근대적인 관료선발제도가 확립된다. 1880년대 초반에는 조선의 전통과 청나라의 제도를 융합하여 새로운 관료제도를 수립하려는 노력이 있었으나, 그 이후 일제의 내정간섭이 시작되면서부터는 대륙계 제도를 모방한 일본의 제도를 도입하게 된다. 이에 따라 시험과목은 작문, 필사, 산술과 같은 실무지식과 법학, 경제학, 현행법령 같은 법률지식 중심으로 개편된다. 아직 근대적인 교육제도가 정비되지 않음에 따라 외국 유학이나 시찰 경험은 관료임용에서 중요한 자격이나 경력으로 작용했다. 전통과 근대는 단순히 이분할 수 없는데도(Eisenstadt, 1973: 45-47), 한국의 관료임용제도는 시작부터 전통과 단절된 채 발전하기 시작한다.

한편 일제시대가 되면 이러한 경향은 한층 더 강화된다. 곧 보통시험은 교양과 실무지식, 고등시험은 교양과 전문지식 중심으로 검정했다. 그러나 보통시험의 교양과목은 일본의 언어와 국사, 지리 등을 검정했고, 거기에 작문과 산술 같은 실무지식과 법학과목을 검정했다. 고등시험의 교양과목은 인문사회과학에 걸쳐서, 전문지식은 법학과목을 중심으로 검정했다. 무엇보다 이들 두 시험에서 중추를 이룬 것은 헌법, 행정법, 민법 등 법학과목이었다. 이는 국가학을 중시하는 일본제도의 모방에다 통제와 질서유지를 중시하는 식민지 행정의 속성에서 유래한 것이라고 하겠다. 따라서 일제 출신 관료의 가장 큰 문제점은 '국민에 대한 봉사의식'이 없다는 점이다.

광복 이후를 보면 미군정기에는 거의 시험이 없었다고 볼 수 있다. 정부수립 이후 「국가공무원법」이 제정되면서 비로소 '공무원은 국민의 봉사자' 곧 공복이라는 개념이 도입된다. 일본이 패전 후 1946년에 제정한 신헌법 제15조에서 이를 천명한 것보다 3년이나 늦었다. 2002년 대개편이 있기 전까지 고등시험은 대체로 헌법, 행정법, 행정학, 영어가 중심을 이루고, 거기에 한국사와 국민윤리 같은 교양과목이 한때 추가된 적이 있었으며, 또 전문성이 높은 분야별 법률과목과 사회과학 과목이 일부 추가되었다. 일제시대부터 일관되게 헌법과 행정법 같은 법학과목이 중시되다가 2000년대 들어 사회과학 과목 위주로 개편되었다. 7급과 9급시험은 대체로 1차시험은 국어, 국사, 영어를, 2차시험은 행정법과 행정학을 검정하고 있다. 특히 이들 모든 공무원시험은 1차는 교양, 2차는 교양과 전문지식을 검정하던 방향에서, 점점 2차시험은 전문지식만 검정하는 추세를 보이고 있다. 실무지식을 검정하는 과목은 과학기술의 발달을 비교적 잘 반영하며 변화하고 있다.

갑오개혁 이후 대한제국기, 일제시대, 미군정기, 대한민국시대 등 지난 1세기를 되돌아보면 개발연대까지는 국사형 관료가 지배적이었다면, 적어도 1980년대 이후는 고위관료 가운데 조정형 관료를 더 필요로 하고 있는 것이 사실이다. 따라서 5급 공채시험은 법학보다는 교양과 사회과학 과목의 비중을 더 높여야 했다. 실제로 실무지식이 필요한 7·9급 시험에는 국어와 국사 같은 최소한의 교양을 검정하면서, 주로 정책결정에 참여할 5급 응시자에게는 법률지식 중심으로 검정한 것은 모순이라고 하겠다. 공무원에 대한 시대적인 역할이나 기대에 상관없이, 5급 공채 시험과목은 과거제도 폐지 이후 지난 1세기 동안 대체로 이원형 관료의 선발에 적합한 것이었다고 하겠다. 7·9급 실무직 시험은 계속해서 일반행정가를 중심으로 선발해왔다. 이들 공무원은 모두 국민에 대한 봉사의식이 철저하지 못했기 때문에, 공무원에 대한 국민의 기대나 역할과 상당한 괴리가 있었고, 결국 지자제의 실시를 계기로 거의 강제적으로 친절과 봉사정신을 배울 수밖에 없었다. 그 원인은 그동안 인사행정의 연구에서 '행정인'이 어떠해야 하는가 하는 '행정인간론'을 등한시한 데서 찾을 수 있을 것이다. 국내외 할 것 없이 대부분의 인사행정 교과서와 논문은 합리적인 관료의 선발과 교육훈련, 근무평정, 동기부여 등 기술적인 측면에 관심을 기울였지, 공무원이라는 '인간' 그 자체에 대해서는 거의 고심을 하지 않았기 때문이다.

　지금까지 살펴보았듯이 근대적 관료제도의 확산에 따라 근대적 관료상은 '교양인'이 아닌 '기능인'으로 변모하고 있다. 그러나 행정의 효율성, 전문성뿐 아니라 행정의 핵심적인 가치인 형평성과 봉사성, 민주성 등을 두루 구현하기 위해서는 '교양'과 '기능'을 동시에 갖춘 공무원이 필요할 것이다. 윤리와 도덕을 모르는 사람에게 이를 기대하기는 어렵기 때문이다. 공무원의 품성과 자질을 나타내는 말로써 '품행단정'이 '용모단정'으로 전락한 것은 외양에 따라 사람을 판단하는 추세를 반영한 것이라 하겠다. 공무원의 결격사유를 보면 전통사회와 근대사회를 불문하고 범죄자나 부도덕한 사람, 부패공직자가 공직에 임용되는 것을 제한하고 있다. 일제시대 이후 시장거래가 활성화되면서 파산자 같은 중대 경제범, 사상이 불온한 사람, 체격미달자 등이 추가되고 있다. 특히 최근 들어서는 각종 범죄자와 부패공직자에 대한 제한이 강화되고 있는 실정이다.

　마지막으로 이 연구의 한계점에 대해 밝혀두고자 한다. 이 연구에서는 주로 공무원임용 시험과목의 변화가 시대별로 공무원의 상을 어떻게 변화시켜왔는지를 중심으로 고찰하고, 각 시험과목의 내용을 비롯하여, 임용 후의 재직훈련과 근무평정제도가 공무원의 태도 형성에 미친 영향에 대해서는 고찰하지 못했다. 앞으로 이에 대한 연구가 필요하다고 하겠다.

제7장

명상하는 공무원: 관료제 원리로서 유교와 불교, 법가의 융합

제6장에서 서술했듯이 동양의 실적제 전통인 과거제도를 버리고 근대 서양의 관료제를 도입한 뒤 전문성과 능률성을 바탕으로 관료를 선발한 결과, 오늘날 모든 관료는 교양인이 아니라 기능인이 되고 말았다. 오늘날 한국, 중국, 베트남이 직면하고 있는 이러한 위기를 Woodside(2006, 민병희 역, 2012)는 '잃어버린 근대성'(lost modernities)이라고 표현했으며, 그 잃어버린 것 가운데 특히 중요한 것은 유교관료제에서 살아 있던 비판정신이 현대 관료제에서 사라져버린 것이다. 그러면 원래 우리 안에 있던 '근대성'을 되살려서 전문성과 능률성을 바탕으로 유능하게 일하고, 그 결과 국민이 제 할 일을 하면서 잘 살게 하는 '책임있는' 공무원을 만들기 위해 지금 한국의 관료제는 무엇을 해야 하나?

Ⅰ. 유학과 주자학의 심법(心法)

Hofstede는 국가문화 간 차이 연구에서 동양인에게는 인생에 대한 장기 지향이 있다는 것을 확인했다.[1] 이는 동양인에게는 유교문화와 불교문화의 영향으로 삶을 장기적으로 바라보는 관점이 있다는 사실이 확인된 것으로써, 이러한 장점은 개인의 삶이나 관료제 내의 삶에서도 살릴 가치가 있다고 하겠다.

전통 유교에 대한 장자(莊子)의 비판을 토마스 머튼은 이렇게 묘사하고 있다. 곧 "장자는 인의를 반대한 게 아니라 오히려 그 이상을 요구하였다. 유교에 대한 그의 주된 불평은 유교가 많이 미흡하다는 점에 있었다. 유교가 그야말로 품행이 방정하고 덕 있는 관리나 진정한 교양인을 만들어냈는지는 모른다. 그러나 유교는 고정된 외적 규범들로 그들을 묶어 놓고 구속했기 때문에 결과적으로 그들이 예기치 못한 상황에서 새로운 요구에 부딪쳤을 때 자유롭고 창조적인 능력을 발휘할 수 없게 만들었다"(Merton, 1965: 20). 이 때문에 중국 고대의 학자들은 '정좌(靜坐)'나 '정양(靜養)'을 학문을 하는 데 있어 필수적인 과정으로 여겼고, 그들로서 글을 읽는 주요 목적은 올바른 사람이 되기 위한 것이었다.

---

1) 권력거리, 개인주의문화 대 집합주의문화, 남성적 문화 대 여성적 문화, 불확실성 회피문화 대 불확실성 수용문화 등 기존의 4가지 차원 외에 1980년대 실시한 새로운 가치조사 연구에서 제5차원으로서 인생에 대한 장기지향 대 단기지향 차원을 확인하였다. 이 제5차원은 오직 중국인들이 만든 질문지, 곧 중국적 가치조사(Chinese Value Survey, CVS)에서만 찾아낼 수 있었다. 이 조사에서 한국을 비롯해 중국, 홍콩, 타이완, 일본 등 동양의 각국은 서양 국가들에 비해 장기지향 점수가 현저하게 높았다(Hofstede, 1991, 차재호・나은영 역, 1995: 38-39, 236, 240-241, 245).

1. 맹자의 심법

기존 연구에 따르면 「시경」, 「서경」, 「춘추」의 원문은 현재 남아 있는 것보다 훨씬 더 방대한 자료였고, 이 원문들은 유교만의 경전이 아니라 다양한 학파의 공동재산이었다. 거기서 공자가 "술이부작(述而不作)"(「논어」 '述而' 편) 곧 "방대한 자료 중에서 필요한 부분만을 취하여 썼을 뿐 새로 지어내지 않았다"고 했을 때, 그 편집의 기준은 폭력의 탈색과 정당화, 윤리적 가치기준의 정립이라고 할 수 있다(김상준, 2013: 139-141). 이를 바탕으로 맹자는 학문의 목적은 "잃어버린 마음을 찾는 것(求訪心)"('고자상' 편)이라고 하였다. 이와 같이 공맹 사상의 탁월함은 자기 수양이 되지 않은 사람은 이익과 권모술수가 판을 치는 정치판에서 올바른 정치를 펼 수 없을 뿐 아니라 자신도 지킬 수 없다는 사실을 간파했다는 것이다. 그리고 그것은 고대부터 현재까지 우리 인류의 역사를 통해서 계속 입증되고 있는 사실이기도 하다. 그러나 공자와 맹자 모두 전쟁과 욕망이 판을 치는 세상에서 인의와 도덕 정치를 주장하며 천하를 주유했으나 당대에는 비웃음을 살 뿐이었다.

중국 역사에서 심법(心法)에 대한 논의는 「서경」 '대우모' 편[2] '인심도심장(人心道心章)'의 16자 심법에서 찾을 수 있다. 곧 남송 때 「심경(心經)」(1225)을 간행한 진덕수(眞德秀, 1178-1235)는 '심경찬(心經贊)'에서 "순임금과 우임금이 주고받은 것이 16자이니, 만세의 심학에 이것이 연원이네"라고 하였다.[3] 이 16자는 바로 아래의 '인

---

2) '대우모' 편은 동진시대 매색의 가탁이 있다고 하여 청나라 고증학자들에 의해 위작으로 판명되었지만, 이 편의 내용이 전부 위작이라고는 볼 수 없다. 「심경」은 남송 때, 「심경부주」는 명나라 때 기록된 것이어서 아직 「서경」에 대한 위작시비가 일어나기 전에 기록된 것이다.

3) 舜禹授受 十有六言 萬世心學 此其淵源(程敏政, 성백효 역주, 2016: 27).

심유위' 이하 16자로써 "인심은 위태롭고 도심은 미묘하니 자세히 살피고 한결같이 지켜야 진실로 그 중도를 잡을 수 있다"는 것이다.

> 帝曰 人心惟危 道心惟微 惟精惟一 允執厥中.
> 순임금이 말하였다.
> 인심은 위태롭고 도심은 미묘하니 자세히 살피고 한결같이 지켜야 진실로 그 중도를 잡을 것이다(「심경부주(心經附註)」 '書 人心道心章'; 程敏政, 성백효 역주, 2016: 37).

한편 유가의 텍스트를 볼 때 자기수양을 위한 심법이 명확하지 않은 것은 사실이다. 예를 들면 "춘추시대의 공자에게는 아직 명상의 실천 방법은 보이지 않는다. 또한 전국시대의 「맹자」에는 기를 보양한다는 말이 나오기는 하지만, 그냥 그렇다는 말뿐이고 구체적으로 육체를 어떻게 해야 한다는 방법에 대한 기술은 나오지 않는다." 도가 사상 중에는 심법이 약간 소개되어 있는 것도 있지만, 중국에서 명상의 수행법은 "불교의 전래와 더불어 구체적인 명상법이 여러 문헌에서 다양한 형태로 등장하게 되었다"(土田健次郎, 2001, 김석근 외 역, 2011: 261-262). 여기서는 유가의 심법 가운데 가능한 한 이학적인 부분은 제외하고 현재의 명상법에 해당하는 내용을 맹자의 호연지기(浩然之氣)와 주자의 정좌법(靜坐法)을 중심으로 간단히 소개하기로 한다.

「맹자」에는 구체적인 명상법이 소개되어 있지는 않지만 맹자가 명상을 했음을 입증하는 구절은 있다. 맹자가 학문의 목적은 "잃어버린 마음을 찾는 것"이라고 했을 때, 그 방법은 명상을 하지 않고는 불가능하기 때문이다. 이 '放'의 의미에 대해 정자(程子)는 "사람의 마음이 不善한 곳으로 흐르는 것을 放이라고 하였다." 학문의 방법에 대해서는 주자도 "학문하는 일은 한 가지가 아니지만 본심의 바름을 잃지 않으려고 하는 점에서는 같다"고 하였다.

孟子曰 仁 人心也 義 人路也. 舍其路而不由 放其心而不知求 哀哉. 人有鷄犬放
則知求之 有放心而不知求 學問之道 無他 求其放心而已矣.
맹자가 말하였다.
仁은 사람의 마음이요, 義는 사람의 길이다. 그 길을 버리고 따르지 않으며 그
마음을 잃고 찾을 줄을 모르니 애처롭다. 사람들은 닭과 개를 잃어버리면 찾을
줄을 알지만 마음을 잃고서는 찾을 줄을 모르니, 학문하는 방법은 딴 것이 없
다. 그 잃어버린 마음을 찾는 것일 뿐이다.

程子曰 心本善而流於不善 所謂放也.
정자가 말하였다.
마음이 본래 선한데 불선함에 흐르니, 이것이 이른바 放이란 것이다.

又曰 學問之事 固非一端 然皆以求夫不失本心之正而已 無他道也.
(주자가) 또 말하였다.
학문하는 일이 진실로 한 가지가 아니지만 모두 본심의 바름을 잃지 않음을 구
하려고 할 뿐이요, 달리 방도가 없다(이상 「심경부주」 '仁人心章'; 程敏政, 성백
효 역주, 2016: 291-292).

그러면 이 본심을 잃게 하는 것은 무엇인가? 그것은 눈으로 보는 것과 귀로 듣는 것에 의해 마음 바깥의 사물에 우리의 마음이 끌려 다니기 때문이다. 「맹자」 '고자상' 편에 자세한 설명이 있다. 맹자와 공도자의 대화를 보면, 똑같이 평등한 사람인데 어떤 사람은 대인이 되고 어떤 사람은 소인이 되는 까닭은 단지 사람의 마음이 감각적 욕망에 끌려가느냐 그렇지 않느냐에 달려 있다. 사람이 외물에 끌려 귀에 들리는 대로, 눈에 보이는 대로 감정적으로 처신하고 생각 없이 살다보면 소인이 되고 만다. 그러니 심지를 굳게 세우고 외물에 대해 감각적으로 반응하지 말아야 대인이 된다는 것이다. 이에 대해 정민정(程敏政, 1445-1499)도 순자를 인용하여 마음(天君)으로 오관(天官)을 잘 다스려서 마음이 감각기관에 끌려 다니지

않게 해야 함을 설명하고 있다.4) 또한 '진심장하' 편에서 맹자는 마음을 바르게 하기 위해서는 욕심을 줄여야한다고 말했고, 주자는 여기서 욕심이란 눈·귀·코·입·사지 등 오관의 욕망이니, 배우는 자는 마땅히 이를 경계할 것을 경고하고 있다.

公都子問曰 鈞是人也 或爲大人 或爲小人 何也. 曰 從其大體爲大人 從其小體爲小人. 曰 鈞是人也 或從其大體 或從其小體 何也. 曰 耳目之官 不思而蔽於物 物交物則引之而已矣. 心之官則思 思則得之 不思則不得也. 此天之所與我者 先立乎其大者 則其小者弗能奪也. 此爲大人而已矣.
공도자가 물었다. 똑같이 사람인데 혹은 대인이 되고 혹은 소인이 되는 것은 어째서입니까?
맹자가 말하였다. 대체를 따르는 사람은 대인이 되고, 소체를 따르는 사람은 소인이 된다.
똑같은 사람인데 혹은 대체를 따르고 혹은 소체를 따르는 것은 어째서입니까?
맹자가 말하였다. 귀와 눈의 기능은 생각하지 못하여 사물(外物)에 가려지니 사물(外物)이 사물(이목)과 사귀면 외물에 끌려갈 뿐이다. 마음의 기능은 생각을 하니 생각하면 얻고 생각하지 않으면 얻지 못한다. 이것은 하늘이 우리에게 부여해준 것이니, 먼저 그 큰 것(心志)을 세우면 그 작은 것(이목)이 빼앗지 못할 것이니, 이것이 대인이 되는 이유일 뿐이다.

荀子曰 耳目口鼻能各有接而不相能也. 夫是之謂天官 心居中虛 以治五官 夫是之謂天君 聖人 淸其天君 正其天官.
순자가 말하였다.
이목구비는 각기 접함이 있으나 서로 보거나 듣지 못하니 이것을 천관이라 이르고, 마음은 가슴속 텅 빈 곳에 있으면서 오관(耳·目·口·鼻·形)을 다스리니 이것을 천군이라 한다(이상「심경부주」'鈞是人也章'; 程敏政, 성백효 역주, 2016: 309, 311).

孟子曰 養心 莫善於寡慾.
맹자가 말하였다.
마음을 기름은 욕심을 적게 하는 것보다 더 좋은 것이 없다.

朱子曰 欲謂口鼻耳目四肢之所欲 雖人所不能無 然多而不節 則未有不失其本心者 學者所當深戒也.

---

4) 「심경부주」를 집필한 정민정 자신은 홍치(弘治) 12년(1499) 과거시험의 회시(會試)를 주관하면서 시제(試題)가 외부로 유출되어 탄핵을 받고 투옥되었다가 출옥한 뒤 종기가 나서 죽었으니(임종욱, 2010: 1597), 마음을 잘 다스려서 감각기관에 끌려 다니지 않는 것이 얼마나 중요한지 새삼 일깨워준다.

주자가 말하였다.
욕심은 입과 코와 귀와 눈과 사지의 욕망을 이르니, 비록 사람에게 없을 수 없는 것이다. 그러나 많이 내고 절제하지 않으면 그 본심을 잃지 않을 자가 없으니, 배우는 자가 마땅히 깊이 경계하여야 할 것이다(이상 「심경부주」 '養心章'; 程敏政, 성백효 역주, 2016: 334-335).

이와 같이 인간이 한번 감각적 욕망의 노예가 되면 끌어당김의 법칙(law of attraction)[5]에 의해 점점 더 그것을 추구하게 되므로 (物交物) 결국 마음을 잃고 소인이 되고 만다. 「맹자」에서 찾을 수 있는 감각의 노예가 되지 않는 방법은 '호연지기'라고 할 수 있다. 주자의 집주에 따르면 호연은 '성대하게 널리 퍼져 있는 모양'(浩然盛大流行之貌)이고, '기는 바로 이른바 몸에 꽉 차 있는 것'(氣卽所謂體之充者)을 말하니(성백효 역주, 2013: 127), 호연지기란 우리 몸에 널리 퍼져서 꽉 차 있는 에너지를 말하는 것이다. 이처럼 기는 항상 우리 몸에 꽉 차 있는데 그 기를 움직이는 것은 우리의 의지, 즉 마음이므로 마음을 다잡되 기를 사납게 해서는 안 된다는 것이다.

이 호연지기는 평소에 의를 축적하여 생기는 것이지 하루아침에 갑자기 생기는 것이 아니기 때문에 지속적으로 의를 실천해야 하며, 의를 행하지 않으면 호연지기가 모자라게 된다는 것이다. 그런데 호연지기를 기르면서 미리 뭔가를 기대해서도 안 되고, 게을러서 잊어서도 안 되며, 서둘러서 조장해서도 안 되고, 다만 도의 흐

---

5) '끌어당김의 법칙'은 동양고전 가운데 「주역」에 잘 설명되어 있다. 곧 건괘(乾卦) 문언전(文言傳) 구오효(九五爻)에서, '날으는 용이 하늘에 있으니 대인을 만나야 이롭다'가 무슨 뜻입니까? 공자가 말하였다. 같은 소리끼리 서로 응하고, 같은 기운끼리 서로 구하니, 물은 젖은 곳으로 흐르고, 불은 마른 곳으로 나아간다. 구름은 용을 좇고, 바람은 범을 따르니, 성인이 나타나면 만물이 제 모습을 드러낸다. 하늘에 근본한 것은 위와 친하고, 땅에 근본한 것은 아래와 친하니, 각기 같은 부류를 따른다(九五曰 飛龍在天利見大人何謂也. 子曰 同聲相應同氣相求 水流濕火就燥 雲從龍風從虎 聖人作而萬物覩 本乎天者親上 本乎地者親下 則各從其類也(藝文印書館, 1981a: 15).

름에 맞게 지속적으로 길러야 한다(「맹자」 '공손추장구상'). 맹자가 '나는 말을 알며, 나의 호연지기를 잘 기른다'는 구절은, 주자의 「맹자집주」에 대한 성백효의 역주(2013: 127)에 따르면 후세에는 이를 지언(知言)・양기(養氣)로 축약하여 지언은 진리를 아는 지공부(知工夫)로, 양기는 심신을 수행하는 행공부(行工夫)로 분류하였다. 다만 호연지기라는 것은 마음으로 기르는 것이어서 마음으로만 볼 수 있기 때문에 그것에 대해 '말하기 어렵다'고 대답한 것으로 볼 때, 맹자는 호연지기를 갖추고 있었음을 알 수 있다.

> 夫志氣之帥也, 氣體之忠也, 夫志至焉氣次焉. 故曰持其志無暴其氣. ……… 敢問夫子惡乎長, 曰我知言我善養吾浩然之氣, 敢問何謂浩然之氣, 曰難言也. ……… 其爲氣也配義與道無是餒也. ……… 是集義所生者 非義襲而取之也. 行有不慊於心則餒矣. ……… 必有事焉而勿正心勿忘勿助長也.
> 의지는 기의 장수요 기는 몸에 꽉 차 있는 것이니, 의지가 으뜸이요 기는 그다음이다. 그러므로 말하기를 '그 의지를 잡고도 그 기를 사납게 하지 말라'고 한 것이다. ……
> (공손추가) 감히 묻겠습니다. 부자께서는 어디에 장점이 있습니까?
> 맹자가 말하였다. 나는 말을 알며, 나는 나의 호연지기를 잘 기른다.
> (공손추가) 감히 묻겠습니다. 무엇을 호연지기라 합니까?
> 맹자가 말하였다. 말하기 어렵다. ……
> 그 氣됨이 義와 道에 배합되니, 이것이 없으면 (호연지기가) 굶주리게 된다.
> ……
> 이 호연지기는 義를 축적하여 생기는 것이다. 義가 갑자기 엄습해서 취해지는 것이 아니니 행하고 마음에 만족하지 않음이 있으면 (호연지기가) 굶주리게 된다.
> ……
> 반드시 호연지기를 기르되 미리 기대하지도 말고, 마음에 잊지도 말며, 조장하지도 말라(「맹자」 '공손추장구 상'; 藝文印書館, 1989f: 54-55).

이와 같이 호연지기라는 것은 마음으로 기르는 것이어서 마음으로만 전해줄 수 있는 것이다. 「맹자」에 호연지기를 기르는 방법이 더 이상 언급된 것은 없지만, 어쨌든 그것은 마음을 선하게 갖고 기를 조절하는 수행을 지속적으로 실천함으로써 얻는 것이고, 그렇게 하는 것이 바로 맹자가 말하는 학문임을 알 수 있다.

맹자의 호연지기를 기르는 방법은 「서경」의 인심과 도심이 합일되게 하는 방법과 비슷하다. 이에 대해 진덕수는 주자의 말을 인용하여 다음과 같이 주석을 붙였다. 곧 마음은 하나뿐인데 인심과 도심을 구분한 것은 형기(形氣)의 사사로움 또는 성명(性命)의 바름에 따라 지각하는 것이 똑같지 않기 때문이다. 그러나 "사람은 이 형체를 갖고 있지 않은 사람이 없기 때문에 비록 지혜로운 사람이라도 인심이 없을 수 없고, 또 이 성(性)을 갖고 있지 않은 이가 없으므로 비록 아주 어리석은 사람이라도 도심이 없을 수 없다고 했다. …… 도심으로 한 몸의 주체를 삼고 인심이 언제나 그 명령을 따르게 하면 잘못이 없을 것이다"고 했다.[6] 그러니까 우리가 몸받은 이상 지혜로운 사람이나 어리석은 사람이나 도심과 인심을 다 갖고 있지만 도심으로 형기의 사사로움을 바르게 할 때만 지혜로운 사람이 될 수 있다는 것이다.

그러나 이 성인의 심법은 맹자 이후 그 전함을 잃었다.[7] 이 때문에 "한나라 말기부터 삼국시대까지 유가의 인의도덕은 일찍부터 그것을 시행하는 자들의 겉과 속이 다르고 언행이 일치하지 않았기 때문에 평판이 극히 좋지 않았다. 유가의 학설은 정객들이 서로 암투를 벌이거나 자기와 견해가 다른 사람을 배격하는 데 쓰이는 도구가 되어버렸다. 때문에 그들과 협력하지 않은 이들은 종종 유학을 경멸하고 예법을 멸시했다. 도를 논하고 심오한 이치를 이야기하거나 자연으로 물러나 은둔하는 것이 한 시대의 풍조가 되었다"

---

6) 然人莫不有是形 故雖上智 不能無人心 亦莫不有是性 故雖下愚 不能無道心. …… 必使道心常爲一身之主 而人心每聽命焉. …… 自無過不及之差矣(「심경부주」 '人心道心章'; 程敏政, 성백효 역주, 2016: 37-38).

7) 孟子以後失其傳 亦只是失此(「심경부주」 '人心道心章'; 程敏政, 성백효 역주, 2016: 39).

(천쓰이, 김동민 역, 2014: 137). 그래도 한나라 이후로 중국의 법률은 대부분 유생이 제정한 관계로 법률 조문에는 유가의 사상과 이상이 깊이 스며들어 있었다. 이에 따라 유가 사상이 중국 고대의 일체 법전을 지배했고, 이것이 중국 법체계의 하나의 큰 특색이었다(천쓰이, 김동민 역, 2014: 264).

2. 주자의 심법

동양사에서 이 유교관료제의 원리는 수나라 때부터 과거제와 결합하여 실적제 인사행정을 뿌리내리게 된다. 유교관료제의 특징은 능력주의 관리 선발과 법치 행정을 구현하면서도 법보다는 관리가 도덕적인 모범을 보임으로써 백성이 스스로 따라오게 하는 덕치행정을 구현했다는 점이다. 법으로만 다스릴 경우 오히려 인심이 황폐해질 수 있기 때문이다. 이와 같이 유교관료제에서는 유가 사상이 법체계의 근간을 이루고, 능력에 따라 관리를 선발하며, 관리의 수양과 모범을 통해 덕치를 구현하는 것을 이상으로 삼았다.

그러나 유교의 덕치는 현실정치에서는 다르게 나타나기 마련이었다. 인류의 역사에서 백성을 가장 괴롭힌 것은 아마도 조세제도일 것이다. 세금의 많고 적음도 문제가 되지만 그것이 현물세냐 현금세냐도 큰 문제가 된다. 당송팔대가의 한 사람인 유종원(柳宗元, 773-819)이 개혁정치에 참여했다가 실패하고 호남으로 좌천되어 있던 810년대에 쓴 땅꾼에 관한 이야기는 읽는 사람으로 하여금 눈시울을 적시게 한다. 유종원이 지방관으로서 땅꾼에게 세금을 뱀이 아니라 현금으로 내야 한다고 하자, 그 땅꾼이 왈칵 눈물을 쏟으며 뱀으로 세금을 내게 해달라고 탄원하였다. 이에 "유종원은 그 힘든 세금의 독이 뱀독보다 나쁘다고 결론내리고, 백성이 어떻게 사는지 살펴야 할 임무를 가진 사람들은 정부 정책을 결정하기에 앞서, 이 사례를 기억하여 현물로 세금 내는 것을 허락해줘야 한다"고 글로 남겼다(Kuhn, 2009, 육정임 역, 2015: 450). 송나라 때도 백성의 조세부담이 과중했음은 물론이다.

이러한 정치현실에서 고대 성인의 심법을 되살리고 자신의 수양을 위해 당·송시대 신유학파들은 불교의 정좌법을 받아들여 개선하고 여기에 자신들의 실천을 더하여 더욱 성숙한 정좌의 전통을 만들었다. "오늘날 송·명대 이학자들의 책을 읽다보면 당시의 학자들이 보편적으로 정좌를 가장 중요한 수양 공부로 삼았음을 알 수 있습니다. 그들은 항상 정좌의 방법을 함께 토론하곤 했습니다. 남송의 대유학자 주희(朱熹, 1130-1200)의 스승인 이동(李侗)은 평생 '주정(主靜, 무욕한 까닭에 고요하다)'하고 시간만 있으면 사람들에게 정좌를 가르쳤습니다. 훗날 주희도 그에게서 정좌를 배웠고, '하루의 반은 책을 읽고, 반은 정좌를 해야 한다'는 그의 주장은 동아시아 역사에 커다란 영향을 끼쳤습니다"(팡차오후이, 박찬철 역, 2014: 20-21). 이처럼 중국사에서 명상의 전통은 매우 깊은 것이다.

주자학에 따르면 태극(太極)은 천지만물의 이(理)로서 천지만물을 초월해 있는 궁극적인 근원이고, 그런 이는 기(氣)와 함께 개개의 사물에 내재하여 본성(性)이 된다(형이상학). 그런데 천지만물은 모두 형이상의 이와 형이하의 기의 결합으로 구성되어 있으며, 이는 사물의 본성을 결정하고 기는 사물의 형태를 결정한다. 만물은 이를 근원으로 한다는 의미에서는 평등하지만, 기의 작용에 의해 차이 나는 모습이 생겨난다(인성론). 그렇지만 안으로는 인간의 욕망을 모두 없애 본연의 성으로 돌아가고, 밖으로는 세계의 법칙과 하나가 된다면(合一), 그 사람은 성인이 된다(실천윤리). 이처럼 인간의 도리가 곧 사물의 이치이기 때문에, 윤리가 자연과 이어져 있다는 연속적 사유가 주자철학의 특색이다(丸山眞男, 1952, 김석근 역, 1995: 125-131).[8]

이렇게 인간이 타고난 기질의 차이를 제거하여 본성으로 돌아가기 위해 주자는 존덕성(尊德性)과 도문학(道問學)을 동시에 하라고 하였다. 존덕성이란 인간의 타고난 선한 덕성을 존중하여 그것을 보존하고 확충하는 방법이고, 도문학은 학문을 통하여 선한 덕성을 배양하는 방법이다.

> 朱子曰 尊德性而道問學 博我以文 約我以禮 兩邊做工夫 都不偏.
> 주자가 말하였다.
> 덕성을 높이면서 학문을 닦으며, 나를 글로써 넓히고 나를 예로써 요약하여 두 가지 공부를 해서 모두 편벽되지 않게 하여야 한다(「심경부주」 '尊德性齋銘'; 程敏政, 성백효 역주, 2016: 379-380).

그 실천방법으로 주자는 '반일정좌 반일수학'을 제시한다. 그 배경을 보면 "송대로 들어서면 사상계에서 세력을 증대시킨 유교에서도 명상법이 행해지게 되었다. 그 대표적인 것이 정좌와 거경(居敬)의 방법이다. 정좌라는 말 자체는 유교에만 있는 것이 아니라 불교와 도교에서도 사용되었다. 예컨대 불교의 지관·좌선, 도교의 존사·좌망·내단, 유교의 정좌 등 앉아서 심신을 안정시켜 행하는 명상은 모두 정좌라고 칭할 수 있다(청나라 王健章의 「仙術秘庫」2 '靜坐法仙術'). 북송의 사대부들이 정좌를 행했다는 것이 여러 형태

---

8) 이 연구에서는 주자의 정좌에 대해 소개하는 것이 목적이기 때문에 주자학의 이기론에 대한 자세한 설명은 생략하기로 한다. 이에 대해서는 기존의 많은 연구를 참조하기 바람.

로 문헌에 나타나는데, 그 대부분은 좌선과 좌망, 존사 등과 구별되지 않는다." 이런 정좌는 유교적인 것이 아니었다(土田健次郎, 2001, 김석근 외 역, 2011: 264).

그러나 주자학 계통의 사대부들은 정좌를 주장하면서도 불교나 도교와는 분명히 선을 긋는 자세를 보였다. 정이(程頤, 1033-1107)는 정좌를 칭찬하면서도 유교의 정좌, 즉 협의의 정좌를 주장했다. 특히 "남송의 주희는 불교 측의 정좌에 대해 사려를 단절시키는 것이라 하여 배척했으며, 의식을 지니면서 안정되고 심오한 마음의 상태를 유지하는 유교의 정좌와 구별하고자 했다「주자어류(朱子語類)」 권제12 '學6-持守'; 12:141)". 그래서 북송에서는 유교 입장에서 마음을 쓰는 방법이 모색되었다(土田健次郎, 2001, 김석근 외 역, 2011: 264-265). 또한 주자는 불교의 위빠사나(vipassanā) 수행에 관한 질문에 대해, 그것은 마음으로 마음을 찾고 마음으로 마음을 부린다고 하여 비판하였다. 주자는 몸과 마음은 서로 분리되는 것이고,[9] 마음으로 우리의 마음을 찾고 자유자재로 부릴 수 있다는 불교의 진리를 부정하고 비판하였다. 불교 명상을 통해 무아(無我)를 채득하면 사바세계를 초월하여 세상의 일에 대해 무관심해지는 사태를 우려한 것 같다.

12:141 或問: 「不拘靜坐與應事, 皆要專一否?」 曰: 「靜坐非是要如坐禪入定, 斷絶思慮. 只收斂此心, 莫令走作閒思慮, 則此心湛然無事, 自然專一. 及其有事, 則隨事而應; 事已, 則復湛然矣.」(「주자어류」 권제12 '學6-持守'; 黎靖德, 1983: 217) 어떤 사람이 물었다. 정좌할 때나 일에 응할 때나 언제나 마음을 하나로 모아야 합니까?

_____

9) 몸과 마음이 분리된다는 것은 아라한이신 아잔 간하께서 특히 강조하신다. "몸과 마음이 분리된다는 것을 이해하면 모든 집착을 끊을 수 있고, 깨달은 사람은 몸과 마음을 분리할 수 있는 사람"이라고 아잔 간하께서는 말씀하셨다(2018 세계명상대전 법문 중에서). 각주 13) 참조.

대답하였다. 정좌는 좌선하여 선정에 드는 것처럼 생각을 끊어버리는 것이 아
니다. 마음을 모아서 쓸데없는 생각으로 흐르지 않게 한다면, 이 마음은 고요하
고 일삼는 것이 없어서 자연히 하나로 모아질 것이다(黎靖德, 이주행 외 역,
2001: 539).

或問 佛者有觀心之說 然乎. ……
釋氏之學 以心求心 以心使心 如以口齕口 以目視目 其機危而迫 其途險而塞 其理
虛而其勢逆 蓋其言 雖有若相似者 而其實之不同.
혹자가 "불가에 마음을 본다는 말이 있으니 옳습니까?" 하고 묻자, 주자가 말
하였다.
…… 석씨의 학문은 마음으로써 마음을 찾고 마음으로써 그 마음을 부려서 마
치 입으로 입을 물고 눈으로 눈을 보는 것과 같다. 그리하여 그 형세가 거슬리
니, 그의 말은 비록 서로 비슷함이 있는 듯하나 그 실제의 같지 않음이 이와 같
은 것이다(「심경부주」 '尊德性齋銘'; 程敏政, 성백효 역주, 2016: 365-367).

이렇게 불교를 신랄하게 비판했던 주희도 법안종에 대해서만은
찬사를 아끼지 않았다. "불교 사상 중엔 우리 유교의 전통과 너무
나 닮은 흐름이 하나 있다. 예를 들어 그들은 이렇게 말한다. '천지
보다 앞선 한 물건이 있나니, 그것은 형태도 없고 소리도 없으며
스스로 존재한다. 그러면서도 능히 만물의 주인이며, 사계절이 흘
러도 변함이 없다'"(「주자어류」 권제126). 이렇듯 "주자는 옛 전통
에 대한 감상적인 수호자가 아니고 진지하고 개방적인 진리의 탐구
자였음이 분명하"고, "주자 시대의 유학이 노자나 장자의 근본정신
을 많이 받아들이고 있었던 것도 사실이다"(Wu, 1967, 류시화 역,
1996: 297-298). 중국사에서는 유교정치를 편다고 하여 특별히 불
교를 탄압한 적도 없었고, "오히려 개인과 우주 사이의 관계와 통
일성에 관하여 새로운 유학의 개념체계를 구축하게 된 것은 교세의
성장, 정부에서의 영향력 확대, 개인 구원에 대한 약속 등과 같은
불교의 도전에 대한 유학자들의 대응" 과정에서 신유학이 등장한
것이다(Kuhn, 육정임 역, 2015: 195).

126:43 因擧佛氏之學與吾儒有甚相似處, 如云：「有物先天地, 無形本寂寥, 能爲萬象主, 不逐四時凋」, 又曰：「樸落非它物, 縱橫不是塵. 山河及大地, 全露法王身」（「朱子語類」 권제126 ‘釋氏’; 黎靖德, 1983: 3017-3018).
불씨(불교)의 학문과 우리 유교는 아주 비슷한 데가 있다. 이를 테면 이렇게 말한다.
천지에 앞서 한 물건이 있으니, 형상도 없고 본래 적적하고 고요하다.
능히 만물의 주인이 되니, 사계절의 변화를 따라 변하지도 않는다.

또 이렇게 말한다.
부딪쳐 떨어진 건 딴 물건이 아니고, 여기저기 있는 건 티끌이 아니니,
산하와 대지가 그대로 법왕(부처)의 몸을 드러내는구나.

　이렇게 볼 때 주자학은 당시 만연해 있던 불교에 대응해 유학을 부흥하기 위해 등장했지만, 관리 개인의 수양을 위해서는 불교의 좌선법을 넓게 수용하지 않을 수 없었던 것이다. 주자는 통섭(統攝, consilience)의 대가였던 셈이다. 주자의 학문론을 보면, 공부란 단지 ‘善을 택하여 굳건하게 지키는’ 것이고(8: 11), 공부의 목적은 본성을 밝혀 성현이 되는 것을 소임으로 삼아야 하며, 그러기 위해서 배우는 사람은 뜻(志)을 세우는 것이 가장 중요하며, 실천에서는 반드시 경(敬)을 우선으로 해야 한다(8: 27-28). 또한 배우는 사람은 자기수양을 위해 공부해야 하며(8: 81), 수시로 변하는 세상일에 마음을 두지 말고 오직 이치를 탐구하고 몸을 닦는 데 힘쓰라고 했다(8: 157). 또한 학문하는 사람이 과거에 응시하는 것은 마땅하지만, 과거시험을 본다면 자기 견해에 따라 써야 하며, 시류에 따르는 글로 관리가 되는 것은 나쁘다고 보았다. 시류에 따르는 글로 관리가 되면 매사에 소홀해져서 나라와 백성을 위해 봉직하지 않고, 언제나 위로 올라가는 것만 생각하니 자신의 출세를 위해 못하는 짓이 없을 것이라고 경계했다(13: 145).[10] 유학을 공부한 사람이 관

―――――――――

10) 聖賢所說工夫, 都只一般, 只是一箇「擇善固執」(8:11); 「凡人須以聖賢爲己任.」 …… 某問：「明性

직에 나아가 이렇게 되지 않기 위해 주자는 정좌가 필요하다고 주장하였다.

주자가 문인들을 가르치면서 정좌의 중요성을 강조한 점은 오늘날을 살고 있는 우리에게도 시사하는 바가 매우 크다. 곧 그는 학문하는 사람은 마음을 안으로 돌리기 위해 정좌해야 한다고 누누이 강조했다. 자신을 쓸데없는 일에 얽매이게 하지 말고, 매사를 무심히 바라보며 한나절은 정좌하고 한나절은 책을 읽기를 1~2년을 꾸준히 지속한다면 반드시 성인을 향해 나아간다는 것이다. 이에 주자는 경(敬)의 실천법인 「경재잠(敬齋箴)」과 함께 정좌할 때의 호흡에 관한 「조식잠(調息箴)」을 저술하기도 했다(土田健次郎, 2001, 김석근 외 역, 2011: 266). 그러니까 호흡을 조절하는 방법을 통해 마음을 변함없이 흔들리지 않는 상태로 유지하려 했던 것이다.

12:137 「明道敎人靜坐, 李先生亦敎人靜坐. 蓋精神不定, 則道理無湊泊處.」 又云: 「須是靜坐, 方能收斂」.
12:140 始學工夫, 須是靜坐. 靜坐則本原定, 雖不免逐物, 及收歸來, 也有簡安頓處(黎靖德, 1983: 216-217).
(정)명도 선생은 사람들에게 정좌를 가르쳤다. 이 선생(李延平)도 사람들에게 정좌를 가르쳤다. 대체로 정신이 안정되지 못하면 도리가 모일 곳이 없다.
또 말하였다. 반드시 정좌를 해야만 마음을 거두어들일 수 있다.
처음 공부할 때는 반드시 정좌를 해야 한다. 정좌를 하면 근본이 안정된다(黎靖德, 이주행 외 역, 2001: 538-539).

116:55 郭德元告行, 先生曰: "人若於日間閑言語省得一兩句, 閑人客省見得一兩

須以敬爲先?」 曰: 「固是. 但敬亦不可混淪說, 須是每事上檢點. 論其大要, 只是不放過耳.」(8:27); 學者大要立志 …… 學者立志, 須敎勇猛, 自當有進. 志不足以有爲, 此學者之大病(8:28); 學者須是爲己(8:81); 看得道理熟後, 只除了這道理是眞實法外, 見世間萬事, 顚倒迷妄, 耽嗜戀著, 無一不是戲劇, 眞不堪著眼也(8:157)(이상 「주자어류」 권제8 '學2-總論爲學之方'; 黎靖德, 1983: 130, 133, 139, 147); 語或人曰: 「公且道不去讀書, 專去讀些時文, 下梢是要做甚麼人? 赴試屢試不得, 到老只恁地衰颯了, 沉浮鄕曲間. 若因時文做得一箇官, 只是恁地鹵莽, 都不說著要爲國爲民興利除害, 盡心奉職. 心心念念, 只要做得向上去, 便逐人背後鑽刺, 求擧覓薦, 無所不至!」(13:145)(권제13 '學7-力行'; 黎靖德, 1983: 245).

人, 也濟事. 若渾身都在鬧場中, 如何讀得書? 人若逐日無事, 有見成飯喫, 用半日靜坐, 半日讀書, 如此一二年, 何患不進?"

곽덕원이 가겠다고 고하자, 선생이 말하였다.

사람이 하루 중에 쓸데없는 말을 줄이면 한두 구절을 얻고, 일없이 손님 만나기를 줄인다면 한두 사람을 얻는다. 일을 처리하면서 몸뚱이를 온통 떠들썩한 곳에 둔다면 어찌 책을 읽겠는가? 사람이 날마다 아무 일없이 밥 먹고 차 마시기를 무심히 하며, 한나절은 정좌하고, 한나절은 책을 읽는다. 이렇게 1~2년을 하면 어찌 나아가지 않음을 근심하겠는가?(「주자어류」 권제116 '訓門人4'; 黎靖德, 1983: 2806).

이를 관료제 안에서 일하는 관리에게 적용한다면 선비는 열심히 유학을 공부하고 과거에 급제하여 경세제민(經世濟民)을 하여야 한다. 다만 출세를 위해 시류에 편승하는 답안지를 써서는 안 되고, 관리가 되어서도 항상 백성을 존중하고 백성을 위하는 정치를 펼쳐야지 출세에 연연해서는 안 된다는 것이다. 그러기 위해서 관리는 기질의 탁함과 어리석음을 제거하여 외적인 조건에 의해 마음이 흔들리지 않도록 늘 정좌를 실천해서 경(敬)에 머물러야 하는 것이다.

Ⅱ. 관료제에 불교의 원리 응용

　인류의 역사를 황금시대, 은시대, 동시대, 철시대의 4시기로 구분
한 오비디우스는 폭력이 난무하는 시대인 철의 시대를 온갖 불법이
난무하고, 부끄럼과 진실과 성실은 온데간데없고 기만과 계략과 음
모와 폭력과 저주받을 탐욕으로 가득 찬 시대라고 했다. 형제들 사
이에도 우애는 드물고, 남자는 아내가 죽기를, 아내는 남편이 죽기
를 바랐다. 계모들은 독약을 조제하고, 아들은 때가 되기도 전에 아
버지가 언제 죽을지 점치고 다녔다(Ovidius, 천병희 역, 2005:
29-33). 2,000여 년 전에도 오늘날과 전혀 다르지 않으니 철의 시
대에 속하는 현재의 인류는 우리가 특별한 정신혁명을 일으키지 않
는 한 미래에도 언제까지나 폭력과 음모 속에서 살 수밖에 없는 것
이다. 지금부터 관료제 안에서 유교와 법치에 불교 사상을 받아들
여 이 정신혁명을 일으키는 방법에 대해 간단히 소개하고자 한다.
　그동안 불교는 그 사상이 심오하고 난해한 관계로 염세적인 사
상 내지 종교로 많은 오해를 받아왔다. 그러나 불교의 초기경전
을 보건대 붓다의 설법은 인간과 천신뿐[11] 아니라 생명 있는 모
든 존재들이 행복하게 살고 나아가 고통에서 영원히 벗어나는 해
탈열반의 삶을 살도록 가르치고 있다. 그 단적인 예로 초기경전
인 「숫타니파타」(*Sutta-Nipāta*)에는 「행복경」(Mangalasutta, 또는

---

11) 불교의 초기경전들에서는 붓다의 설법을 듣는 대상이 사람만이 아니라 종종 천신들도 등장한
다는 점이 다른 종교와 비교할 때 큰 특징이라고 할 수 있다.

「축복경」)이 수록되어 있다.12)

어느 날 천신이 붓다를 찾아와 '최상의 행복'이 무엇이냐고 묻자 붓다는 이렇게 대답하였다. "어리석은 자와 사귀지 말고 슬기로운 자와 사귀며, 분수에 맞게 살며 공덕을 쌓고, 부모와 가족, 친척을 잘 돌보고, 겸손하고 만족하고 인내하고, 술을 절제하고 악행을 멀리하라"고 하였다. 이 내용은 유교의 가르침 또는 학교에서 배우는 윤리도덕 교과서의 내용과도 별로 다를 바가 없다. 행복하게 살고 싶으면 누구나 가족 안팎에서 자신이 해야 할 일을 성실히 수행하고, 겸손하고 절제하고, 어리석은 사람과 사귀지 말고 지혜롭게 살라고 하였다. 다만 여기서 한걸음 더 나아가 "수행자를 만나서 열심히 진리를 배워서 세상살이에 어려움을 만나더라도 흔들리지 말고 끝내 열반을 실현하라"고 당부하였다. 왜냐하면 세속적인 모든 행복은 영원하지 않고 언젠가는 끝이 나기 때문이다. 그래서 태국의 아라한이신 아잔 간하(Ajahn Ganha, 1950-)께서도 우리가 행복에 머물기 위해서는 계속 명상수행을 해야 한다고 강조하셨다.13)

> 어리석은 자와 사귀지 말고 슬기로운 자를 섬기며,
> 분수에 맞는 곳에 살고, 일찍이 공덕을 쌓아서, 스스로 바른 서원을 세우고,
> 많이 배우고 익히며 절제하고 훈련하여 의미 있는 대화를 나누고,
> 아버지와 어머니를 섬기고, 아내와 자식을 돌보고, 일을 할 때 혼란스럽지 않으며,
> 나누어 주고 정의롭게 살고, 친지를 보호하며, 비난받지 않는 행동을 하며,
> 악한 행위를 멀리하고 술 마시는 것을 절제하고, 가르침에 게으르지 말고,

---

12) 국제적으로 통용되는 불교에 대한 논의는 빠알리어 경전을 인용해야 하지만, 행정학자인 필자에게는 그런 능력이 없기 때문에, 이 연구에서는 빠알리어 경전의 한글 번역본이나 연구자료들을 인용하였다.

13) 2018년 10월 13일~16일까지 3박4일 동안 개최된 DMZ 세계평화명상대전과 2018 세계명상대전(강원랜드)에 참석한 아잔 간하께서는 질의응답 시간에, "행복하면 수행하지 않아도 되는가?"라는 질문에 대해, "수행 없이 오는 행복은 결코 계속되지 않는다. 매일 명상수행을 해야 하고, 꾸준히 계속 해야 하고, 기꺼이 하겠다는 원을 세우라"고 대답하셨다. 당시 필자는 현장에 참석하여 직접 이 법문을 들었다(이하 같음).

> 존경하고 겸손할 줄 알고, 만족하고 감사할 줄 아는 마음으로 때에 맞추어 배우고,
> 인내하고 온화한 마음으로 수행자를 만나서 가르침을 받고,
> 감관을 제어하여 청정하게 살며, 거룩한 진리를 관조하여 열반을 실현하고,
> 세상살이 많은 일에 부딪쳐도 마음이 흔들리지 않고, 슬픔 없이 안온하라.
> 이 길을 따르면 어디서든 실패하지 않고 번영하리니
> 이것이야말로 더 없는 행복이다(「행복경」, Sn2:4; 전재성 역, 2015: 148–150 참조).

우리가 일반적으로 느끼는 행복이라는 것은 주관적 느낌인데, "이기적 유전자이론에 따르면, 자연선택은 사람들로 하여금 유전자의 좋은 행동을 선택하게 만든다. 설사 그 선택이 개체로서의 자신에게는 나쁜 결과를 가져온다고 해도 말이다. 사람뿐 아니라 모든 생명체가 그렇다. 대부분의 남성들은 평화 속에서 행복을 누리는 대신에 노동하고 걱정하고 경쟁하고 싸우며 삶을 보내는데, 이들의 DNA가 자신의 이기적 목적에 따라 그렇게 조종하기 때문이다. 악마와 마찬가지로, DNA는 덧없는 기쁨을 이용해 사람들을 유혹하고 자신의 손아귀에 넣는다"(Harari, 2011, 조현욱 역, 2015: 556).

그래서 대부분의 종교와 철학은 행복에 대해 자유주의와는 매우 다른 접근법을 취하는데(McMahon, 2006; Harari, 2011, 조현욱 역, 2015: 556에서 재인용), "불교의 입장은 특히 흥미롭다. 불교는 행복의 문제를 다른 어떤 종교나 이념보다도 중요하게 취급했다." "행복에 대한 불교의 접근방식은 생물학적 접근방식과 기본적 통찰의 측면에서 일치한다. 즉, 행복은 외부세계의 사건에서 오는 것이 아니라 신체 내부에서 일어나는 과정의 결과라는 것이다. 하지만 동일한 통찰에서 시작했음에도 불교는 생물학과는 매우 다른 결론에 도달한다." 즉, "사람들이 번뇌에서 벗어나는 길은 이런저런 덧없는 즐거움을 느끼는 것이 아니라 이 모든 감정이 영원하지 않다

는 속성을 이해하고 이에 대한 갈망을 멈추는 데 있다. 이것이 불교 명상의 목표이다"(Harari, 2011, 조현욱 역, 2015: 556-558).

그런 까닭에 "기쁨은 모든 불자들에 의해서 깨달음의 필수적인 요소 또는 본질의 하나로서 받아들여졌다. 많은 저술가들의 객관적인 견해에 의하면, 불교도는 이 세상에서 가장 행복한 사람들이라고 일컬어진다. 불교도들은 자신들을 불쌍한 죄인들이라고 여기는 아무런 열등감도 갖고 있지 않"기 때문이다(Narada, 1973, 정동하 외 역, 1985: 224). 그래서 당나라 말기의 선사인 운문문언(雲門文偃, ?-949)은 자신의 행복한 마음 상태를 "날마다 좋은 날"(日日是好日)이라고 표현하였다(Wu, 1967, 류시화 역, 1996: 277).

그러면 이 이기적인 DNA의 조종으로부터 사람이 벗어나려면 어떻게 해야 하는가? 붓다는 깨달음을 얻은 후 펼친 첫 번째 설법에서 중도를 지킬 것과 사성제(四聖諦)로 이를 설명하였다. 첫째, 생로병사 자체가 고통이고, 슬픔, 비탄, 고통, 근심, 절망도 고통이고, 원하는 것을 얻지 못하는 것도 모두 고통이다. 둘째, 이러한 고통의 원인은 감각적 쾌락과 탐욕에 대한 갈애와 집착이다. 셋째, 이러한 고통을 소멸시키려면 갈애를 남김없이 소멸시키면 된다. 넷째, 이 고통을 소멸시키는 방법은 정견(正見), 정사(正思), 정어(正語), 정업(正業), 정명(正命), 정정진(正精進), 정념(正念), 정정(正定)의 팔정도(八正道)이다「초전법륜경」, S56:11; 전재성, 2014a: 2676-2677).

이처럼 붓다는 우리의 모든 고통은 색(色, 몸)·수(受, 느낌)·상(想, 생각)·행(行, 의도)·식(識, 인식)이라는 오온(五蘊)의 덩어리로 뭉쳐진 우리의 몸을 '나' 또는 '내 것'이라고 착각하고, 이 감각적 욕망이 시키는 대로 끌려 다니는 데서 온다고 했다. 오온이란 경험세계를 구성하는 다섯 요소로서 '나'에 의해 경험되는 세계이기 때문에, "오온으로 구성된 세계란 나와 무관하게 객관적으로 실재하는 세계가 아니라는 사실에 유념해야 한다"(임승택, 2013: 255). 고통의 궁극적 원인인 감각적 쾌락과 탐욕에 대한 갈애와 집착에서 벗어나는 가장 좋은 방법은 정정, 즉 올바른 명상을 통해 선정을 얻는 것이다. 우리가 행복하게 살기 위해서는 중도를 지키고, 적어도 이 감각적 쾌락과 탐욕에 덜 끌려 다니려는 노력이 필요한 것이다.

이와 함께 일상생활 속에서 우리의 감각적 작용이 어떻게 일어나는지 정확히 알아차린다면 쾌락과 탐욕을 내려놓을 수 있다. 불교의 초기경전인 「우다나(자설경)」에 수록되어 있는 「바히야의 경」은 우리에게 이러한 통찰을 일으킨다. 우리가 어떤 사물을 본다는 것은, 보는 주체가 있어서 보는 것이 아니라, 어떤 사물이 눈의 가시권 안에 들어왔을 때 그것의 '보여짐'만 있을 뿐이다. 그 보여지는 방식은 유전자 속에 조건화되어 있는 대로 보게 된다. 다른 감각기능도 마찬가지다. 붓다에 의해 수동태로 설해진 이 법문은 어떤 현상, 곧 보여짐, 들려짐, 감각되어짐, 인식되어짐만 있지 보는 자, 듣는 자, 감각하는 자, 인식하는 자는 없음을 말해준다. 따라서 현상계의 어떤 것도 내 것은 없고, 조건반응에 의해 끝없이 반복되는 어떤 현상만 있는 것이다. 바히야는 붓다로부터 이 법문을 듣고 바로 아라한이 되었다.

보여지는 것 속에는 보여짐만 있고,
들려지는 것 속에는 들려짐만 있고,
감각되어지는 것 속에는 감각되어짐만 있고,
인식되어지는 것 속에는 인식되어짐만 있다.

> 그러므로 그대는 그것과 함께 있지 않다.
> 그대가 그것과 함께 있지 않으므로 그대는 그 속에 없다.
> 이것이야말로 괴로움의 종식이다(「바히야의 경」, Ud1:10; Woodward, 1985: 10).

그러나 수행자가 아닌 일반 생활인이 매일 또는 주기적으로 명상을 한다는 것은 쉬운 일이 아니다. 다만 불교에서 말하는 인과법칙을 명확히 이해한다면 그것이 가능할 수도 있다. 불교의 인과론은 연기(緣起)라고 하는데, 조건성의 교리인 연기는 '어떤 것이든 원인으로부터 생겨난다'는 것이다. 세상에 있는 모든 것, 즉 오온은 조건 지어져 있기 때문에 한 사물이 생겨나게 된 원인과 조건이 사라지면 그 결과도 사라진다. 그런데 불교사상에는 사물의 출발점이 없기 때문에 연기에 제일 원인이 있을 수 없고, 우리는 시작도 끝도 없는 원인과 결과로 이뤄진 자연법(인과법) 속에서 살아갈 뿐이다(Piyadassi, 1964, 한경수 역, 1996: 65-67). 그래서 인간은 일단 태어나면 행위의 패턴은 상당 부분 이미 조건화 내지 프로그램화되어 있어서 그 조건 내지 프로그램 된 대로 행동하고 살아가게 된다는 것이다. 더 쉽게 설명하면 좋은 원인을 뿌리면 좋은 결과를 얻고, 나쁜 원인을 뿌리면 나쁜 결과를 얻는다는 것이다.

> 이것이 있을 때 저것이 있고
> 이것이 생겨남으로써 저것이 생겨난다.
> 이것이 없을 때 저것이 없고
> 이것이 소멸함으로써 저것이 소멸한다. ……
> 모든 것은 이 조건적 발생의 법칙, 즉 연기를 따른다(「다계경」, M115; 전재성 역, 2014c: 1282-1283).

이 인과법칙을 정부관료제에 적용하면, 정부가 좋은 정책을 시행하면 사회에 좋은 결과를 가져오고, 정부가 나쁜 정책을 시행하면 사회에 나쁜 결과를 가져온다는 것이다. 물론 정책에는 언제나 부작용과 부수효과(additional effect)라는 것이 따라다니기 때문에 좋은 정책을 시행했다고 해서 항상 바람직한 결과만 따라오는 것은 아니다. 그러니 나쁜 정책을 시행할 때 나타날 나쁜 결과는 상상을 초월할 수밖에 없는 것이다. 정책결정자의 판단이 얼마나 엄청난 인과관계를 유발하는지는 명나라 관리였던 원황(袁黃, 호 了凡, 1533-1606)의 예에서 알 수 있다.

원황은 젊었을 때 과거공부를 하였지만 번번이 떨어졌는데, 어느 날 운곡선사(雲谷禪師)라는 기연을 만나 자신을 수양하며 선행을 쌓으면 운명을 개조할 수 있다는 가르침을 받고, 먼저 4년 동안 3,000가지 선행을 실천한 뒤에 다시 1만 가지 선행을 실천하기로 맹세했다. 그 사이 자식도 생기고, 만력(萬曆) 14년(1586)에는 꿈에도 그리던 과거시험에 합격하여 북경에서 가까운 보지현(寶知縣)의 현장(縣長)이 되었다. 그런데 현장이 되어서 공관에서 살기 시작하면서부터 생활공간이 일반 백성들과 격리된 관계로 선행을 쌓기가 쉽지 않았다. 그래서 큰 걱정을 하고 있는데, 어느 날 밤 꿈에 한 신인(神人)을 만나서 1만 선행을 완수하기 어렵다고 하소연하자, 그 신인은 그가 현장이 된 다음 농부들에게 과다하게 징수되던 세금을 반감함에 따라 보지현의 1만 명이 넘는 농민들이 혜택을 입었기 때문에 이미 1만 선행을 완수했노라고 알려주는 것이었다.[14] 이로부터 왜 정부의 공직이 공덕을 쌓을 수 있는 좋은 자리라고 말하는지 알 수 있다(Chin Kung, 2002, 이기화 역, 2010: 94-97).

필자는 교수가 된 직후에 이 「요범사훈」을 읽은 덕분에 지난 십

---

14) 원황의 감세에 대한 이야기는 「중국역대 인명사전」 '원황' 편에도 실려 있다(임종욱, 2010: 1259).

여 년간 학교 밖의 일에 관여하지 않고 꿋꿋하게 연구실을 지킬 수 있었다. 필자는 순수 학술연구를 위해 한국연구재단에서 연구비를 받은 적은 있어도, 정부의 정책이나 기업의 사업을 각종 이론으로 분칠하여 정당화시키는 연구보고서는 단 한 줄도 써본 일이 없다.

「요범사훈(了凡四訓)」에 전해지는 이 이야기는 오늘날 정책에 관여하는 공직자들에게 많은 시사를 준다. 만약 요범과 반대의 경우라면 1만 가지 악행을 저지르게 되는 것이다. 곧 정부의 공직은 공덕을 쌓을 수 있는 좋은 자리이기도 하지만, 반대로 악덕을 쌓을 수 있는 치명적인 자리가 되기도 하는 것이다. 정책결정자가 정책을 결정하기 전에 이러한 인과관계를 따져본다면, 정파의 이익을 위해 함부로 결정하는 일을 삼가게 되고 훨씬 더 신중하게 결정할 수 있지 않을까? 특히 운곡선사가 요범에게 주었다는 「공과격」(功過格, 공덕과 죄과를 기록하는 표)의 가르침은 우리로 하여금 선하게 살도록 인도해주는 나침반 역할을 한다.[15] 「상서」 '태갑중' 편에서도 "하늘이 내린 재앙은 피할 수 있어도, 스스로 지은 재앙은 피할 수 없다"고[16] 하여 자신의 행위가 가져올 결과에 대해 되돌아보게 하고, 자신의 행위에 대해 책임감을 갖도록 경계하고 있다.

앞에서 소개한 Hofstede(1991, 차재호 외 역, 1995)의 국가문화 간 차이 연구에서 오직 동양인들에게서만 인생에 대한 장기지향이 관찰됐던 이유는 바로 동양인들에게는 불교의 인과론이 내면화되어

---

15) 「공과격」에는 우리가 일상생활 속에서 저지르는 선행과 악행에 대해 종류별로 점수를 부여하고 있다. 예를 들면 다른 사람의 착한 일을 한 번 칭찬하면 1점, 남의 비방을 감당하면서 변명하지 않는 것은 3점, 한 사람의 법정 소송을 그치도록 권하는 것은 5점, 덕 있는 사람을 추천하는 것은 10점, 한 사람이 덕을 이루도록 도와주는 것은 30점, 낙태를 면하게 하는 것은 50점, 한 사람의 죽음을 구해주는 것은 100점짜리 공덕 등이고, 그 반대는 같은 점수만큼 죄과를 저지르게 된다(원황, 김지수 역, 2015: 167-185).

16) 天作孽猶可違 自作孽不可逭(藝文印書館, 1981a: 118).

있기 때문이라고 할 수 있다. 물론 현대는 동양인들도 서구의 과학 기술문명과 자본주의를 숭상하면서 이러한 인생에 대한 장기지향이 많이 약화된 것은 사실이지만, 아직도 살려낼 수 있는 가능성은 충분히 있다고 본다.

그런데 불교의 연기론이 조건반응으로 삶의 변화를 설명한다고 해서 결정론은 아니다. 왜냐하면 이 가르침에는 개인의 물리적인 환경과 정신적(심리적)인 원인이 동시에 작용하고 있기 때문이다. 물질계는 인간의 정신에 영향을 주는 반면에 인간의 정신은 물질계에 대단한 영향을 미친다(Piyadassi, 1964, 한경수 역, 1996: 66). 그래서 붓다는 "세상은 마음이 이끌고 마음이 모든 것을 지배한다"(「마음의경」, S1:62; 전재성, 2014b: 89)고 했는데, "일반적으로 마음이란 대상(所緣, ārammana)에 반응하여 일으키는 내면의 인식과 정서를 가리킨다"(임승택, 2013: 113). 따라서 우리는 이 마음을 잘 관리하여 내적, 외적 조건에 끌려 다니지 않게 한다면 모두가 행복하게 살게 될 것이다.

붓다는 이 마음을 관리하는 방법으로 「호흡명상의 경」(Ānāpānassa-tisutta, M118; 전재성 역, 2014d: 1305-1313)과 「대념처경」(大念處經, D22; 전재성 역, 2016: 963-1006) 등에서 호흡명상(아나빠나사띠, ānāpānassati)을 제시한다.[17] 이 호흡명상법은 붓다의 성불 명상법으로서 사념처 수행, 곧 몸(身)과 느낌(受), 마음(心), 담마(dhama, 法)에 대한 수행을 기본으로 한다. 호흡 방법은 한가하고 고요한 곳에서 가부좌를 틀고 몸을 바로 세우고

---

17) 이 경전은 후한 말 안세고(安世高)에 의해 「안반수의경(安般守意經)」으로 번역, 소개되었으며, 이 호흡명상법은 '수식관(數息觀, 隨息觀)' 또는 안반염(安般念)이나 입출식념(入出息念)으로도 불린다.

얼굴의 전면(前面)에 의식을 두고 들숨과 날숨을 알아차리는 방법이다. 현재 알려져 있는 방법 가운데 호흡할 때 코끝 또는 인중(人中) 등 얼굴의 특정 부위에 의식을 집중하는 방법은 틀린 방법이다. 현재 남방 불교에서는 이 호흡법을 기본으로 다양한 변종이 소개되고 있다.18) 실제 생활 속에서 명상하기 위해서는 처음에는 반드시 수행 경험이 풍부한 수행자로부터 명상법을 배우는 것이 좋다. 명상 수행 과정에서 다양한 체험과 명현현상이 일어나기 때문에 필요할 때 가르침을 받을 수 있는 명상 스승이 반드시 필요하다.

이 호흡명상을 통해 우리는 마음의 안정과 집중력을 얻을 수 있을 뿐 아니라 나아가 선정과 삼매를 체험할 수 있다. 보통의 사람들은 명상을 하라고 하면 한결같이 '바쁘다', '시간이 없다'는 핑계를 댄다. 이에 대해 아잔 간하의 스승이었던 아잔 차(1918-1992)는 "숨 쉴 시간이 있으면 명상할 수 있다"고 하셨다(아잔 차, 이진 역, 2008: 42). 명상할 시간이 없다는 것은 핑계일 뿐이고, 호흡을 알아차리는 것은 일상생활 속에서도 가능하기 때문이다. "생활 수련법은 일상적인 앉음과 자연스러운 마음의 집중을 통하여 지혜를 점차적으로 깊게 해주는 것이다"(콘필드, 김열권 역, 1997: 37). 특히 현대인들은 직관이 빠르다기보다는 둔한 편이고, 증가되는 충동, 자극적인 상품, 심해져가는 소음 공해, 산만함, 부족한 시간, 자신의 둔한 직관 등을 고려할 때 마음을 집중하는 방법은 절실히 요청된다고 하겠다(콘필드, 김열권 역, 1997: 151).

주자는 이 불교의 선정수행이 정신을 흐릿하게 하고 염세적인 사

---

18) 붓다 당시의 호흡명상법에 가장 가깝게 단계별로 자세히 설명하고 있는 책으로는 Ajahn Brahm(2006, 혜안 역, 2012)과 아잔 브람(지나 역, 2018) 등이 있다. 개론서로는 잭 콘필드(1997; 2014), 각산(2018), 전현수(2018) 등을 참조바람.

고로 빠진다고 하여 기피했지만 그것은 선정수행에 대한 오해에서 비롯된 것이다. 명상의 이익은 우선 "잘못된 견해를 제거해준다. 그리고 끊임없이 변화하고 있는 우리들의 외부세계에서 개인적인 이득이나 행복을 위한 투쟁이 얼마나 무익한 것인가를, 그리고 무집착이 얼마나 많은 마음의 평화를 주는지 깨닫게 해준다"(콘필드, 김열권 역, 1997: 174-175). 한마디로 우리는 불교 명상을 통해 '나'라고 여기는 모든 것들을 내려놓음으로써 행복과 평안을 얻게 된다. 불교 명상을 통해 선정을 얻는 것도 쉽지 않지만, 선정을 얻은 모든 사람이 출가(出家)하는 것도 아니다. 만약 불교 명상을 통해 무아(無我) 또는 무상(無常)에 대한 깊은 통찰을 얻는다면 출가하여 전문 수행자가 되는 것은 더 없는 행복이다. 그렇지만 현실에서 명상을 하다가 출가하는 사람은 거의 없으니 전혀 걱정할 필요가 없는 것이다.

Ⅲ. 명상의 효과와 관료제의 책임

1. 명상의 효과

오늘날 불교의 명상법은 서양에서 치유법으로도 응용될 만큼 널리 확산되고 있어, 종교에 상관없이 개인 또는 관료제의 문제를 해결하기 위해 쉽게 활용할 수 있을 것이다. 그러면 불교에서 말하는 명상이란 무엇인가? 초기 불교경전에서 '수행'을 의미하는 단어는 오직 하나 선정(jhāna)이 그것이다(Ajahn Brahm, 2012, 혜안 역, 2016: 223). 명상(meditation)에 해당하는 정확한 인도어는 없고, 다만 유사한 것으로 '선(禪)'으로 번역되는 빠알리어 '자나(jhāna)'와 산스크리트어 '디야나(dhyāna)'가 있다. 초기 불교의 수행방법을 체계적으로 정리한 논서인 「빠띠삼비다막가」(Patisambhidāmagga)에서는 'jhāna'의 어원을 'jhāyati'와 'jhāpeti'라는 개념으로 설명한다. 원래 'jhāyati'(명상하다 · 곰곰이 생각하다 · 불에 타다)는 '√dhyai'(곰곰이 생각하다 · 명상에 잠기다)에서 기원한 말이고, 'jhāpeti'(명상하다 · 태워 없애다 · 파괴하다)는 '√ksai'(태우다)에서 기원한 말이어서 이 두 개념은 어원이 전혀 다르지만 통상 '명상하다'로 번역한다(임승택, 2001: 140 각주 9), 579 각주 23), 954 각주6) 참조).[19] 이에 따르면 명상이란 깊이 숙고하여 마음속의 어떤 찌꺼기를 태워 없애는 작용이라고 할 수 있다. 그래서 세계적인 명

---

19) 이에 대해 자세히 설명해준 경북대 철학과 임승택 교수님께 감사드립니다.

상 지도자인 Ajahn Brahm은 수행(명상)은 내면의 강력한 평화에 이르기 위해 복잡한 바깥의 세계를 놓아버리는 것이라고 말한다. 수행을 위한 노력에는 올바른 기술이 필요하고, "수행의 목표는 아름다운 침묵, 고요한 멈춤, 마음의 명확함"이라고 한다(혜안 역, 2012: 5-6).

2018 세계명상대전에 참가한 아잔 간하께서는 "외국에서 명상이 굉장히 인기를 끌고 있는데 그 이유가 무엇이냐?"는 질문에 대해, "지금 세계적으로 명상이 굉장히 인기가 있는 것은 사람들에게 많은 이로움이 있기 때문이다. 공부를 더 잘 하기 위해서, 일을 더 잘 하기 위해서, 혹은 건강을 증진하기 위해서 명상을 하는데, 불교의 명상은 이것만이 아니라 바른 형태의 집중, 즉 삼마 사마디(팔정도의 正定)를 길러서 마음속의 모든 애착과 욕망을 끊어내라"고 대답하셨다.

그러면 21세기 '명상하는 관료상'을 어떻게 창출할 것인가? 그 전에 현대 관료제에 왜 명상이 필요한가? 동양의 능력주의 관료제 전통에 대해서는 최근 들어 서구의 지식인들이 적극적으로 평가하고 있다. Berggruen & Gardels(2013)의 경우 서구의 1인1표 민주주의가 포퓰리즘에 의해 흔들리는 것을 방지하기 위해 중국처럼 탈정치화 된 실적제 관료제의 필요성을 주창한다. 특히 그들은 이를 위해 21세기에는 '지혜정치'(intelligent governance)가 필요하다고 주장한다. 그 '지혜정치'라는 것은 지적인 유권자와 책임 있는 실적제 관료제(accountable meritocracy)가 결합할 때 가능하다고 한다. 그렇지만 그들이 그 대안으로 제시하는 방안은 선거방식을 재편하여 시민의 참여를 늘리는 방법과 정부의 고위공직자를 선출직 공직자와 함께 능력과 인품이 검증된 인사들로 구성하는 방식 등 주로 제도적인 차원의 개혁에 머물러 있다.

중국 공산당이 유교의 현능주의 전통을 계승하여 1990년대 초에 공직자 선발과 승진의 엄격한 과정을 확립했으나, 이 현능주의는 공산주의의 평등 이념과 불편한 관계에 있고, 무엇보다 현능주의 체제에도 투명성은 필요하다(Bell, 2015, 김기협 역, 2017: 250-251). 중국의 관료제가 극히 유능한 것은 사실이지만, 중국의 관료는 부정 부패에도 극히 유능하기 때문에 장기적으로는 그 폐쇄적인 관료시 스템을 개방체제로 전환하고 부정부패 문제를 해결해야 할 것이다. 유교문화권 특히 동아시아의 한국과 중국, 일본, 베트남 등지에서 는 아직도 민주주의와 자유보다는 조화의 이상을 중시하는 경향이 남아 있다(Bell, 2015, 김기협 역, 2017: 92-93). 이러한 동양적 조 화의 이상을 관료제가 실현하기 위해서는 유능하고 투명한 관료 시 스템과 함께 '명상하는 공무원'이 필요하다. 명상의 효과가 관료제 의 책임과 어떻게 직접적으로 연결되는지를 이해한다면 우리는 그 필요성에 쉽게 동의할 수 있을 것이다.

현재 일반에 널리 알려져 있는 명상법은 불교의 사마타(samatha, 止)와 위빠사나(vipassanā, 觀)를 들 수 있다. 「앙굿따라니까야」의 「사마타경」에 따르면, 명상을 성취하는 데 두 가지 길이 있으니 멈 춤(止)과 통찰(觀)이다. 멈춤이란 내적인 마음의 멈춤(선정)을 의미 하고, 통찰이란 더 높은 지혜에 의한 사실의 통찰을 의미한다(A2: 175, A10:54; 전재성, 2018: 277, 2078-2079). 쉽게 설명하면 고요 (사마타)는 수행에서 생기는 평화로운 행복이고, 통찰(위빠사나)은 똑같은 수행에서 나오는 명확한 이해이다. 따라서 이 둘은 똑같은 과정의 나눌 수 없는 측면들로서 사마타 수행과 위빠사나 수행은 항상 함께 한다(Ajahn Brahm, 2012, 혜안 역, 2016: 51; 아잔 브람, 지나 역, 2018: 215). 이와 함께 중국에서 개발된 간화선(看話禪)이 있고, 기독교에도 묵상과 관상 같은 명상법이 있다(불교와사상의학연구회, 2013: 87-94). 따라서 불교 신자가 아니더라도 각자 자신의 선호와 근기에 맞는 명상법을 선택할 수 있다. 서양에서는 위빠사나, 즉 알아차림 내지 마음챙김(mindfulness)을 근간으로 하는 명상치료법이 개발되어 널리 활용되고 있다.

이러한 명상의 효과는 이미 과학적으로 입증되고 있다. 미국 심리학잡지 *Psychology Today*에 따르면 10분짜리 명상 프로그램에 참여한 사람도 엄청난 효과를 나타내는데, 이렇게 짧은 명상을 한 사람도 뇌의 알파파(긴장을 풀고 휴식하는 상태의 뇌파)가 증가하고 걱정과 우울증이 감소한 것을 여러 연구들이 입증하고 있다(Barbor, 2001: 54). 칭화대학교의 중국사상사가인 팡차오후이(박찬철 역, 2014: 23)는 강의를 시작하기 전에 학생들에게 5분간의 짧은 정좌시간을 갖게 했는데, 그것만으로도 혜택은 자못 풍부했다고 하니, 불교의 명상법을 관료제 안에서 활용할 수 있는 방법은 무궁무진하다고 할 수 있다. 특히 최근에는 의학 장비의 발전에 따라 명상할 때 사람의 뇌에 실제로 변화가 일어난다는 것이 확인되고 있다.[20] 그래서 "서양에서는 일찍이 1950년대부터 명상에 주목하

---

20) 양자모델에 따르면 모든 질병은 주파수가 낮아지고 일관성 없는 정보가 표현될 때 나타나는 데 반해, 건강은 주파수가 높고 일관성 있을 때 나타난다. Z스코어 분석을 통해 명상 전에는 일관성이 없고 수다스럽던 뇌가 명상 후에는 일관성이 있고 수다가 멈추고 훨씬 전체적으로 작동하는 것이 확인되었다(Dispenza, 2014, 추미란 역, 2016: 289 그림 8-4, 그림 10-4, 354-355). 그 밖에도 Dispenza의 책에서는 명상 전후 사람 뇌의 변화 상태를 확인할 수 있는 다양한 그림 자료를 제공하고 있다.

여 관련 연구를 진행해왔다. 하지만 한국은 그에 비하면 수십 년 늦게 명상의 중요성을 인식하기 시작했다. 한국은 1990년대에 접어들면서 본격적인 명상 관련 연구가 진행되기 시작했"고, 특히 1990년대에는 남방불교의 위빠사나가 본격적으로 국내에 소개되기 시작하였다(불교와사상의학연구회, 2013: 111-112).

이처럼 명상이 정신적 각성뿐 아니라 스트레스를 이완시키고 우울증을 완화시키는 등 몸과 마음을 건강하게 한다는 것이 입증되면서 미국에서는 명상 인구가 급증하고 있다. 미국 연방질병통제예방센터(Centers for Disease Control and Prevention, CDC) 산하 국립보건통계센터(National Center for Health Statistics, NCHS)가 2018년 11월에 발표한 보고서에 따르면, 미국 18세 이상 성인 인구의 14.2%에 해당하는 약 3천500만 명이 마음챙김(mindfulness) 명상, 만트라(mantra) 명상, 영적(spiritual) 명상 등 각종 명상을 하고 있는 것으로 나타났다. 2012년 조사 때 명상 인구가 4.1%였던 것과 비교하면 5년 만에 3.5배, 즉 10.0% 이상 급증하였다. 요가 인구도 2012년 9.5%(2천240만 명)에서 2017년에는 14.3%(3천520만 명)로 크게 증가하였다(Clarke et al., 2018: 1, 5).

그러면 이러한 명상의 효과와 관료제와는 어떤 관계가 있을까? 우선 국민 개인이 명상을 통해 스트레스를 해소하고, 건강이 증진되어 면역력이 개선되고, 정신력이 강화되어 창의력이 높아진다면 국민 개인의 삶이 향상될 뿐 아니라 그 좋은 효과가 기업이나 조직, 사회 등에도 파급된다. 집단명상이 주변 지역의 범죄율을 감소시키는 데 기여한다는 연구도 있다. Hagelin et al.(1999)은 1993년 6월 7일~7월 30일까지 두 달 동안 워싱턴 D.C. 콜럼비아특별구에서 집단명상 참가자들의 수를 최대 4,000명까지 점점 늘리면서 집단명상이 인근 지역의 범죄율 감소에 영향을 미치는지를 실험하였다. 그 결과 집단명상 참가자가 증가함에 따라 인근 지역의 살인, 강간, 폭행 같은 강력범죄 발생건수가 최대 23.3%까지 감소했다고 발표했다. 그 주요한 이유는 이 특별구의 공동체의식에서 응집력은 증가하고 스트레스가 감소하는 집단효과가 발생했기 때문이었다.

이와 비슷한 사례는 국내에서도 확인되고 있다. 2016 세계명상대전조직위원회가 주최한 '2016 세계명상대전'이 2월 25일~28일까지 3박4일간 강원랜드(강원도 정선군 소재) 하이원리조트 5층 컨벤션홀에서 개최되었다. 외국의 사례처럼 대규모 명상대회가 있었던 시기에 주변지역의 범죄발생에 어떤 영향을 미쳤는가를 확인하기 위해, 필자는 2014년 1월부터 2018년 8월까지의 월별 범죄 건수 자료 및 각 연도별 2월 15일부터 3월 31일까지의 일별 범죄 건수 자료를 활용하여 추세선 분석(Trendline analysis)을 실시하였다.[21] 그 결과 모든 분석 자료를 종합할 때, '2016 세계명상대전'의 시행은 일시적으로 정선군 지역의 범죄발생 건수의 감소로 이어지는 상관관계를 확인할 수 있었다.

첫째, 부록의 [그림 1]을 통해 2014년 1월부터 2018년 8월까지의 월별 범죄발생 건수 자료를 꺾은선 그래프와 추세선으로 제시하면, '세계명상대전'이 개최된 시기('·'로 표시)에는 실제적으로 범죄 건수가 낮게 나타나는 것을 확인할 수 있다. 둘째, 한 해를 6분

---

21) 이 자료는 2018 DMZ 세계평화명상대전 홍보자료로 활용하기 위해 필자가 정선경찰서에 2차례에 걸친 정보공개청구를 통해 범죄 건수 자료를 입수하였고, 이를 고려대학교 김두래 교수팀이 필자를 위해 분석해주었으나, 이 행사 조직위원회 내부의 사정으로 인해 분석 결과를 홍보에 활용하지는 못했다. 앞으로 이 방면 연구의 활성화를 위해 원자료를 [부록]에 공개한다. 정보를 공개해준 정선경찰서 측과 데이터를 분석해준 김두래 교수팀에 깊은 감사를 드립니다.

기로 나누어 평균을 도출하여 분석한 결과가 [그림 2]인데, 분석 결과 해당 행사가 개최된 분기(2016년 1분기)의 범죄발생 건수가 인접한 시기보다 낮게 나타났다. 셋째, 일별 변화를 확인하기 위해 2016년 2월 15일부터 3월 31일까지의 일별 범죄 건수 자료를 [그림 3]의 그래프에서 보면, 범죄 건수의 일별 편차가 크고, 6차 함수에 기반한 추세선의 설명력(R2)이 5%로 매우 낮았다. 마지막으로 행사기간 4일간의 평균 범죄건수를 계산하고 이 시점을 T시점으로 설정한 뒤('·'로 표시), 전후 4일 평균을 도출하여 그래프를 그린 것이 [그림 4]인데, 행사 개최 시기가 다른 시기에 비하여 범죄 건수가 현저하게 낮게 나타남을 확인할 수 있다.[22]

위에서 소개한 한국과 미국의 집단명상 효과를 고려할 때, 명상의 시행은 국민 개인의 삶의 질 개선뿐 아니라 사회문제의 해결에 지금까지와는 전혀 다른 새로운 지평을 제공한다고 할 수 있다. 그러니까 과거처럼 범죄율을 낮추기 위해 가로등을 늘리고, 경찰관 수를 늘리고, 순찰 횟수를 늘리는 것만이 능사가 아니라 국민의 마음을 편안하게 함으로써 많은 사회문제가 해결될 수 있는 가능성을 제시한다고 할 수 있다.

---

[22] 정선군 지역의 범죄발생 추이는 지역 특성상 큰 공사가 있을 때는 외부인의 유입이 증가하기 때문에 이에 따라 범죄발생 건수도 증가하는 경향을 보인다. 예를 들면, 세계명상대전이 있었던 2016년의 연간 범죄발생 건수는 1,923건으로 전년도의 1,675건 대비 248건, 14.8%나 증가했다. 그 이유는 2016년에 정선 알파인 경기장 건설과 강원랜드의 워터월드 공사라는 대규모 공사의 추진에 따라 외부에서 유입된 인력이 많았던데 따른 것으로(정선경찰서 ㄱ경사와 2018년 9월 10일 전화 인터뷰, 강원랜드는 2018년 9월 11일 전화로 확인), 이런 변수가 없었다면 예년 수준을 유지했을 것으로 추측된다.

2. 관료제의 책임

현재 한국 관료제가 진정으로 고민해야 할 것은 행정의 전문성이나 능률성 같은 지엽적인 문제보다는 맹자가 지향했던 '우리가 함께 인간답게 사는 세상'을 만드는 방법을 강구하는 것이다(한승연, 2017d: 142). 미래에 명상을 통해 이러한 세상을 만들기 위해 관료제가 지금 해야 할 일은 무엇인가?

첫째, 정부관료제 내에 명상을 도입하여 공무원들이 근무를 시작하기 전에 하루 10분씩 매일 명상하는 것이다. 명상방법은 각자 원하는 방식으로 하면 된다. 이 짧은 명상을 통해 '기능인'이 되어 있는 현대의 공무원들에게 덕성을 함양할 수 있는 기회를 제공할 수 있다. 이에 따라 공무원 사회의 부정부패를 감소시킬 수 있고, 정책을 결정할 때 비정파적이고 사회공익적 차원의 정책대안을 선택할 가능성이 높아질 수 있다. 정기적으로 장기간 명상할 때의 효과는 정말 대단하다. 1,000명이 3박4일간 집단명상 할 때도 인근지역의 범죄발생이 감소하는데, 만약 현재 100만 명이 넘는 공무원이 동시에 명상할 경우 사회에 파급되는 긍정적인 효과는 상상을 초월한다고 할 수 있다.

불교적 관점에서 정부관료제의 책임은 무엇인가? '2016 세계명상대전' 당시 무차토론 중 아잔 간하께서는 "정부의 본분은 (국민이 원하는 것을)주는 것, 내버려두는 것, 국민을 위해서 희생하는 것"이라고 하셨다.[23] 여기서 정부의 본분이 국민이 원하는 것을 주는 것과 국민을 위해 희생하는 것은 행정학 교과서에도 나오는 이

---

23) 당시 필자는 3박4일간 이 명상대전에 참가하여 직접 법문을 들었다.

야기다. 하지만 국민을 내버려두는 것, 곧 정부의 정책에 반대하는 국민이나 집권당과 정치적 견해를 달리 하는 사람도 제 좋을 대로 살도록 관용하라는 것은 민주주의 이론에는 나오지만 현실의 정치와 행정에서는 잘 지켜지지 않는 것이 사실이다. 과거 권위주의 정부 시절의 정치적 박해와 파산한 박근혜정부에서 작성했던 소위 '블랙리스트'라는 것이 이를 증명해준다. 때로는 국민이 거지로 살기를 원하면, 즉 스스로 거지로 살기로 선택한 사람은 그렇게 살게 내버려두는 것도 관용이다. 군주의 정적을 독살하거나 암살하라고 설파했던 한비는 음독자살을 강요받고 자살했다. 영토 내의 모든 국민에게 동등하게 관용을 베풀라는 것은 동양의 성군전제주의나 불교적 관점에서는 언제나 일치하는 것이다.

유교관료제의 최대의 장점은 공자와 맹자, 주자와 같이 관료들이 언제든 준거로 삼을 수 있는 역할모델이 역사적으로 존재했다는 사실이다. 그러나 현재의 공무원은 누구를 쳐다보아야 하나? 현재 한국 행정학계 내에는 공직자들이 가져야 하는 행정학적 지성이 '도구적'이어야 한다는 묵시적 합의가 있다. 학문적으로는 행태주의(behaviorism), 역사적으로는 일제 식민지적 관료철학과 깊은 관련이 있는 것으로써, 행정수반이 누구든 효율적으로 봉사하면 되는 것이 공직자 상이 되어버렸다(박병련, 2006: 91). '명상하는 공무원'이 되어 각자 스스로 자신의 스승이 되어야 할 것이다.

둘째, 초등·중등 학교는 물론 대학교 교과과정에 명상과목을 도입하는 것이다. 1주일에 1시간이라도 좋다. 국민 모두가 어릴 때부터 명상을 생활화할 때의 사회적 파급효과 역시 대단하다고 상상할 수 있다. 동양에서는 일찍이 "정치 행위의 근본은 학문이며 학문의 근간은 심법이라는 점, 나아가 심법을 습득하고 전하는 일이 정치의 핵심"이라고 말한다. "주자학적 사유에서 교육은 언제나 정치와 함께 치인(治人), 신민(新民)의 일로 취급"된다. "퇴계에 의하면 심법을 익히고 펼치는 일이 교육의 핵심이다"(황금중, 2012: 125). 우리는 소위 서양 근대문물을 도입한 이후 마음을 전하는 전심(傳心)교육을 잊은 지 오래되었다. 이제 4차 산업혁명 시대를 맞이하여 학생들에게 가장 절실한 교육은 전심교육이라고 할 수 있다. 백과사전식 지식과 복잡한 계산은 인공지능(AI)에게 맡기면 되기 때문이다.

이처럼 관료제 안에 '명상하는 공무원'을 창출하는 일과 각급 학교의 교육과정에 명상과목을 도입하는 일 모두 일단 관료제가 그 필요성을 인식하고, 책임감을 갖고 실행해야 할 일이다.

Ⅳ. 결 론

유교에서 정치이론으로서 유학과 함께 심법이 전해졌다는 사실은 유자들이 심신을 수양하는데 심법이 반드시 필요했기 때문일 것이다. 「서경」 '대우모' 편에 이미 16자 심법이 나오듯이 동양의 성현들은 자연과 조화를 이루며 진실로 그 중도를 잡기 위해 심법으로써 자신을 다스렸음을 알 수 있다. 맹자 이래 유가에서는 한때이 심법이 끊어졌으나 도가의 심법이 명맥을 유지하다가 인도에서 불교가 전래되면서 중국에서는 다양한 명상수행법이 등장하여 사용되었다. 주자도 불교를 비판하면서 불교를 극복하기 위해 주자학을 창설했지만, 명상법만은 불교의 수행법을 수용하여 매일 정좌를 하며 마음을 다스렸다. 불교는 석가모니 붓다가 호흡명상을 통해 성불한 이래 가장 명확하고 체계화된 명상수행법이 전해지고 있으며, 현재 전 세계적으로 유행하고 있는 다양한 명상법들은 대체로 이 호흡명상을 바탕으로 하고 있는 것이 사실이다.

이렇듯 동양사에서는 석가와 맹자, 주자 모두 정좌 내지 명상수행을 통해 감각적인 욕망과 쾌락에 흔들지 않게 마음을 다스릴 수 있었다. 그들이 살았던 시대나 장소에는 큰 차이가 있었지만, 그들이 자연법을 바라보는 시각에는 공통점이 존재한다. 곧 그들은 모두 인간이 고통에 빠지는 원인이 감각적 욕망에 집착하는 것이라고 설명한다. 맹자는 눈과 귀에 의해, 주자는 기질의 혼탁에 의해, 붓다는 몸과 감각, 생각, 의도, 인식 같은 오온에 의해 우리의 본성이 가려짐으로써 욕망과 쾌락의 노예가 되었기 때문이라는 것이다. 그러한 나쁜 습관은 계속 반복되면서 우리의 유전자 속에 저장이 되고, 그에 따라 시작도 끝도 없는 조건반응에 의해 우리의 삶은 이기적으로 흘러가는 것이다. 그들이 제시한 감각적인 욕망과 쾌락을 제어하는 방법이 대체로 호흡을 조절함으로써 마음이 한결같이 중도를 유지하게 하는 점도 같다. 다만 호흡을 조절하는 구체적인 방법은 차이가 있었다.

전통사회에서는 이러한 심법을 전하는 것이 교육의 근본이었으나 소위 서양의 근대교육이라는 것을 수용하면서 이러한 전심교육은 잊혀졌다. 그러나 최근에는 명상의 다양한 효과가 과학적으로 증명이 되면서 오히려 기독교도인 서양인들이 생활 속에서 명상을 적극적으로 활용하고 있다. 하루에 5분 내지 10분 정도의 짧은 명상도 매일 하면 그 효과가 매우 크기 때문이다. 우리는 명상 전통을 잊어버리고 살다가 서양에서 명상이 붐을 이루니까 역수입하고 있는 실정이다.

이제 명상은 국민 개인의 문제 해결뿐 아니라 관료제의 문제 해결에도 활용할 수 있는 여지가 매우 크다. 집단명상이 참가자 개인에게 마음의 평안을 가져다주는 것은 물론이고, 집단명상이 개최되는 인근지역의 범죄발생 건수를 낮춘다는 것이 과학적으로 입증되고 있다. 따라서 앞으로 관료제는 관료제 내부의 문제와 사회문제를 해결하는 데 명상을 적극 활용할 필요가 있는 것이다. 첫째는 관료제 안에서 공무원들이 매일 10분씩 집단명상을 수행하여 '명상하는 공무원'이 됨으로써 공무원의 덕성을 함양할 수 있고, 나아가 공무원의 무책임과 부패 문제를 예방할 수 있을 것이다. 둘째, 각급 학교의 교과과정에 명상과목을 신설하여 유치원 또는 초등학생부터 대학생까지 매주 1시간씩 명상을 가르쳐서 어릴 때부터 심신을 수양시켜서 덕성을 함양하게 하는 것이다. 미래에 '명상하는 공무원'과 '명상하는 국민'이 탄생한다면 대한민국은 법과 도덕으로 통제하는 관료제 내지 사회와는 전혀 다른 관료제, 다른 세상에서 살게 될 것이고, 사회문제를 해결하는 패러다임 자체가 완전히 바뀔 것이다.

맺음말

　지금까지 중국의 상고시대부터 현대까지 정부가 도와 덕을 바탕으로 책임정치를 구현하기 위해 유능하고 책임 있는 관리를 양성하고 선발하여 부리는 과정을 연구하였다. 동양에서는 고대부터 관직은 아무나 임명하는 것이 아니라 유능하고 책임 있는 사람을 임명해야 한다는 전통이 있었다. 그래서 중앙에서 전국에 관리를 파견하여 인재를 발탁하고, 또 지방관들로부터 향리의 인재들을 추천받아 국정에 참여하게 하였다. 수나라 때 과거제도를 도입하면서부터는 실적에 의한 관리임명이 제도화되었다.

　중국의 과거제도를 도입한 조선에서도 선비들을 먼저 가르친 다음 유능한 사람을 뽑아 쓰되, 그 전에 덕성이 입증된 사람만 과거에 응시할 수 있는 제도적 장치를 마련하였다.[1] 그렇게 선발된 관리는 자연의 순리에 따라 맡은 바 직무를 성실히 수행하여 백성의 생업을 책임져야 했고, 그러기 위해 군주가 잘못을 저지르면 직언을 할 수 있는 용기가 있어야 했다. 그러나 소위 서양의 근대 관료

---

[1] 조선조는 과거제도를 정비할 때, 과거에 나아가기 위해서는 학교에 입학하여 학적을 유지하고 성실한 학업을 수행하여 부거유생도목에 등재되어야 했고, 처음으로 과거에 응시하는 자는 「소학」 등을 고강(考講)하는 조흘강(照訖講)을 통과해야 과거장에 들어가게 함으로써 실력이 못 미치는 자가 응시하지 못하게 제도화하였다. 또한 부거유생도목과 조흘강을 통해 시험으로 검증할 수 없는 덕성 함양의 문제를 해결하려고 하였다(김경용, 2010).

제를 도입한 뒤에는 주로 전문성을 근거로 공무원을 선발하고, 법적 절차를 따르는 것이 공무원의 책임을 다하는 것으로 인식되면서 현대의 공무원은 교양인이 아니라 '기능인'으로 전락하고 말았다. 현대 관료제의 문제와 사회문제를 새로운 시각으로 해결하기 위해서는 그 동안 잃어버렸던 전심교육을 되살려 '명상하는 공무원'과 '명상하는 국민'을 지향해야 할 것이다.

「상서」의 가르침은 천명은 일정함이 없고 오직 덕 있는 사람을 좋아하고, 민심도 끊임없이 변하니 천도를 따르고 덕으로 다스려서 그 천명을 이어가라는 것이다. 「상서」의 '道'는 원래 도로를 의미했으나 왕도나 천도 같은 통치의 원칙 내지 방법으로 발전했다. '덕'은 '눈으로 길을 바라보는 것'을 의미했으나 '心'이 결합하여 '바른 마음'을 뜻했고, 서주 초기에 통치행위 전반으로 의미확장이 일어났다. 도는 인간이 마땅히 따라야 하는 길이고, 이 도를 실천하는 것이 덕이기 때문에 도와 덕은 서로 분리할 수 없다. 둘 다 추상적인 개념이어서 사용하는 주체에 따라 그 결과가 정반대로 나타날 수 있다. 현실정치에서 도란 천명에 따라 백성을 이롭게 하는 것이고, 이를 실천하는 것이 덕이다. 「상서」에 출현하는 '덕' 자의 구체적인 내용은 선철왕의 덕과 개인수양, 정치·행정 관련 항목이 가장 많았다. 덕이란 선철왕들이 개인수양을 통해 획득한 것이니, 후인들도 마음의 수양을 통해 덕치를 펴라는 것이다. 여기서 16자 심법이 전해지는 것이다. 군주가 백성에게 덕을 베풀어서 백성이 저절로 응하게 하지 억지로 복종을 욕구하지 않으며, 정치의 결과에 대해서는 군주 한 사람이 책임을 져야 한다.

삼대의 이러한 사상은 춘추전국시대를 거치면서 유가와 법가 사상이 대립하는 가운데 법가 사상이 유행하면서 정치의 목표와 책임은 큰 변화를 겪게 된다. 곧 초기 법가 사상가인 신도와 신불해는 당시의 국가위기를 극복하고 책임정치를 구현하기 위해 관료제의 원리를 구상했다. 그러면서도 법가 사상가들의 주장에는 다소 차이를 보인다. 신도는 도가적 무위자연의 세를 바탕으로 세치를 주장했다. 먼저 신도는 군주가 권세를 잡고 관료제의 정점에서 법을 제정하고, 엄정하게 법을 집행해야 한다고 했다. 그러한 세와 법은 사회질서를 유지하기 위한 것이기 때문에 군권은 제약되어야 한다. 신도의 법사상에서 국가와 사회의 안위를 책임지는 관료제의 원리는 강력한 군주권의 확립, 법의 제정, 분업, 실적제 관료제의 확립 등이었다.

둘째, 신불해가 주장하는 정치의 목적은 백성을 풍족히 하고 국가를 부유하게 하는 것이었다. 이를 위해 신도와 마찬가지로 그도 실적제 관료제를 바탕으로 군주전제를 주장하고, 법제도와 행정절차, 조직을 활용하기 위해 술치를 주장한다. 신도는 사람보다는 특정한 관직이 갖는 직분에 따라 권력을 부여해야 한다고 주장하고, 신불해는 실적제 인사행정의 원칙을 수립하고 관료제 내의 업무가 행정제도와 절차에 따라 이루어져야 한다고 주장한 점에서 근대 관료제의 초석이 되었다고 할 수 있다.

셋째, 신불해와 같은 시대를 살았던 상앙은 진나라에 법치를 실현하고, 전국 규모의 관료제를 실현하여, 백성에게 농사지으며 전쟁하는 농전을 강제하여 부국강병을 이루었다. 그는 왕족이나 관리, 백성을 가리지 않고 똑같이 법률을 적용하고, 세금과 부역을 고르게 함으로써 그의 법사상은 어느 정도 공공성을 담고 있었다. 상앙의 부국강병책의 핵심은 자율성이 강한 지방의 읍을 행정도시인 현으로 재편하고, 각 현에 현령을 파견하여 전국을 거대한 관료제에 편입하고, 이 관료제의 계층적 명령을 이용해 국가주도 농업개발정책을 시행하는 것이었다. 관료제 내에서는 법률에 의한 업무처리, 실적제 인사행정, 봉급제, 인사고과, 문서주의 행정 등을 제도화시켜서 베버식 기계적 관료제를 거의 완성시켰다. 그러나 그가 발명한 진나라의 관료제는 오직 국가만 책임지고 백성을 위해 봉사하지 않았기 때문에 오래 지속될 수 없었다.

넷째, 한비는 부국강병을 위해 군주가 신하를 확고하게 제어할 수 있는 법술론을 주장하였다. 술(術)이란 일반적으로 통치술 내지 술책을 의미하며, 그 구체적인 내용은 권모술수를 비롯하여 통계적 방법, 정책, 기술, 신상필벌·형명참동(形名參同)과 같은 인사행정, 객관적 필연 등 다양한 의미를 내포한다. 한비는 상앙의 법과 신불해의 술을 비판적으로 융합하여, 술을 인사고과와 문서주의 행정 등과 같은 행정절차로 발전시키게 된다. 「한비자」 술론의 핵심인 형명참동은 관료제 내의 계층적 권위와 실적제 인사행정의 원리를 확립하고, 나아가 그것을 관리와 백성의 관계에서도 관철함으로써 군주-관리-백성이라는 계층적 질서의 확립에 초점을 맞추고 있지만, 아직 행정절차나 인사행정, 인사고과 등을 제도화하는 데까지는 나아가지 못했다. 「한비자」가 남긴 군주 한 사람을 위한 관료제론은 유토피아가 아니라 백성에게는 거의 악몽에 가까운 억압장치였다. 업무처리에서도 지나치게 관리의 실적과 결과를 중시하고, 특정한 정책의 동기나 과정을 무시함으로써 관료제 내에 목적달성을 위해서라면 수단과 방법을 가리지 않는 냉혹함을 조성하게 되었다.

결국 강력한 법치에 의존했던 진나라는 천하통일을 이루었지만 15년 만에 폐망하고 만다. 이에 한나라 초기의 지식인들은 형벌과 강압적인 수단만으로는 장기적으로 안정적인 정치를 유지할 수 없다는 것을 깨닫고, 관료제 안에서 자연과 인간의 조화를 추구하며 덕치를 구현할 수 있는 원리를 연구하였다. 이에 그들은 유가와 법가의 융합 관료제를 형성하고, 이 관료제 안에서 백성의 모범이 되고 그들의 생업을 보장할 수 있는 '유능하고 책임 있는 관리'를 이상으로 삼았다. 이를 위해 한제국은 관리가 될 수 있는 사람의 저변을 확대하고, 지역과 신분에 상관없이 유능한 사람을 관리로 발탁하였다. 동중서의 건의에 따라 태학을 설치하여 선비를 기르고, 그들 가운데 현량, 효렴, 청렴한 인재를 천거받아 등용하고, 연공서열이 아니라 현능과 업적에 따라 승진시켰다. 관리는 관료제 안에서 능력에 따른 분업과 함께 백성과 생업을 다투지 않는 욕망의 분업까지 요구받았다. 국가의 중요한 정책결정은 반드시 공개된 장소에서 공개토론을 거쳐 결정하였고, 진정한 인재는 군주가 정치를 잘못하면 직언할 수 있는 용기가 있는 사람이어야 했다.

이러한 관리의 상(像)은 서양의 근대문물이 도입되기 전까지는 어느 정도 관철되었다. 그러나 베버식 근대 관료제의 도입은 이러한 관료의 상을 일변시켰다. 근대적 관료 임용시험제도를 통해 선발되는 근대적 관료는 한마디로 '품행단정 하고 재능과 기술이 있는 관료'를 말한다. 그러나 관료의 인격보다는 기능을 중시하면서, 한국에서는 지난 1세기 동안 공무원에 대한 시대적인 역할이나 기대에 상관없이 법학 위주의 '재능과 기술이 있는 관료'를 선발해왔다. 그동안 주로 실무지식이 필요한 7·9급 시험에는 법률지식과 함께 국어와 국사 같은 최소한의 교양을 검정해왔다. 그러나 주로 정책결정에 참여할 고급관료는 풍부한 교양과 철학지식이 필요한데도 5급 공채시험은 법률지식 중심으로 검정해왔다. 2006년부터 시행하고 있는 5급 공채시험은 법학 과목의 비중이 줄어들고 사회과학지식의 비중이 늘어나서 조정력이 뛰어난 공무원을 필요로 하는 사회적 흐름과는 어느 정도 부합한다고 할 수 있으나, 공무원의 윤리성과 책임성 확보 문제는 아직 보완이 필요하다고 하겠다.

결국 공무원의 심성이 윤리적이고 책임감을 갖게 하기 위해서는 자기수양이 필요하기 때문에, 전통사회에서 유자들은 자연과 조화를 이루며 중도를 잡기 위해 정좌 또는 좌선 등과 같은 심법을 수행하였다. 다시 말해 유가와 법가의 융합 관료제만으로는 책임정치를 구현할 수 없으니까 현실적으로 공무원의 자기수양을 위한 명상이 필요하다는 것이다. 이에 동양의 지식인에게는 맹자의 호연지기, 주자의 정좌, 석가의 호흡명상 등 다양한 명상법이 전해지고 있다. 이러한 명상의 효과는 이미 과학적으로 충분히 입증되고 있다. 공무원의 심성이 악덕으로 흐르는 이유는 감각적 욕망과 쾌락에 빠지고 그것이 계속 반복되면서 우리의 유전자 속에 저장되고, 그에 따라 시작도 끝도 없는 조건반응에 의해 우리의 삶이 이기적으로 흘러가기 때문이다. 맹자나 주자, 석가가 제시하는 그것을 제어하는 방법도 대체로 호흡을 조절하여 마음이 한결같이 중도를 유지하게 함으로써 자연의 흐름에 따라 정책을 결정하고 집행하게 하는 것이다. 이를 위해 현대 한국 관료제가 할 일은 관료제 안에 매일 10분 명상을 도입하여 '명상하는 공무원'을 만드는 것과 각급 학교에 1주일에 1시간씩 명상수업을 신설하여 '명상하는 국민'을 양성하는 것이다. 이렇게 한다면 20~30년만 지나도 국민 개인의 삶의 방식은 물론이고, 관료제가 사회문제를 해결하는 패러다임 자체가 완전히 바뀔 것이다. 어떤 일도 정부관료제가 하면 그 사회적 파급효과가 지대하기 때문이다.

참고문헌

각산 스님 (2018). **멈춤의 여행**, 개정증보판. 서울: 나무옆의자.

강수희 (1957). **공무원법개설**. 서울: 승리사.

孔安國 傳, 孔穎達 疏, 김동주 역주 (2016). **十三經注疏 譯主 尙書正義 2**. 서울: (사)전통문화연구회.

김갑수 (1947 · 2). 논설: 군정과 일본법적용의 한계(1). **법정**, 2(2): 19-24.

김경용 (2010). 조선중기 과거제도 정비과정과 그 교육적 의의. **교육사학연구**, 20(1): 1-26.

김동오 (2014). 秦帝國시기 縣廷의 구조: 『里耶秦簡』 '令史'를 중심으로. **동양사학연구**, 126: 1-44.

김상준 (2013). **맹자의 땀 성왕의 피: 중층근대와 동아시아 유교문명**. 서울: 아카넷.

김선민 역 (2011). **황제사경(皇帝四經) 역주**. 서울: 소명출판.

김선주 (1985). **한비자의 부국강병론에 대하여: 農 · 戰論을 중심으로**. 이화여자대학교 일반대학원 석사학위논문.

_____ (1991). 秦律의 성립: 상앙의 '改法爲律'을 중심으로. **부산사학**, 21: 107-134.

김수자 (1996). 미군정기 통치기구와 관료임용정책: 중앙행정기구 개편과 행정관료의 사회적 배경을 중심으로. **한국근현대사연구**, 5: 240-270.

_____ (1997). 1948년 이승만의 초대 내각구성의 성격. **이화사학연구**, 23 · 24: 193-217.

김영태 (1993). 韓非의 術論 연구. **철학논구**, 21: 195-224.

김예호 (1999). 한비자의 법치론에 나타난 術 · 勢 개념 분석. **동양철학연구**, 20: 203-229.

_____ (2005). 稷下 黃老學派의 정치철학 연구: 직하 황로도가와 황로법가의 道法論을 비교 분석하며. **시대와 철학**, 16(3): 8-42.

_____ (2012). 한비자 術治論의 입론사유 분석. **한국철학논집**, 35: 361-384.

김중양 (1999). **한국인사행정론**, 제3판. 서울: 법문사.

김충열 (1996). **김충열교수의 중국철학사 1: 중국철학의 원류**, 제2판. 서울: 예문서원.

金呑虛 현토역해 (2011). **노자 도덕경(1 · 2)**, 중판. 서울: 도서출판교림.

김필동 (1992a). 한국 근대관료제의 기원: 1880년대의 관제개혁을 중심으로. 한국사회학회. **92년 후기사회학대회**, 7-21.

_____ (1992b). 갑오경장 이전 조선의 근대적 관제 개혁의 추이와 새로운 관료 기구의 성격. 한국사회사연구회 논문집 제33집. **한국의 사회 제도와 농촌사회의 변동**, 11-88. 서울: 문학과지성사.

_____ (1996). 한국 근대 관료의 초기 형성 과정과 그 역사적 성격: 1881 ~1894. **사회와역사**, 50: 170-218.

김필수 · 고대혁 · 장승구 · 신창호 공역 (2015). **관자**, 개정판. 경기 고양: 소나무.

김한규 (1982). **古代 中國的 世界秩序研究**. 서울: 일조각.

김현목 (2000). 한말 기술직중인 출신 관료의 신분과 동향. **국사관논총**, 89: 151-173.

김형중 (2002). **'德' 개념의 초기 演變 과정에 대한 고찰: 「今文尙書」·「詩經」·「左傳」을 중심으로**. 고려대학교 일반대학원 석사학위논문.

_____ (2011a). **'덕(德)', 함양과 행위 지침: 공 · 맹 · 순의 윤리 이론에 대한 덕 윤리적 접근**. 고려대학교 일반대학원 박사학위논문.

_____ (2011b). 포괄적 '덕' 개념의 형성 과정: 공 · 맹 · 순을 중심으로. **범한철학**, 61: 1-26.

_____ (2011c). ≪論語≫의 '德' 개념 고찰. **중국학논총**, 32: 293-324.

남기현 해역 (2003). **춘추좌전(상 · 중 · 하)**. 서울: 자유문고.

_____ 해역 (2005). **춘추공양전(春秋公羊傳)**. 서울: 자유문고.

노재욱 · 조강환 해역 (1994a/1994b). **한비자(상 · 하)**. 서울: 자유문고.

대한매일신보 (1910). 엇더케홀는지. 7월6일: 2.

동양학연구소 (1987). **經國大典註解**, 2판. 서울: 단대출판부.

董仲舒 저, 남기현 해역 (2005). **춘추번로(春秋繁露)**. 서울: 자유문고.

류웨이화 · 먀오룬티엔 저, 곽신환 역 (1995). **직하철학(稷下學史)**. 서울: 철학과현실사.

매일신보 (1910a). 學校職員의 身分調査. 9월8일: 1.

_____ (1910b). 雇員身分調査. 10월27일: 3.

_____ (1924). 朝鮮大學試驗 顚末을 聞하고. 4월3일: 1(석간).

_____ (1925). 京城大學志願者 今年에도 身分調査. 1월13일: 2(석간).

문석윤 (2013). **동양적 마음의 탄생**. 경기 파주: 글항아리.

문정식 (2001). 조선시대 인사행정제도에 관한 연구. **한국행정사학지**, 10: 141-164.

민후기 (2011). 戰國시기 秦의 爵制 보론: 작의 사여, 관·작의 관계, 작·록 관계 등을 중심으로. **역사와 실학**, 44: 189-225.

박동서 (1961). **한국관료제도의 역사적 전개**. 서울: (재)한국연구도서관.

_____ (1969). 인사행정. 이한빈 외. **한국행정의 역사적 분석: 1948-1967**, 436-452. 서울: (재)한국행정문제연구소.

_____ (2001). **인사행정론**, 제5전정판. 서울: 법문사.

박문옥 (1963). **한국정부론**. 서울: 박영사.

박문현·이지한 해역 (1995). **묵자(墨子)**. 서울: 자유문고.

박병련 (2006). 행정사. 한국행정학회 편. **한국행정학 50년(1956~2006)**, 81-96. 서울: 한국행정학회.

_____ (2017). **한국정치·행정의 역사와 유교: 儒敎官僚制의 형성과 儒者 官僚**. 경기 파주: 태학사.

박이택 (2006 여름). 조선총독부의 인사관리제도. **정신문화연구**, 29(2): 287-318.

班固 저, 이세열 解譯 (2005). **한서예문지(漢書藝文志)**. 서울: 자유문고.

____ 저, 진기환 역주 (2016). **漢書(1~10)**. 서울: 명문당.

배병삼 (1997). 조선시대 정치적 리더십론: 수기치인과 무위이치론을 중심으로. **한국정치학회보**, 31(4): 49-68.

백완기 (2006). **행정학**, 신판. 서울: 박영사.

법정 (1947·7). 권두언: 인사쇄신의 방책, 자격고시제도의 확립, 2(7): 3.

Weber, Max 저, 임영일 외 편역 (1994a). 중국의 문인계층. **막스 베버 선집**, 371-400. 서울: 까치.

Weber, Max 저, 임영일 외 편역 (1994b). 지배와 정당성. 앞의 책, 155-205.

Weber, Max 저, 한태연·김남진 공역 (1959). **관료제**. 서울: 법문사.

Weber, Max 저, 임영일·차명수·이상률 편역 (1991). 직업으로서의 정치. **막스 베버 선집**, 207-263. 서울: 도서출판까치.

불교와사상의학연구회 편 (2013) **명상 어떻게 연구되었나: 2000년부터 2012년까지 연구경향 분석**. 서울: 올리브그린.

商鞅 저, 남기현 해역 (2004). **상군서**. 서울: 자유문고.

서울대학교고전간행회 편 (1972). **日省錄: 高宗篇 19**. 서울: 서울대학교출판부(영인).

서울신문사 편 (1979). **주한미군 30년: 1945∼1978**. 서울: 행림출판사.

손정목 (1991). 미 군정기(1945∼48) 인사행정의 실제에 관한 연구. 최재석
　　교수정년퇴임기념논총간행위원회 편. **한국의 사회와 역사**, 594-637.
　　서울: 일지사.

슈워츠, 벤자민 저, 나성 역 (2009). **중국 고대 사상의 세계**, 개정판. 경기
　　파주: 살림.

尸佼 저, 신용철 해역 (1997). **국민을 이끄는 정치술: 시자(尸子)**. 서울: 자
　　유문고.

신동준 역주 (2005). **좌구명의 국어(國語)**. 경기 고양: 인간사랑.

_____ (2015). **철두철미한 시스템의 힘, 상군서**. 경기 고양: 위즈덤하우스.

아잔 브람 저, 지나 역 (2018). **아무것도 남기지 않기: 아잔 브람의 위빠사
　　나 명상 강의**. 서울: 불광출판사.

아잔 차 저, 이진 역 (2008). **아잔 차의 마음**. 경기 고양: 조화로운삶.

안병만 (1985). **한국정부론**. 서울: 다산출판사.

안용식 (1978). **한국고급공무원의 Mobility에 관한 연구: 제1 및 제2공화국
　　을 중심으로**. 연세대학교 일반대학원 박사학위논문.

_____ (1999). 일제하 한국인 판임문관에 관한 연구. **사회과학연구**, 30:
　　37-66.

안용식·김천영 (1989). 일제말 고급관료에 관한 연구. **현대사회와 행정**, 1:
　　193-216.

양순자 (2010). 『한비자(韓非子)』의 법(法)과 술(術)의 관계 재조명. **동양철
　　학**, 34: 559-586.

엄연석 (2004). 『서경』에서 도덕성에 대한 신뢰와 덕치의 실현. **대동문화연
　　구**, 46: 111-145.

黎靖德 編, 이주행 외 공역 (2001). **朱子語類 1∼13권**. 서울: 소나무.

오석홍 (2005). **인사행정론**, 제5판. 서울: 박영사.

오수형 역해 (2010). **한유산문선(韓愈散文選)**. 서울: 서울대학교출판문화원.

오연숙 (2002). 대한제국기 고종의 인사정책과 관료층의 형성: 의정부 칙임
　　관급 관료를 중심으로. **국사관논총**, 100: 95-121.

오희복 (1999). **우리나라 역대 국가들의 관료기구 및 관직명 편람**, 개정판.
　　서울: 여강출판사.

왕굉빈 해설, 황효순 편역 (2012). **한비자**. 서울: 베이직북스.

우재호 역 (2005). **상군서**. 서울: 소명출판.

원황 저, 김지수 역 (2015). **요범사훈: 운명을 뛰어 넘는 길**, 개정판. 서울: 불광출판사.

劉起釪 저, 이은호 역 (2016). **상서학사:「상서」에 관한 2천여년의 해석사**. 서울: 예문서원.

유상근 (1968). 한국관료제도의 사적고찰(1). **명대논문집**, 2: 11-45.

_____ (1970). 한국관료제도의 사적고찰(2): 이조시대의 관료제도. **명대논문집**, 3: 291-332.

유영옥 (1992 · 1). 관료신규채용제도: 한국의 과거제도를 중심으로. **한국행정사학지**, 1(1): 147-163.

유정병 (2004). **「한비자」 정치철학의 변증법적 특징에 관한 연구: 주요개념(道·理·性·法·術·勢)을 중심으로**. 성균관대학교 일반대학원 박사학위논문.

유종해 · 김문성 (2003). **행정사의 이해**. 서울: 대영문화사.

劉澤華 주편, 장현근 역 (2008). **중국정치사상사: 선진편(상)**. 경기 고양: 동과서.

윤대식 (2004). 상앙의 법치주의에 내재한 정치적 의무. **한국정치학회보**, 38(2): 7-27.

윤재풍 (1976). 한국행정고시제도의 변천과정. 윤근식 외. **현대정치와 관료제**, 487-534. 서울: 대왕사.

윤형섭 (1974). 미군정의 정치적충원에 관한 발전론적 연구. **한국정치학회보**, 8: 175-202.

이강선 (1986). 조선전기 관료제도에 관한 연구. 성결교신학교. **논문집(인문·사회과학편)**, 15: 313-338.

_____ (1987). 조선말기 관료제도에 관한 연구: 중앙관제를 중심으로. 성결교신학교. **논문집(인문·사회과학편)**, 16: 159-180.

이기동 (1985 · 3). 일제하의 한국인 관리들. **신동아**, 306: 454-479.

이대희 (2005). 감성 정부와 이성 정부의 비교론적 고찰. **한국사회와 행정연구**, 16(1): 1-34.

이병갑 편 (1995). **중국 역사 사전**. 서울: 학민사.

이병도 (1961). **新修 國史大觀**. 서울: 보문각.

이병태 (2009). **법률용어사전**. 서울: 법문북스.

이성규 (1985). 秦帝國의 舊六國통치와 그 한계. **(閔錫泓박사 화갑기념) 사학논총**, 771-809. 서울: 삼영사.

_____ (1987). **중국 고대제국성립사 연구: 秦國 齊民支配體制의 形成**, 중판. 서울: 일조각.

_____ (1989a). 秦의 지방행정조직과 그 성격: 縣의 조직과 그 기능을 중심으로. **동양사학연구**, 31: 1-90.

_____ (1989b). 秦의 산림수택개발의 구조: 縣廷 嗇夫조직과 都官의 분석을 중심으로. **동양사학연구**, 29: 41-139.

이재룡 (2004). 도덕과 제도, 국가권력의 분산과 집중의 변주: 상앙(商鞅)과 한비자(韓非子)의 因時制宜論. **법철학연구**, 7(2): 163-188.

이중톈 저, 심규호 역 (2013). **백가쟁명**. 서울: 에버리치홀딩스.

이춘식 (2002). **춘추전국시대의 법치사상과 勢·術**. 서울: 아카넷.

이택용 (2014). 『서경』의 덕(德) 개념에 대한 고찰. **동양고전연구**, 57: 169-200.

이한빈 (1967). 해방후 한국의 정치변동과 관료제의 발전. **행정논총**, 5(1): 1-23.

인사혁신처 (2018). **2018인사혁신통계연보**. 세종: 인사혁신처.

임도빈 (2001). 변화와 계속성: 프랑스 인사행정의 특성. **국제·지역연구**, 10(3): 107-129.

임승택 역주 (2001). **(초기 불교 수행론의 집성) 빠띠삼비다막가 역주**. 서울: (사)가산불교문화연구원출판부.

_____ (2013). **초기 불교: 94가지 주제로 풀다**. 경기 안성: 종이거울.

임종욱 (2010). **중국 역대 인명사전**. 서울: 이회.

張立文 主編, 권호 역 (1995). **道**. 서울: 동문선.

장신 (2002). 1919~43년 조선총독부의 관리임용과 보통문관시험. **역사문제연구**, 8: 45-77.

_____ (2003). 1920·30년대 조선총독부의 인사정책 연구: 보통문관시험 합격자의 임용과 승진을 중심으로. **동방학지**, 120: 37-71.

장현근 (1994). 선진정치사상에서 '法'의 의미. **한국정치학회보**, 27(2): 75-96.

_____ (2005). **상군서: 난세의 부국강병론**. 경기 파주: 살림출판사.

전재성 역 (2014a). 초전법륜경(Dhammacakkappavattanasutta). **쌍윳따니까야 (Samyutta-Nikāya)**, 통합개정판, 2676-2678. 서울: 한국빠알리성전협회.

_____ 역 (2014b). 마음의경(Cittasutta). **앞의 책**, 88-89.

_____ 역 (2014c). 다계경(Bahudhatukasutta). **맛지마니까야(Majjhima-Nikāya)**, 개정판, 1280-1288. 서울: 한국빠알리성전협회.

_____ 역 (2014d). 호흡명상의경(Ānāpānassatisutta). 앞의 책, 1302-1313.

_____ 역 (2015). **숫타니파타(Sutta-Nipāta)**, 개정본. 서울: 한국빠알리성전
협회.

_____ 역 (2016). 대념처경(Mahāsatipatthānasutta). **디가니까야(Dīgha-Nikāya)**,
재판, 963-1006. 서울: 한국빠알리성전협회.

_____ (2018). 사마타경(samathasutta). **앙굿따라니까야(Anguttara-Nikāya)**,
통합개정판, 277, 2078-2080. 서울: 한국빠알리성전협회.

전해종 (1962). 통리기무아문 설치의 경위에 대하여. **역사학보**, 17·18:
687-702.

전현수 (2018). **정신과 의사의 체험으로 보는 사마타와 위빠사나**, 개정판.
서울: 불광출판사.

정구선 (1993). 갑오개혁기 관리임용제도 개혁에 관한 일고찰: 과거제 폐지
및 천거제 수용을 중심으로. **경주사학**, 12: 57-82.

_____ (1996). 통감부기 조선인 관리의 성분. **동국사학**, 30: 265-305.

_____ (1998). 대한제국기 새로운 관리등용제도의 성립과 시행. **경주사학**,
17: 69-87.

정문길 (1998). 공무원 충원의 정치사회학: 머리토크라시, 사회적 지위상승,
그리고 교육의 상관관계. 고려대학교 정경대학. **사회과학논집**, 23:
5-39.

程敏政, 성백효 역주 (2016). **譯註 心經附註**. 서울: 전통문화연구회.

정시채 (1985). **한국행정제도사**. 서울: 법문사.

정약용 저, 다산연구회 역주 (1999). **譯註 牧民心書 I**, 개역판. 서울: 창작
과비평사.

정요섭 (1964). 한국의 인사행정과 그 역사적 배경: 관료주의를 중심으로
한. 숙명여자대학교. **논문집**, 4: 97-139.

정은진 (2010). 신도 사상에서 법과 권력의 관계. **철학논총**, 62(4): 463-481.

정일형 (1946·9). 해방후 인사행정의 실제. **법정**, 1(1): 10-11.

정재철 (1985). **일제의 대한국식민지교육정책사**. 서울: 일지사.

정하현 (1990). **전국시대 관료제의 연구**. 서울대학교 일반대학원 박사학위
논문.

조동원 (1999). 한국사 시대구분논의에 대한 검토. **인문과학**, 29: 467-481.

조성열 (2012). **춘추시대 덕 개념의 형성과 의미분화 과정 연구:「상서」·
「좌전」·「국어」를 중심으로**. 서울대학교 일반대학원 석사학위논문.

조영래 역 (2011). **愼子**. 서울: 지식을만드는지식.

조석준 (1967·9). 미군정 및 제1공화국의 중앙부처 기구의 변천에 관한 연구. **행정논총**, 5(1): 121-162.

조원일 (2016). 상앙의 법치사상 연구. **동양문화연구**, 23: 59-85.

조천수 (1997). **법가의 법치주의사상 연구**. 고려대학교 일반대학원 박사학위논문.

_____ (1998). 한비자의 법사상연구. **법철학연구**, 1: 341-372.

_____ (2003). 도가의 무위와 법가의 무위이술. **법철학연구**, 6(2): 205-226.

_____ (2004a). 전기 법가의 법사상: 商鞅, 申不害, 愼到를 중심으로. **안암법학**, 19: 154-183.

_____ (2004b). 상앙의 변법개혁과 법치사상. **법철학연구**, 7(2): 209-236.

朱子 저, 성백효 역주 (2013). **(懸吐完譯) 孟子集註**, 개정증보판. 서울: 전통문화연구회.

朱子 저, 성백효 역주 (2015). **(懸吐完譯) 詩經集傳(上·下)**. 서울: 전통문화연구회.

지재희·이준녕 해역 (2002). **제국 건설의 행정직제와 직무지침서: 주례**. 서울: 자유문고.

차기벽 (1993). 한국정치학에 있어서 역사적 접근의 의의. **한국정치외교사논총**, 8: 11-35.

蔡沈 저, 성백효 역주 (2011a/2011b). **(懸吐完譯) 書經集傳(上·下)**. 서울: 전통문화연구회.

천쓰이(陳四益) 저, 김동민 역 (2014). **동양 고전과 역사, 비판적 독법**. 경기 파주: 글항아리.

天野郁夫 (1982), 석태종·차갑부 공역 (1995). **교육과 선발**. 서울: 양서원.

총무처 (1969). **한국의 인사행정**. 서울: 총무처.

_____ (1981). **총무처연보**. 서울: 총무처.

_____ (1986). **총무처연보**. 서울: 총무처.

_____ (1988). **총무처연보**. 서울: 총무처.

_____ (1993). **일본국가공무원제도**. 서울: 총무처 인사기획과.

_____ (1994). **미국연방공무원제도(임용편)**. 서울: 총무처 인사기획과.

최승현 (2003). **한비자의 군주와 관료: 公私 인식과 통치론을 중심으로**. 서울대학교 일반대학원 석사학위논문.

최창희 (1981). 관리임용제도. 서울특별시사편찬위원회 편. **서울6백년사(제4**

권), 201-256. 서울: 서울특별시.

최치원 (2014). 막스 베버, 마키아벨리 그리고 한비자의 정치개념 해석: 직업정치인, 프린치페, 明主를 중심으로. **정치사상연구**, 20(1): 165-196.

콘필드, 잭 저, 김열권 역 (1997). **위빠사나 열두 선사**. 서울: 불광출판사.

_____ 저, 김열권 역 (2014). **붓다의 후예, 위빠사나 선사들(1 · 2)**. 경기 남양주: 한길.

팡차오후이 저, 박찬철 역 (2014). **나를 지켜낸다는 것**. 경기 고양: 위즈덤하우스.

한국법제연구회 편 (1971). **미군정법령총람(국문편)**. 서울: 한국법제연구회 (영인본).

한국정신문화연구원 편 (1985). **譯註 經國大典(飜譯篇)**. 경기 성남: 한국정신문화연구원.

한승연 (2007a). 행정 관료의 변화에 관한 역사적 연구: 관료 임용시험제도를 중심으로. 한국정부학회 · 한국거버넌스학회. **하계공동학술대회논문집**, 5-46.

_____ (2007b). 행정 관료의 변화에 관한 역사적 연구: 관료 임용시험제도를 중심으로. **한국행정논집**, 19(4): 1009-1052.

_____ (2009). 행정사의 연구방법과 연구 방향. **한국행정학보**, 43(4): 81-104.

_____ (2012). 중국사의 공무원 개념: 유능하고 도덕적인 사람?. **한국행정사학지**, 30: 179-218.

_____ (2013). 조선총독부 관료제 연구: 비상통치기구적 성격을 중심으로. **한국행정학보**, 47(3): 23-48.

_____ (2015). 행정개혁기구의 성공 조건: 통리기무아문과 그 후속기구의 인사행정을 중심으로. **한국정치학회보**, 49(1): 269-311.

_____ (2016). '문화정치기' 조선총독부 관료제 연구: 행정의 '능률 증진'을 중심으로. **한국행정학보**, 50(3): 277-309.

_____ (2017a). 신도(愼到) · 신불해(申不害)의 법사상과 책임정치. **정부학연구**, 23(1): 31-65.

_____ (2017b). 「尙書」의 道와 德 개념: 책임정치 구현의 기제. **한국행정학보**, 51(2): 461-486.

_____ (2017c). 상앙의 법사상과 책임정치: 동양 관료제 성립 시론. **한국행정학보**, 51(4): 465-494.

_____ (2017d). 행정사. 한국행정학회 편. **한국행정학 60년, 1956~2016: 제2권 접근방법과 패러다임**, 128-145. 경기 파주: 법문사.

_____ (2018a). 한비자의 법술사상과 책임정치: 관료제론을 중심으로. **정부학연구**, 24(1): 97-127.

_____ (2018b). 동양사의 유능하고 책임있는 공무원: 한나라 초기 관료제를 중심으로. **한국행정학보**, 52(4): 531-556.

한충희 (1998). **조선초기 육조와 통치체계**. 대구: 계명대학교출판부.

행정자치부 (1998). **행정자치부통계연보 1998(제1호)**. 서울: 행정자치부.

_____ (2004). **행정자치통계연보 2004(제7호)**. 과천: 행정자치부.

홍순권 (1995). 일제시기의 지방통치와 조선인 관리에 관한 일고찰: 일제시기의 군행정과 조선인 군수를 중심으로. **국사관논총**, 64: 37-63.

환관 저, 김원중 역 (2007). **염철론**. 서울: 현암사.

황금중 (2012). 잊혀진 교육전통, 전심(傳心), 주자학과 불교의 심법(心法) 전승 전통과 교육. **교육사학연구**, 22(2): 113-148.

황성신문 (1910). 身分調査의 擬議. 7월6일: 3.

Fukuyama, Francis 저, 이승협 역 (2006). 개인인가 공동체인가. Grass, Güenter. et al. **세계화 이후의 민주주의**, 25-38. 서울: 평사리.

岡本正道 (1935). 愼到考. **東洋學研究**, 5: 21-32.

鎌田重雄 (1965·6). 秦漢の官僚制. **歷史敎育**, 13(6): 7-12.

高山方尙 (1976). H. G. クリール著: 申不害-B.C.4世紀の中国政治哲学者. **東洋学報: 東洋文庫和文紀要**, 57(1·2): 201-206.

高山節也 (1982·7). 『韓非子』における術の展開. **研究論文集**, 30(1): 232-210.

高誘 注, 楊家駱 主編 (1991a). **新編 諸子集成 7: 淮南子**, 新5版. 台北: 世界書局.

高誘 注, 畢沅 校, 楊家駱 主編 (1991b). **新編 諸子集成 7: 呂氏春秋 新校正**, 新5版. 台北: 世界書局.

顧頡剛 (1937). 春秋時代的縣. 顧氏·馮家昇 共編. **禹貢半月刊**, 7(6·7): 169-193. 臺北: 大通書局.

橋谷弘 (1990·3). 1930·40年代の朝鮮社會の性格をめぐって. **朝鮮史研究會論文集**, 27: 129-154.

郭慶藩 集釋, 楊家駱 主編 (1991). **新編諸子集成 3: 道家-莊子集釋**. 臺北: 世界書局.

郭沫若著作編輯出版委員會 編 (1991). 중국고대사상사, 조성을 역. 서울: 까
　　치; 郭沫若全集: 歷史編 第2卷, 十批判書. 北京: 人民出版社, 1982.

溝口雄三 (1987). 日本・中國の槪念比較: 中國の 「道」. 岩波書店. 文學,
　　55(8): 78-94.

溝口雄三 外 共編 (2011). 중국 사상 문화 사전. 김석근・김용천・박규태 공
　　역. 서울: 책과함께; 中國思想文化事典. 東京: 東京大學出版會, 2001.

宮崎市定 (1965). 中國官制の發達: 古代より唐に至る. 歷史教育, 13(6): 27-34.

_____ (1976). アジア史論考(中卷): 古代中世編. 東京: 朝日新聞社.

_____ (2002). 구품관인법의 연구, 임대희・신성곤・전영섭 공역. 서울:
　　소나무; 九品官人法の研究: 科擧前史. 東京: 中央公論社, 1997.

_____ (2016). 중국통사, 조병한 역. 서울: 서커스; 中國史(上・下). 東京:
　　岩波書店, 2015.

金谷治 (1962). 愼到の思想について. 集刊東洋学, 通号 7: 1-22.

楠山修作 (1987). 中國古代國家の成立: 商鞅變法の一考察. 歷史學研究, 571:
　　2-14.

內田達孝 (1934). (全訂) 朝鮮行政法槪要 全. 京城: 近澤書店.

大角紘一 (2013). 天下篇作者の『莊子』觀: 「彭蒙・田駢・愼到論」と 「莊周論」
　　を中心に. 大谷大学文芸学会 編. (故佐藤義寬敎授追悼論集) 文芸論
　　叢, 80: 61-80.

馬國翰 輯 (1979). 申子. 玉函山房輯佚書 4, 2763-2765. 京都: 中文出版社
　　(影印).

木村英一 (1944/1998). 法家思想の研究. 東京: 弘文堂書房.

木村正雄 (1965a). 中國古代帝國の形成: 特にその成立の基礎條件. 東京: 不
　　昧堂書店.

_____ (1965b). 古代官僚制の起源. 歷史教育, 13(6): 1-6.

茂澤方尚 (1991). 韓非子所見 「衆人」考. 伊藤淸司先生退官記念論文集編集委
　　員會 編. 中國の歷史と民俗, 279-298. 東京: 第一書房.

_____ (1992・3). 韓非子所見 「術數」考. 駒澤大學文學部研究紀要, 50:
　　109-133.

班固 著, 顔師古 注 (1962/2016). 漢書(1〜12), 重印. 北京: 中華書局.

桑弘羊 撰, 王利器 校注 (1992/2012). (新編諸子集成) 鹽鐵論校注(上・下).
　　重印. 北京: 中華書局.

西嶋定生 (1961a). 中國古代帝國の形成と構造: 二十等爵制の研究. 東京: 東

京大學出版會.

_____ (1986). 진한 제국의 출현: 중국 고대 제국 형성사론 서설. **중국사**, 92-130. 윤혜영 역. 서울: 홍성사; 貝塚茂樹 外. **世界の歷史**. 東京: 筑摩書房, 1961b.

西尾陽子 (2000・3). 諸外國における上級公務員の人事管理: OECD調査レポートより. **諸外國公務員制度の展開(公務研究)**, 2(2): 173-185. 東京: 良書普及會.

徐揚杰 (2000). **중국 가족제도사**, 윤재석 역. 서울: 아카넷; **中國家族制度史**. 北京: 人民出版社, 1992.

徐中舒 主編 (1988). **甲骨文字典**. 成都: 四川辭書出版社.

小谷良子 (2007). 官僚「人」の形成と公務員生活とその意識. 中道實 編. **日本官僚制の連續と變化**, 84-107. 京都: ナカニシヤ出版.

小野澤精一 (1980). 法家思想. 宇野精一・中村元・玉城康四郎 共編. **講座東洋思想 第4卷: 中國思想 Ⅲ**, 97-214. 東京: 東京大學出版會.

孫詒讓 撰, 楊家駱 主編 (1991). **新編 諸子集成 6: 墨子閒詁**. 台北: 世界書局.

守屋美都雄 (1968). **中國古代の家族と國家**. 京都: 東洋史研究會.

睡虎地秦墓竹簡整理小組 編 (2010). **수호지진묘죽간 역주(睡虎地秦墓竹簡譯註)**, 윤재석 역. 서울: 소명출판; **睡虎地秦墓竹簡**. 北京: 文物出版社, 1978.

荀況 著, 王天海 校釋 (2009). **荀子校釋(上冊)**, 重印. 上海: 上海古籍出版社.

尸佼 著, 黃曙輝 點校 (2009). **尸子**. 上海: 華東師範大學出版社.

辻淸明 (1969). **新版日本官僚制の研究**. 東京: (財)東京大學出版會.

楊家駱 編 (1980). 大體篇. **先秦諸子考佚**, 167-174. 臺北: 鼎文書局.

楊倞 注, 王先謙 集解 (1991). **新編諸子集成 2: 荀子集解**. 台北: 世界書局.

黎翔鳳 撰, 梁運華 整理 (2016). **(新編諸子集成) 管子校注(上・中・下)**, 重印. 北京: 中華書局.

黎靖德 編, 王星賢 點校 (1983). **朱子語類: 第1冊~第8冊**. 北京: 中華書局.

藝文印書館 編 (1981a). **十三經注疏 1: 周易・尚書**. 台北: 藝文印書館.

_____ 編 (1981b). **十三經注疏 2: 詩經**. 台北: 藝文印書館.

_____ 編 (1981c). **十三經注疏 3: 周禮**. 台北: 藝文印書館.

_____ 編 (1981d). **十三經注疏 5: 禮記**. 台北: 藝文印書館.

_____ 編 (1981e). **十三經注疏 6: 左傳**. 台北: 藝文印書館.

_____ 編 (1981f). **十三經注疏 8: 論語・孝經・爾雅・孟子**. 台北: 藝文印書館.

王健章. **仙術秘庫** 2.

王先謙 撰, 楊家駱 主編 (1991). **新編 諸子集成 4: 莊子集解**. 台北: 世界書局.

王先謙 撰 (2016). **(新編諸子集成) 荀子集解(上・下)**, 重印. 北京: 中華書局.

王先慎 撰, 楊家駱 主編 (1991). **新編 諸子集成 5: 韓非子集解**. 台北: 世界書局.

王天有 (2011). **중국 고대 관제**, 이상천 역. 서울: 학고방; **中國古代官制**. 臺北: 臺灣商務印書館, 1994.

謠口明 (2000).『韓非子』における儒家思想の受容. **文學部紀要 文教大學文學部**, 14(1): 118-98.

容肇祖 (1936). **韓非子考證**. 上海: 商務印書館.

韋昭 撰, 楊家駱 主編 (1975). **國語韋氏解**. 臺北: 世界書局.

劉寶楠・劉恭冕 撰, 楊家駱 主編 (1991). **新編 諸子集成 1: 論語正義**. 台北: 世界書局.

劉澤華 主編 (2008). **중국정치사상사 선진편(上)**, 제2판, 장현근 역. 경기 고양: 동과서; **中國政治思想史**. 杭州: 浙江人民出版社, 1996.

尹文 撰, 楊家駱 主編 (1991). **新編 諸子集成 6: 尹文子**. 台北: 世界書局.

尹知章 注, 戴望 校正 (1991). **新編 諸子集成 5: 管子校正**. 台北: 世界書局.

蔣禮鴻 撰, 高流水 編 (1986/2011). **(新編 諸子集成) 商君書錐指**, 重印. 北京: 中華書局.

鄭煥鍾 (1989). 尙書中「德」之研究. **中國學報**, 29: 229-240.

朝鮮行政 (1942・9). 昭和17年 普通文官試驗問題. 64-65.

朝鮮總督府 編 (1916). **朝鮮法令輯覽**. 東京: 巖松堂書店.

_____ 編 (1944). **朝鮮總督府統計年報(1942년)**. 京城: 大海堂印刷株式會社.

周永年 (2001). **文白對照全譯諸子百家集成: 管子(2)**. 長春: 時代文藝出版社.

增淵龍夫 (1961a). 中國古代國家の構造: 郡縣制と官僚制の社會的基盤の考察を中心として. 石母田正 外 共編. **古代史講座 4: 古代國家の構造(上)**, 155-192. 東京: 學生社(서울: 아주문화연구원, 영인. 1979).

_____ (1986). 좌전(左傳)의 세계. 중국사, 51-91. 윤혜영 역. 서울: 홍성사; 貝塚茂樹 外. **世界の歷史**. 東京: 筑摩書房, 1961b.

_____ (1996). **(新版)中國古代の社會と國家**. 東京: 岩波書店.

池田雄一 (1977). 商鞅の県制: 商鞅の変法(1). **中央大学文学部紀要**, 84: 111-132.

陳啓天 (1980). **中國法家概論**. 臺北: 臺灣中華書局.

陳鼓應 (1991). **莊子今註今譯**. 香港: 中華書局.

眞渕勝 (2000). 論壇: 「理想の官僚」へと導く政治に. **朝日新聞**. 6월15일: 15면(朝刊).

_____ (2006). 官僚制と政策過程. 伊藤光利 外. **政治過程論**, 252-275. 東京: 有斐閣.

秦郁彦 (1981). **戰前期日本官僚制の制度・組織・人事**. 東京: 東京大學出版會.

車田篤 (1934). **朝鮮行政法論(上卷)**. 京城: 朝鮮法制研究會.

天野郁夫 (1983). **試驗の社會史: 近代日本の試驗・教育・社會**. 東京: 東京大學出版會.

_____ 編 (1991). **學歷主義の社會史: 丹波篠山にみる近代教育と生活世界**. 東京: 有信堂.

淺野裕一 (1980). 道家思想の起源と系譜(上): 黃老道の成立を中心として. **鳥根大聖教育學部紀要(人文・社會科學)**, 14: 1-38.

_____ (1981). 道家思想の起源と系譜(下): 黃老道の成立を中心として. **鳥根大聖教育學部紀要(人文・社會科學)**, 15: 61-106.

_____ (1983). 秦帝國の法治主義: 皇帝と法術. **島根大學教育學部紀要(人文・社會科學)**, 17: 1-45.

靑山秀夫 (1967). **マックス・ウェーバーの社會理論**. 東京: 岩波書店.

太田方 述 (1808). **韓非子翼毳**. 江戶: 太田方(外).

太田幸男 (1986). 睡虎地秦墓竹簡の「日書」にみえる「室」「戶」「同居」をめぐって. **東洋文化研究所紀要**, 99; 1-19.

土田健次郎 (2011). 정좌(靜坐). 溝口雄三 外 共編. **앞의 책**, 261-268.

片岡寬光 (1996). **官僚のエリート學: '官の論理'を '國民の論理'に組み替える**. 東京: 早稻田大學出版部.

布施弥平治 (1967a). 申不害の政治説. **政経研究**, 4(2): 1-14.

_____ (1967b). 慎到の政治説. **政経研究**, 4(3): 35-48.

豊島靜英 (1975). 中國における古代國家の成立について: 商鞅變法を素材として. **歴史學研究**, 通號 420: 1-14.

馮友蘭 (1999). **중국철학사(상)**. 박성규 역. 서울: 까치글방; **中國哲學史(上)**, 重印. 北京: 中華書局, 1992.

한국학문헌연구소 편 (1985). **朝鮮總督府官報(1~142권)**. 서울: 아세아문화사(영인본). 각 해당호.

許富宏 撰 (2015). **(新編諸子集成續編) 慎子集校集注**, 重印. 北京: 中華書局.

許慎 撰, 段玉裁 注 (1988/2016). **說文解字注**, 重印. 上海: 上海古籍出版社.

好並隆司 (1981). 商鞅「分異の法」と秦朝權力. **歷史學研究**, 通號 494: 45-59.

_____ (1992). **商君書研究**. 廣島: 溪水社.

胡適 (1983). **중국고대철학사**, 재판. 송긍섭·함홍근·민두기 공역. 서울: 대한교과서주식회사; **中國哲學史大綱(上)**. 臺北: 商務印書館, 1958.

丸山眞男 (1995). **일본정치사상사연구**. 김석근 역. 서울: 통나무; **日本政治思想史研究**. 東京: 東京大學出版會, 1952.

Aberbach, J. D., R. D. Putnam, and B. A. Rockman (1981). *Bureaucrats and Politicians in Western Democracies*. Cambridge, MA: Harvard University Press.

Aberbach, J. D. & B. A. Rockman (1988). Image Ⅳ Revisited: Executive and Political Roles. *Governance*, 1(1): 1-25.

Ajahn Brahm (2012). **놓아버리기: 아잔 브람의 행복한 명상 매뉴얼**. 혜안 스님 역. 경기 파주: 혜안; *Mindfulness, Bliss and Beyond*, 2006.

Alavi, Hamza (1988). 과대성장국가론: 파키스탄과 방글라데시. 국가란 무엇인가: 자본주의와 그 국가이론, 344-373. 임영일·이성형 편역. 서울: 까치; The State in Postcolonial Societies: Pakistan and Bangladesh. *New Left Review*, 74, Jul./Aug. 1972.

Barbor, Cary (2001). The Science of Meditation. *Psychology Today*, 34(3): 54-59.

Bell, Daniel (2017). **차이나 모델: 중국의 정치 지도자들은 왜 유능한가**. 김기협 역. 경기 파주: 서해문집; *The China Model: Political Meritocracy and the Limits of Democracy*. Princeton; Oxford: Princeton University Press, 2015.

Berggruen, Nicolas & Nathan Gardels (2013). *Intelligent Governance for The 21st Century: A Middle Way Between West and East*. Malden, MA: Polity Press.

Bretz, Jr., Robert D. (Spring 1989). College Grade Point Average as a Predictor of Adult Success: A Meta-Analytic Review and Some Additional Evidence. *Public Personnel Management*, 18(1): 11-22.

Chapman, Richard D. (Dec. 1968). The Fulton Report: A Summary. *Public*

Administration(U.K.), 46(4): 443-452.

Chin Kung(淨空) (2010). **운명을 바꾸는 법**. 이기화 역. 서울: 불광출판사; *Changing Destiny: Liao-Fan's Four Lessons*, 2nd(ed.). Toowoomba, Australia: The Pure Land Learning College Association, 2002.

Clarke, Tainya C. et al. (2018). Use of Yoga, Meditation, and Chiropractors Among U.S. Adults Aged 18 and Over. *NCHS Data Brief No. 325*, 1-7.

Cole, Taylor (Mar. 1954). Lessons from Recent European Experience. *Annals of American Academy of Political and Social Science: Bureaucracy and Democratic Government*, 292: 65-75.

Creel, H. G. (1974). *Shen Pu-hai: A Chinese Political Philosopher of the Fourth Century B.C.* Chicago: University of Chicago Press.

Dispenza, Joe (2016). **당신이 플라시보다**. 추미란 역. 서울: 샨티; *You are the Placebo*. Carlsbad, California: Hay House Inc. USA.

Eisenstadt, S. N. (1973). Varieties of Political Development: The Theoretical Challenge. S. N. Eisenstadt & Stein Rokkan. eds. *Building States and Nations: Models and Data Resources, Volume 1*, 41-72. Beverly Hills. London: Sage Publications.

Eisenstadt, S. N. (2010). *The Political Systems of Empires*. New Brunswick & London: Transaction Publishers.

Giffin, Margaret E. (Summer 1989). Personnel Research on Testing, Selection, and Performance Appraisal. *Public Personnel Management*, 18(2): 127-137.

Hagelin, John S. et al. (1999) Effects of Group Practice of the *Transcendental Meditation* Program on Preventing Violent Crime in Washington, D.C.: Results of the National Demonstration Project, June-July 1993. *Social Indicators Research,* 47: 153-201.

Harari, Yuval Noah (2015). **사피엔스**. 조현욱 역. 경기 파주: 김영사; *Sapiens: a brief history of humankind*, 2011.

Hays, Steven W. & Richard C. Kearney (Sep./Oct. 2001). Anticipated Changes in Human Resource Management: Views from the Field. *PAR*, 61(5): 585-597.

Hofstede, Geert (1995). **세계의 문화와 조직**. 차재호·나은영 공역. 서울:

학지사; *Culture and Organizations: Software of the Mind*. London: McGraw Hills, 1991.

Kuhn, Dieter (2015). **하버드 중국사 송: 유교 원칙의 시대**. 육정임 역. 서울: 너머북스; *The Age of Confucian Rule*. Cambridge, Mass.: Belknap Press of Harvard University Press, 2009.

Liebman, Charles S. (Sep. 1963). Teaching Public Administration: Can We Teach What We Don't Know?. *PAR*, 23(3): 167-169.

Makeham, John (1994). *Name and Actuality in Early Chinese Thought*. Albany: State University of New York Press.

Marx, F. Morstein (1957). *The Administrative State*. Chicago: The University of Chicago Press.

McCune, George M. (Nov. 1947). Post-War Government and Politics of Korea. *The Journal of Politics*, 9(4): 605-623.

McMahon D. M. (2006). *The Pursuit of Happiness: A History from the Greeks to the Present*. London: Allen Lane.

Merton, Thomas (1965). *The Way of Chuang Tzu*. N. Y.: New Directions.

Mote, Frederick W. (1971). *Intellectual Foundations of China*, New York: Knopf.

Narada (1985). **오직 그대 자신을 등불로 삼아라**. 정동하 · 석길암 공역. 서울: 경서원; *The Buddha and his Teachings*. Kandy: Buddhist Publication Society, 1973.

Nigro, Felix A. & Lloyd G. Nigro (1986). *The New Public Personnel Administration*. 3d(eds.). Itasca, Illinois: F. E. Peacock Publishers, Inc.

Ovidius, Publius Naso (2005). (원전으로 읽는) **변신이야기**. 천병희 역. 경기 고양: 숲; *Metamorphoses*, 8.

Piyadassi (1996). **붓다의 옛길**. 한경수 역. 서울: 시공사; *The Buddha's Ancient Path*. London: Rider & co., 1964.

Rubin, Vitaly A. (1988). **중국에서의 개인과 국가: 공자, 묵자, 상앙, 장자의 사상 연구**. 임철규 역. 서울: 현상과인식; *Individual and State in Ancient China: Essays on Four Chinese Philosophers*. New York: Columbia University Press, 1976.

Stahl, O. Glenn (1983). *Public Personnel Administration*. 8th(ed.). New York: Harper & Row, Publishers.

Woodside, Alexander (2012). **잃어버린 근대성들: 중국, 베트남, 한국 그리고 세계사의 위험성**. 민병희 역. 서울: 너머북스; *Lost modernities: China, Vietnam, Korea, and the hazards of world history*. Cambridge, Mass.: Harvard Univ. Press, 2006.

Woodward, F. L. (1985). *The Minor Anthologies of the Pali Canon, Part II*. London: Pali Text Society.

Wu, John C. H.(吳經熊) (1996). **禪의 황금시대: 禪의 불꽃을 이어온 사람들**, 개정판. 류시화 역. 서울: 경서원; *The Golden Age of Zen*. Taipei: The National War College, in co-operation with the Committee on the Compilation of the Chinese Library, 1967.

국가법령정보센터 > 현행법령, 연혁법령, 근대법령. www.law.go.kr.

국사편찬위원회 > **조선왕조실록**. sillok.history.go.kr/main/main.do

국회도서관 > 전자도서관 > 소장자료 검색. www.nanet.go.kr.

규장각 원문검색서비스 > **일성록**. kyudb.snu.ac.kr.

동방미디어 > **唐律疏議**. www.koreaa2z.com.

두피디아 > 춘추전국시대. www.doopedia.co.kr.

인사혁신처 > 법령·통계정보 > 인사통계 > **2018인사혁신통계연보**. www.mpm.go.kr.

통계청 국가통계포털 > 고용·노동·임금 > 취업자에서 계산. www.kosis.kr.

한국의 지식콘텐츠 > **국역증보문헌비고, 史記, 戰國策**. www.krpia.co.kr.

미국 연방질병통제예방센터(CDC) 산하 국립보건통계센터(NCHS) > *NCHS Data Brief No. 325*(Nov. 2018). https://www.cdc.gov/nchs/data/databriefs/db325-h.pdf.

[부록]

<부표 1> 2014년~2018년 청성군 월별 범죄발생 통계자료

<단위: 건>

연도	1월	2월	3월	4월	5월	6월	7월	8월	9월	10월	11월	12월	합계	월평균
2014년	92	130	170	162	89	117	107	136	151	141	134	156	1,585	132.1
2015년	112	118	167	138	135	112	156	146	149	177	135	130	1,675	139.6
2016년	115	130	133	177	164	141	193	180	158	218	172	142	1,923	160.3
2017년	126	142	133	115	128	118	134	153	138	95	137	115	1,534	127.8
2018년	126	114	102	120	124	81	122	104					893	111.6

자료 출처: 2018년 청성경찰서 정보공개청구 자료(정보공개청구서 접수번호 4930148, 4943392)

<단위: 건>

<부표 2> 2014~2018년 2. 15.~3. 30. 정선군 일별 범죄발생 통계자료

	2/15일	16일	17일	18일	19일	20일	21일	22일	23일	24일	25일	26일	27일	28일	29일	3/1일	2일	3일	4일	5일	6일	7일
2014년	0	0	11	9	0	3	1	0	0	2	10	7	9	2	null	0	0	13	5	5	4	21
2015년	2	6	9	0	0	2	0	2	11	5	1	2	5	2	null	0	8	10	11	17	4	1
2016년	4	9	4	6	8	1	0	11	9	13	1	7	0	0	4	0	7	2	12	0	2	6
2017년	10	6	7	0	0	3	3	6	3	7	0	0	13	7	null	0	12	9	0	3	9	0
2018년	2	0	0	0	9	3	3	1	9	0	1	2	9	1	null	0	9	2	0	12	7	2

	8일	9일	10일	11일	12일	13일	14일	15일	16일	17일	18일	19일	20일	21일	22일	23일	24일	25일	26일	27일	28일	29일	30일	31일
	0	0	7	5	8	11	6	1	0	6	3	9	20	9	0	0	14	6	2	4	5	3	0	3
	0	9	9	3	4	12	0	1	5	4	10	1	13	0	1	7	12	1	11	6	0	0	5	2
	3	10	6	4	1	1	8	5	5	2	7	0	1	2	6	5	5	6	4	0	6	6	5	6
	3	1	6	0	1	10	4	4	6	3	0	0	7	8	1	6	4	0	0	6	6	4	4	16
	4	1	2	0	1	4	4	7	8	5	0	6	6	4	0	0	0	0	2	3	5	6	11	0

비고: 일별 자료는 경찰시스템에 사건자료가 입력된 날 기준임. 표에서 **진하게** 표시된 부분은 '2016 세계명상대전'이 개최된 시기임.
자료 출처: 2018년 정선경찰서 정보공개청구 자료(정보공개청구서 접수번호: 4930148, 4943392).

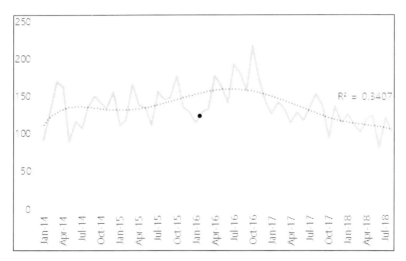

[그림 1] 월별 범죄 건수에 따른 꺾은선 그래프 및 추세선

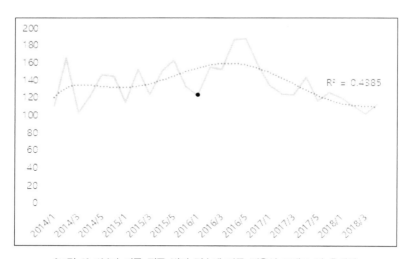

[그림 2] 6분기 기준 평균 범죄 건수에 따른 꺾은선 그래프 및 추세선

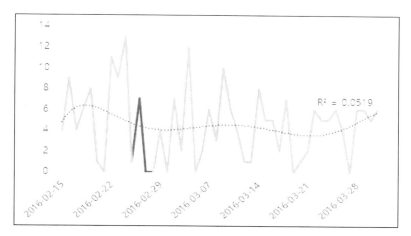

[그림 3] 일별 범죄 건수에 따른 꺾은선 그래프 및 추세선

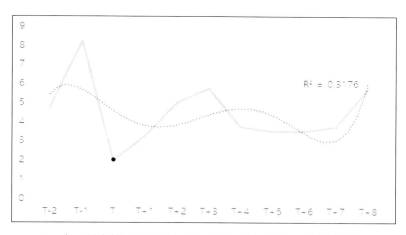

[그림 4] 행사시기 기준 평균 범죄 건수에 따른 꺾은선 그래프 및 추세선

찾아보기

한승연(韓承延)

•약   력•

고려대학교 정경대학 신문방송학과 졸업
고려대학교 정책대학원 행정학석사
고려대학교 대학원 행정학박사
중앙일보 조사기자 역임
현 충북대학교 행정학과 교수

•주요저서•

「한국 行政指導 연구」(박사학위 논문 출판)
(공저) 「정책수단론」(2014년 세종도서 선정)
(공저) 「한국행정학 60년, 1956~2016: 제2권 접근방법과 패러다임」(2018년 대한민국학술원 우수학술도서 선정)

•주요논문•

「행정 관료의 변화에 관한 역사적 연구: 관료 임용시험제도를 중심으로」
「행정사의 연구방법과 연구 방향」
「일제시대 근대 '국가' 개념 형성과정 연구」
「조선총독부 관료제 연구: 비상통치기구적 성격을 중심으로」
「'문화정치기' 조선총독부 관료제 연구: 행정의 '능률 증진'을 중심으로」
「갑오개혁 전후 의정부와 6조 당상관 인사이동 비교 연구」
「행정개혁기구의 성공 조건: 통리기무아문과 그 후속기구의 인사행정을 중심으로」
외 다수

유능하고 책임 있는 공무원:
명상하는 공무원

초판인쇄   2019년 2월 8일
초판발행   2019년 2월 8일
지은이   한승연
펴낸이   채종준
펴낸곳   한국학술정보㈜
주소   경기도 파주시 회동길 230(문발동)
전화   031) 908-3181(대표)
팩스   031) 908-3189
홈페이지   http://ebook.kstudy.com
전자우편   출판사업부 publish@kstudy.com
등록   제일산-115호(2000. 6. 19)

ISBN   978-89-268-8718-9 93150